国家级一流本科课程配套教材

乡村振兴
理论与实践

李 为 季祖强 ◎ 编著

清华大学出版社
北京

内 容 简 介

《乡村振兴理论与实践》是国家级一流本科课程（2023250156）的同名教研成果，共有 11 章，主要围绕乡村振兴五大路径展开，每章分为导论、理论知识、案例剖析、实训实践四个模块，助力大学生观察基层和地方乡村振兴实践，凝练乡村振兴典型模式，记录村庄分化的真实图景。

本书既可作为财会、金融、经管、乡村治理、农村发展、农林经济管理、城乡规划、旅游等学科专业的教材，也可作为乡村振兴研究爱好者的参考用书。

本书封面贴有清华大学出版社防伪标签，无标签者不得销售。
版权所有，侵权必究。举报：010-62782989，beiqinquan@tup.tsinghua.edu.cn。

图书在版编目（CIP）数据

乡村振兴理论与实践 / 李为，季祖强编著. --北京：清华大学出版社，2024.7（2025.2重印）. --ISBN 978-7-302-66791-9

Ⅰ. F320.3

中国国家版本馆 CIP 数据核字第 2024G63M13 号

责任编辑：邓　婷
封面设计：刘　超
版式设计：文森时代
责任校对：马军令
责任印制：刘海龙

出版发行：清华大学出版社
网　　址：https://www.tup.com.cn，https://www.wqxuetang.com
地　　址：北京清华大学学研大厦 A 座　　邮　编：100084
社 总 机：010-83470000　　邮　购：010-62786544
投稿与读者服务：010-62776969，c-service@tup.tsinghua.edu.cn
质量反馈：010-62772015，zhiliang@tup.tsinghua.edu.cn

印 装 者：三河市君旺印务有限公司
经　　销：全国新华书店
开　　本：185mm×260mm　　印　张：18　　字　数：445 千字
版　　次：2024 年 8 月第 1 版　　印　次：2025 年 2 月第 2 次印刷
定　　价：69.80 元

产品编号：105085-01

编 委 会

主　任：李　为

副主任：季祖强

成　员（排名不分先后）：

　　　　杨惠菊　江晓珍　田富豪　张国普

　　　　于孟雨　陈佳欣　冯琳洁　许瑾璐

　　　　郑晶珊　林　津　赵艺娜　李　婷

　　　　黄之杰

秘　书：林　彬

前　言

民族要复兴，乡村必振兴。为深学笃行习近平经济思想，探索推进基于乡村振兴实践的理论创新，福州外语外贸学院乡村振兴学院李为教授团队组织编写了《乡村振兴理论与实践》一书。

本书是经教育部立项的国家级一流本科课程"乡村振兴理论与实践"（2023250156）的同名教研成果。作为该课程的建设单位，福州外语外贸学院为本书的问世提供了资助和支持。全书理论结合实践、注重实用实效，通俗易懂且兼具学理性、可读性、趣味性。

本书紧扣国家乡村振兴战略提出的时代背景和历史使命，综合运用理论剖析、比较研究、问卷调查、实地访谈、数理分析等多种方式，结合国内外典型实践案例，对全面推进乡村振兴进行系统阐释。本书采用从理论到实践、从抽象到具体的逻辑思路，具体阐述了乡村振兴的科学内涵、政策路径等重大理论问题，共分为11章，主要围绕乡村振兴五大路径展开，每章分为导论、理论知识、案例剖析、实训实践四个模块，助力大学生观察基层和地方乡村振兴实践，凝练乡村振兴典型模式，记录村庄分化的真实图景。本书主要有以下几个方面的特点。

一是"上观天气"，以习近平总书记关于"三农"工作重要论述为根本遵循，着重把握好乡村振兴理论与中国式现代化理论之间的关系、中国与西方乡村振兴理论研究之间的关系、不同学科之间的融合关系。

二是"下接地气"，以团队开展的"百镇千村"把脉问诊三年行动为依托，以真实世界的经济学方法，观察基层和地方乡村振兴实践，凝练乡村振兴典型模式，记录村庄分化的真实图景。

三是遵循问题导向，重点聚焦理论和实践脱节问题，力求从学理上讲清楚乡村振兴的理论脉络、核心内涵、关键问题、发展路径，推进乡村振兴领域"实践—理论—实践"式的融合共进，推动乡村振兴理论和实践的体系化研究、学理化阐释、学术化表达。

四是遵循系统观念，围绕"产业兴旺、生态宜居、乡风文明、治理有效、生活富裕"总要求和"五大振兴"具体路径，分别设置有关章节，逻辑脉络清晰，系统表达完整；遵循以"用"为导向，着眼将学生培养成为懂农业、爱农村、爱农民的主力军，让更多学生了解农村、理解农村、爱上农村、愿意到农村工作。

由于时间仓促、编者水平受限，书中难免存在疏漏之处，敬请广大读者批评指正！

编委会

2024 年 6 月

目　　录

第一章　农村产业发展与融合 ··· 1
第一节　导论 ··· 1
　　一、背景知识 ··· 1
　　二、学习重点 ··· 2
第二节　理论知识 ··· 2
　　一、名词解释 ··· 2
　　二、重要概念 ··· 3
　　三、经典理论 ··· 5
第三节　案例剖析 ··· 6
　　一、全产业链发展融合模式案例——江苏震泽 ··· 6
　　二、农业多功能拓展融合模式案例——江苏淮安 ··· 8
　　三、农业内部有机融合模式案例——湖南宁乡 ··· 9
　　四、产业集聚型发展融合模式案例——河南西平 ··· 11
　　五、农村产业融合模式案例——湖北宜昌 ··· 13
第四节　实训实践 ··· 16
　　一、课堂实训 ··· 16
　　二、实地实践 ··· 19
本章参考文献 ··· 21

第二章　智慧农业与数字乡村 ··· 22
第一节　导论 ··· 22
　　一、背景知识 ··· 22
　　二、学习重点 ··· 22
第二节　理论知识 ··· 23
　　一、名词解释 ··· 23
　　二、重要概念 ··· 24
　　三、经典理论 ··· 26
第三节　案例剖析 ··· 28
　　一、福建"智慧浦城"建设案例 ··· 28
　　二、浙江省德清县"农村电商"高质量发展案例 ··· 30
　　三、山东省高青县数字化改革赋能黑牛产业全链条 ··· 32
　　四、浙江慈溪市开创"共享冷库"实现农村资源共享 ··· 34
　　五、苏南地区数字乡村建设主要问题及对策 ··· 36

第四节　实训实践 38
　　一、课堂实训 38
　　二、实地实践 41
本章参考文献 43

第三章　农村电商与网络新媒体 44

第一节　导论 44
　　一、背景知识 44
　　二、学习重点 45
第二节　理论知识 45
　　一、名词解释 45
　　二、重要概念 47
　　三、经典理论 50
第三节　案例剖析 51
　　一、"寿光模式"案例分析 51
　　二、中国网店第一村——青岩刘村 53
　　三、莫干山民宿电商 55
　　四、浙江临安：线上线下齐飞 58
　　五、武功县电子商务模式 60
第四节　实训实践 62
　　一、课堂实训 62
　　二、实地实践 66
本章参考文献 68

第四章　合作社经营与管理 69

第一节　导论 69
　　一、背景知识 69
　　二、学习重点 72
第二节　理论知识 72
　　一、名词解释 72
　　二、重要概念 73
　　三、经典理论 74
第三节　案例剖析 78
　　一、湖北省广水市红星养殖专业合作社创办公司案例 78
　　二、安徽省临泉县兄弟蔬果种植专业合作社领头乡村致富案例 81
　　三、湖北省谷城县金盆岭食用菌专业合作社打造菌菇产业高地案例 84
　　四、安溪县山格淮山专业合作社：示范引领打造山格淮山品牌 87
　　五、保康县农民专业合作社 90
第四节　实训实践 93
　　一、课堂实训 93

二、实地实践 ··· 96
　本章参考文献 ·· 99

第五章　人口流动与人才振兴 　102

第一节　导论 　102
　　一、背景知识 ··· 102
　　二、学习重点 ··· 103

第二节　理论知识 　103
　　一、名词解释 ··· 103
　　二、重要概念 ··· 105
　　三、经典理论 ··· 107

第三节　案例剖析 　110
　　一、尚义县十三号村"空心村"改造案例 ···································· 110
　　二、太原市人才振兴政策案例 ··· 112
　　三、陕西省商洛市乡村人才振兴案例 ·· 114
　　四、福建省科技特派员助力乡村养殖业发展案例 ······················· 116
　　五、阳泉市义井镇案例——人才振兴"出实招"，基层治理"见实效" ······· 117

第四节　实训实践 　119
　　一、课堂实训 ··· 119
　　二、实地实践 ··· 122
　本章参考文献 ·· 125

第六章　文化振兴与乡村旅游 　128

第一节　导论 　128
　　一、背景知识 ··· 128
　　二、学习重点 ··· 130

第二节　理论知识 　131
　　一、名词解释 ··· 131
　　二、重要概念 ··· 132
　　三、经典理论 ··· 133

第三节　案例剖析 　134
　　一、安徽黄山世界级休闲度假旅游目的地文化振兴与旅游发展 ······· 134
　　二、丽水松阳县古村落的文化振兴与旅游发展 ·························· 138
　　三、广东潮州凤凰镇文化振兴与旅游发展 ································ 140
　　四、平凉市庄浪县的文化旅游振兴 ··· 142
　　五、乡村旅游发展中的同质化问题 ··· 145

第四节　实训实践 　147
　　一、课堂实训 ··· 147
　　二、实地实践 ··· 150
　本章参考文献 ·· 154

第七章 生态文明与绿色发展 ... 155
第一节 导论 ... 155
一、背景知识 ... 155
二、学习重点 ... 157
第二节 理论知识 ... 157
一、名词解释 ... 157
二、重要概念 ... 159
三、经典理论 ... 160
第三节 案例剖析 ... 163
一、仙游县木兰溪流域治理案例 ... 163
二、长汀县生态修复案例 ... 164
三、蒙阴县打造生态产业化案例 ... 165
四、三明沙县林权改革和碳汇交易案例 ... 167
五、重庆武隆区跨省市重大非法捕捞水产品案 ... 168
第四节 实训实践 ... 169
一、课堂实训 ... 169
二、实地实践 ... 172
本章参考文献 ... 174

第八章 乡村治理与组织振兴 ... 176
第一节 导论 ... 176
一、背景知识 ... 176
二、学习重点 ... 177
第二节 理论知识 ... 177
一、名词解释 ... 177
二、重要概念 ... 179
三、经典理论 ... 180
第三节 案例剖析 ... 183
一、西小吴社区协商治理模式 ... 183
二、计家墩"理想村" ... 184
三、石楼："村改社区"擦亮居民幸福底色 ... 186
四、如皋市搬经镇乡村治理现代化 ... 188
五、梅州市华南村乡村治理 ... 190
第四节 实训实践 ... 191
一、课堂实训 ... 191
二、实地实践 ... 194
本章参考文献 ... 197

第九章 农村土地承包经营与流转 ... 199
第一节 导论 ... 199

一、背景知识 199
　　二、学习重点 200
　第二节　理论知识 200
　　一、名词解释 200
　　二、重要概念 202
　　三、经典理论 203
　第三节　案例剖析 205
　　一、内江市市中区放活农村土地承包经营权案例 205
　　二、农村土地经营权入股公司案例 207
　　三、南阳市农村土地流转案例 209
　　四、彭山区政府破解农村土地流转"三难"案例 210
　　五、维西傈僳族自治县土地流转中的问题 212
　第四节　实训实践 214
　　一、课堂实训 214
　　二、实地实践 216
　本章参考文献 218

第十章　农村信贷与投资 220
　第一节　导论 220
　　一、背景知识 220
　　二、学习重点 221
　第二节　理论知识 221
　　一、名词解释 221
　　二、重要概念 223
　　三、经典理论 225
　第三节　案例剖析 227
　　一、农业银行长汀支行乡村振兴服务案例 227
　　二、寿宁县农信社"背包银行"金融服务案例 229
　　三、古田县民富中心农村普惠金融案例 231
　　四、龙岩市供销社"三位一体"信用合作案例 233
　　五、蒲江县联想佳沃农业投资猕猴桃产业案例 236
　第四节　实训实践 239
　　一、课堂实训 239
　　二、实地实践 243
　本章参考文献 244

第十一章　城乡融合与共同富裕 247
　第一节　导论 247
　　一、背景知识 247
　　二、学习重点 248

第二节 理论知识·····249
一、名词解释·····249
二、重要概念·····251
三、经典理论·····253
第三节 案例剖析·····254
一、遂宁市安居区"海龙凯歌"项目·····254
二、灞桥区电商带农益农案例·····256
三、美国底特律的逆城市化·····257
四、"城中村"进城！破解城乡二元结构的南海实践·····259
五、湖州市长兴县城乡融合案例·····260
第四节 实训实践·····262
一、课堂实训·····262
二、实地实践·····266
本章参考文献·····268

附录A 课程考核评分标准·····271

附录B 实地实践物品准备·····273

第一章　农村产业发展与融合

第一节　导　　论

一、背景知识

农，天下之大本。中华民族作为传统的农业大国，如何发展好农业、如何建设好农村始终是我国面临的重大课题。对于传统的农业发展来说，农村土地资源和劳动力资源主要是从满足农业生产的角度进行配置的，尤其是农村土地资源主要是用来满足农业生产和农民生活，少量用于集体经济的发展，而现阶段这种状况已得到明显的改变。改革开放四十多年来，农业农村不断发展，农民生活水平不断提高，农村基础设施、社会保障等条件大幅改善，农业多功能性逐渐凸显，特别是自"十四五"规划以来，农业农村经济发展呈现出新的特点，总体形势平稳向好，农业综合生产能力显著提高。随着农民增收和消费需求升级、现代信息技术快速发展和创新应用，农村改革不断深化，发展活力有效释放，农业农村资源要素组合利用方式发生新变化，"互联网+""旅游+""生态+"深度渗透并融入农业农村发展各领域和各环节，农村金融服务、物流配送、电子商务、休闲农业和乡村旅游等新产业、新业态不断涌现，产业链条持续延伸，农业功能加快拓展，农村产业融合蓬勃发展且潜力巨大。

现阶段，党中央高度重视农业农村问题，始终坚持把解决好"三农"问题作为重中之重，坚持农业农村优先发展战略。姜长云（2022）认为产业振兴是乡村振兴的重中之重，要以促进农民农村共同富裕为导向，以促进乡村产业高质量发展[1]。纵观历史发展，我们可以发现现阶段我国对"农业农村农民"问题的重视程度前所未有。2015年，中央一号文件提出延长农业产业链、提高农业附加值，推动农村产业融合发展进程，为农村经济发展提供政策支持。党的十九大提出乡村振兴战略，并将产业振兴作为乡村振兴五大战略之一，指出产业振兴是乡村振兴的重要内容，农村产业发展是根植于农村，以农业农村资源为依托，以农民为主体，以一二三产业融合发展为路径，地域特色鲜明、承载乡村价值、创新创业活跃、利益联结紧密的产业体系。习近平总书记多次指出，产业兴旺是解决农村一切问题的前提，要推动乡村产业振兴，紧紧围绕发展现代农业，围绕农村一二三产业融合发展，构建乡村产业体系。

随着国家对农业农村发展的高度重视和战略部署，农村发展成效显著。自党的二十大以来，农村创新创业环境不断改善，乡村产业快速发展，促进了农民就业增收和乡村繁荣发展。近年来，各地更是在促进农村产业发展中积累了宝贵经验。各地开始注重布局优化，在县域内统筹资源和产业，探索形成县城、中心镇（乡）、中心村层级分工明显的格局；注重产业融合，发展第二、三产业，延伸产业链条，促进主体融合、业态融合和利益融合；注重创新驱动，开发新技术，加快工艺改进和设施装备升级，提升生产效率；注重品牌引领，推进绿色兴农、品牌强农，培育农产品区域公用品牌和知名加工产品品牌，创响乡土特色品牌，提升品牌溢价。2021年6月，国家颁布的《中华人民共和国乡村振兴促进法》第十六条明确指出"强化高等学校、科研机构、农业企业创新能力，建立创新平台，加强新品种、新技术、新装备、新产品研发，加强农业知识产权保护，推进生物种业、智慧农业、设施农业、农产品加工、绿色农业投入品等领域创新"。注重联农带农，建立多种形式的利益联结机制，让农民获得更多产业链增值收益。但整体来看，我国在乡村产业发展过程中仍存在问题。温铁军（2018）提出近年来农业发展形势相当复杂，尤其是在扩大农产品对外开放的压力下，农民很难获得市场化的效益[2]。涂圣伟（2022）认为目前我国农村产业融合整体水平和层次还不高，对农民富裕的促进作用发挥还不充分[3]。

二、学习重点

农村产业融合发展是深化农业供给侧结构性改革、推动乡村产业振兴的重要抓手，是促进农民持续增收的有效途径。本章以农村产业发展与融合为主体，主要围绕产业发展与融合的发展背景、研究综述、理论介绍以及相关案例等内容展开。通过对这些有关内容的介绍，旨在让学生掌握农村产业发展与融合的相关知识，并在掌握理论知识的基础上通过案例学习和实践调研，使学生能将理论与实践相结合，切实感受和学习我国目前农村产业融合发展现状与模式。本章学习要求如下。

（1）理解农业产业化、产业集群等专有名词。
（2）掌握产业融合理论、农业多功能性理论等经典理论。
（3）了解当前乡村产业发展过程中存在的一系列问题。
（4）能够运用农村产业发展与融合的理论知识进行调研实践。

第二节 理 论 知 识

一、名词解释

1. 农业市场化

农业市场化是指农业资源配置方式由以政府分配为主向以市场配置为主转化的同时，让价值规律在农业的产供销等环节发挥基础性作用的过程[4]。其实质是农业资源的配置方式的转变，它将充分发挥价值规律在农业产供销各环节中的作用，提高我国农业的整体发展水平。

2. 农业产业化

农业产业化是以市场为导向，以经济效益为中心，以主导产业、产品为重点，优化组合各种生产要素，实行区域化布局、专业化生产、规模化建设、系列化加工、社会化服务、企业化管理，形成种养加工、产供销、贸工农、农工商、农科教一体化经营体系。农业产业化是动态概念，着重强调农业产、供、销一体化过程中的公平问题[5]。

3. 现代农业产业体系

现代农业产业体系是关联效应较强的各种农产品的生产、经营、市场、科技、教育、服务等主体，通过必要的利益联结机制所形成的有机整体。一般而言，现代农业产业体系包括生产要素、市场需求、相关支持产业、产业组织四个方面的因素[6]。

4. 农村产业融合发展

农村产业融合发展是指以农业农村为基础，通过产业联动、产业集聚、技术渗透、体制创新等方式有机整合农产品生产、加工、销售等环节和农业休闲、其他服务业等，以实现农业产业链延伸、产业范围和产业规模扩展、农民收入增加的过程[7]。

5. 农村经济

农村经济是指经济活动或者经济关系发生地在农村，或者与农业生产有着较为直接的关系的经济集群，是农村中的经济关系和社会关系的总称，具体来看主要包括农业、农村工业和手工业、交通运输业、商业、信贷、生产和生活服务等部门经济。

二、重要概念

（一）产业融合

学术界对产业融合的讨论最早源于数字技术的出现导致的产业之间的交叉。早期的产业融合研究集中在技术革新基础上的计算、印刷、广播等产业的交叉和融合。随着数字技术的发展，特别是计算技术和网络技术的融合，照片、音乐、文件、视像和对话都可以通过同一种终端机和网络传送来显示，而且不同形式的媒体彼此之间的互换性和互联性得到加强，这一现象被称为数字融合。数字融合的发展为语音、视像与数据文件等信息内容的融合提供了技术支撑，使电信、广播电视和出版等产业出现产业融合。植草益（2001）在对信息通信业的产业融合进行研究后指出，不仅信息通信业，实际上金融业、能源业、运输业（特别是物流）的产业融合也在加速进行之中，他预测不只在这四个产业领域，在制造业，产业融合也将得到进一步发展，从而大大拓宽了产业融合的研究视野，为更好地构建产业融合的理论体系打下了坚实的基础[8]。

产业融合是指不同产业或同一产业不同行业相互渗透、相互交叉，最终融合为一体，逐步形成新产业的动态发展过程。产业融合是在经济全球化、高新技术迅速发展的大背景下提高生产率和竞争力的一种发展模式和产业组织形式。技术创新是产业融合的内在驱动力，技术创新开发出了替代性或关联性的技术、工艺和产品，然后通过渗透扩散并融合到其他产业之中，从而改变了原有产业的产品或服务的技术路线，改变了原有产业的生产成本函数，从而为产业融合提供了动力；同时，技术创新改变了市场的需求特征，给原有产业的产品带来了新的市场需求，从而为产业融合提供了市场空间。竞争合作的压力和对范围经济的追求是产业融合的企业动力，企业在不断变化的竞争环境中不断谋求发展扩张，不断进行技术创新，不断探索如何更好地满足消费者需求以实现利润最大化和保持长期的竞争优势。当技术发展到能够提供多样化的满足需求的手段后，企业为了在竞争中谋求长期的竞争优势便在竞争中产生合作，在合作中产生某些创新来实现某种程度的融合。放松管制为产业融合提供了外部条件，不同产业之间存在着进入壁垒，这使不同产业之间存在着各自的边界。美国学者施蒂格勒认为，进入壁垒是新企业比旧企业多承担的成本，各国政府的经济性管制是形成不同产业进入壁垒的主要原因。管制的放松导致其他相关产业的业务加入本产业的竞争中，从而逐渐走向产业融合。产业融合的结果是出现了新的产业或新的增长点。农村一二三产业通过融合发展，将出现诸如休闲农业、观光农业、采摘农业、工业化农业、信息化农业等新产业形态，实现产加销一体化、农工贸一条龙等新产业模式，提供更多就业岗位，延伸农村产业价值链，使农村产业增值空间最大化。

（二）产业集群

产业集群是某一产业领域相关联企业及其支撑体系在一定地域内的发展，并形成具有持续竞争优势的经济群体。产业集群不是众多企业的简单堆积，企业间的有机联系是产业集群产生和发展的关键。产业集群突破了企业和单一产业的边界，着眼于一个特定区域，使具有竞争和合作关系的企业、相关机构、政府、民间组织能够从一个区域整体来系统思考经济、社会的协调发展，考察可能构成特定区域竞争优势的产业集群、临近地区间的竞争与合作，而不仅仅局限于考虑一些个别产业和狭小地理空间的利益。产业集群观点更贴近竞争的本质，要求政府重新思考自己的角色定位，专注于消除妨碍生产力发展的障碍，强调通过竞争促进集群产业的效率和创新，从而推动市场不断拓展，繁荣区域和地方经济。产业集群在强化专业分工、发挥协作配套效应、降低创新成本、优化生产要素配置等方面作用显著，提升了产业竞争力。

集群现象和理论适应了许多国家分权化改革后地方政府发展地方经济的需要，使得集群发展战略得到了各国和各级地方政府的认同。但由于缺乏统一的集群概念和一致的理论，以及实证研究的混乱，集群发展战略缺乏一个统一的框架[9]。作为一种介于市场与科层企业之间的组织模式，产业集群提供了一个思考、分析国家和区域经济发展并制定相应政策的新视角，适应了经济发展和政府决策者的需要，吸引了各国学者的关注，有着自身独特的竞争优势。从产业范围来看，农村一二三产业融合发展属于农村范围内的整合、重组与延伸。而产业集群涉及多行业多领域的产业集聚与整合。从产业形态来看，农村一二三产业融合发展既有产业之间的整合、重组，产业链的延伸，也有新产业形态的形成，这是农村一二三产业融合与其他产业形式和模式的本质区别。

（三）产业集聚

产业集聚是指同一产业在某个特定地理区域内高度集中，产业资本要素在空间范围内不断汇聚的过程。产业集聚问题的研究始于19世纪末，马歇尔在1890年就开始关注产业集聚这一经济现象，并提出了两个重要的概念，即"内部经济"和"外部经济"。马歇尔之后，产业集聚理论有了较大的发展，出现了许多流派。比较有影响力的有：韦伯的区位集聚论、熊彼特的创新产业集聚论、E. M. 胡佛的产业集聚最佳规模论、波特的企业竞争优势与钻石模型等。

产业集聚作为一种企业的空间集聚现象，国内外学者从不同的特征和角度对产业集聚的概念进行了界定。纵观产业集聚的定义，基本围绕着地理特性、产业特性或内部要素联结几个方面展开。早期对集聚概念的界定，较为关注与产业相关的生产联系，而忽视了地理接近性，集聚演化到呈现出高度地理集中性时，其概念便与地理特性结合，于是地理接近性成为界定集聚的根本特征之一[10]。1998年，波特关注集聚的空间本地化特征，认为产业集聚是某一特定领域内相互联系的企业及机构在地理上的聚集体。除地理特性外，产业特性成为界定产业集聚的另一个根本特征。产业特性作为反映集聚内部企业和各要素之间的联结模式，其表征并不统一。波特从产业链的角度界定产业集聚，认为产业集聚包括一系列相关联的产业或实体。莱曼德将集聚定义为，围绕一种或一系列相似产品生产链的地理集中，同时还有影响这些聚集地竞争力的机构。

三、经典理论

（一）农业多功能性理论

20世纪80年代末到90年代初，日本最先在"稻米文化"中引入了多功能性这一概念，1992年，联合国环境与发展会议首次明确这一概念。随后联合国粮农组织于1996年提出将考虑农业的多功能特点，1998年农业多功能性首次作为专业术语出现在欧盟公布的文件中。这一概念是指：农业除了提供食品、纤维等商品产出的经济功能，还具有文化、生态、社会、政治等延伸功能，即农业除了满足人类基本需求，还承担了社会、经济、生态等方面的功能，是一种能够产生社会效益、经济效益、生态效益的农业生产经营模式。国内学者基于国内实际情况对农业多功能性进行深入研究，武晓雯等人（2020）基于乡村振兴视角，将农业多功能性与乡村振兴的内涵有机结合，为我国现代农业发展提供了新的思路及视角[11]。根据国外的研究结果，结合我国的实际和研究，农业多功能性的含义可归纳为：农业多功能性是指农业具有提供农副产品、促进社会发展、保持政治稳定、传承历史文化、调节自然生态、实现国民经济协调发展等功能。经济功能主要表现在为社会提供农副产品，是以价值形式表现出来的功能，是农业的基本功能。社会功能主要表现为对劳动就业和社会保障，促进社会发展方面的功能。政治功能主要表现为农业在保持社会和政治稳定的作用上。生态功能主要表现在农业对生态环境的支撑和改善的作用上。文化功能主要表现为农业在保护文化的多样性和提供教育、审美和休闲等的作用上。

近年来，我国的农业多功能性思想主要体现在以粮食安全为核心要义的农业社会功能观、以绿水青山就是金山银山为核心要义的农业生态功能观、以农耕文化为核心要义的农业文化功能观、以农业供给侧结构性改革为核心要义的农业经济功能观这几个维度，最终以实现乡村振兴为指引。

（二）产业链理论

产业链是产业经济学中的一个概念，是指一定地域内，同一产业部门或不同产业部门或不同行业中具有竞争力的企业，与相关企业以产品为纽带按照一定的逻辑关系和时空关系，联结成的具有价值增值功能的链网式企业战略联盟[12]。产业链理论的内涵非常丰富，产业链理论表述了产业的关联程度，这种关联关系主要体现了五大内涵：一是产业链是满足需求程度的表达；二是产业链是产品价值传递的表达；三是产业链是资源加工深度的表达；四是产业链是主导核心技术的表达；五是产业链是产业地理空间布局的表达。基于这一定义，将 5 种产业链称为供需链、价值链、产品链、技术链和空间链，其中供需链描述企业之间满足彼此供应和需求的契约关系，产业链上下游企业之间的供需关系形成了供需链，上游企业向下游企业输送产品和服务，下游企业和上游企业之间存在大量的信息、物质交换；价值链反映了从原材料到消费品的价值增值过程；产品链是从原料到交付产品或服务的物理性能或功能完成过程，是产品功能形成和资源加工深度的表达；技术链是产业链的重要特性之一，产业的主导技术和产业本身之间是互动发展的关系，技术的创新可以促进产业的发展，也会推动技术进步；空间链表现了产业链在不同地理空间上的分布特性，从当前产业链发展看，发达的产业链都会在空间布局上表现为在某一地区的"扎堆"现象，即产业集群[13]。

第三节 案例剖析

一、全产业链发展融合模式案例——江苏震泽[14]

（一）基本情况

震泽镇隶属于江苏省苏州市吴江区，位于吴江区西部，江浙交界处，北濒太湖，东靠麻漾，南壤铜罗，西与浙江南浔接界。2011 年，震泽镇全镇总户数 25 743 户，常住人口 78 854 人，暂住人口 29 300 人。2013 年，震泽镇行政区总面积 95.6 平方千米，其中市镇面积 5.3 平方千米，辖 23 个行政村，5 个社区居委会。震泽镇先后被评为中国亚麻蚕丝被家纺名镇、中国蚕丝被之乡、国家卫生镇、全国环境优美镇、江苏省历史文化名镇等。2015 年 4 月，震泽镇被列入国家建制镇示范试点地区。震泽土壤以水稻土为主，5 种土属分别为乌黄泥、小粉土、白土、青紫泥和青泥土，耐压力每平方米 7 吨至 21 吨；地貌类型属太湖流域的湖荡平原区，地势自东北向西南缓慢倾斜。水面积占 23.5%。气候类型属北亚热带季风区，四季分明，气候温和、湿润，雨量充沛，无霜期长。震泽春秋两季冷暖气流交替支配，夏季受副热带高压影响。冬季受北方冷空气控制，所以春秋两季盛行东南风，秋冬季节多偏北风，气象要素的年际、季际变化较大[15]。

（二）案例背景

震泽镇以丝绸为文化地标，围绕蚕桑，建立了一条集农业观光、工业旅游、美食体验、生态休闲等元素于一体的绿色经济产业链。铺开历史的长轴线，震泽这座丝绸故里既古老又年轻。说它古老，震泽人种桑养蚕、缫丝织绸的历史，最早可以追溯到五千年前的新石器时代。明清鼎盛时期，震泽出口的生丝占全国总量的 1/15，是当时海上丝绸之路的重要起点之一。1921 年纽约万国博览会上，震泽丝绸一举摘得金奖，蜚声寰宇。说它年轻，如今震泽集聚以太湖雪为代表的近 200 家丝绸企业，产能稳步向 20 亿元迈进，在形成"金花领衔、小花紧跟、百花齐放"良好发展格局的同时，不断推动互联网赋能丝绸产业，截至 2020 年创造年产值超 15 亿元、"双十一"销售额超 7000 万元的纪录。

基于这样的背景，政府开始鼓励丝绸企业延伸产业链，从源头开发，建设现代农业蚕桑示范基地。蚕农每亩有相应金额的生态补贴，这既使蚕农在良好生态中可以获得收益，又将丝绸产业、乡村旅游和自然生态相融合，促进强村富民，实现旅游产业新的提升。

（三）做法成效

乡村振兴，震泽何以能行？在古与新、慢与快之间，厘清城乡肌理，"治建共举"，塑造"产业、生态美美与共"，是其发展要诀。"蚕丝古镇、科技新城、田园乡村"，震泽镇在高速发展中扎实做好农业文章，逐步形成了围绕"一根丝"的丝绸特色全产业链，以及较为成熟的产业融合发展模式，农民的幸福指数显著提高。

依托丰富的水系资源规划现代农业园区。震泽镇规划了 1.5 万余亩[①]的现代农业园区，探索传统农业向高产、高效优质的现代农业转变的发展路子。在"四个百万亩"规划的基础上，园区按照"产业集中、功能完善"的思路，积极打造"示范核心区、水稻生态生产区、蚕桑种植观光生态湿地区"。"一丝兴三业、三产绕一丝"，蚕桑产业已然成为震泽镇的一张名片。作为园区内的特色产业，规划蚕桑种植 1600 多亩，包括桑树种植基地、果桑种植基地和蚕桑文化主题村。目前一期已种植 500 亩，二期蚕桑种植及与之配套的沟渠、道路建设等正在进行，总投资约 1000 万元。

以丝为经、以业为纬，园区加强蚕桑基地建设。加大蚕桑产业新技术的应用力度，大力发展高效桑业、生态桑业；创新生产经营体系，通过政府引导逐步形成以"公司+基地+农户"为主导的产业经营模式，实现园区蚕桑产业规模化生产、企业化经营；结合当地生态环境优势，深入挖掘特色蚕桑文化，发展生态湿地、蚕桑文化旅游，拓展产业功能，实现三产融合发展。

依托科技，推进高标准农田。园区高标准推进水稻、果树、水产三大产业建设。粮食生产是农业基石。园区内建设了高标准农田 5400 亩，带动农户 2500 多户，粮食生产实现全程机械化。通过大力推行标准化和品牌化建设，现有的"谷牌"不落地大米和长牌大米已取得绿色食品认证，认证面积达 3000 亩，占水稻总面积的 55.6%。在特色水产精养上，园区利用长漾南岸的洼地建设了 300 多亩渔业健康养殖示范场，采用仿野生技术养殖甲鱼，测定科学放养密度，尽可能使甲鱼的生长环境接近自然环境。有了丰富的农产品和价值日益凸显的农业品牌，震泽镇的农业大计里又多了一项——延展农业产业体系，大力发挥园区的文化传承功能，把园区发展为有历史记忆、地域特色、民族特色的乡村田园。

（四）经验推广

一是依托资源禀赋，选准优势产业。要充分依托当地的资源禀赋优势和产业发展比较优势，采取科学化和差异化的发展思路，因地制宜实施和发展"一村一品""一县一业"，优化产业布局，做大做强优势特色产业集群。要以特色农产品优势区、产业集群、现代农业产业园、农业产业强镇为平台，打造现代化、标准化的生产基地，推进绿色发展，提升产品质量。

二是充分挖掘地方特色，形成地方优势。要在特色种养、传统工艺、文化传承、民俗

[①] 1 亩=666.7 平方米。

风情、自然资源等方面探索创新，积极开发具有区域特色、品牌特色、附加值高的产品，防止产业同质化，减少恶性竞争。要注重突出当地文化底蕴和优势，充分挖掘特色农业文化内涵，讲好特色农业产业故事。将传统民间文化、农耕文化、地域文化等结合起来，合理配置生产要素，鼓励第一产业和第三产业融合发展。

三是延伸整合产业链条，提升产品附加值。要依托特色鲜明的优势资源，实施产业链延伸工程，提升农产品的附加价值。通过政策引导、加强服务、财税扶持，支持加工企业向园区聚集。要以市场为导向，统筹推进各类农业产业链整合，坚持全产业链打造、全产业链贯穿、全产业链提升，构建上下游关联企业无缝对接、同类主体合作共赢的抱团发展新机制。

（五）思考探索

请思考并尝试概括全产业链融合模式的内涵。

二、农业多功能拓展融合模式案例——江苏淮安[16]

（一）基本情况

淮安位于江苏省中北部，江淮平原东部。地处长江三角洲地区，是苏北重要中心城市，南京都市圈紧密圈层城市。坐落于古淮河与京杭大运河交点，境内有中国第四大淡水湖洪泽湖，是国家历史文化名城、国家卫生城市、国家园林城市、国家环境保护模范城市、国家低碳试点城市、中国优秀旅游城市。淮安地处江苏省长江以北的核心地区，邻江近海，为南下北上的交通要道，区位优势独特。淮安是江苏省的重要交通枢纽，也是长江三角洲北部地区的区域交通枢纽。淮安人文荟萃，淮安市地处江苏省北部中心地域，北接连云港市，东毗盐城市，南连扬州市和安徽省滁州市，西邻宿迁市。气候方面，横贯淮安市境内的淮河苏北灌溉总渠一线是中国暖温带和亚热带的分界线，因此淮安市兼有南北气候特征，一般来说，苏北灌溉总渠以南地区属北亚热带湿润季风气候，以北地区为北温带半湿润季风气候。受季风气候影响，四季分明，雨量集中，雨热同季，冬冷夏热，春温多变，秋高气爽，光能充足，热量富裕[16]。

（二）案例背景

淮安市是江苏的农业大市，也是全国农副产品产加销基地。优质粮油、蔬菜、水产、生猪、畜禽、林果是淮安农业的六大主导产业，该市农副产品十分丰富，优质粮油产量较高，是全国著名的十大商品粮油基地之一。同时，淮安也是江苏的经济薄弱地区，大力发展经济是该地区的首要任务之一，如何充分发挥自身优势，调整发展思路，实现跨越式发展，是该地区一直思考和探索的主要问题。基于这样的背景，淮安市逐步开始探索以科技助推实现农村产业融合发展，将科技作为驱动力，推进市场主体加速融合、各类业态跨界发展，在补短强特中厚植优势、扬优成势，更好地引领和驱动产业转型升级，在数字经济这个区域竞争的新赛道上跑出淮安速度，形成"淮安农村产业融合发展模式"。

（三）做法成效

一是立足科技，加强创新。江苏淮安立足"为农业增效提供科技支撑、为农民增收提供科技服务"的定位，坚持党建引领，优化机制，激发活力，着力推进农业科技创新、科技成果转移转化，发挥科技引领、服务和支撑作用，强化新品种、新技术、新模式的研发与推广，为淮安现代农业发展和乡村振兴注入动力。

二是发展品牌，提高产品价值。2016年，淮安水稻种植、育秧、仓储和加工、销售等29家企业组建淮安大米产业联盟，统一使用"淮安大米"品牌，此外，还建成有高效设施的园艺138万亩、特种水产养殖50万亩，"多而杂""小而散"的旧面貌逐渐被"大而长""大而强"的链式发展新格局所取代。淮安市农科院蔬菜育种中心先后育成农作物新品种96个，研发推广新技术、新产品42项，近三年科技成果转化收益达1.1亿元，位居全国设区市级农业科研院所前列。

三是聚集资源要素，推动农民增收。截至2020年，江苏淮安农业农村系统紧扣产业振兴目标，将各类要素、资源和力量向以"三特"产业为主导的乡村产业集聚，延伸产业链，拓展功能链，提升价值链，畅通销售链。优质食味稻面积182万亩，中药材面积5万亩，休闲经营收入达19亿元，创成省级特色农产品优势区2个、国家农业产业强镇1个。乡村产业不断提质增效、转型升级，有力带动农业增效、农民增收。

（四）经验推广

一是推进龙头企业转型升级。农村产业融合发展是农业农村发展的必然趋势。龙头企业是经营主体融合共生的主导者，是产业环节融合互动的引领者，也是资源要素融合渗透的推动者，在推进农村一二三产业融合发展中具有重要作用。龙头企业要积极延长产业链，向产业上下游跨界发展；要提升价值链，通过精深加工和精细化管理提高附加值；要共享利益链，让农户分享产业链增值收益；要催生新业态，将"互联网+""生态+"等现代新理念引入生产经营活动，创新生产方式、经营方式和资源利用方式。

二是充分发挥农业多功能性。农业多种功能充分发掘，乡村多元价值多向彰显，粮食等重要农产品供给有效保障，农业质量效益和竞争力明显提高，优质绿色农产品、优美生态环境、优秀传统文化产品供给能力显著增强，形成以农产品加工业为"干"贯通产加销、以乡村休闲旅游业为"径"融合农文旅、以新农村电商为"网"对接科工贸的现代乡村产业体系，实现产业增值收益更多更好惠及农村农民，共同富裕取得实质性进展。

（五）思考探索

请认真分析案例，自行查找资料，总结概括江苏淮安农村产业发展与融合模式。

三、农业内部有机融合模式案例——湖南宁乡[17]

（一）基本情况

湖南宁乡市位于湖南东北部、长沙西部，地处湘江下游西侧和湘东偏北的洞庭湖南缘地区。东邻望城，南接湘潭、湘乡，西与涟源、安化交界，北与益阳、桃江毗连，东西跨度88千米,南北纵长69千米。截至2021年,全市总面积2906平方千米,其中耕地面积9.57千公顷①。2022年年末户籍总人数141.01万人。宁乡市是全国闻名的"鱼米之乡""生猪之乡""茶叶之乡",先后被列为全国优质米、瘦肉型猪、水产品生产基地,生猪和粮食产量分列全国第五位和第九位。气候类型方面,属亚热带大陆性季风湿润区,四季分明,雨量充沛,日照适中。地形地貌方面,宁乡境内多为丘陵地带,西部的沩山区域是雪峰山庞大东部地带的南侧主干区,往东则是雪峰山余脉向东北滨湖平原过渡地带,境内地貌有山地、丘岗、平原。地表轮廓大体是北、西、南缘山地环绕,东南丘陵起伏,北部岗地平缓,东北低平开阔,整个地势由西向东呈阶梯状逐级倾斜[17]。

(二)案例背景

诗意栖居地,安宁幸福城。湖南宁乡具有丰富的自然资源,具备发展的有利条件。此外,宁乡政府始终关注农业农村发展问题,将人民福祉作为发展的第一要义。近年来,宁乡政府始终将"推动一二三产业深度融合,实现农业产业高质量发展"摆在农业产业发展突出位置,坚持以工业化思维抓农业产业发展,强化组织保障、坚持规划引领、筑牢产业支撑、推进融合发展,形成了具有宁乡地域特色的一二三产业深度融合机制,实现了工业与农业、城镇与乡村的"跨界"联动,使得农村产业"接二连三"成功闯出新名堂,把广袤的农村打造成了湖南版的"富春山居图"。

(三)做法成效

湖南宁乡近年来凭借县域经济实力跻身全国百强县排行榜。其中,农村一二三产业融合成为当地经济发展的新亮点,在农业内部融合方面独具特色,在国内颇具典型性,农牧结合、农林结合、循环发展已趋成熟,粮食、经济作物、饲草料三元种植结构逐步优化。

在2022年中央农村工作会议上,习近平总书记指出,依托农业农村特色资源,向开发农业多种功能、挖掘乡村多元价值要效益,向一二三产业融合发展要效益,强龙头、补链条、兴业态、树品牌,推动乡村产业全链条升级,增强市场竞争力和可持续发展能力。在宁乡,围绕如何"把产品变产业、让好产品拥有好市场、好想法变成好办法"的三产融合已经成为服务业现代化和服务经济转型升级的重要方向。在融合过程中,形成了一系列新型的产业形态,如"私人定制"项目。此外,市农业农村局还在全市各乡镇村(社区)铺排一村一品特色产业品种、蔬菜种植基地分布数量的梳理统计工作,并组织对全市农产品加工企业原材料采购开展摸底和调查,为全市一二三产业融合农业高质量发展工作积淀一手翔实的数据基础,并着手出台2023年宁乡市推动农产品加工企业原材料本地化支持相关政策。在当地政府带领下,宁乡已初步建成大成桥镇大成桥村香芋基地、双凫铺镇麦田村红薯基地、横市镇望北峰村冬瓜基地等,助推了当地产业融合的发展。

(四)经验推广

一是加快新融合。宁乡市委、市政府对农村产业融合发展以及国家农村产业融合发展示范园建设高度重视,围绕支持新型主体、农村产业融合土地保障、财政投入、金融服务、

---

① 1公顷=10 000平方米。

支持农业人口返乡创业等多个方面,出台了五十多项政策文件,构建了完整的政策支持体系,依托主要农业产业和农村资源,大力扶持特色农业生产基地、构建农副产品精深加工产业集群、培育发展多功能的农业新业态推动产业融合发展。

二是构建新模式。成功打造卫红米业"3155"的"粮食银行"新商业模式,农产品品牌化发展的"宁乡花猪产业模式",农旅购结合的"湘都新型农庄模式",农村土地整村流转经营的"鹊山模式",农工旅结合的"优卓乳业生态产业园模式"、双赢双补的"特色农业产业化基地模式"等产业融合发展模式。

三是探索新路径。积极探索制度、技术和商业模式的创新,对土地、房屋、劳动力等资源的合作模式进行有益有效探索。

四是建立新机制。发展股份合作型、订单合同型、服务协作型、流转聘用型、全产业链覆盖型、园区带动型等多种形式的利益联结模式,逐步建立完善适应不同产业、不同发展阶段的企农利益联结机制,让企业与农民实现双赢。

五是形成新典型。鼓励龙头企业服务农业经营主体、行业协会指导农业生产,形成典型。金太阳休闲农场积极培养农村产业融合及技术人才,大力发展农村新型业态,实施"互联网+农业、农产品销售、乡村旅游、农耕体验、蔬果采摘"等现代农业行动,创办"老农快线",成立"扶贫办",主攻精品农产品包装配送,大力发展农产品电子商务,完善配送及综合服务,积极探索个性化定制服务、农业众筹等新型业态。

(五)思考探索

请总结该案例中农村产业融合发展模式的具体做法,并思考该模式是否适合在我国大部分农村产业发展过程中大规模复制推广。

四、产业集聚型发展融合模式案例——河南西平[18]

(一)基本情况

河南西平县隶属河南省驻马店市,地处河南省中南部,东邻上蔡县,西接舞钢市、漯河市舞阳县,南与遂平县毗邻,北和漯河市源汇区、召陵区交界。县境东西长60千米,南北宽32千米,总面积1089.77平方千米。根据第七次人口普查数据,截至2020年11月1日,西平县常住人口为647 311人。西平历史悠久,风景秀丽。西平古为柏皇氏遗族封地,西汉初年置县,是黄帝正妃、中华之母——蚕神嫘祖的故乡,中国冶铁文化的发祥地,被国家命名为嫘祖文化之乡和冶铁铸剑文化之乡。2020年1月22日,被住房和城乡建设部命名为国家园林县城。在地理环境方面,西平地势西高东低,西部浅山丘陵区属伏牛山余脉,面积96.4平方千米,占全县总面积的8.85%,有大小山峰10余座,最高海拔553米;中部、南部有缓岗,面积60平方千米,占全县总面积的5.5%;东部平原面积933.37平方千米,占全县总面积的85.65%。气候方面,西平县地处北亚热带向暖温带过渡地带,属亚湿润大陆性季风型气候,气候温和,四季分明。年均日照时数2157.2小时,平均气温14.8℃,无霜期221天,降雨量852毫米,春季多西北风,夏季多东南风,平均风速2.3米/秒。水文特征方面,境内河流属淮河流域的洪、汝水系,流域面积在5平方千米以上的河流共69条,其中洪河、柳堰河、淤泥河为本县3条主要河流[18]。

（二）案例背景

河南西平县牢固树立农业农村优先发展战略，在农村产业融合发展的道路上试探摸索、风雨兼程。从一个企业到一片企业、从一个行业到多个行业，西平县企业星罗棋布、组团发展，实现了从贫弱单薄到龙头高昂、集群前行的震撼飞跃，筑牢了经济高质量发展的根基。

自2008年河南省实施集聚区战略以来，12年披荆斩棘，12年成效喜人，截至2019年年底，全省集聚区开发面积达到2000平方千米，共有150个开发区纳入了国家开发区公告目录，总量居全国第3位。产业集聚区已成为县域经济的增长极，其是转变发展方式、实现科学发展的突破口，招商引资的主平台，转移就业的主阵地，改革创新的示范区，推动河南省高质量发展的重要作用日渐凸显。从小到大，从弱到强，西平县产业集聚区已跑出了发展加速度，成为该县创新发展的强大引擎，形成了一区多园、竞相发展的格局。

（三）做法成效

近年来，西平县依托丰厚的文化积淀，主动融入"一带一路"，用智能制造承接产业转移，用精益化管理实现服装制造产业的低成本和高效能优势，推动服装产业链建设，切实做好嫘祖文化与服装产业发展有机"嫁接联姻"。

2015年西平县在中纺联、省服装协会的帮助和指导下规划了占地5.31平方千米的嫘祖服装新城，定位打造服装产业转移的承载地、供应链价值提升的示范地和智能制造基地。服装新城内现有服装生产企业42家，既有像爱慕、领秀、梦舒雅这样的大牌，也有像棉娃娃、歌锦、3S这样的区域品牌，还有像阿尔本、国泰、新思维、华之诺这样的大型外贸加工企业，成为HM、Zara、优衣库、海澜之家、巴拉巴拉等国内外知名品牌的生产基地。

2018年11月27号，嫘祖服装新城·智尚工园二期作为驻马店市2018年第四批亿元以上重点项目集中开工仪式的主会场开工奠基。智尚工园二期以"时尚、科技、绿色"为引领，打造集研发、设计、智能制造、培训、展示、时尚发布、电商、物流等为一体的服装生产的新制造、新高地。

2021年，西平县秉持产业兴则农村兴，农业强则百业强的理念，加快推进老王坡10万亩农业现代化示范区项目建设，新建高标准农田6.3万亩以上。把高标准粮田建设作为粮食增产的根本举措，以集中打造"土地平整肥沃、灌溉设施完善、农机装备齐全、技术集成到位、优质高产高效、绿色生态安全"的高标准永久性粮田为目标，大手笔整合投入多项涉农资金，形成发展合力。积极参与种源技术攻关、种质资源保护利用。培育推广小麦、玉米等优质新品种，打响"西平小麦"品牌。藏粮于地，更要藏粮于技。

（四）经验推广

一是围绕生产体系现代化做文章。坚持藏粮于技、藏粮于地，加大高标准农田建设力度，用现代科学技术改造提升农业，夯实农业现代化的基础。推进设施化，以实现稳产高产、提升抗灾能力、完善设施配套、加强生态保护为目标，对田、林、水、路、电、技、管等进行综合整治，创新投资模式，强化市场运作，形成多元化投资机制，不断完善农业基础设施，增强粮食综合生产能力，为国家粮食安全做出积极贡献。推进机械化，项目区大力推广新型实用高效农机,全部采用大型机械耕种、管理、收获,运用大型喷灌、无人机进行喷药、施肥等作业,实现机收、机种、管理全程机械化。推进绿色化,积极发展生态循环农业,推广普及测土配方施肥,加强水肥一体化技术和新型肥料应用,减少化肥用量和肥料流失。

二是围绕产业体系现代化做文章。树立大粮食观、大食物观、大农业观,抓住"粮头食尾""农头工尾",延伸产业链、贯通供应链、提升价值链,深入推动一二三产业融合发展。以做强优质特色产业为目标,推进标准化生产、专业化种植,开展新品种、新技术、新机具配套集成技术示范和推广,大力发展优质产业,不断提升知名度。以提高种植效益为突破点,加大种子研发繁育力度,与高校以及科研院所合作共建以育种研究、教学为一体的示范性基地。以乡村建设行动为抓手,在项目区做足"水田"文章,突出"人文"特色,打好"乡村"品牌,开发"农旅"路线,推进农业与旅游、教育、文化、休闲、康养等产业深度融合,打造"榆柳荫后檐,桃李罗堂前"的田园风光,推动工农互促、城乡互补、协调发展、共同繁荣。

三是围绕经营体系现代化做文章。坚持农业产业化发展方向,大力培育新型农业经营主体,建立利益联结机制,提高农业的规模化、组织化、产业化水平。大力培育新型农业经营主体,加快土地流转,促进土地规模经营。大力培育专业化、社会化服务组织,聚集人才、资金、技术、信息等先进农业生产要素,采取长期订单、土地托管、保底收益、信贷担保、风险补偿等方式,完善烘干仓储、冷链保鲜、农机等服务,建立农业产业化联合体,促进千家万户小生产与千变万化大市场有机衔接。大力培育产业化龙头企业,依托河南水投集团积极引进农业产业化龙头企业,采取"龙头企业+合作社+农户"的经营模式,健全完善联农带农机制,让农民群众共享农业现代化发展成果。

(五)思考探索

请认真思考河南西平为什么可以推进产业集聚型发展融合模式,是基于什么优势和条件。

五、农村产业融合模式案例——湖北宜昌[19]

(一)基本情况

宜昌古称夷陵,位于湖北省西南部、长江上中游分界处,建制历史逾两千年。"宜昌"之名始于东晋,市的建制始于解放初,于1992年设立地级市。全市现辖五区、三市、五县,常住人口415万,全市总面积2.1万平方千米,市区面积4249平方千米。宜昌依长江而建,是湖北省域副中心城市,综合实力仅次于武汉襄阳,位居湖北省第三位,是我国中部重要的交通枢纽,拥有汉宜高速公路、汉宜高速铁路、焦柳铁路、318国道等国家重要的交通动脉。宜昌是三峡大坝、葛洲坝等国家重要战略设施所在地,被誉为"世界水电之都"。宜昌是我国优秀旅游城市,境内有4处国家5A级旅游景区,数量居全国城市第四。宜昌是湖北省唯一的国家环境保护模范城市,同时享有全国文明城市、国家园林城市、国家卫生城市、国家森林城市、中国钢琴之城等美誉。宜昌市位于湖北省西南部,地处长江上游与中游的结合部,鄂西山区向江汉平原的过渡地带,"上控巴蜀,下引荆襄"。山区占67.4%,丘陵占22.7%,平原占9.9%。宜昌地形复杂,高低相差悬殊,山区、丘陵、平原兼有。地势自西北向东南倾斜。西部的兴山、秭归、长阳、五峰和夷陵区西部为山区，夷陵区的东部、当阳、远安、宜都等县（市、区）为丘陵，长江、清江和沮漳河交汇两侧的枝江、当阳、宜都等县（市）的部分区域为平原[20]。

（二）案例背景

湖北宜昌市委市政府近年来大力发展农业农村，已取得很大成效，培育了新型农业经营主体，不断促进了现代农业发展，增强了农业竞争力，也进一步提升了基础设施建设和公共服务水平，农村产业发展亮点纷呈。基于这样的发展背景，湖北宜昌大力推动农村产业融合发展，通过采取农村产业链延伸融合、三次产业集聚集群融合、农业农村功能拓展性融合、种养业重组主导的循环经济型融合等模式带动宜昌发展。

（三）现存问题

一是农村产业融合总体上处于初级阶段。以宜昌市为例，虽然农村产业融合已是亮点纷呈，但总体上还处于初级融合阶段。一方面是融合覆盖面窄。如有的农村经营主体组织了机耕服务队、柑橘采摘服务队、统防统治服务队等，但多以某一农事操作环节为对象；也有公益性机构和农民合作社从事畜牧服务业，但范围主要集中在统一饲料供应、技术服务、疫病防治等有限的几个项目上。与农村产业融合所需要的综合性、全流程相比还有较大差距，特别是从事信息、仓储、物流、资金互助的比例小。另一方面是融合起点低。例如种植业，仍以传统种植技术为主，机械化率、信息化程度不高，生产标准化程度不够；再如加工业，产业链延伸较短，仍以初加工为主，高附加值产品比例较低。这就导致农村产业融合层次有高有低，层次高的实施产供销研一体化，产品高端、附加值高；层次低的是大量的小型加工厂，技术水平低，可替代性强，有时为求得生存，存在盲目竞争现象。就总体而言，参与农村产业融合的经营主体多数整合资源、集聚要素、创造价值和抵御风险的能力弱，在市场竞争中的突围能力不强。

二是农村产业融合的外部支撑环境尚不健全。加快推进农村产业融合受到一些外部环境的限制。首先是基础设施薄弱。不少地区为山区、半山区，土地细碎，交通落后，没有机耕道，无法使用机械化设备；有些龙头企业、农民合作社建设了厂房，购买了设备，但水、电、气、网等配套设施不到位。这些基础设施公共性强，单一企业没有能力投资建设，导致土地开发成本过高，抵消了部分经营主体参与农村产业融合的愿望。其次是公共和社会化服务滞后。基层技术推广体系建设满足不了农村产业融合发展的需要，技术创新和服务不足限制了一些项目的生成。一些龙头企业有实力出资与高校、科研机构合作，但毕竟是少数，对大多数农村经营主体来说技术约束往往是最大障碍。产品认证、资质认证等服务的发展也较为滞后，无法满足当地龙头企业、农民合作社等业务拓展的需要。最后是政策和制度障碍。农村产业融合是多元参与主体共同努力的结果，但税费优惠和财政补贴均以农民合作社和农户为主。部分工商企业带着丰厚资金、先进技术、管理经验参与农村产业融合，但难以享受同等的优惠待遇，既打消了部分企业的积极性，也削减了部分已有项目的竞争力。

三是部分项目缺乏对农户的辐射带动力。农村产业融合的参与主体在形成风险共担、互惠共赢的利益联结机制上做出了有益探索，但部分项目的利益联结机制仍不健全，缺乏对农户的辐射带动力。调研中了解到,"公司+合作社+农户"的经营模式还处于比较松散、不太规范的状态,利益联结比较脆弱,合同订单履约率低,原料采购随意性大。有些企业参与农村产业融合项目,与农户有竞争、无合作,在农民合作社中"一股独大",甚至取得优惠政策后从事非农的高收益产业;有些经营主体为了扩大种植规模,向农民流转土地,租期长达十年甚至数十年,但租金或者不变,或者涨幅明显低于同类耕地租金的涨幅。这就不难理解,有些农村产业融合项目,农户参与的积极性不高,核心原因就是收益不能与时俱进。

(四)对策建议

一是抓准推动农村产业融合发展的着力点。首先鼓励新型经营主体做大做强。政府投入的资金优先安排新型农业经营主体作为实施单位,为它们独立申报、承接各类项目提供便利。引导农民合作社规范发展,培育一批强社名社。对具有产业领军作用、带动面大的龙头企业给予重点扶持。其次是抓紧开展农村金融体系改革。研究设立推动农村产业融合发展的基金,鼓励金融机构在农村率先试点,为农村产业融合提供资金支持和金融服务。鼓励新型经营主体发挥带动作用,积极开展产业链融资、合作社内部信用合作(互助)等的试点,制定资金补助或贷款贴息支持政策。鼓励信用担保机构为新型农业经营主体提供担保服务,鼓励农民合作社开展内部信用合作。最后是加快建设农村产业融合服务体系。加强公益性农技推广体系建设,鼓励科技人员创新创业,通过以奖代补等方式支持农业专业技术服务队、农机专业合作社、畜牧业服务合作社等农业生产服务组织的发展;扶持动植物防疫、产品认证等机构和涉农产业协会的发展。

二是提升农村产业融合项目的竞争力。推动农村第一、二、三产业融合发展,打造核心竞争力尤为重要。我国农村地域广袤,有行政村将近六十万个,若不注重核心竞争力的打造,极易陷入盲目发展、恶性竞争的状态。基于对湖北省宜昌市经验的总结,关键是做到以市场需求为导向、以创新发展为驱动、以特色取胜为战略。市场需求导向就是要有消费者导向意识,既要适应不同消费者群体的需求,也要主动创新、引领市场。通过案例我们看到有的经营主体把营销平台建设摆在引领地位,及时调整产品定位和结构,但多数还是被动适应市场变化,缺乏前瞻性的主动作为,这说明农村产业融合必须在市场引领上下足功夫。创新驱动包括技术创新、管理创新、市场创新和商业模式创新等,核心是对资本、技术、人才等要素的整合集成和优化组合,关键是在建立协同创新机制上求得突破。以技术创新为例,要完善以产业需求为导向、以农产品为单元、以产业链为主线、以实验站为基点的新型农业科技资源组合模式,发挥好技术创新、试验示范、辐射带动作用。实践好特色取胜战略,主要是认清本地资源禀赋和市场环境,依托资源优势走差异化竞争之路。如各地可依托特有的动植物资源发展特色种养业及其深加工产业,依托特有的自然地理环境、历史文化、民俗习惯、风味小吃等发展生态观光旅游、休闲体验农业等。

三是发挥地方政府对农村产业融合的支持作用。推进农村产业融合发展的过程,应该是坚持使市场在资源配置中起决定性作用的同时,政府部门与经营主体、服务主体联合互动、更好发挥作用的过程。地方政府要为各参与主体尽职尽责创造良好的外部环境。从调研情况来看,地方政府需要在创新方法、敢闯敢试、提高效能等方面进行实践和探索。首先是减少直接干预，把着力点放在提供公平和鼓励创新的环境上。如建立规范的市场秩序，抵制恶性竞争，杜绝违法行为；鼓励探索和试错，营造容忍失败的文化氛围，减轻创业的精神负担；鼓励行业协会、产业联盟和龙头企业在标准化、品牌化建设中发挥引领、支撑作用。其次是坚持规划引领。编制规划时要坚持促进区域分工合作和错位发展，也要在环境治理、耕地保护、文化保护等方面设立门槛标准，列出负面清单。再次是发挥公共职能。要加强道路、交通、水利、信息化等基础设施建设，加快推进科技成果转化应用平台建设，加快推进基层公益性农技推广体系改革，消除农村产业融合的体制机制障碍。最后是推进政策创新。要加大深化改革力度，在拓展经营主体融资渠道破解融资难题上试点试验，探索合理、有效的财税支持政策，调动各参与主体的积极性。

（五）思考探索

请认真思考湖北宜昌的农村产业融合发展模式，还能做哪些优化改进。

第四节　实　训　实　践

一、课堂实训

（一）文献报告

围绕乡村产业振兴、产业融合等内容，根据授课班级实际情况，学生可自行拟定具体的研究主题。研究主题及内容示例如下。

1. 梳理"农村产业融合发展"现状

（1）实训难度：易。

（2）活动详细描述：为使学生清楚掌握农村产业发展与融合的国内外发展现状，锻炼学生搜集信息、总结梳理的能力，建议学生通过中国知网、相关书籍、网页查找等方式，归纳发展现状，可以就农村产业融合对经济、民生福祉、生态等方面的影响来梳理，报告应分为以下几个部分：研究背景与目标、农村产业融合发展现状、发展存在的问题等。该部分任务由每位学生独立完成，要求提交电子版作业，不少于 2000 字。

2. 梳理"农村产业融合发展"发展历程

（1）实训难度：中。

（2）活动详细描述：为使学生清楚掌握我国农村产业发展与融合的历程，锻炼学生团队合作、梳理信息的能力，建议以 3~4 人为一组，查阅参考有关资料，并按照时间顺序认真梳理我国农村产业发展与融合发展历程，总结各个发展历程的发展成效（发展成效应以可测量的指标数据为主），报告应包括以下几个内容：研究背景与目标、发展阶段的详细介绍、发展模式、发展成效等。作业以组为单位提交电子版，电子版材料不少于 3000 字，并标注各个组员所负责的部分。

3. 农村产业发展与融合案例汇报

（1）实训难度：难。

（2）活动详细描述：为使学生能够将农村产业发展与融合有关的理论知识与我国实际发展状况相结合，做到理论联系实际，在该部分课程结束后，建议学生以 3~4 人为一组，查找我国近年来农村产业融合发展的特色案例，对案例内容按照基本情况、发展模式、发展成效、经验推广等部分认真梳理，并以 PPT 的形式呈现。最终要求以小组为单位汇报 PPT，汇报时长 15 分钟左右，汇报结束后提交电子版 PPT 并附上小组分工说明。

文献报告评分标准见附录 A。

（二）情景模拟

围绕乡村产业融合发展以及产业融合几大模式，根据教学实际情况及授课学生水平，为学生拟定在课堂上进行路演的情景模拟主题，并提供相关的情景模拟场景描述，让学生根据所学知识以及主题要求，自行完善情景模拟剧情，并尝试使用 PPT、简易道具等在课堂上进行情景模拟路演。

1. 情景模拟主题一：A 村农旅融合发展

A 村地处山区，已有六百多年的历史，农业资源、旅游资源较为丰富，发展基础良好。多年来，村里盛产香蕉、杧果、橘子等水果，村民完全可以实现自给自足。但近年来，随着社会的发展、科技的日新月异，村里的年轻人大都外出务工，于是逐渐出现土地荒废、农村空心化等问题。显然，原有的发展模式已经不适用现在的发展需求。随着乡村振兴战略的实施，该村近年来开始建合作社、聘专家、招商引资、鼓励年轻人返乡创业，王明就是这家合作社的主要负责人。

情景描述：

农业合作社负责人：王明，45 岁，毕业于农林经济管理专业，是一位敢于创新、经验丰富的农业专家，负责一个农业合作社。

乡村旅游开发商：李华，38 岁，一位有眼光的商人，致力于开发乡村旅游项目。

农民代表：张伟，50 岁，多年来经营着一片果园，是一位有着丰富种植经验的农民，也是农业合作社的成员。

场景：

在农业合作社的会议室里，王明正在与李华和张伟等人讨论关于 A 村农村产业融合发展的可能性。

王明（农业合作社负责人）：李华，你一直有关注我们的农产品，你对农产品的质量、产量还有销路都有什么看法？

李华（乡村旅游开发商）：我对你们的农产品非常满意，你们的橘子、香蕉等水果的品质也都非常好。但是我发现目前你们的农产品存在着销路不畅、知名度不够、产业链较短的问题，我认为可以通过结合乡村旅游，将这些高质量的农产品推销出去，以吸引一批消费者，以此转化为更高的收益。

张伟（农民代表）：我同意李华的看法。我们的农产品虽然已经在市场上取得了一些成功，但知道的人始终太少，销量不够，每年经常出现大量水果销售不出去的情况，与旅游产业的结合感觉是个不错的方法，这种模式可以让我们扩大这些水果蔬菜的销售渠道，并吸引更多的消费者。

王明：这是一个很好的想法。但是，我们需要注意一些问题，比如如何保证农产品的质量，如何提供足够的产品供应，以及如何管理和维护我们的旅游设施。

李华：这些问题都是我们需要考虑的。我们可以合作，由我们提供一些技术和资源支持，比如建立质量监控体系、扩大农产品种植规模，以及开发一些适合乡村旅游的体验项目。

张伟：我认为这是一个双赢的合作。我们可以学习李华的经验和技术，同时可以通过旅游产业的发展，提高我们农产品的知名度和销售量。

王明：好的，那我们就这么决定。我们将与李华合作，共同推动农村产业融合发展。我会向其他成员讲解这个计划的好处，并组织一次会议，讨论具体的实施细节。

（会议结束，各个角色开始为实施农村产业融合发展计划而努力。）

请同学们根据以上农村产业融合发展的情景模拟，通过讨论、合作，共同探索出将传统农业与乡村旅游相结合的发展路径，如何提高农民收入，促进农村经济发展。学生可以根据组员数量适当调整角色。

2. 情景模拟主题二：B村延伸产业链发展产业

B村，一个位于山区的农村，该村土地贫瘠，可依托的自然资源较少，适合当地种植的作物少之又少。因为缺少可以支撑的产业，农民生活条件也相对较差。近年来，随着国家乡村振兴战略的推出，当地政府积极响应有关政策，成立调研团队，聘请有关农业发展方面的专家前来考察调研，专家陈生自进村就发现，该村弥漫着很好闻的味道。于是，陈生走进一家农户询问情况，家里的李奶奶告诉他这里能种植的作物很少，蔬菜也不多，但非常适合种植辣椒，这里的人每家每户都会制作辣椒酱，辣椒酱拌饭很好吃，这股很好闻的味道其实就是来自辣椒酱的香味，这句话突然点醒了专家陈生，陈生开始思索着如何用"辣椒酱"谋划出新发展道路……

情景描述：

刘明：50岁，是B村的村主任，一辈子生活在B村，对村里的各项大小事务都非常了解，勤勤恳恳，为人热心，自担任村主任以来，一心想改变B村的发展现状，希望能带领村民发家致富，看着村民能过上好日子，但是苦于该地的资源条件过于匮乏，想要发展却一直苦于没有门路。

陈生：55岁，拥有农业科学博士学位，在农科院工作多年，在一个科研团队担任组长，经验非常丰富，此前也参与过有关产业园区建设、农业发展规划、智慧农业、农文旅融合等项目，为人热情，敢于创新。

王亮：29岁，专家组成员，毕业于农村发展专业，硕士研究生学历，自毕业以来就在农科院工作，跟随团队多次参与和农业农村发展有关的课题和项目，科研经历丰富，敢于创新、执行能力很强。

张强：45岁，一位非常有远见的商人，其所在公司专注于农林牧渔业，该公司此前也做过与农业农村发展有关的项目。张强本人更是具有很强的三农情怀，对农村产业融合发展有强烈的兴趣。

刘华：42岁，常年在外务工，随着母亲年事已高，如今打算回家照顾母亲。但是苦于村里就业机会少，又没有什么能够种植变卖的农产品。因此，打算借助这次专家调研的机会，看村里能否有其他发展机遇。

李月：23岁，农林经济管理专业的毕业生，毕业后暂时还没有找到工作，待业在家。李月平时喜欢研究与新媒体领域有关的东西，擅长视频剪辑，自己也有经营的社交媒体账号，粉丝数已有1W+。

请同学们根据以上情景，通过讨论、合作，共同推动B村产业融合发展。学生可根据组员数量，适当增减角色。

情景模拟评分标准见本书附录A。

二、实地实践

（一）实践内容

本次实地调研以"农村产业发展与融合"为主题，可前往当地产业发展较好，并具有代表性的农村地区或试点区进行调研。调研目的主要包括了解近年来当地农村产业发展现状及困境、农村产业类型、产业发展的经济效益、该地产业发展与融合的模式、新增就业人数等，可组织学生通过对比农村产业发展前后的变化，切实了解农村产业发展与融合的优势。调研结束后，以班级为单位形成调研成果，成果为调研报告。

（二）实践要求

学生围绕"农村产业融合发展"，在遵守学校外出规定的要求下，开展本次实践活动。在具体实践过程中，学生可采用访谈、问卷等方式，收集本次实践所需要的图片、数据、文字材料，以更好地完成本次实践活动。

农村产业融合发展现状：了解当地农村产业发展的区位优势、自然资源等基本情况，深入分析产业发展成效以及存在的问题和建设误区。

农村产业融合发展模式：分析当地所依托发展的产业类型、具体的农村产业融合发展模式及其对于农业农村发展的影响。

存在的挑战和下一步计划：分析当地农村产业融合发展存在的挑战和机遇，并依托现有的发展情况探讨下一步的发展规划。

提示：本次调研目的并不局限于上述要点。教师可根据实际情况，结合本地的特色和需求，进行适当的调整和补充。关键是确保调研内容既能反映文化振兴的核心，又能满足乡村旅游业的发展需求。

（三）准备工作

1. 物品准备

出发前，准备生活用品、工作用品、记录设备等，参考本书附录B。

2. 地点选择

实践目的地的选择要充分考虑是否贴合所拟定的调研主题及调研目的，以确保本次调研能够高效顺利地进行。选取实践目的地应符合以下要求和原则。

安全性：实践目的地的选择要充分考虑安全性原则，在实践前要对拟调研目的地进行充分考察，确保实践活动顺利安全开展。

贴合主题：实践目的地的选择要确保与"农村产业融合发展"这一实践主题紧密相关，能够很好地将农村产业融合发展理论与实践相结合。

产业基础深厚：实践目的地的选择要确保当地发展有产业可依托，有农村产业融合案例可供学生学习。

3. 人员分工

建议将教学班分为 A、B、C、D、E 五个组，A 组负责调研村内农村产业融合发展现状，B 组负责调研农村产业融合发展模式，C 组负责调研存在的挑战，D 组负责调研村内农村产业融合发展的成效以及下一步规划，E 组负责素材和建议梳理以及全文文字的凝练提升。A、B、C、D 组需要根据实际情况，拍摄照片、开展访谈并留下相关记录，最终形成文字材料。每一组需要结合该村实际情况，提出至少两条发展建议。

4. 实践成果

在调研结束后，学生应提交至少三项作业，分别是调研报告、现场调研照片、访谈资料。一是提交电子版的调研报告，要求调研报告中至少包含调研地发展现状、优势、存在哪些问题以及对策建议等内容，文字表达准确清楚，内容不能重复，不少于 3000 字。二是提交现场调研的照片，为说明本次调研的真实性和有效性，要求现场拍摄的照片不能少于 5 张，每张照片下面至少要有一句话来说明清楚该照片所展示的内容。三是访谈材料，内容要求以一问一答的对话形式呈现，包括问题和回答两部分，在所提交的访谈材料中要确保所提出的问题不少于 5 个，并均与本篇调研报告的内容高度相关。

（四）实践成效

农村产业发展与融合章节重点培养学生对于乡村产业融合发展有关内容和情况的了解，进而促进学生能够掌握现阶段我国农村在产业振兴过程中的具体模式。实地实践可以达到以下成效。

1. 知识成效

通过带领学生前往实地调研可以使他们将所学的有关农村产业发展与融合的理论知识与现阶段农村的实际情况相结合，了解到目前我国农业农村发展的真实情况以及发展困境。通过这种方式，使学生清楚掌握农村产业融合发展的内涵、发展现状、发展模式、发展成效以及发展困境，并使学生切实感受和认识到实施乡村振兴战略对我国发展的重要性，意识到加快推进农村产业发展与融合对乡村振兴的必要性。

2. 能力成效

本次实地实践的目的旨在提高学生理论联系实践、收集信息、独立思考、团队合作、分析并解决问题等能力。

3. 成果成效

本次所提交的实践报告，包含了调研地发展现状、优势、存在哪些问题以及对策建议等内容。该报告中的文字内容可以帮助当地政府更好地了解本村产业发展现状及优势和存在问题，更好地制定相关政策促进产业发展。成果中的照片与访谈资料都可以用于乡村产业宣传片的剪辑或是用于申请政策支持。实践成果将对该村的经济发展具有一定促进作用。

本章参考文献

[1] 姜长云. 新发展格局、共同富裕与乡村产业振兴[J]. 南京农业大学学报（社会科学版），2022，22（1）：1-11+22.

[2] 温铁军，杨洲，张俊娜. 乡村振兴战略中产业兴旺的实现方式[J]. 行政管理改革，2018（8）：26-32.

[3] 涂圣伟. 产业融合促进农民共同富裕：作用机理与政策选择[J]. 南京农业大学学报（社会科学版），2022，22（1）：23-31.

[4] 戴晓春. 我国农业市场化的特征分析[J]. 中国农村经济，2004（4）：58-62.

[5] 王凯，韩纪琴. 农业产业链管理初探[J]. 中国农村经济，2002（5）：9-12.

[6] 曹利群. 现代农业产业体系的内涵与特征[J]. 宏观经济管理，2007（9）：40-42.

[7] 马晓河. 推进农村一二三产业融合发展的几点思考[J]. 农村经营管理，2016（3）：28-29.

[8] 植草益. 信息通讯业的产业融合[J]. 中国工业经济，2001（2）：24-27.

[9] 谢贞发. 产业集群理论研究述评[J]. 经济评论，2005（5）：118-124.

[10] 王洁. 产业集聚理论与应用的研究[D]. 上海：同济大学，2008.

[11] 武晓雯. 乡村振兴战略视角下新疆地方农业多功能性研究[J]. 北方园艺，2020(11)：153-161.

[12] 龚勤林. 产业链延伸的价格提升研究[J]. 价格理论与实践，2004（3）：33-34.

[13] 郑大庆，张赞，于俊府. 产业链整合理论探讨[J]. 科技进步与对策，2011，28（2）：64-68.

[14] 长三角农业规划. 借鉴！农村三产融合发展五大模式优秀案例解析[EB/OL]. （2020-08-21）[2023-08-20]. https://www.sohu.com/a/414329311_99906946.

[15] 江苏省震泽镇[EB/OL]. [2023-08-20]. https://baike.so.com/doc/5615469-5828079.html.

[16] 江苏省淮安市[EB/OL]. [2023-08-20]. https://baike.so.com/doc/432306-457774.html.

[17] 湖南省宁乡市[EB/OL]. [2023-08-20].https://baike.so.com/doc/943380-997127.html.

[18] 河南省西平县[EB/OL]. [2023-08-20]. https://baike.so.com/doc/3116357-3284549.html.

[19] 夏静，张锐，刘玥. 湖北宜昌：扶持产业"活"起来 乡村发展底气足[N]. 光明日报，2021-12-03（004）.

[20] 湖北省宜昌市[EB/OL]. [2023-08-20]. https://baike.so.com/doc/5329200-5564373.html.

第二章　智慧农业与数字乡村

第一节　导　论

一、背景知识

党的二十大报告指出："加快建设农业强国，扎实推进乡村产业、人才、文化、生态、组织振兴。"数字乡村建设是实现乡村振兴、促进城乡融合发展的重要途径。

当前，智慧农业与数字乡村是全球农业和经济发展的重要趋势。在国内外，智慧农业与数字乡村的发展现状、政策背景和时代特征各具特色，已经取得了显著的进展。一些发达国家，如美国、欧洲国家和日本等，已经在农业和农村地区推出了一系列数字化和智能化的解决方案。这些解决方案包括农业物联网、无人机技术、智能农机和农业大数据等。高峰（2021）指出这些技术的应用使得农业生产更加高效、可持续和环保，并提供了更多的农村就业机会[1]。在中国，数字乡村也得到了政府的高度重视和支持，政府提出了"互联网+""智能制造""大数据"等一系列战略，旨在通过数字技术和智能化手段推动农村经济发展和农民收入增加。2022年的中央一号文件中明确提出"促进信息技术与农机农艺融合应用"。根据中国政府网，从2022年试行开展的数字乡村发展水平评价结果看，智慧农业建设快速起步，农业生产信息化率提升至25.4%；乡村数字化治理效能持续提升，全国六类涉农政务服务事项综合在线办事率达68.2%；数字惠民服务扎实推进，利用信息化手段开展服务的村级综合服务[2]。此外，国务院也印发了《"十四五"数字经济发展规划》，提出了一系列措施和目标，鼓励企业投资智慧农村和数字产业，支持农村地区的科技创新和创业创新，加强农村地区的信息基础设施建设，提高农村地区的数字化水平[3][4]。

智慧农业与数字乡村的发展也反映了时代特征。随着信息技术的快速发展和互联网的普及，农村地区也逐渐融入数字化时代。汪亚楠（2021）指出数字技术的应用使得农业生产更加智能化，提高了农民的生产效益和收入水平，同时也促进了农村地区的城乡一体化和农村居民生活水平的提高[5]。总体而言，智慧农业与数字乡村是当前国内外发展的热点话题，其发展对于促进农村经济发展、提高农民生活水平、推动乡村振兴等方面具有重要意义，也将继续为农业和农村地区的可持续发展做出贡献。

二、学习重点

本章主要立足农村数字化建设，围绕强化乡村信息基础设施、推进乡村治理数字化、发展乡村信息服务、培育乡村数字经济等方面展开,对技术应用、产业发展、政策制定等方面展开深入学习和研究。本章学习要求如下。

(1) 了解数字技术在农业农村领域的应用,如智慧农业、精准农业、农业物联网等。

(2) 掌握数字技术如何为农民提供便捷的服务,如农产品电商、在线销售、物流配送等。

(3) 分析数字乡村发展过程中的先进典型案例,总结数字乡村建设取得成绩的主要做法,能够运用相关理论知识进行调研实践。

第二节 理 论 知 识

一、名词解释

1. 智慧农业

智慧农业是新一代信息技术与农业决策、生产、流通交易等深度融合的新型农业生产模式与综合解决方案,是利用信息技术、物联网技术、大数据技术等手段,对农业生产全过程进行全面升级和优化,提高农业生产效率,改善农民生活质量的现代化农业。

2. 乡村治理数字化

乡村治理数字化是指利用信息技术手段对乡村治理进行全面升级和优化,提高乡村治理效率,改善农民生活质量的现代化治理。其利用新一代信息技术为乡村基层管理人员提供乡村重点关注人群管控、乡村事件处置的有效手段,协助提升乡村治理能力,促进乡村各项工作健康有序发展。

3. 绿色数字乡村

绿色数字乡村是指利用信息技术手段,对乡村环境进行全面升级和优化,提高乡村环境保护效率,改善农民生活质量的现代化绿色乡村。通过建立农村生态系统监测平台、农村人居环境综合监测平台、农业投入品电子追溯监管体系等,利用信息化技术监测农村生态系统脆弱区和敏感区,实现对农村污染物、污染源全时全程监测,从而引导公众积极参与农村环境网络监督,共同维护绿色生活环境。

4. 乡村数字基础设施建设

乡村数字基础设施建设是数字乡村建设的基础,包括网络基础设施、信息服务基础设施,以及传统基础设施数字化升级等。其中,网络基础设施是乡村数字基础设施建设的重要组成部分,包括电信网络和广播电视网络等。

5. 乡村产业数字化

乡村产业数字化是指以数字技术为基础,以乡村产业为核心,以提高农业生产效率、促进农村经济发展、推动乡村振兴为目标的产业。目前,数字技术的广泛应用正使农民奔向共同富裕的康庄大道。

6. 农产品电商化

农产品电商化是指通过互联网等信息技术手段,将农产品的生产、加工、流通、销售等环节进行数字化改造,实现农产品的电子商务交易。这种方式可以提高农产品的附加值,拓宽农民增收渠道,促进乡村振兴。

7. 农业物联网

农业物联网技术是指对农业生产环境进行实时监控和数据采集,包括土壤温度、湿度、光照强度、二氧化碳浓度等参数。通过对这些数据的分析和处理,可以实现对农作物生长状态的监测和预测,从而为农业生产提供科学依据。

8. 农业生产信息化

农业生产信息化是指利用现代信息技术手段,对农业生产全过程进行数字化、网络化、智能化改造,提高农业生产效率和质量,促进农业现代化和乡村振兴。

9. 数字化供应链

数字化供应链是基于互联网、物联网、大数据、人工智能等新一代信息技术和现代化管理理念,以价值创造为导向、以数据为驱动,对供应链活动进行整体规划设计与运作的新型供应链。数字化供应链将现代数字技术和供应链模式进行结合,通过数据、流程、智能算法等,打通供应链各个环节中信息交流的壁垒,实现"数字驱动供应链"的供应链管理。

10. 精准农业

精准农业是以信息技术为支撑,根据空间变异,定位、定时、定量地实施一整套现代化农事操作与管理的系统,是信息技术与农业生产全面结合的一种新型农业。精准农业主要特点就是以信息技术为支撑。

二、重要概念

(一)农业物联网

物联网(Internet of things)的概念最早于 1999 年由麻省理工学院的凯文·阿什顿(Kevin Ashton)教授首次提出。物联网是指通过互联网技术将各种物品连接起来,实现智能化管理和控制的一种网络。

随着科技的发展,物联网技术已经广泛应用于各个领域,包括农业。农业物联网是以物联网技术为基础,集现代农业移动互联网、物联网、视频监控、射频识别技术、软件工程等技术为一体,依托部署在农业生产现场的各种传感节点(环境温湿度、土壤水分、空气质量、二氧化碳、二维码、图像等)和无线通信网络实现农业生产环境的智能感知、智能预警、智能决策、智能分析,为农业生产提供精准化种植、可视化管理、智能化决策。

农业物联网的发展历程可以追溯到 20 世纪 90 年代,当时主要是将传感器等设备安装在农田中,用于监测土壤温度、湿度等环境参数。2013 年,国务院印发了《国务院关于推进物联网有序健康发展的指导意见》,提出了"加快推进农业物联网建设"的要求。此后,我国各级政府纷纷出台了一系列政策措施,鼓励企业加快数字化转型,推动农业物联网的发展。

随着技术的不断进步，农业物联网的应用范围也越来越广泛。通过使用低空传感器和无线传感器完成对农作物长势、面积、亩产、品质等指标进行实时监测，可实现农产品自生产、加工、运输至销售的全流程监控追踪，采用动物生长模型、营养优化模型、传感器等现代信息技术，根据畜禽的生长周期、进食周期等信息对畜禽进行自动化投喂，通过各种传感器实时监测温室大棚内环境因子数据，并在专家决策系统的支持下进行智能化决策，通过对大田种植生产过程关键环节的自动化监测，对其进行精细化管理，提高资源利用和产出效率。此外，物联网技术还可以用于农产品的质量安全溯源，以及农业资源规划与管理等方面。物联网技术在现代农业领域的应用呈现高度集成的状态，农业对物联网技术的需求量大、设备要求高。近年来，随着我国数字化转型的加速推进，物联网技术在农业领域的应用也得到了快速发展。

（二）农业大数据

大数据是指数据量巨大、类型多样、价值密度低的数据集合。大数据的概念最早公开出现于 1998 年，美国高性能计算公司 SGI 的首席科学家约翰·马西（John Mashey）在一个国际会议报告中指出：随着数据量的快速增长，必将出现数据难理解、难获取、难处理和难组织四个难题，并用"big data（大数据）"来描述这一现象。

自此以后，大数据技术得到了广泛应用和发展，开始应用于农业生产的各个环节中。农业大数据的发展历程可以追溯到 20 世纪 90 年代，当时美国开始研究如何利用计算机技术处理和分析农业生产中的数据，当时主要是将传感器等设备安装在农田中，用于监测土壤温度、湿度等环境参数。随着技术的不断进步，农业大数据的应用范围也越来越广泛，包括精准施肥、精准灌溉、病虫害预警等方面。例如，大数据技术的应用可实现种植区域内气候、水质、土壤、农作物品种、自然灾害、高发病虫害等各项信息的采集，同时可获取不同农产品市场需求情况，掌握各农产品销售价格，通过科学的预处理及分析，确定当地最适宜种植的农作物，明确最佳播种量及种植时间。主要对实践中产生的数据资料归纳分析，利用算法建立模型，可以形成在粮食安全、土壤污染防治、病虫害预警等诸多农业领域的风险防控机制。

大数据的应用与农业领域的相关科学研究相结合，可以为农业科研、政府决策、涉农企业发展等提供新方法、新思路。

"大数据+管理"。通过大数据应用将农业农村各环节和不同管理部门之间的数据合理有序地存储在数据池中，进一步打通不同区域、不同部门、不同行业之间的数据通道，大大提高农业产业监测预警和宏观调控的准确率。

"大数据+治理"。大数据应用极大助力社会治理工作。以精准扶贫为例，通过消费、医疗、财产等多个渠道可精准定位贫困户，也可预测出贫困户自身的脱贫意愿。

"大数据+生产"。清晰掌握土壤、环境、水利、气象等多项数据，了解同类农产品种植、销售等情况，进而提高决策的准确性、时效性，提升农业生产效率和农业资源利用率。

（三）农业人工智能

农业人工智能的发展历程可以追溯到 20 世纪 50 年代，当时美国就开始研究利用计算机进行农业生产。随着计算机技术的发展，农业人工智能逐渐成了研究热点。2017 年，中国科学院院士、中国科学院自动化研究所研究员王志刚提出农业人工智能。农业人工智能是指将人工智能技术应用于农业生产、管理、服务等各个环节，以提高农业生产效率、降低生产成本、改善农产品质量和安全性等。目前，国内人工智能农业在发展的过程中，已经在很多方面取得了较大的发展，特别是随着各种类型技术装备的投入，整体的产业规模也在很多方面取得了较大的发展。

人工智能在农业中的应用非常广泛。例如，在病虫害预测和防治方面，通过图像识别技术、深度学习等手段对农作物进行检测和识别，及时发现病虫害问题并进行防治。通过AI小程序，扫描农作物的生长状态和病虫害情况，在第一时间内获得线上植保专家给出的专业防治建议，快速和高效采取病虫害防治措施。将人工智能技术应用到农作物品种选育中，通过对不同品种的抗病虫性进行评估，筛选出具有优良抗病虫性的品种，提高农作物的抗病虫能力。总之，利用人工智能技术结合病虫害预测和防治，可以实现病虫害的早期预警、精准诊断和有效防治，降低农药使用量，提高农业生产效益和可持续性。

人工智能在农业智能机器人方面的应用非常广泛。例如，农业机器人可以通过感知、决策、控制、作业等技术，实现农业生产的自动化和智能化。目前，农业机器人的应用已经涉及了种植、养殖、渔业等多个领域，不仅可完成播种、种植、耕作、采摘、收割、除草、分选以及包装等工作，还可应用于物料管理、土壤管理、牧业管理和动物管理等领域。随着大数据及技术支撑型农业的兴起，越来越多的农业机器人开始出现在大众的视野中。拥有先进人工智能（AI）技术和内置分析系统的机器人正被广泛应用于各种场合，从农作物和牛群的管理，到奶牛管理、土壤监测和整体农业产量优化等。在这些技术的辅助下，农业生产实现了可持续发展。

三、经典理论

（一）产业数字化理论

产业数字化概念的首次专业诠释出现在2020年国家信息中心、京东教科联合发布的《中国产业数字化报告2020年》中。此后，产业数字化在国家层面得到了越来越多的重视和推广，主要是指在新一代数字科技支撑和引领下，以数据为关键要素，以价值释放为核心，以数据赋能为主线，对产业链上下游的全要素数字化升级、转型和再造的过程。产业数字化是数字产业化的一部分，也是数字产业化的一种表现形式。乡村产业数字化是产业数字化的重要表现形式，乡村产业数字化是指以数字技术为基础，以农村产业为主要对象，通过数字化、网络化、智能化等手段，推动农村产业转型升级和高质量发展的一种新型产业形态。乡村产业数字化的概念最早出现在2018年中央一号文件《中共中央国务院关于实施乡村振兴战略的意见》中。此后，各地政府和企业纷纷响应国家号召，加大对乡村产业数字化的投入和支持。目前，乡村产业数字化已经成为乡村振兴的重要支撑之一。乡村产业数字化理论主要有以下几个方面。

1. 数字技术与农业生产的深度融合

数字技术与农业生产的深度融合是指将数字技术应用于农业生产过程中，实现农业生产的智能化、精准化、高效化。数字技术在农业生产中的应用主要包括精准农业、数字化种植、数字化养殖等。精准农业是指利用遥感、地理信息系统等技术手段，对农田进行精确测绘和分析，实现农业生产的精准施肥、精准灌溉等。数字化种植是指利用数字化技术手段，对农作物的生长过程进行监测和控制，实现精准施肥、精准灌溉、精准病虫害防治等。数字化养殖是指利用数字化技术手段，对畜禽的生长过程进行监测和管理，实现精准饲喂、精准疾病预防和治疗等。数字技术与农业生产的深度融合可以提高农业生产效率和质量，降低生产成本，减少资源浪费，同时也可以保护环境和食品安全。未来随着数字技术的不断发展和应用，数字技术与农业生产的深度融合将会更加广泛和深入。

2. 数字技术与农村产业的深度融合

数字技术与农村产业的深度融合是指将数字技术应用于农村产业中，实现农村产业的数字化、网络化、智能化和绿色化。数字技术在农村产业中的应用主要包括智慧农业、精准扶贫、农村电商等。智慧农业是指利用物联网、大数据、云计算等技术手段，对农业生产全过程进行监测和管理，实现农业生产的精细化管理。精准扶贫是指利用数字化技术手段，对贫困人口进行精准识别和帮扶，实现精准脱贫。农村电商是指利用互联网和电子商务平台，将农产品推向市场，实现农产品的销售和流通。数字技术与农村产业的深度融合可以提高农村产业的效率和质量，促进农村经济的发展，同时也可以解决传统农村产业面临的一些问题，如信息不对称、物流不便等。未来随着数字技术的不断发展和应用，数字技术与农村产业的深度融合将会更加广泛和深入。

3. 数字技术与农村社会管理的深度融合

数字技术与农村社会管理的深度融合是指将数字技术应用于农村社会管理中，实现农村社会管理的数字化、智能化和精细化。数字技术在农村社会管理中的应用主要包括智慧社区、智慧村庄、智慧医疗等。智慧社区是指利用物联网、大数据、云计算等技术手段，对社区居民的生活进行监测和管理，实现社区服务的精细化管理。智慧村庄是指利用数字化技术手段，对村庄的基础设施、环境、安全等方面进行监测和管理，实现村庄的智能化管理。智慧医疗是指利用数字化技术手段，对医疗服务进行优化和升级，提高医疗服务的质量和效率。数字技术与农村社会管理的深度融合可以提高农村社会管理的效率和质量，促进农村社会的和谐稳定，同时也可以解决传统农村社会管理面临的一些问题，如信息不对称、服务不到位等。未来随着数字技术的不断发展和应用，数字技术与农村社会管理的深度融合将会更加广泛和深入。

（二）数字乡村内生发展模式理论

随着数字技术在乡村发展中的逐步应用，数字技术成为农村农业内生发展的重要驱动力，内生发展理论与数字乡村相结合提出数字乡村内生发展模式，其有效运作需要通过各层级全面构建物联网架构，激活政府、市场、社会等参与主体，合理配置资源要素以及维护农民切身利益来实现，强调了农村社区通过充分利用内部资源和动力，自主推动数字化进程，实现自身的可持续发展。数字乡村内生发展模式强调通过内部资源和动力，利用数字技术推动农村社区的自主发展。这种发展模式注重挖掘和发挥农村地区自身的潜力，通过数字化手段提高农业生产效率、改善社会服务、促进产业升级等方面的能力。以下是数字乡村内生发展模式的关键特征。

1. 本土资源整合

强调充分挖掘农村社区的本地资源,包括土地、人力、文化、传统技艺等,通过合理整合和充分发挥本地资源,农村社区能够提高自身的发展效率、可持续性和创新能力。利用数字平台建立农业合作社,通过集约化管理和资源共享,整合本地农业生产要素,提高生产效益,包括共享农具、共同购买农资、集中销售等。建设数字化的农产品市场信息平台,提供市场行情、需求信息等。农民可以通过这些平台更好地了解市场动态,优化生产和销售计划。

2. 数字农业创新

通过数字技术,推动农业生产方式的创新,包括智能农机的应用、农业物联网的建设、农业大数据的分析等,以提高农业生产效益。利用农业物联网、传感器技术等,对农业生产环境进行监测,通过收集土壤质量、气象数据、作物生长情况等信息,帮助农民更科学地管理农田资源,提高农业生产效益。建立数字化的农产品追溯系统,通过条码、射频识别技术等记录农产品生产、流通的全过程,提高了农产品的质量和安全性,也为消费者提供了更多关于产品来源的信息。

3. 产业升级与数字化智能化

实现乡村产业升级与数字化智能化是数字乡村发展的核心目标之一。通过数字技术推动农村产业升级,包括数字化智能农业、数字化智能制造等,提高产业附加值和创新能力。利用农业大数据分析技术,对农业生产数据进行深入分析,为农民提供精准的农业决策支持,优化生产计划和资源配置。提供数字化农业教育和培训,包括在线课程、远程培训等,提高农民的科技素养,推动新技术的广泛应用。

第三节 案 例 剖 析

一、福建"智慧浦城"建设案例[6]

(一)基本情况

福建浦城位于福建省西北部,地处闽江上游,东邻武夷山市,南接建瓯市,西连顺昌县,北濒邵武市。浦城县地处福建省西北门户,是闽赣皖三省交界的重要节点,地理位置优越,自然资源丰富,素有"闽北明珠"之称。浦城县区位优势明显,交通便捷,是福建省重要的交通枢纽和物资集散地。该县人口众多,民族文化多样,是一个充满活力和创新精神的地区。浦城县人口众多,截至 2022 年,总人口约为 70 万人。浦城县民族文化多样,主要有汉族、回族、苗族等多个民族共同生活。各民族之间和睦相处,共同传承和发展各自的优秀文化传统。浦城县民间艺术丰富多彩,如剪纸、泥塑、皮影等,具有很高的艺术价值和观赏性。浦城县产业基础雄厚,特色产业发展迅速,其农业资源丰富,特色农产品种类繁多。其中,茶叶、竹子、水果等农产品加工产业具有较高的知名度和市场竞争力。浦城县茶叶以武夷岩茶为主,品质优良,享有盛誉。竹子产业也是浦城县的一大特色,竹子资源丰富，竹制品种类繁多，如竹家具、竹工艺品等。此外，浦城县水果种植面积广，品种多样，如柑橘、荔枝、龙眼等，水果产量和品质在全省乃至全国都具有较高水平。

（二）案例背景

浦城农业资源丰富，农业生产条件优越，2022年全县粮食播种总面积47.66万亩，粮食总产量超过21吨，面积、产量均位居全省前列，素有"福建粮仓"的美誉。浦城县是全国最早的商品粮基地县、全国绿色食品原料（水稻）基地县、"中国好粮油"示范县、全国第七批率先基本实现主要农作物生产全程机械化示范县。由于地处三省交界，地理位置等自然条件方面的优势，使得浦城大米品质好、营养佳，在历史上就有"浦城收一收，有米下福州"的说法，如果未能较好地控制各类大米的源头，将导致大米良莠不齐，影响品牌形象。为了促进发展和农民生活品质的提升，提高农业生产效率，促进农业现代化，2019年以来，福建浦城作为福建省"十县百镇千村"信息化示范县，开始加快部署三农领域信息化建设工作，以农业生产监控、农村综合管理、农民惠农服务等为产业信息化示范，推动粮食产业转型升级，助力打赢脱贫攻坚战，实现乡村振兴。

（三）做法成效

为打造"浦城大米"品牌，浦城县数字农村建设从大米种植入手，辐射其他农产品，重点启动智慧城市建设项目中的数字农村建设模块。将浦城农产品溯源作为切入点，利用AI、大数据、物联网等技术，解决农产品从田间到餐桌的全流程追溯问题，实现合理利用农业资源，提高农产品品质和产能，实现"浦城大米"品牌升值增效，推进农业供给侧结构性改革。通过制定出台浦城大米团体标准和出台《浦城大米溯源防伪管理办法》，打造特色鲜明、识别度高的"浦城大米"溯源防伪标识，实现"一品一码"源头赋码，消费者扫码即可看到浦城大米从种植、收购储存、运输、加工等全过程，构建起"浦城大米"从田间地头到餐桌筷头的全过程可追溯机制，实现粮食生产全产业链互联网可追溯和电子档案信息化管理。

近年来，浦城县大力推进高标准农田建设，为全面推行机械化种植奠定了坚实基础。2022年浦城县率先建成农作物全程机械化生产示范县，以省委提出的"三争"行动为抓手，以市委提出的"五增"为目标，聚焦"六个创建、六个率先"和"五个一"特色生态优势产业，坚决扛稳粮食安全责任，深入推进生产标准化、作业机械化、管理智能化、全程绿色化、产品高优化、加工品牌化"六化"联动，将"机械化"纳入高标准农田建设和土地整治标准，重点研发自走式智能化农机作业装备和无人机飞防于一体的农机装备智能化调度平台，试点推进全县22个田畈、6万亩耕地的水稻、油菜种植基地耕种收全程机械化作业和统防统治。全力推进数字乡村示范县建设，推动5G、大数据、物联网、人工智能等技术与农业产业融合发展。

自2023年以来，浦城县持续加大科技投入力度，持续打造"全国特色农业示范地"。在第二届数字中国建设成果展览会上，亮相了浦城县农产品安全溯源体系与应急指挥体系、农业应用大数据可视化平台等数字农业建设成果。农业应用大数据可视化平台通过地理信息系统可视化方式呈现，整合现有农业信息资源以及多个数字监控试点，追踪农产品种植的地理环境、温湿度、病虫害等相关因素，为施肥量、播种时间等农业生产关键节点提供数据支持。

（四）经验推广

在浦城县数字乡村发展的过程中，全县从农业生产监管、农业产业发展、农村综合管理、农民生活服务出发，以浦城农产品溯源为数字经济建设切入点，利用 AI、大数据、物联网等技术，以浦城大米品牌建设为抓手，推进数字农业与数字乡村建设。围绕科技创新赋能，通过出台政策、引导企业设备升级换代、深入实施科技特派员制度、对接高校院所、嫁接科研创新平台、开发金融科技产品等，汇聚多方"智库"资源，加快特色产业现代化建设步伐。到 2025 年，浦城将基本实现综合生产能力稳步提升、农业全产业链加快培育、农业绿色发展成效显著、现代农业经营体系健全、农业品牌格局基本形成、科技创新能力显著增强的目标，向"农业强县"迈出坚实有力的步伐。

（五）思考探索

根据福建"智慧浦城"案例，请以某地某农产品为例，思考如何利用信息技术促进农产品品牌建设。

二、浙江省德清县"农村电商"高质量发展案例[7]

（一）基本情况

德清县隶属浙江省湖州市，是杭州都市区的重要节点县。位于长三角腹地，东望上海、南接杭州、北连太湖、西枕天目山麓，"青山莫干山，绿水下渚湖"是德清亮眼的"金名片"。全县总面积 937.92 平方千米，现辖 8 个镇、4 个街道，户籍人口 44 万，常住人口 65 万。

德清处于扬子准地台之钱江台拗中，境内地势自西向东倾斜。大致可分为西部低山丘陵和中东部水网平原。属北亚热带季风气候，常年气候特征表现为四季分明、光照充足、雨量充沛、气候湿润。农业自然资源较为丰富，土地类型多样，山水田兼而有之，有丰富的山体、水体、动植物等自然资源。区位优势十分突出。宁杭高铁、杭宁高速公路、申嘉湖（杭）高速公路、104 国道、304 省道、宣杭铁路、京杭运河、杭湖锡线航道穿境而过，县城距杭州市中心高铁仅 16 分钟车程，距长三角核心城市上海、宁波、南京均在 2 小时车程以内。一二三产业统筹协调发展，全省工业强县排名跻身 20 强，先进装备制造、生物医药、地理信息、通用航空、人工智能、大数据等产业集聚发展；研究院经济、会展经济、数据经济等新经济新业态持续做大。

（二）案例背景

德清县数字产业化纵深推进，产业特色优势明显，已经初步形成了以地理信息为特色，芯片及新型电子元器件、通信网络等为代表，人工智能、智能网联汽车等为驱动的数字经济产业体系。地理信息产业特色优势明显，形成了涵盖卫星遥感、位置服务、软件开发、设备销售、测绘服务等地理信息全产业链。全县加快推进城区重要公共场所免费无线 Wi-Fi 广泛覆盖和铁塔基站改建，积极推动 5G 试点和 IPv6 的部署应用，加快推动 5G 网络、中国联通德清云数据中心等新型基础设施建设，不断夯实数字经济发展基础。

德清县作为浙江省唯一的全域数字化治理试验区、全国数字农业试点县、国家数字乡村试点县，依托以地理信息为基础的数字化技术，正全面构建乡村智治新模式——数字乡村一张图，探索出一条以数字赋能、引领农业农村现代化先行的发展新路，连续三年获评"全国县域农业农村信息化发展先进县"，农业现代化发展水平综合评价连续6年位列浙江省首位。

（三）做法成效

浙江省湖州市德清县把数字乡村建设作为乡村振兴的战略方向和实现农业农村现代化的重要途径，深入推进数字乡村集成改革，探索建立"1+1+N"的数字乡村整体架构（1个数字乡村标准化规范+1个多跨协同乡村一体化智能化平台+N个涉农场景功能），以数字化撬动传统乡村生产、生活、治理模式变革。截至2023年2月底，全县共迭代升级120余项乡村应用场景，农业信息化覆盖率达100%，宽带通村率达98.4%，快递进村率达100%，数字乡村指数位列全国百强县域第一。

数字化养殖激发乡村产业大活力。源于近年来飞速发展的5G、大数据、云计算、物联网、区块链等数字技术，现代渔业发展有了新思路和新模式。禹越镇实现了渔业从"靠人力、靠经验"向"靠数字、靠技术"转变。2020年，禹越镇三林村和浙江大学数字乡村研究中心合作，研发了智能"数字鱼"，这是一个可以通过物联网实时监控鱼塘情况的人工智能水下机器人。把它放入鱼塘后，只要登录手机应用，就能实时检测鱼塘的溶氧度、pH、水温等数据，还可以实现鱼塘全景虚拟展示，进行饵料精准投喂等。现在很多鱼塘里，每条黑鱼身上还藏着"芯片"——一个火柴梗大小的塑料小棒。把这些"火柴梗"的T形标头植入鱼皮表层，就可以记录黑鱼的生长过程。顾客只需扫一扫黑色编码，就能知道鱼的产地、养殖户、用药检测报告等信息，每条鱼都实现了追根溯源。

技术赋能农产品，形成线下生产到电商销售链上增值的闭环。德清县构建"1+2+N"农村电商体系，打造农村电商产业园，打通"本地电商平台+第三方电商平台"2类销售通道，引进N家涉农企业入驻园区，创新"电商+合作社+农民""电商+旅游+农产品销售"等销售模式，引导农产品线上统一销售。在德清县农村电商产业园里，依托阿里巴巴数字乡村服务体系，运营中心、创客中心、培训中心、摄影室、直播间等电商公共服务设施，搭建了"线上+线下"电商公共服务运作体系。阿里巴巴数字乡村事业部整合集团资源，全国首创"县域数字服务中心"，应用到德清农村电商产业园，包括数智云培、产业电商大屏、产销对接、公共素材库下载、在线咨询等服务，不但能有效应对因特殊原因不能开展聚集性电商活动，还有效提升了运营团队能力短板，将服务资源实现最大化利用。自2022年以来，全县农产品网络销售额达11.8亿元。2022年德清县建成农村电商公共服务中心。作为德清县电商发展的"大本营"，公共服务中心建设总面积超过1000平方米，建设有产品展示中心、电商大数据中心、人才培训中心、运营服务中心、直播摄影中心、创客孵化中心、仓储物流中心七大中心板块，通过整合人才、平台、产品、服务商、仓储等资源，为本地企业和电商创业者提供政策资讯、产业调研、创业孵化、渠道对接、电商培训等一站式、全流程的电商服务，促进电商经营主体发展壮大，服务德清县电子商务生态发展。

（四）经验推广

浙江省湖州市德清县将数字乡村建设作为乡村振兴的战略方向和实现农业农村现代化的重要途径。全县聚焦农业各大特色主导产业关键领域，全面推进全产业链的数字化改造，构建形成果蔬、畜牧、水产等六大特色农业数字化生产链路，有效提升农产品附加值。例如，创新推出"芯片鱼"生态净养模式，价格是常规黑鱼的 2 倍；水木莫干山都市农业综合体项目运用现代化技术，在同等种植面积下，番茄产量是传统大田产量的 30 倍。

德清县立足本地构建网络化营销模式。农村电商发展迅猛，已逐渐成为带动农民就业创业和增收、助力县域经济发展、改善提升农村风貌的重要举措和新动能。德清县立足本地，紧跟改革发展，成立德清县农村电商公共服务中心，依托国家级电子商务进农村综合示范项目，德清县商务局指导建立完善的农村电商公共服务体系、高效的县乡村三级物流体系，打通农产品上行与工业品下行双向流通，致力于提升农村电商应用服务水平，推动农村电商数字化发展，带动农民增收，提振农村消费，助力乡村振兴，促进共同富裕。

（五）思考探索

结合浙江省德清县"农村电商"发展案例，思考如何推动农村电商与乡村振兴战略相结合，促进农村经济发展。

三、山东省高青县数字化改革赋能黑牛产业全链条[8]

（一）基本情况

高青县，山东省财政直管县，隶属山东省淄博市，位于鲁北平原，淄博市北端，北依黄河，南靠小清河，北部、西北部隔黄河与滨州市滨城区、惠民县相望。东部、东北部与博兴县、滨城区接壤。西、西南界邹平市，南部以小清河为界与桓台县相望，辖 7 个镇、2 个街道、1 个省级经济开发区和 1 个省级化工产业园，面积 831 平方千米，人口 37 万。

高青属北温带大陆性季风型气候区，多受西风带西风气流影响，气候变化常自西向东进行，四季分明，光能资源丰富，无霜期长，大陆度为 66.3%，有利于种植越冬作物和夏播作物。高青地理位置优越，地处北纬 37°农业黄金纬度线，拥有高青黑牛、高青大米、高青西红柿等国家地理标志商标认定农产品 15 件。黄河过境 47 千米，境内有高速 3 条、国道 2 条、省道 6 条。

（二）案例背景

高青位于黄河三角洲腹地，北纬37°黄金纬度线贯穿全境。这里四季分明，气候宜人，水源充沛，生态良好，具备最佳的黑牛生长条件。全县大力发展黑牛养殖产业，全县黑牛存栏 5.2 万头，年产高端黑牛肉 1 万余吨，成为北京、上海、广州等 30 个全国大中城市顶级餐厅里的高端食材。高青是闻名遐迩的优质农产品产出地，拥有高青大米、高青西红柿等 15 种国家地理标志商标认定农产品。高青黑牛长期食用优质天然谷物，不但有利于沉淀出高级别的大理石花纹，而且赋予了牛肉入口回甘的香醇滋味。目前已实现 19 个牧场的黑牛养殖数据的实时可视化分析、监测及预警，龙头企业借助电商平台，产品 48 小时内直达

24 个国内一线城市，销售额同比增长 300%。

（三）做法成效

培植"数字黑牛"产业发展新生态。按照数字化、智能化标准设计养殖场区，建设两家数字养殖示范基地和 10 家数字化示范牧场，引领黑牛产业数字改革。以纽澜地企业为例，用大数据嫁接繁育、养殖、屠宰、加工、销售等整个流程，进行全链路数字化升级，打造上游园区养殖自动化、中游屠宰冷链物流智慧化、下游营销全媒体信息化的发展模式，建立起从牧场到餐桌的数字化管理体系。构建政策集成"支持模式"。高青县出台《关于做大做强现代数字农业打造乡村振兴齐鲁样板示范县的实施意见》《关于支持高青黑牛产业加快发展的意见》等一揽子政策，聚焦企业发展所需，强化要素资源供给，借助国土空间规划调整，在多个镇办规划建设占地 30 亩以上的规模养殖场，推行"黑牛贷"，为黑牛产业发展打牢基础。

搭建平台载体，创新产业链数字服务新模式。聚焦饲养管理不精细、劳动力成本高、政策精准落实难、农户申请补贴慢、畜产品质量溯源不准确等产业发展问题，构建高青黑牛全产业链数字化综合性服务平台，实现"大畜牧"数据互联互通、资源共建共享、业务协作协同。一是打造全要素"数据库"。应用物联网信息采集、大数据分析等信息技术，开发"黑牛管家"App 等终端应用程序，为每头高青黑牛佩戴电子耳标、定位项圈等物联网设备，综合形成覆盖高青黑牛养殖、屠宰、加工、销售、社会服务的信息化服务平台。二是畅通信息"共享流"。构建信息共建共享体系，将 430 余个银行、保险公司、社会化服务机构、屠宰加工企业等产业链关联主体接入"黑牛管家"系统，相关主体既要录入各自业务信息，也可根据权限共享系统数据，打破信息孤岛，实现相关板块间业务信息资源的共享和整合，进一步提升政务服务与社会化服务的效率与质量。三是构筑精准服务"新场景"。拓展"黑牛管家"应用场景，把系统数据作为优惠政策落实的依据支撑，变"人找政策"为"政策找人"，实现优惠政策"一键直达"，精准解决优惠政策信息不对称、落实烦琐的问题。

数字化助力产销结合新业态。一是打造直采生产基地，打通"供应链"。抢抓全国首个"盒马市"落户淄博机遇，全面深化与阿里巴巴·盒马鲜生合作，建设优质畜产品直采生产基地。高青黑牛产品 48 小时内直达北京、上海、广州等 21 个城市的 300 家盒马门店，年销售额达到 10 亿元。二是对接电商平台，畅通"销售链"。借助互联网平台，积极打造线上线下相融合的"新零售"体系，在线下销售基础上，与淘宝、京东、拼多多等平台合作，实现优质畜产品"上云触网"。三是强化品质管控，疏通"追溯链"。

（四）经验推广

高青县紧抓国家数字乡村试点县机遇，聚焦传统畜牧业管理效率低、要素生产率低等问题，创新打造"数字黑牛管家"平台，集成全县龙头企业、规模养殖场、养殖户的黑牛养殖信息，实现全程信息化管理、数字化管控，在质量安全追溯、政策高效落实、金融信贷支持等方面提供全方位精准服务，创造大量可推广、可复制的先进经验。

数字赋能：高青县已实现 19 个牧场的黑牛养殖数据的实时可视化分析、监测及预警，高青黑牛产值超 10 亿元，龙头企业借助电商平台，产品 48 小时内直达 24 个国内一线城市，销售额同比增长300%。

园区式规模化养殖：通过"龙头企业+规模养殖园区+党支部领办合作社+农户"的模式，带动更多合作社、更多农户参与黑牛养殖。

产业融合：高青县黑牛产业发展不仅局限于养殖业，还涵盖了加工、销售等环节。通过数字化手段，将各个环节有机地结合起来，形成了完整的产业链条。

总之，高青县黑牛数字化产业发展的成功经验表明，数字化是推动农业现代化和乡村振兴的重要手段和途径。通过不断创新和发展，数字化农业将为实现农业可持续发展、促进农民增收致富、推动乡村振兴做出更大的贡献。

（五）思考探索

结合山东省高青县"黑牛数字化产业链"发展案例，谈谈如何通过全产业链数字化实现农产品质量和品牌价值提升。

四、浙江慈溪市开创"共享冷库"实现农村资源共享[9]

（一）基本情况

慈溪隶属浙江省宁波市，下辖14个镇、5个街道、1个开发区。地处东海之滨，杭州湾南岸，东离宁波60千米，北距上海148千米，西至杭州138千米，是长三角地区大上海经济圈南翼重要的工商名城，也是国务院批准的沿海经济开发区之一。

慈溪市地处北亚热带南缘，属季风型气候；地势南高北低，呈丘陵、平原、滩涂三级台阶状朝杭州湾展开；是典型的围垦城市，有"唐涂宋地"之称，蕴藏着丰富的海涂资源，是浙江省土地后备资源最富足的地区；有悠久的青瓷文化，是越窑青瓷的主要发源地之一，是"海上陶瓷之路"的重要起点，是全国文明城市、国家园林城市、国家卫生城市、浙江高质量发展建设共同富裕示范区首批试点地区之一。全国百强县排名2023年第7名。慈溪是中国三大家电生产基地之一，国家级专精特新"小巨人"企业数量位居长三角百强县第一。

（二）案例背景

慈溪市位于杭州湾出海口，果蔬种植面积居浙江前列，被誉为"中国杨梅之乡""中国黄花梨之乡""浙江蔬菜之乡"，农产品冷藏保鲜需求十分强烈。慈溪市水果和蔬菜种植面积分别达到20万亩和48万亩，年产各类瓜果、蔬菜120万吨左右。当地葡萄、蔬菜种植数量大，仅单体规模在10亩以下的葡萄种植户就超过万户。大量的瓜果、蔬菜在进入市场流通之前，需要进入冷库冷藏保鲜。按照瓜果、蔬菜总产量测算，当地需要冷库库容150万立方米。而实际情况是，慈溪现有冷库212个，库容体积37.2万立方米。也就是说，现有冷库库容只能满足实际需求的四分之一左右。

（三）做法成效

近年来，慈溪市以国家农产品产地冷藏保鲜整县推进试点为契机，以数字化改革为手段，推出慈溪市共享冷库数字化应用，实现产地冷库业务全穿透、主体全上线、地图全覆盖、风险全管控、服务全集成，有效打通农产品流通"最先一公里"，促进了共富建设。通过政策引导，慈溪冷库设施数量逐步增加，果蔬保鲜库库容增长超30%，农产品低温处理率提升10%。目前全市136个冷库均上云入库，冷库综合利用率提升15%以上。主要采取了以下几个方面的做法。

创新多元组织模式，构建"我享冷库"多跨场景，推进冷链物流体系规模化、集约化、网络化发展。将慈溪市50立方米以上的规模冷库信息全部"上图入库"，并集成冷藏车、移动冷库等设施，绘就"慈溪冷链设施一张图"。开发手机端应用，结合智能电表数据，用电量分析判定冷库空闲情况，为冷库业主提供"一键共享"、便捷管理功能；为有冷库需求的农户提供"智能找库""地图找库""VR看库"等功能，并实现一键导航、电话联络，及时找到合适的冷库。

创新智慧产销模式，构建"我享交易"多跨场景，提高农户科学生产、智能管理、专业营销水平。在产地仓储集散中心日常交易中，收购主体利用智能秤、智能平板等设备，通过扫码搜索、自动称重等方式，为农户提供快捷交易、实时结算和电子账单。产地市场的农产品品类、价格等数据，自动上传系统后台，通过加权分析，推送农产品价格行情信息，为农户调整生产结构、市场议价提供依据。

创新优品评价模式，构建"我享检测"多跨场景，为农产品提供品质认证、品牌赋能、价值提升。水果的外在品相与内在甜度都是判定水果品质的关键因子，慈溪市在为农户提供预约检测、上门检测、快速检测的基础上，推广糖度无损实时检测服务，检测仪只需在水果表面停留几秒，就可以检测水果内部的糖度、干物质等指标。所有的检测数据均实时传输到农产品质量安全追溯系统后台，并自动生成农产品质量合格证书，一张小小的"证码标签"成为客观评判农产品成熟度、优质度的"信用名片"。

创新高效运维模式，构建"我享预警"多跨场景，实现设施动态监测、精准除险、便捷维护。通过安装智能电表、温湿度传感、监控等设备，实时监测冷库的运行状态，一旦数据异常，就通过三色预警，提醒主体进行冷库检修。与冷链协会等社会组织协作，提供专业技术人员在线联络服务，一键下单，专业维修团队就能立即上门维修，切实减少在库农产品受损风险。

（四）经验推广

慈溪市"共享冷库"数字化应用紧紧围绕"好用易用、服务群众"理念，从政府牵引和主体参与"两端发力"，通过流程再造、组织重构、制度重塑，构建五大多跨场景应用，提升便民综合服务能力。以下几点经验可以推广。

（1）建立数字化平台。建立一个数字化平台，将农产品的生产、流通、销售等各个环节都纳入其中，推动农产品产地市场开展数字化改造，强化进出库、运输、交易全程数字化管理，提升物流运营效率和供需匹配水平，促进农产品网络销售。

（2）推广冷链物流技术。冷链物流技术是保证农产品质量和安全的关键，需要加强对农民和企业的培训和技术指导，提高其使用冷链物流技术的能力和水平。

（3）加强品牌建设和营销推广。通过加强品牌建设和营销推广，培育推介农产品网络品牌，开展特色农产品认证资助和推广，以品牌化带动特色产业发展。提高农产品的知名度和美誉度，增加销售渠道，增强市场竞争力。

（五）思考探索

结合"共享冷库"案例，谈谈数字化"共享发展"模式在农业农村建设过程中，还可以与哪些产业结合应用。

五、苏南地区数字乡村建设主要问题及对策[10]

（一）基本情况

苏南是江苏省南部地区的简称，地处中国东南沿海长江三角洲中心，东靠上海，西连安徽，南接浙江，北依长江（苏中、苏北）、东海，是江苏经济最发达的区域，也是中国经济最发达、现代化程度最高的区域之一。苏南地区包括南京、苏州、无锡、常州、镇江，总面积 27 872 平方千米，占江苏省土地总面积 27.17%。2020 年，苏州 GDP 超 2 万亿元，规模以上工业总产值稳居全国城市前三名，无锡人均 GDP 位居全国万亿级城市之首，常州的先进制造、创新能力实力强劲，昆山、江阴、常熟等地县域经济实力名列全国前茅。

苏南农村自古就是"鱼米之乡""富庶之地"。苏南揽平畴沃野，依长江流域，拥太湖与阳澄湖，自然资源禀赋良好，农村文化底蕴厚重，而今处于居民超亿人的长江三角洲区域腹地，农旅消费能力强大。新发展阶段，历经高速工业化、城镇化的苏南，在城乡统筹和乡村振兴等战略引导下，对农业的认知和保护上升到新高度。自 21 世纪以来，苏南农村先后实施了新农村建设、城乡一体化发展、农村人居环境改造等重要举措。苏南农业机械化步伐较快，近年来兴起"智慧农业"，更是颠覆了"脸朝黄土背朝天"的传统耕种方式。

（二）案例背景

历经高速度工业发展、城镇化的苏南地区在城市协调和农村复兴等策略指引下，对农村的认识和维护也已经上升到新层次。张家港市被纳入第一批全国数字乡村试点，通过使用卫星遥感技术制作的"热力图"，可以清晰地看到水稻的种植状况。过去，由于缺乏先进的科技，在发现农作物病虫害时，人们往往需要依赖传统的手段，防治时效性不高；而现在，人们已经能够实时获取数据并制订有效的处理方案。在数字化浪潮的推动下，当地特色农产品"触电上网"拓展销路，农产品销售量大幅提升，使得该园区的农民收入大幅超过全国平均水平。随着信息化建设加快，数字经济快速发展，农村电商产业也进入了新的发展阶段，成为构建数字乡村的重要动力。随着我国农村电子商务产业的快速成长和持续发展，原有的以制造、生产、营销为主的传统淘宝村正在进行着产业形态上的重大转变，并逐步形成"农村电子商务旅游业""农村电子商务在线服务"的多业态结合的崭新局面。

（三）现存问题

江苏省苏南地区在数字乡村建设过程中仍面临以下问题。

信息获取管理不健全。在大数据信息使用方面，农村数据信息散乱、信息规范标准不一致、没有资源共享体系、信息支撑能力较弱等已成为制约农产品大数据建设发展的主要障碍。在省级以下各类涉农信息系统的农产品信息普遍呈孤岛的形态出现，各信息系统间长期缺乏高效联系，而且与国家农业农村部、省市县的涉农信息系统之间也未能实现信息相通互联，各级农业农村信息系统管理者和用户不能及时精准、全面高效地收集信息，也无法从多维度上进行决策工作数据分析和高效控制。

建设资金缺乏。推进数字农业农村建设，必须投入大量资金，但农村经营主体普遍没有足够的资金，尽管不少市县制定了优惠政策，但帮扶措施有效性不强、政策吸引资金投入明显不够、招商引资支持不到位等问题明显，降低了对社会资本的吸引力。财政上，政府在浙江北部地区的投入力度不是很大，而直接投入于农村城镇化发展的资金也较少；浙江北部农村数字化建设最重要的资金来源是农民自筹的经费，而且近年来呈明显增加势头。数字乡村治理所需的资金不足，无法满足现实需求，这是导致数字乡村治理得不到有效加强的重要原因。

村民受教育水平较低。目前，我国大部分的农业用地以散户为主，尚未实现大规模种养，而且部分农田已被弃种转为荒地。随着农村经济的发展，越来越多的老年农民加入农业生产中，他们的受教育程度较低，对新技术、新信息的理解和接受能力也有限，这就导致他们缺乏数字化和智能化农业开发的基础知识和专业技能。随着社会的进步，越来越多的农村青年离开家乡，踏上异地求职之路，但他们的就业热情很低，这种情况加剧了我国农业人才的紧缺，也对我国数字化农业农村可持续发展造成了极大的阻碍。

（四）对策建议

为解决江苏省数字乡村建设中存在的不足，各地政府部门、数字企业等为数字乡村建设投入了各类资源要素，进行了有益探索，取得了显著成效。分别有以下几点措施。

对数据资源进行整合、开发和利用。以大数据与数字农村集成与服务为目标，建立农业农村信息系统和大数据平台，促进城市和乡村的资源流动、共享，做到农业农村信息的更新、聚合、上云，完善平台信息接口连接系统，实现城市信息数据的统一集成、分级储存、优化整合、共建共享等智慧服务。

增大财政支持力度。我国不同地区数字乡村平台发展不平衡的主要原因是这些地区的经济条件存在差异，存在地区发展不平衡问题。经济实力是保证数字乡村建设水平的基础，有些偏远地区经济不景气且没有更多的能力增加金融投资，相关政府部门应积极履行其职能，重新分配城市与农村的资金投入配比，增加对数字乡村平台建设的资金投入，这也能激励企业承担建设数字乡村平台的部分资金。

完善数字化人才培养机制。大多数的农村缺乏足够的财力引进和招纳懂得如何建设数字乡村的专业人才，这就需要政府部门制定相应措施，给予财政支持，为数字乡村建设吸纳有数字化专长的人才，支持和引领农村发展。鼓励农村青年学成后返乡就业，为打造数字乡村奉献自己的一分力量。同时，对村中年轻人进行教育培训，训练其自主学习的能力和数字化思想，使他们更加熟悉农村的优势，协助农户解决现实问题，并且能够扎根农村，带领村民们一起构建数字乡村。搭建购销平台，帮助农民将农产品销售出去，提高收益。可以通过建立电商平台、组织农产品展销会等方式，扩大销售渠道。

（五）思考探索

请从政府政策制定、技术应用、人才培养、资源整合等角度思考如何提高数字乡村建设水平。

第四节　实训实践

一、课堂实训

（一）文献报告

围绕数字乡村、智慧农村、产业数字化等内容，根据授课班级实际情况，学生自由组成学习小组。教师根据实际教学情况及授课学生水平，为学生拟定研究主题，通过文献检索、文本分析、数据分析、短视频制作等方式完成文献报告。研究主题及内容示例如下。

1. 智慧农村项目案例收集分析

（1）难度：易。

（2）通过查阅相关资料或采访相关人员，收集 3 个智慧农村项目，概述项目的发展背景，了解该项目的实施过程和成果，阐述可推广的做法或措施，评价案例经验，总结项目成果与成效。文献报告字数不少于 1000 字，注意项目选取切题、语言表达清晰准确（至少包括项目的背景意义、实施过程、成果成效等）。

2. 区域数字乡村建设发展现状分析

（1）难度：中。

（2）通过网络搜索、实地调研等方式收集该区域的数字乡村建设数据，包括基础设施、产业发展、信息化水平等方面的数据。学生根据自己收集的数据进行数据分析。运用 Excel 等工具进行数据处理和可视化展示，如制作柱状图、折线图等图表，以便更好地展现数据的趋势和特点。另外，根据自己的数据分析结果，准备一份关于所选区域的数字乡村建设发展现状的实践材料。作业字数不少于 2000 字，注意数据分析结果合理、语言表达清晰准确（至少包括现状概况、图表、数据结果等）。

3. 我国数字乡村发展问题及对策建议研究

（1）难度：较难。

（2）查阅知网文献及其他权威资料，收集至少 5 个数字农业、智慧农村等方面的发展问题，进一步分析数字乡村当前存在的问题，包括基础设施建设不足、数字技术应用水平不高、信息孤岛现象严重等方面。针对上述问题，提出对策建议，如加强基础设施建设、推动数字技术创新应用、加强信息共享和交流等。在提出对策建议时，需要结合实际情况进行论证，并提出可行性和可操作性较强的方案。作业字数不少于 2000 字，注意语言表达清晰、准确、简练（至少包含发展背景、主要问题、对策建议等）。

文献报告评分标准见附录 A。

（二）情景模拟

围绕农村电商、数字乡村发展、智慧农业等内容，指导老师为学生拟定在课堂上进行路演的情景模拟主题,并提供相关的情景模拟场景描述。由学生根据所学知识以及主题要求,自行完善情景模拟剧情,并尝试使用 PPT、简易道具等在课堂上进行情景模拟路演。情景模拟主题及背景描述示例如下。

1. 情景模拟主题一:小明创业

在当今数字化时代,随着互联网的普及和物流技术的发展,农村电商逐渐兴起,为许多农民提供了创业的机会。在这个场景中,我们假设有多位年轻人,他们有共同的创业想法,决定在家乡的农村开展电商业务。

一天下午,小明来到了村里的一家网吧,开始了他的电商创业之旅。在网吧里,他打开了电脑,开始学习如何运营电商平台。他通过搜索引擎了解到了一些基本的操作流程和注意事项。接着,他注册了一家淘宝店铺,并开始上传商品信息。在上传商品的过程中,小明发现有些商品的信息不够详细,于是他开始向其他卖家请教,了解如何更好地展示商品。之后,他又学习了进行店铺装修、优化关键词、制定价格策略等操作。几天后,小明的淘宝店铺终于上线了。他在店铺里展示了自己的特色产品——新鲜的水果和蔬菜,并且制定了一些优惠活动来吸引顾客。不久之后,开始收到了一些订单。为了保证货物的质量和及时送达,小明开始积极联系供应商,协商好货源和价格。同时,他也加强了对客户的沟通和服务,确保每个顾客都能得到满意的购物体验。

经过几个月的努力,小明的淘宝店铺越来越火爆。他的生意不仅让村民们享受到了更多的便利和实惠,也让自己获得了一定的经济收益。他还结交了很多志同道合的朋友,一起分享经验和探讨未来的发展方向……

人物简介:

小明:某著名大学,电子商务专业,本科学位。兴趣爱好广泛:热爱阅读,关注行业动态和市场趋势,不断学习新知识,提升自己的专业素养。喜欢去各地了解当地的特色农产品,寻找好的供应商资源。他的父亲曾在农村从事农业生产,后转行做生意,家庭经济条件较好;母亲是一名教师,家庭氛围温馨和谐;有一个弟弟正在读大学,专业为计算机科学与技术。他对电子商务行业充满热情,具有强烈的责任心和使命感,致力于推动农产品电商发展;具有较强的沟通协调能力、团队协作能力和创新思维能力,能够快速适应不同的工作环境和挑战。

小刚:小明的弟弟,计算机专业,本科学位。他对计算机技术有着浓厚的兴趣,熟练掌握计算机技术,包括编程、网页设计、数据分析等;他利用搜索引擎优化(SEO)、社交媒体推广、电子邮件营销等方式,吸引更多的消费者关注和购买农产品,同时有较强的创新思维,善于运用互联网手段提高农产品销量,敢于尝试新的销售方式和营销策略。他相信通过互联网,可以将农产品推向更广阔的市场,帮助农民增加收入。

高经理:某知名电商平台农产品销售部门高级产品经理。负责农产品类目的产品策划、上线推广、数据分析等工作,成功帮助多个农产品品牌实现销售额翻倍增长。参与制订并推动公司农产品战略规划,与政府、行业协会等多方合作,推动农产品上行通道建设。高经理对电商平台的运营有深入了解,熟悉各大电商平台的推广策略和规则。他能够运用互联网手段提高农产品的曝光度,吸引更多的消费者关注和购买。

王大阳:农民,50 岁,是一位勤劳朴实的农民,他对自己的农产品有着深厚的感情。近年来,随着互联网的发展,越来越多的人开始在网上购买农产品。王大明也想尝试将自己的农产品放在网上卖，但由于没有什么经验，他对此感到非常迷茫。

请同学们根据小明的创业经历进行情景模拟，可根据组员数量，适当增减角色。

2. 情景模拟主题二：月溪村的数字乡村建设

在当前数字化时代，乡村地区也逐渐意识到了数字化治理的重要性。本场景模拟的是一个乡村社区的数字治理过程，旨在让人们更好地了解数字化治理的实际应用。

月溪村依山傍水，自然资源丰富，农业发展较好，近年来村里来了一个大学生村主任张明，他认为智慧农村建设是当前社会发展的重要趋势之一，对于乡村振兴来说尤为重要，因此组织了一场关于智慧农村的会议，讨论如何利用现有的技术和资源开展智慧农村建设工作。张村主任、李技术员、王村民代表和赵企业家代表一起参加了会议。会上，张村主任首先介绍了村庄的发展情况和存在的问题，包括基础设施落后、农业生产效率低下等。接着，李技术员根据这些信息提出了一些具体的智慧农村建设方案，包括建设智能化灌溉系统、智能化养殖设施等。最后，王村民代表和赵企业家代表分别就资金和技术方面的问题进行了讨论，并提出了一些具体的建议。大家集思广益，展开激烈讨论。

人物简介：

张明：大学生村官，具备较强的专业知识，一直关注着农村的发展，在他看来，智慧乡村建设是农村发展的重要方向之一。他具备较强的创新思维，敢于尝试新的方法和思路，寻找解决问题的新途径。在智慧乡村建设的过程中，他希望能够发挥自己的创新精神，为大家提供更多的建议和方案。同时，他具有较强的组织协调能力，能够有效地整合各方资源，推动各项工作的顺利进行。在智慧乡村建设的过程中，他希望能够发挥自己的优势，带领大家一起努力。

小李：在某公司担任技术岗位，他是一位资深的技术员，具有丰富的项目经验和技术能力，擅长设计智慧农村建设。他能够根据客户需求和实际情况提供合理的设计方案和技术方案。李技术员一直关注新技术的发展，努力学习新的技术和知识。他相信只有不断学习和进步，才能够在智慧农村建设项目中保持竞争力。同时在项目实施过程中，李技术员善于总结经验教训，不断完善自己的技术和方法。他相信只有不断总结和改进，才能够提高自己的工作水平和质量。

老王：村民代表，热心于推动数字乡村的发展与建设，他认为只有通过数字化手段，才能让乡村变得更加美好。积极参与各项数字乡村建设项目，提出了不少有益的建议和意见。老王具有广泛的社交网络，他与村里的各个阶层都有良好的关系，善于倾听和沟通，能够认真听取村民的意见和建议，并及时反馈给相关部门。同时，他能够较好地利用自己的人脉资源，为数字乡村发展牵线搭桥，促进各方面的合作与交流。

赵总：成功的企业家，非常关注家乡的发展，他认为数字乡村是乡村振兴的重要组成部分。他愿意为家乡数字乡村发展与建设提供资金支持，帮助家乡实现数字化转型。他具有广泛的社会资源，与政府、企业、社会组织等各方面都有良好的关系。他非常关注企业的社会责任，认为企业应该承担起回报社会的责任。因此，他希望通过资金支持等方式，为数字乡村发展与建设做出自己的贡献。

请同学们根据以上情景讨论如何利用现有的技术和资源，开展智慧农村建设工作。可根据组员数量，适当增减角色。

情景模拟评分标准见本书附录 A。

二、实地实践

（一）实践内容

本次实地调研主题为"智慧农业与数字乡村发展调研"。数字乡村是乡村振兴的战略方向，也是建设数字中国的重要内容。本次调研考察数字乡村建设发展情况，体会数字经济给乡村建设与人民生活带来的切实推动作用；了解农村老年人等群体融入数字乡村面临的问题和挑战，并通过开展讲座、发放宣传资料、现场解说等方式宣传和普及网络安全知识，提升乡村数字化安全治理能力。

（二）实践要求

学生需以班级为单位，围绕智慧农业与数字乡村，在保证安全的基础上在村庄开展实践。在实践过程中，学生需要通过访谈、考察、观察、知识科普等方式，围绕以下调研要点收集视频、文字、音频等相关素材，为实践报告成果提供支撑。

走访各乡镇及当地对数字乡村建设发展做出重要贡献的企业：探究政府在数字乡村中的责任担当，探究数字科技促进乡村经济的发展路径以及数字技术应用于企业生产的运作效益，感悟数字乡村建设的重要性。

调查各群体融入数字乡村建设存在的问题：通过问卷调查、走访调查的形式，探访老年人对数字化产品的使用情况、青少年群体对网络技术的使用情况，以发现老年和青年群体在融入数字乡村进程中的现状和问题，提升农民的数字素养水平，帮助他们更好地融入数字化社会，以此助力乡村振兴。

开展数字安全知识讲解：围绕网络安全常识、防范网络诈骗、加强个人信息保护等内容进行现场解说，提高村民识别和应对网络危险的能力，预防和减少网络诈骗带来的经济损失。

提示：本次调研目的并不局限于上述要点。教师可根据实际情况，结合本地的特色和需求，进行适当的调整和补充。关键是确保调研内容能反映智慧农业与数字乡村的核心和发展需求。

（三）准备工作

1. 物品准备

出发前，准备生活用品、工作用品、记录设备等，参考本书附录 B。

2. 地点选择

选择实践目的地应全面考虑地点的相关性、代表性、配合度和安全性，确保实地调研能够高效、顺利、安全地进行。选取实践目的地需符合以下要求与原则。

数字乡村典型示范区：实践目的地可从国家级、省级和市级层面选择数字乡村治理较为典型的村进行考察，优先考虑"全国乡村治理示范村""数字家庭示范村""乡村振兴实绩突出村""新农村建设试点示范村"等，了解当地数字乡村建设情况。

数字化与多产业联动：实践目的地重点考虑探访村级电商服务站、智慧产业种植基地、农产品直播园等运用数字化与多产业联动的示范区。

配合意愿：实践目的地还需要有良好的配合调研意愿（以当地政府部门支持为佳），避免在实地调研过程中由于农民不配合而导致的调研效果不理想。

地点距离与安全：实践目的地不宜过远，应尽量在授课大学所处的省内。

3. 人员分工

每组学生需要自行拟定分工，并形成书面材料提交至教师处，分工的执行情况将会纳入课程考核。参与实践的教师至少需要三名，其中一名教师作为带队老师负责实地授课、团队决策及重大事件审批和处理，其余教师负责学生安全并提供实践指导。建议将教学班分为 A、B、C、D、E 组，A 组同学负责走访调研各乡镇及当地对数字乡村建设发展做出重要贡献的企业，B 组、C 组同学负责到村庄里调查各群体融入数字乡村建设存在的问题，了解农民的数字素养水平，以便更好地为他们提供数字安全知识。D 组同学负责准备数字安全知识讲解材料与提纲，考虑为农民提供易于理解的语言和例子，形成演讲 PPT。E 组同学负责开展数字安全知识讲解，通过实际案例向农民展示数字安全知识的重要性，并鼓励农民提出问题并解答他们的疑惑，以确保他们完全理解数字安全知识。

4. 实践成果

在实践结束后，学生须以班级为单位，提交一份详细的实践报告，有选择性地阐述以上各个调研要点，并对其进行深入分析与反思。实践报告全文字数不少于 5000 字，其中对策建议部分不少于 2000 字。报告中，学生须附上 20~30 张与研究主题息息相关的高清图片。这些图片可以是乡村数字化建设的成果、数字乡村平台、智慧农业工具等。此外，负责数字安全讲解的组提交演讲提纲，包括但不限于分析当前农村数字化发展过程中存在的问题及现状，剖析问题的原因，对如何提高农村居民数字素养与数字安全意识提出实质性的对策意见。

此外，若在调研过程中进行了深度访谈，相关的访谈提纲和访谈摘录也需整理并附在实践报告中。

（四）实践成效

本次实践希望学生能够通过实地调研、拟定知识讲解提纲、制作多媒体课件、开展知识讲解等一系列过程，使学生形成有逻辑的讲解提纲，启发学生深入思考当代农村数字化现状及存在的问题。实地实践可以达成以下成效。

1. 知识成效

经过本次实地实践，学生在多个领域都获得了宝贵的知识和经验。将理论知识与实际相结合，并结合当代新数字化技术，深入了解数字乡村建设的新进展、新成效，涵盖乡村数字基础设施、智慧农业、乡村新业态新模式、乡村数字化治理等方面的内容。

2. 能力成效

在实地调研的过程中，增加学生的社会实践经验，提高综合素质和竞争力，提高数字素养和技能，使他们能更好地适应数字化时代的发展，培养学生的社会责任感和公民意识，使他们更加关注社会公共利益。

3. 成果成效

本次所提交的实践报告包含了区域智慧农村建设项目、数字乡村发展现状、当地村民数字化水平与能力。在顺利完成乡村数字安全知识讲解后，可通过对村民进行的匿名问卷调查考核学生的实践成效。通过本次实践希望能够帮助村民了解数字设备和互联网的正确使用方法，以避免不必要的风险，同时增强村民的安全意识，减少他们在使用数字设备时遇到的安全问题。通过向农民普及数字安全方面的基本知识，可以极大地减少农民，尤其是文化水平较低的农民群体对未知的数字安全知识的顾虑，对农民提升数字素养和技能，利用数字素养和技能进行农业生产、从事农业经营管理与销售农产品等都有积极意义。

本章参考文献

[1] 高峰，王剑．数字乡村建设的国际经验及启示[J]．江苏农业科学，2021，49（23）：1-8．

[2] 吴文枝．数字农业赋能乡村振兴探究[J]．广东蚕业，2023，57（10）：105-107．

[3] 李实，杨一心．面向共同富裕的基本公共服务均等化：行动逻辑与路径选择[J]．中国工业经济，2022，（2）：27-41．

[4] 吴砥，李环，尉小荣．教育数字化转型：国际背景、发展需求与推进路径[J]．中国远程教育，2022（7）：21-27+58+79．

[5] 汪亚楠，徐枫，叶欣．数字乡村建设能推动农村消费升级吗[J]．管理评论，2021，33（11）：135-144．

[6] 叶秋云．"数字三农"助力福建"智慧浦城"建设[EB/OL]．（2019-05-08）[2023-08-22]．http://news.sznews.com/content/2019-05/08/content_21749183.htm．

[7] 敖煜新．浙江省德清县：推动全域数字治理 打造"整体智治"县域[EB/OL]．（2021-03-08）[2023-08-22]．http://www.dangjian.cn/shouye/zhuanti/zhuantiku/dangjianzazhi/202103/t20210308_5971366.shtml．

[8] 成建强．高青黑牛数字畜牧典型应用场景案例：数字化改革赋能高青黑牛产业全链条[EB/OL]．（2022-10-10）[2023-08-22]．http://news.sohu.com/a/591612255_121106991．

[9] 朱海洋．浙江慈溪市：冷库上"云端"共享促共富[EB/OL]．（2022-08-31）[2023-08-22]．http://www.moa.gov.cn/xw/bmdt/202208/t20220831_6408206.htm．

[10] 薛雯静，吕天明，闫晶．数字乡村治理存在的主要问题及对策研究：以江苏省为例[J]．南方农机，2023，54（18）：117-120．

第三章　农村电商与网络新媒体

第一节　导　　论

一、背景知识

作为一个农业大国，农业在我国占据着重要的地位。古语有云"粟者，王之本事也，人主之大务"。政府一直非常关注农村电子商务的发展，并多次在中央一号文件中提到了这一点。在习近平总书记的指引下，党中央深刻认识到乡村振兴的重要性，并将其作为解决当前农村发展不平衡、城乡差距较大的重要举措。陈梦根（2023）认为随着全球经济一体化的加快，中国正在以其独特的发展模式，开创出一条全新的、与西方现代化模式截然不同的发展之路[1]。王星等（2023）指出实施乡村振兴战略旨在为那些没有进城机会和能力的农民提供更多的福利和保障，以促进他们在农村的发展和生活质量的提升[2]。为了更好地实施"互联网+农业"，促进数字乡村的发展，政府不断出台战略性文件，以推动其实施。文件公布了一系列政策，全面部署了如何实施乡村振兴战略。刘伟等（2023）通过研究发现随着互联网 IT 的不断进步和普及，实施乡村振兴战略的关键所在之一便是推动农村电子商务的发展，这对于改善农业生产管理模式具有深远的影响[3]。农村电子商务并非一项易于实施的系统性工作，农民网上购物或开店也无法完全涵盖。李实等（2023）提出不能成规模的生产模式和不发达的物流体系，以及落后保守的思想观念和网络技术人才的不足，使得在城市里发展势头强劲的电子商务不能在农村地区得到充分应用，从而阻碍了其发展[4]。《中共中央　国务院关于做好 2022 年全面推进乡村振兴重点工作的意见》中提出要加快农村物流快递网点布局，实施"快递进村"工程，鼓励发展"多站合一"的乡镇客货邮综合服务站、"一点多能"的村级寄递物流综合服务点，推进县乡村物流共同配送，促进农村客货邮融合发展。随着乡村振兴战略的推进，农村电商得到了前所未有的发展机遇，如何把握这一机遇，成为农村电商发展的关键所在，尤其是要以一县一特色的模式，充分展示出各县（市、区）的独特农产品，以期获得更大的经济效益。涂勤等（2022）认为随着乡村振兴战略的推出，政府机构和社会各界都致力于实现"产业发展、环境保护、乡村文化、治理有效、生活富裕"的总体目标，使我国农业农村的发展持续进行[5]。史新杰等（2022）认为近年来"互联网+农业+服务"的创新发展为农村现代化提供了有效支撑，利用互联网技术，实现线上预订下单，线下农产品体验，形成互联网订单农业模式等新型业态[6]。网络新媒体是在网络时代先进技术手段下应运而生的媒体形态。它的传播载体可以是手机、电脑，也可以是依托网络向人们传递信息和提供多种服务的多样化载体。目前其包括各种平台，如微信、微博、各大门户网站、各类手机客户端 App 以及网络电视等。其特点是依托网络传递新事物的信息，便捷人们的生活。

二、学习重点

随着电子商务的不断发展，我国的城市电商市场正在趋于饱和，而农村电商市场还处于亟待挖掘的状态。掌握下沉市场成为所有电商平台的重中之重。随着互联网的普及以及农村基础建设的不断完善，农村有了发展电子商务的基础条件，同时国家也在出台相关政策大力支持农村电商的发展，把发展农村电商作为促进"三农"发展、转变经济发展方式、优化产业结构、带动就业与农民增收的重要动力。农村电商的发展为农村经济的发展及加快农业农村现代化提供了新的引擎。本章学习要求如下。

（1）了解电子商务的概念、主要模式。
（2）了解农村电商的概念、分类、特征。
（3）了解电子商务在实施乡村振兴战略中的作用。

第二节　理　论　知　识

一、名词解释

1. 电子商务

根据《电子商务业务术语》(GB/T 38652—2020)，电商是指通过互联网等信息网络销售商品或者提供服务的经营活动。广义的电子商务（electronic business，EB）是指利用数据信息进行的商业活动，而数据信息是指由电子、光学或者其他类似方式所产生、传输并存储的信息。狭义的电子商务（electronic commerce，EC）是指基于互联网平台实现商业交易电子化的行为。我们日常生活中所接触的电子商务属于狭义的电子商务。根据电子商务的特点，我们可以这样理解：电子商务是基于互联网、以交易双方为主体，以电子支付和结算为手段，以客户数据为依托的全新网络贸易形式[7]。

2. B2B 交易模式

企业与企业之间的电子商务，即 B2B（business to business）电子商务，是指企业与企业之间通过互联网进行产品、服务及信息的交换，包括企业与供应商之间的采购，企业与产品批发商、零售商之间的供货，企业与仓储、物流公司的业务协调等。B2B 电子商务的具体交易过程包括：发布供求信息，订货及确认订货，支付过程，票据的签发、传送和接收，确定配送方案并监控配送过程等[8]。

3. B2C 交易模式

企业与消费者之间的电子商务，即 B2C（business to customer）电子商务。B2C 电子商务主要应用于商品的零售业，包括面向普通消费者的网上商品销售（网上购物）和网上电子银行业务（存款业务、取款业务和货币兑换业务等）。它类似于联机服务中进行的商品买卖，是利用计算机网络使消费者直接参与经济活动的高级形式。这种形式基本等同于电子化的零售，它随着 WWW（万维网）的出现迅速地发展起来。目前，在互联网上遍布各种类型的商业中心，提供从鲜花、书籍到计算机、汽车等各种消费商品和服务。传统商家根据各自销售商品的经验使用电子商务平台进行此类商务活动[9]。

4. C2C 交易模式

消费者与消费者之间的电子商务，即 C2C（customer to customer）电子商务。简单地说，就是消费者本身提供服务或产品给其他消费者，是个人与个人之间的电子商务，如淘宝、拍拍、易趣。C2C 的主要盈利模式是会员费、交易提成费、广告费用、排名竞价费用、支付环节费用等。C2C 的一般运作流程是：卖方将欲卖的货品登记在社群服务器上；买方透过入口网页服务器得到二手货资料；买方透过检查卖方的信用度后选择欲购买的二手货，透过管理交易的平台分别完成资料记录；卖方与买方进行收付款交易，透过网站的物流运送机制将货品送到买方[10]。

5. B2B2C 交易模式

这是一种新的网络通信销售方式。第一个 B 指广义的卖方（即成品、半成品、材料提供商等），并不局限于品牌供应商、影视制作公司和图书出版商，任何商品供应商或服务供应商都可以成为第一个 business；第二个 B 是电子商务企业，通过统一的经营管理对商品和服务、消费者终端同时进行整合，是广大供应商和消费者之间的桥梁，为供应商和消费者提供优质的服务，是互联网电子商务服务供应商。C 表示消费者，是在第二个 B 构建的统一电子商务平台购物的消费者[11]。

6. 网络新媒体

网络新媒体是指基于互联网技术等新的信息传播技术，具有以互动性为核心、以平台化为特色、以人性化为导向的特征，具有非线性传播的特质，能够传播多元复合信息的大众传播媒体。其与传统媒体的最大区别是，人人都可以是内容的生产者，也可以是内容的传播者。相对于传统媒体，新媒体的形式多样，具有内容丰富、受众面广、传播速度快、沟通便捷等特点，在媒体行业具有独特的优势[12]。

7. 农村电商

农村电商又称农村电子商务，指通过网络平台嫁接各种服务于农村的资源，拓展农村信息服务业务、服务领域，使之兼而成为县、镇、村的三农信息服务站。狭义的农村电商一般是指利用互联网（移动互联网），通过计算机、移动终端等设备，采用多媒体、自媒体等现代信息技术，为从事涉农领域的生产经营主体提供在网上完成产品或服务的销售、购买和电子支付等业务交易的过程。广义的农村电商一般还包括其外延部分，更多地强调在农村推进和应用电子商务，不仅指工业品下乡或农产品进城，还包括以下五个层面的含义：将农产品通过网络途径销售出去；在乡村聚集的以销售本地特色商品为主要业务的乡村电商，如淘宝村、淘宝镇；将电商的物流、人才流、信息流、资金流聚集在县城周边，形成电商服务业、包装仓储物流相关产业和商品配套供应产业协同集群发展的县域电商；将农民需要的生活服务、农业生产资料和生活日用品通过电商终端的延伸，实现服务到村的农村电商，典型的就是阿里巴巴、京东实行的农村战略；将信息技术、大数据、物联网技术应用到农业生产，实现农业的规模化、精准化生产，并促进农业与乡村旅游和谐发展[13]。

8. 农产品电商

农产品电商是指在农产品销售过程中全面导入电子商务系统，利用信息技术，以网络为媒介，进行需求、价格等信息的发布与收集，依托农产品生产基地与物流配送系统，为顾客提供优质农产品和服务的一种新型的商业运营模式。农产品电商主要分为以下三类：① 自产自销；② 专职电商；③ 自产带销，即上述二者的结合，既做产品，又做平台[14]。

9. 农资电商

农资即农用物资，是指农业生产中所需的物质资料，包括化肥、种子、饲料、农机、农药等。农资电商平台的出现是让各种农资价格信息透明化，农民可以货比三家，而不必为假冒伪劣问题担惊受怕，一旦出了问题，农民就有明确的追溯和索赔通道。借助"互联网+农业"的大潮，未来农技服务与农资电商完全可以嫁接，农技服务的专业化和及时性将大大增强[15]。

10. 农业电商

农业电商是指利用现代信息技术（互联网、计算机、多媒体等），为从事涉农领域的生产经营主体提供在网上完成产品或服务的销售、购买和电子支付等业务交易的过程。农业电商是一种全新的商务活动模式，它充分利用互联网的易用性、广域性和互通性，实现了快速可靠的网络化商务信息交流和业务交易[16]。

11. 直播电商

传统意义上的直播是指广播电视节目的后期合成与播出同时进行的播出方式，如以电视或广播平台为载体的体育比赛直播、文艺活动直播、新闻事件直播等。但随着互联网技术的发展，尤其是移动互联网速度的提升和智能手机的普及，基于互联网的直播形式出现了，即用户以某个直播平台为载体，利用摄像头记录某个事件的发生、发展进程，并在网络上实时呈现，其他用户在相应的直播平台上能直接观看并进行实时互动。当前人们所说的直播，多数情况下是基于互联网的直播。

二、重要概念

（一）电子商务的技术特点

1. 信息化

电子商务是以信息技术为基础的商务活动，需通过计算机网络系统来实现信息的交换和传输。计算机网络系统是融数字化技术、网络技术和软件技术为一体的综合系统，因此，电子商务的实施和发展与信息技术的发展密切相关，信息技术的发展推动了电子商务的发展。

2. 虚拟性

互联网作为数字化的电子虚拟市场，它的商务活动和交易是数字化的。由于信息交换不受时空限制，因此可以跨越时空形成虚拟市场，完成过去在实物市场中无法完成的交易，这正是电子商务快速发展的根本所在。

3. 全球性

作为电子商务的主要媒体，互联网是全球开放的，电子商务的开展是不受地理位置限制的，它面对的是全球性统一的电子虚拟市场。

4. 社会性

虽然电子商务依托的是网络信息技术，但电子商务的发展和应用是一项社会性的系统工程，因为电子商务活动涉及企业、政府组织、消费者参与，以及适应电子虚拟市场的法律法规和竞争规则形成等，如果缺少任意一个环节，势必制约电子商务的发展，如电子商务交易纳税问题。

（二）电子商务的应用特点

1. 商务性

电子商务作为一种新型的商务方式，商务性是其最基本的特性，即提供买、卖交易的服务、手段和机会。网上购物为客户提供了一条方便的途径。因此，电子商务对任何规模的企业而言，都是一种机遇。它将生产企业、流通企业及消费者和政府带入一个网络经济、数字化生存的新天地。

2. 顾客需求导向

电子商务可以扩展市场，增加访客数量。通过将互联网上的信息接入企业数据库，企业就能记录进入企业网站的用户的每次访问、销售和购买形式及动态，以及客户对产品的偏好，这样企业就可以通过统计这些数据获得客户的需求信息，并根据客户要求提供定制服务，真正实现为每一位客户定制个性化的产品。

3. 集成性

电子商务采用了大量的新技术，但这并不意味着新技术将会导致老设备的报废。电子商务能够使用户更加行之有效地利用自己已有的资源和技术完成自己的工作。

4. 安全性

在电子商务中，安全性是一个至关重要的核心问题。它要求网络能提供一种端到端的安全解决方案，如加密机制、签名机制、安全管理、存取控制、防火墙、防病毒保护等，这与传统的商务活动有着很大的不同。

5. 协调性

商务活动本身是一个协调过程，它需要客户与公司内部、生产商、批发商、零售商之间进行协调，在电子商务环境中，它更要求银行、配送中心、通信、技术服务等多个部门的通力协作，电子商务的全过程往往是一气呵成的。

（三）农村电商的特征

1. 整体性

整体性是指农村发展所需要的区域整体社会经济的发展水平。农村电商支持系统的系统性主要表现为它与多个部门和领域的平台都有重要的联系，包括农产品的生产、加工、网络营销路径、配送物流，以及产品售后等农村电商环节中必不可少的环节，所以大量人力和物力的倾注也是不可或缺的。

2. 连锁性

连锁性主要表现在产业连锁、区域互动、市场非场所性三个方面。

3. 集聚性

集聚性主要表现在电商商家的空间集聚、产品生产者的空间集聚和以电商企业为核心的物流、金融、仓储服务等的区位集聚等方面。因此，农村电商通常集聚在一些特殊的区位，从而形成专业性很强、特色鲜明的电商村、电商园区、电商小镇等。

（四）网络新媒体的特性

1. 包容性

任何人都可以通过网络技术进入网络新媒体平台，没有年龄、身份的限定，任何人在平台中都可以进行信息的获取和传播。

2. 便捷性

在传统媒体中，人们往往难以迅速寻找与自己有关或自己感兴趣的信息，而在网络新媒体平台中，做到这一点就很简单，利用大数据技术就可以迅速向每一位用户精准地推荐其可能会感兴趣的信息或者话题，大大节省了人们的时间和精力，除了推送信息，网络新媒体平台还可以帮助人们足不出户解决许多生活和工作方面的问题。

3. 多样化

这里能集合各种各样的信息和表现形式，这个平台中能完成的任务远超我们所想，从生活到工作，网络新媒体已经彻底融入了人们的日常生活。

（五）直播电商的特点

直播为企业/品牌商带来了新的营销机会。作为一种新兴的网络营销手段，直播电商具有以下3个特点。

1. 即时互动性

传统的营销方式通常是由企业/品牌商发布营销信息，用户被动地接收信息。在这个过程中，企业/品牌商无法立刻了解用户对营销信息的接收情况和用户对营销信息的态度。而直播具有良好的互动性，在直播过程中，企业/品牌商在向用户呈现营销信息的同时，用户也可以针对营销信息发言和互动，参与直播活动。这样既有利于增强用户的参与感，又调动了直播间的氛围。针对某些话题，甚至可以形成意向用户、围观用户及企业/品牌商三方之间的强烈互动，真正实现企业/品牌商与用户之间、用户与用户之间的深度互动，实现营销效果最大化。

2. 场景真实性

在营销活动中，真实、高质量的商品是企业/品牌商赢得用户信任的第一步。在传统的营销方式中，无论是图文式广告，还是视频类广告，它们虽然制作精良、极具吸引力，但是有些用户往往会对其真实性存在质疑，因为它们都是提前制作好的成品，制作过程中经过了大量人为的剪辑和美化。而通过直播的形式，企业/品牌商不仅可以展示商品的生产环境、生产过程，让用户了解商品真实的制作过程，获得用户的信任，还可以展示商品的试吃、试玩、试用等过程，让用户直观地了解商品的使用效果，从而刺激用户的购买欲。

3. 营销效果直观性

消费者在线下购买商品时，容易受到外部环境的影响。而在直播活动中，主播对商品的现场展示和介绍，以及直播间内很多人争相下单购买的氛围，很容易刺激其他用户直接下单购买商品。在直播过程中，直播运营团队可以看到直播间的实时数据，了解直播间内商品的售卖情况，及时掌握直播活动的营销效果。

三、经典理论

（一）交易成本理论

英国经济学家罗纳德·哈里·科斯作为新制度经济学的鼻祖，于 1937 年在《企业的性质》一文中提出了交易成本理论，该理论对企业的概念进行了进一步明确，并分析了企业存在的原因，认为企业是一种经济组织形式，企业理论就是这种经济组织形式分析框架。接着其在《社会成本问题》一文中分析了企业实现资源优化配置和规模扩张的问题，认为其中涉及的交易活动具备可计量和比较性。交易成本理论认为交易成本是客观存在的，不可完全消除，但可以通过一定的制度或技术手段加以减少。农村电子商务就是一种可以降低交易成本的技术手段，这些成本体现在农产品的事前和事后生产成本等方面。因为在农村电子商务中，生产者和消费者可以在不见面的情况下直接沟通，交换产品信息、达成交易协议、进行产品预订等，这使得原本在线下的交易活动程序被直接简化，从而降低了交易成本，也减少了交易风险的发生。通过电子商务，交易双方还可以针对交易中出现的违约问题和售后问题进行快速解决。事后交易成本被大大降低。采取电子化方式来管理交易活动，会使得多项组织工作更加科学有序。交易成本降低后，相应的农产品在市场中的竞争力会大大提升，农民的收入也会相应增加。

（二）价值链理论

迈克尔·波特（1985）在《竞争优势》一书中将价值链定义为：企业在设计、生产、销售、发送和辅助其产品的过程中开展的各项活动，这些活动包括基本价值活动和辅助价值活动。

波特的价值链模型是最原始的价值链，属于企业内部的静态模型，针对的对象是单个的企业，价值链分析的是企业内外价值增加的活动，企业与企业、消费者之间可能的联系。通过价值链理论，企业层面的价值创造活动更加明晰。该理论认为，每个价值链环节都有利润增加，企业通过投入设备、引入高新技术、聘请智力人才、采购所需原材料等都可以实现价值的增加，从而进一步促进企业竞争力的提升。企业在竞争的过程中，如果清楚对自身的优势和劣势，并做到取长补短和优化完善，就可以实现价值链各个环节的增值，这对降低企业成本、提升企业竞争力有着重要作用。农村电子商务活动的开展，就是重新整合各个价值链环节的过程，利用互联网等技术手段，价值链中各个环节都可以更好地创造价值，保障信息流、资金流、物流等的高效一体化运转，为农产品提供更多的让利空间，促进其竞争力的提升。

（三）网络效应理论

网络效应是指当使用某种信息通信技术产品的用户越多时，这种产品的价值就越大，从而能够引起更多的人关注和使用。当前，信息技术在人们工作、学习、生产、贸易等活动中的利用，使得这些活动更加高效和便捷，而且信息技术产品之间存在相互关联，这促进了人们对信息技术的需求增加，这与网络规模密不可分。在农产品交易活动中利用电子商务平台和信息通信技术等，会促进农产品商贸模式的改变，从而实现交易成本降低和农产品市场竞争力提升的目的。但如果使用农产品电子商务的人数不足，使用者只能与少部分人进行商贸活动，这会限制资源价值的获取，但网络的存在突破了这种局限性，吸引了更多人的加入，使得商贸活动在更多人的范围下进行，从而促进了网络规模效应的发生，这就是典型的网络效应。但网络效应的需求曲线上出现了"启动问题"（start-up problem），即在用户偏好一致的情况下，只有超过临界容量的网络才能生存下来。在网络效应理论的指导下，农产品电子商务平台的推广需要保证使用群体超过临界容量，这为农产品电子商务的发展提供了新的思路。

第三节 案 例 剖 析

一、"寿光模式"案例分析[17]

（一）基本情况

寿光市坐落在美丽的山东半岛中部，行政划分属山东省潍坊市所管辖的县级市，和渤海莱州湾隔海相望。曾先后获得"中国蔬菜之乡""中国海盐之都""全国文明城市"等多种荣誉称号。为全国首批50个优势产业集群之一。尤其是近几年在寿光市相关领导的带领下，寿光蔬菜以较高的品质、优越的口感、超高的性价比远销海内外，成为寿光市的金字招牌。

近年来寿光市更是抢抓市场机遇，积极地实现开拓创新，打造出以蔬菜为核心的其他产业并行的农业发展模式。每年寿光蔬菜都吸引着大量的批发商、生产商前来寿光订货学习。而寿光蔬菜批发市场更是全国最大的蔬菜生产基地。寿光蔬菜的价格对全国蔬菜具有重要的指导意义。

寿光市更是打造出以蔬菜种植为基础、蔬菜深加工为模式的全新发展模式。如今的寿光与改革开放前相比，发生了翻天覆地的变化，其中2021年寿光市在全国百强县市中排行第37名，全市所创造的GDP高达768.11亿元，人均可支配收入达到2万多元。寿光市在近年来的发展中开辟出了全新的"寿光模式"。

"寿光模式"的内涵是指凭借改革开放的有利条件，辅以当地良好的自然条件和当地深厚的文化基础，加之外部和谐的社会发展环境，政府充分发挥各方的带动作用，使得蔬菜产业得以迅速发展,进而带动物流运输、会展经济、社会保险、物流运输和农村观光旅游多产业多部门协同发展。

(二)案例背景

历经多年的深入发展,寿光蔬菜一直处在全国领先地位,打造出属于自己的核心优势。其他地方未被种植的蔬菜,寿光种植;其他地方蔬菜被大量种植的,寿光做到高品质;其他地方做到高品质的,寿光做到专业深耕,在市场上形成了属于自己的核心竞争力。整个"寿光模式"在形成的过程中有着属于自己的现实基础(见图3-1)。

图 3-1　寿光蔬菜

得天独厚的气候条件是"寿光模式"得以发展的现实基础和前提。寿光市的气候条件极其有利于各类蔬菜的种植。首先,寿光全市大多以平缓地势为主。其中,寿光市更是有着全国最矮的山。寿光市的土壤大致分为 3 部分,中部和南部的土壤母质是冲积物,北部为盐碱地。得天独厚的气候条件是"寿光模式"得以发展的现实基础和前提。

(三)做法成效

要想富,先修路,农业要想得到快速发展和优越的交通无法分开。目前寿光全市建成了密集的交通网络体系,全市境内省道、国道全线发展。而寿光市场境内的羊口港更是国家二级港口,寿光全市境内的蔬菜可随时销往全国各地乃至全世界。

为全力支持寿光市的农业发展,寿光市相关领导搭建专门的领导班子和领导队伍全力助推寿光经济的发展,加大资金投入力度,以各种方式吸引人才的加入,设立专项发展资金等多举措并行。近年来,寿光市相关领导更是举办各类展会,提升寿光蔬菜的知名度和品牌价值。多渠道共同发力助推寿光农业朝着更好更快的方向发展,全面助推寿光市乡村振兴的步伐。

地方政府自 2012 年起加快出台扶持村镇电商发展的政策方针,实现农产品在"田间地头"直销市场,节约外生交易成本,增加电子商务交易额。自 2021 年以来,寿光市投入电子商务进农村综合示范项目专项资金 450 万元,通过建设电商公共服务中心、统仓共配的物流配送中心、镇村电商服务站点等,打破工业品下行"最后一公里"和农产品上行"最初一公里"瓶颈,完善城乡村三级物流共同配送体系。寿光市农村电商带动了区域经济蓬勃发展，取得显著的社会效能。

（四）经验推广

寿光蔬菜的名气和竞争力都是靠科技不断创新出来的，走科技创新之路是"寿光模式"取得战绩的秘诀。绿色是乡村振兴的底色，绿色化是农业特色化、品牌化的核心。推进现代农业发展，要牢固树立和践行绿水青山就是金山银山的理念，聚焦绿色优质农产品供给这一出发点，优化农业区域布局，打造人与自然和谐共生发展的新局面。蔬菜产业绿色发展是乡村振兴的必然要求，不仅能够提高蔬菜产品的质量、促进蔬菜生产方式的转变，还能保证蔬菜产品的安全。

保护农村生态环境是实现蔬菜产业高质量发展的有效路径。反季节蔬菜刚刚兴起时，菜农在生产时的安全意识和质量意识都不高，消费者也不在意这些问题，但随着人们生活水平的提高，公众的安全意识逐渐增强，对蔬菜的质量要求也随之提高。寿光在面临严峻形势的情况下，把目光转到标准化生产，大力发展无公害蔬菜，掀起了寿光蔬菜的"二次革命"。

近年来，寿光市大胆创新，积极探索，不断引进新技术、新品种，坚持走可持续发展之路，打牢农业现代化产业基础。在全力推动蔬菜设施产业向更高层次迈进的过程中，把发展绿色蔬菜作为主攻内容，从生产的各个环节植入无公害培育技术，积极推进国家绿色食品发展中心的认证工作。

（五）思考探索

"寿光模式"的所有做法是否适合复制推广到其他地方？为什么？哪些方面的经验做法值得推广？

二、中国网店第一村——青岩刘村[18]

（一）基本情况

青岩刘村位于浙江省金华市义乌市江东街道，在册人口 1823 人，电商从业人员 2 万多人，平均年龄 25 岁。2015 年，青岩刘村拥有网店数 3200 多家，全年销售额达 40 亿元，日均出单量 10 万单。这里有完善的物流网络，有快递 23 家，货运专线 160 多条，覆盖全国 260 多个大中城市，年货运吞吐量 440 万吨。

完成旧村改造的青岩刘村村民凭借距全球最大的小商品市场仅 6 千米、与义乌最大的货运市场仅一街之隔的货流、物流区位优势，及每家每户都有一栋五层楼房的便利，开始琢磨起怎样在互联网上当"掌柜"卖东西；而以义乌工商学院学生为代表的青年群体需要这个简单且价格低廉的硬件环境，来承接就业压力之下的创业需求。于是村民与创业者的利益诉求完美结合，网商群体就在这个名不见经传的村子里书写起一个个创业神话。

如今，青岩刘村有 700 户人家，人口 1400 余名，586 个单元的 5 层楼房里，开设了 3200 多家网店，吸引了 1.5 万名创业者。在原本充斥着呼儿唤女、鸡鸣狗吠各种生活声音的村子里，却被网店电脑前一声声悦耳的"叮咚"刷屏声灌满了。青岩刘村"触网"后，已然成了农村电商的义乌样本，成了网店的孵化器。像青岩刘村这样的网店村，在义乌正成批涌现（见图3-2）。2014年义乌的电商多达24万户，电子商务交易额超过千亿元，2015年增至1511亿元，2016年达1770亿元。2017年11月阿里研究院公布，义乌拥有113个淘宝村和9个淘宝镇，成为全国最大淘宝村集群。义乌不仅跨入"中国电商百佳县"榜首的位置，还以绝对优势卫冕了这个称号。

图3-2 中国网店第一村

（二）案例背景

青岩刘村扎根义乌小商品市场，有强大的货源竞争力。青岩刘村电商的发展离不开义乌小商品这个庞大的实体经济。青岩刘村距离全球最大的小商品集散地——义乌国际商贸城仅6.7千米，义乌的小商品囊括了工艺品、饰品、小五金、日用百货、电子电器、玩具、文体、袜业等几乎所有日用品，正是号称在"只有你想不到、没有你找不到"的义乌，才让电商的经营变得轻松。

义乌人有经商传统和创新精神。义乌有着悠久的亲商经商传统，一代代的义乌商人在市场打拼，培养了对市场机会的洞察力和敏感度。遇到像电子商务这样的革命性机遇后，义乌人把握住机会，把机遇变成现实。青岩刘村发展电子商务的领头人刘文高就对市场和新生事物高度敏感，当时他是一个生意人，经营着自己的事业，在大量的本地企业纷纷做自己的企业网站的氛围下，他认定网络很有前景，就花了一万多元请人制作了一个企业网站，把自己生产的产品推到了网络平台上，刘文高觉得电子商务在义乌肯定会大有市场。

（三）做法成效

全民从事电商创业，青岩刘村成为网商创业热土。青岩刘村进行旧村改造之后，有大量闲置的房屋可用于出租，加上青岩刘村临近义乌日用家居批发市场和江东货运市场，许多生意人都愿意到这里租房，一些网商也开始进入青岩刘村从事淘宝创业。

网店集聚发展，成交量增长迅速。2009年7月22日出现的日全食这一天文现象，成为奠定青岩刘村"江湖地位"的决定性事件。有网商提议利用日全食在网上卖眼镜，经过商量之后，他们觉得可以尝试，就把眼镜定位为可以观察日全食的专用眼镜。结果，一家店一天能卖出几千副眼镜，超出了所有人的意料。网商不仅盈利上万，还获得了无数好评，网店在几天的时间内就升到了"皇冠"级。

行业格局巨变，电商面临变迁。青岩刘村的淘宝网商规模不断扩大，村里的仓储配置等硬性条件渐渐无法满足商户的需求，很多商户为了网店的发展选择从村中搬离。另外，义乌国际商贸城在国际商贸城五区打造了 10 万平方米的网货销售中心，并面向青岩刘村的"网货超市"招商，致使原来在青岩刘村的"网货超市"纷纷搬走，青岩刘村的创业者又失去了货源及配套服务方面的优势，这也是不小的冲击。

（四）经验推广

不同的发展阶段要有不同的发展重点。淘宝村的成长过程一般都会历经三个阶段，即初期的尝试、中期的农户加入、成熟期的调整转型。不同的发展阶段有不同的发展重点。

将重心放在电商生态打造上。电商的发展已经由最初的卖产品发展到了卖服务，在电商发展进入服务时代的背景下，要想打造新的淘宝村，必须把重心放在电商生态打造上，让农户的电商创业更轻松、便捷，取得后发优势，做好发展环境营造、人才培养、配套服务跟进等方面的工作。

产业发展的核心是人才问题，要着重培养人才。无论是建设初期还是已经发展起来的淘宝村，面临的最大问题就是人才。无论是发展起步、发展加速，还是提升、转型，都需要人才来引领。

找到适合电商销售的商品进行重点研究与定位。淘宝村地处农村，但销售的主营产品是成熟的工业消费品，销售农村当地产品的不多。农村要想在网上销售产品，首先必须考虑该产品是否适合网上销售，是否属于大众产品。

（五）思考探索

对于青岩刘村电商的不同发展阶段，有哪些意见和建议？

三、莫干山民宿电商[19]

（一）基本情况

莫干山系天目山之余脉，山体呈北东走向，位于浙江省湖州市德清县境内，中心地理坐标：北纬 30°36'，东经 119°52'。今之中心区为东起枕头山、南至炮台山、西接怪石角、北连花坑水库，面积 2.95 平方千米。美丽富饶的沪、宁、杭金三角的中心，系国家级风景名胜区。因春秋末年，吴王阖闾派干将、莫邪在此铸成举世无双的雌雄宝剑而得名，是我国著名的度假休闲旅游和避暑胜地（见图 3-3）。

莫干山山峦连绵起伏，风景秀丽多姿，它虽不及泰岱之雄伟、华山之险峻，却以绿荫如海的修竹、清澈不竭的山泉、星罗棋布的别墅、四季各异的迷人风光称秀于江南，享有"江南第一山"之美誉。

莫干山虽以"清凉世界"而著称于世，但实际其四季风景各有特色。春季和风阵阵，云雾变幻，其时春笋破土而出，各类山花争奇斗艳，生机勃勃，一派繁荣景象。入秋，则天宇澄朗，山明水佳，无处不桂香浓郁、枫林胜火、万篁碧绿、秋意盎然。而冬季，则又是林寒涧肃，清静无比，漫山琼花飞舞，银装素裹，更是一番动人景象。

图 3-3　莫干山

莫干山风光妩媚，景点众多，有风景秀丽的芦花荡公园、清幽雅静的武陵村、荡气回肠的剑池飞瀑、史料翔实的白云山馆、雄气逼人的怪石角、野味浓郁的塔山公园，以及天池寺踪迹、莫干湖、旭光台、名家碑林、滴翠潭等百余处，引人入胜，令人流连忘返。

（二）案例背景

莫干山有很高的人气。莫干山有最"洋气"的民宿：有的奢侈，有的清新；这些房子不只是酒店，更是理想美学的实现；这些房子不只是民宿，也让山居成为美好的日常体验。

莫干山民宿兴起的一个重要原因就是地理位置优越。休闲旅游里有一个重要的因素，就是和客源地的距离，这决定了市场的潜力和大小。莫干山地处沪、宁、杭金三角的中心，莫干山脚下的德清筏头乡距杭州、湖州 55 千米，离上海不到 210 千米，离南京也仅 250 千米。一旦处于长三角这个全国最大经济市场的辐射圈内，就解决了一大半的需求。周末再加上法定节假日和寒暑假，足以支撑一个旅游产业的发展。

莫干山得名于春秋末年吴王阖闾命干将、莫邪夫妇在此铸剑的故事，可见其历史悠久。清朝时期，有人在竹海之中建造了风格不一的精致别墅，这也成为莫干山一道独特的风景线。很多民宿经营者对民国风情有独钟，选择青砖黛瓦的怀旧复古风格装饰房屋，吸引了不少游客的目光。

莫干山这批民宿崛起时，正好是以微信公众号为首的自媒体崛起的时期，为抢占流量，各家都在疯狂地搜寻素材，而且基本不收费，而莫干山民宿刚好搭上了自媒体这辆超级免费顺风车。

（三）做法成效

莫干山镇的乡村发展模式突破了地域界线，村落之间以协作发展的方式组建了"强村公司"。以仙潭村为核心，南路村和四合村利用各自的资源为仙潭核心部分做补充，形成了一个乡村旅游的联合体。例如，位于南路村的大白熊户外主题营地融合了户外运动元素、山地度假和亲子互动乐园等多种业态，吸引了众多游客的关注和参与。同时，通过整合资源,联合开展艺术展览和艺术课堂等活动,为游客提供更加多样化和丰富的游玩体验。

在发展新项目的同时,莫干山镇也注重解决道路和交通问题。例如,已经开工建设的联网道路将大大减少四合村到南路村的车程,便利了游客的出行。此外,在规划过程中,莫干山镇制订了控制性规划,对每一块土地进行精耕细作,以保护为主,有序开发。这样的协作发展模式不仅有效避免了同质化发展,还能共享资源,为乡村旅游的发展注入新的活力。为了推动莫干山镇的乡村建设,莫干山镇在"千万工程"的引领下,进行了全镇土地重新规划和重点项目引入。根据规划图,莫干山镇的 191 平方千米土地被划分为四大板块,并根据每个板块的功能引入相应的项目。

(四)经验推广

1. 找准民宿的市场定位

民宿的前提是民,结果是宿。在政府、市场、消费者对民宿的定位还存在争议时,开发民宿既要面临"准入"的问题,又要面临"个性打造"的问题,也就是"难"的问题。但是,问题背后就是机会,在一个行业的发展初期,一个项目做得好,就可以成为行业标杆,或者成为被模仿的对象。

2. 完善民宿的产品内容

有了精准的定位,接下来就需考虑怎么把民宿产品打造出来。民宿的运营模式一般有自发型、协会型、政府主导型、运营商主导型等,当前大部分以自发型民宿为主,因为整个行业还处于萌芽中。民宿从业者和管理者都还在摸索着前进。民宿的产业链要完善,考虑产业链的指标可以看项目周边,或者自身是否拥有极具吸引力的旅游资源,可以吸收大量的游客;是否拥有优美宜人的气候环境;是否能让游客居住逗留。另外,应考虑政府是否有鼓励性的政策,对民宿的发展是否有政策的扶持,是否努力营造良好的投资软环境。

3. 打造民宿的系统营销

对民宿产品而言,生活就是最好的营销。民宿的营销推广方式包括网络营销,通过建立预订网站及豆瓣、微博、微信、网页等网络渠道展示推广民宿;整体营销,联合组建民宿协会,整合资源,整体打包营销,同时可以通过集体举办节庆活动来提高人气;口碑营销,与游客建立良好的客户关系,通过温馨的服务打响自身品牌;等等。除了这些常规的推广方式,最重要的就是体验。

4. 描绘"民宿+"的未来

从宏观上看,随着我国经济增长速度由高速转向中高速,经济发展驱动因素由投资、出口更多地转向消费,突然慢下来的节奏会让人们重新审视生活,乡土文化情结集中出现。与此同时,城市化的快速发展导致农村出现空心化,闲置农村住宅为民宿的投资、建设和运营提供了机会与空间,民宿和电商使传统村落焕发出新的生机,从而创造更多价值。

(五)思考探索

结合当前形势,思考莫干山民宿电商未来的发展趋势。

四、浙江临安：线上线下齐飞[20]

（一）基本情况

临安区隶属浙江省杭州市辖区，介于东经 118°51'～119°52'，北纬 29°56'～30°23'，地处杭州市西部，浙西北天目山区，东邻余杭区，南连富阳区和桐庐县、淳安县，西接安徽省歙县，北接安吉县及安徽省绩溪县、宁国市。临安区境东西宽约 100 千米，南北长约 50 千米，总面积 3126.8 平方千米；辖 5 个街道、13 个乡镇、298 个行政村。区人民政府设在锦城街道。2022 年年末，临安区常住人口 64.8 万人。

浙江省临安市把培育发展农村电商作为撬动农业增效、农民增收、农村发展的重要支点，成功跻身于中国电子商务发展百佳县、省级电子商务示范市，其中白牛、新都、玉屏、马啸四个村成为全国百强"淘宝村"，清凉峰镇成为全省 6 个淘宝镇之一。2020 年，临安累计实现网络零售 938 852.7 元，同比增长 41.6%。

（二）案例背景

临安电商最大的特点是立足于自己的优势产品——坚果炒货，紧贴杭州优越的区位优势，大力推进县域电商的发展。在临安市，特色农产品山核桃一直是当地农民致富的"摇钱树"，临安山核桃以核大、壳薄、质好、香脆可口而闻名，有"天下美果"之称。

临安早从 2012 年开始，就按照线上线下联动推进的思路，积极搭建电商发展平台。线下，临安大力推进产业基地建设，形成了电子商务科技园、中国坚果炒货食品城和电子商务专业村分工协作、配套发展的格局。线上，临安形成了"一带一馆"的网销模式。之后，临安相继建立了阿里巴巴临安产业带、淘宝"特色中国·临安馆"，成为全国坚果炒货网上批发第一平台。

（三）做法成效

1. 互联网+旅游+农特产品

线上引流成本越来越高，精耕用户成为未来的重点，农特产品和旅游融合是很好的商业模式。"互联网+旅游+农特产品"的设计，让开放牧场的体验式旅游实现超高的口碑和评价，并带动当地特产的超高回购率。

2. 县域电商园区向"互联网+服务中心"升级

县域电商园区的软实力得到政府和社会更多的关注，必须在营造软环境、升级软服务、构建电子生态上发挥重要的作用。由于电子商务园区的建设和运营缺乏行业规范和评价体系，目前存在进入门槛低、运营水平低、行业集中度低等问题。未来电商园区不仅要建立健全完善的电子商务公共服务体系，而且要鼓励发展与当地优势产业、优势品类相关的电子商务增值服务，县域电商要成为县域加速培育电子商务的空间载体。另外，也要做好与众创空间、教育培训基地、产学研中心、行业协会等的结合，加强与电子商务物流基地的业务联动，实现从网商办公聚集向服务聚集、生活方式，乃至"互联网+服务中心"的演进。

3. 社交微商有望成为县域电商主战场

淘宝、天猫、京东等综合电商平台的创业门槛越来越高，微信、微博、直播成为流量争夺的新入口。在以熟人社会为主的乡村，社交微商有望成为县域电商主战场，县域有坚实的产业基础、规模化的人口优势，再配合政府的支持，不仅能培养一大批微商，还会衍生出一批网络达人，为农产品网销打开局面。

4. 县域电商走向跨界合作

县域电商经过不断的发展，遇到的很多问题逐渐有了成熟的解决方案，开始快步走向市场化，但电子商务是竞争行业，"电子商务进农村"综合示范政策培育成长起来的各地"县域电商一站式综合服务商"，其"大而全"的业务模式在县域电商发展初期虽然有利于整合资源，实现项目不同模块间的联动和促进，但并不代表市场竞争的方向，需要尽快升级优化。互联网的机会在于专注解决某一类问题，越专注，成功的概率就越大。

（四）经验推广

1. 正确看待人才短缺问题

县域发展电子商务面临着人才短缺的问题，无论是刚起步的县域，还是发展不错的县域，在电子商务领域都大量缺少人才。其实哪个行业都存在人才短缺的问题，电商行业目前主要缺少一线电商从业者，这一问题只要靠短期的培训加实战就可以解决，关键在于年轻人是否愿意去做。人才也分为不同层次：操作型人才的培训周期短，只要收入与工作环境不错，就可以迅速招到人；管理型、技术型的人才要求相对过高，通常要看企业的文化、团队的凝聚力，以及人才对企业发展愿景的判断是否符合一般企业管理人才的流动规律。

2. 把握好政府在县域电商中的定位

在县域电商的发展中，政府的推动作用非常重要，如果没有政府的大力支持，县域电商很难发展到今天这个地步。虽然政府推动对产业发展非常重要，但市场的主体毕竟是企业，政府要把握好角色定位，划清与市场的界限，让产业能良性地持续发展。

（1）政府决策能引领产业发展方向。政府决策对县域经济的发展非常重要，政府有了决策之后，才会有产业发展的一系列措施，才能吸引企业和人才、技术与资金落户。县域电商的发展方向及发展到什么程度，都需要政府制定明确的战略。

（2）政府介入能加速产业的发展。政府所做的一系列工作的目的是让企业更好地发展，无论是出台的政策、投入的资金、建设的基础设施还是营造的外围环境，都是为这一目的而服务的。出台什么政策和措施，一定要从产业的现状和企业的现实需求出发。

（3）政府能保护产业的健康发展。企业比较关注政府政策会不会变，在产业出现问题时政府能不能在关键时刻出手相帮等，政府应对此有预案。政府也要考虑当企业经营出现困难时，能不能协调相关部门与金融机构进行扶持，这一点十分关键。

3. 重点做好三项基本工作

在明确县域电商的发展方向之后，就要重点做好以下三项基本工作。

（1）继续巩固县域电商基础。这包括两大方面：一方面是人才问题，把培养人才作为重点，同时继续引进企业和人才；另一方面是产业平台建设，如电商园区的问题，配套的通信、物流、包装加工等产业链建设问题。

（2）做到大小兼顾。无论是大的战略问题还是小的战术问题，都要加以考虑，也要明晰长远目标、当前的阶段特征、配套的措施是什么。不仅要引进大的企业，也要扶持小的创业网店,实现共同发展。对于不同企业、不同产品面临的问题,要因企而异、因产品而异,要有细分的理念。

(3)产品要不断创新。在电商行业,农产品一直被称为"非标产品",因此对农产品要不断创新,制定标准和改进包装物流,从消费者的角度出发,改进产品的规格、包装,使其适合电商的标准,这是非常基础的一项工作,要由县域主导。同时,需要从县域拥有的资源出发,发展新产品,政府可给予适当的奖励,由企业负责开发。

(五)思考探索

临安线上、线下模式对农村电商的启示是什么?

五、武功县电子商务模式[21]

(一)基本情况

武功县是国家"关中—天水经济区"核心区域之一,东距西安70千米,西与杨凌高新区零距离接壤,处在丝绸之路经济带建设的核心区和大西安半小时经济圈。交通四通八达,陇海铁路、连霍高速、西宝高铁、344国道横贯东西、107省道、108国道贯穿南北,距西安咸阳国际机场仅40分钟车程,具有五个半小时内便可通江达海、连通国际的交通保障能力,是关中地区重要的交通枢纽和物资集散地。

2013年,武功县政府部门开始领导全县群众建立电子商务发展规划,确定了总体发展思路及长远目标。一是以县为单位,注重整体功能的发挥。主要是通过成立电子商务发展工作领导小组,在企业方面,成立了武功县特色产品商务公司;在商业协会方面,成立了武功县特色产品生产经营者协会、特色产品电子网络销售协会,总共投资多达1000多万元;在网络宣传方面,建立了多个本地门户网站,如"地方特产网联盟武功站""武功特色产品信息网""地方特产网上销售平台";在与电商相配套的物流方面,建设了特色产品实体展销及物流配送中心,同时与多家网站和企业联合成立了武功县电子商务平台。二是在政策保障、资金支持方面,武功县制定了《关于鼓励和支持电子商务发展若干意见(试行)》。政府部门牵头,加大当地农产品媒体宣传力度,成立了电商企业20多家,快递公司10多家。另外,开展全国大型网站电商企业的经验学习,例如,举办了"电子商务知识专题培训会""政务微博专题培训会";建立电商人才培养机制,为促进人才培养创造多种机会,例如,组织人员外出学习,和知名电商签署电商人才培训协议。

武功县具有2360多年的悠久历史,积淀了"姜嫄母仪、后稷农耕、苏武爱国、大唐感恩、苏蕙诗锦、张载理学、康海戏志"七大文化,涵养了武功人民"爱国、感恩、勤奋、创新、睿智"的精神。深厚的历史文化底蕴为特色产品的开发提供了丰富资源,培育发展了馨绣、苏绘、木楠、若兰、南可等多个手工布艺品牌,辐射带动手织布、刺绣、绒绣、十字绣、草编、粮食画、剪纸等特色文化产业蓬勃发展,30大类200多个产品行销全国、走向世界。

(二)案例背景

武功县以农产品为切入点发展电子商务,一是交通便利的关中地区物资集散地;二是农产品基础实、前景广;三是电商发展有特色——"买西北卖全国";四是电商政策环境好,氛围营造效益高;五是电商生态体系基本形成。

武功县的农业产业优势一直比较明显,特别是近年来,武功县大力发展现代农业,形成了猕猴桃、绿色蔬菜、苗木花卉、畜牧养殖、优质粮食良种五大农业主导产业。目前,武功县发展农产品电子商务,有深厚的农业基础,已经初步形成了一条完整的农产品电商产业链。武功县发展农产品电子商务带动了一系列的相关行业,如粮食种植业、果蔬业、畜牧养殖业、特色食品加工业、手工业、物流业、网络电子行业等。

武功县先后引进106家知名电商企业,带动全县电商日发货近5万单、日交易额300余万元,年销售额突破10亿元。截至2021年年底,年营业收入300万元以上的企业共计22家。目前纳入统计年营业收入达到500万元及以上的企业有6家,分别为武功县蜂蜜哥电子商务有限公司、武功县淘丁电子商务有限公司、武功县印象特色产品电子商务有限公司、陕西米豆儿电子商务有限公司、武功县诚德信电子商务有限公司、陕西美农网络科技有限公司。

(三)现存问题

1. 运作方式单一

目前,武功模式下仅有"基地+公司+电商"、农村服务站两种运作方式,运作方式种类较少,并且这些运作方式政府参与度较低,不能为消费者提供有效的购买信息,不能为产品提供较多的增值。

2. 物流支撑体系欠缺

由于农产品具有保鲜时间短、易腐烂等特点,这就要求农产品物流过程中缩短物流时间、改善物流保鲜技术,但现阶段武功县农产品物流仍存在技术落后、物流效率低下的问题。因此,武功县针对这一需求,建立了村村通,确保物流运输道路的畅通。一般而言,快递网点最远只能深入乡镇,这对于那些地处偏远农村的电商来说,极为不利。因此,要加强农村物流基础设施的建设,确保电商经营的基本条件。

3. 政府保障政策体系不够完善

武功县政府目前所推出的一系列政策,如"五免"政策、第一个指导性的扶持政策文件《关于鼓励和支持电子商务发展若干意见》等,主要从构建服务体系、优化发展环境、培育市场主体、破解制约瓶颈等方面布局政策。这些政策为后来武功县整个电子商务井喷式的发展奠定了坚实的基础,但当产业发展到一定规模的时候,企业就会出现新的诉求,消费者的利益如何保障等一系列问题需要政府出台相应的新政策进行监管,保证农产品电子商务可持续发展。

(四)对策建议

1. 采用其他先进的电子商务合作模式

(1) P2B2C模式。其中,P为个体农户、B为企业、C为消费者,具体来说,就是企业在特色农产品区域内建立驿站,还要进行信息队伍建设工作,以信息队伍保障当地农产品信息采集、交流、发布工作的顺利进行。此外,还要为农户提供一些增值服务,尤其是移动终端设备的使用，大大方便了农民一些业务的办理，企业还可以向消费者传播当地的特色农产品信息、农家乐旅游等项目。农户运用已经了解的信息进行有规划的生产，从而使产销能够顺畅进行，在交易支付及物流方面，企业可以实现集中化完成。

（2）P2G2B2C 模式。其中，P 是农户、G 是政府、B 是企业、C 是消费者，具体来说，就是以政府部门为主导，协调农户与电商企业的关系，指导农户进行生鲜农产品的生产和初加工，将半成品交付电商企业，电商企业根据销售需要进行全面保障，最终形成成品在电商平台上销售。具体到武功县来说，武功县政府扶持农户进行农产品生产，帮助他们建立家庭农场，最后所生产的农产品会统一配送到相关联的地方企业，或者企业直接进入农户进行收购。

2. 建设农产品物流体系

立足当地电子商务发展实际，政府部门要做好引导工作，有步骤、分层次地建立相应的物流服务中心，确保电商事业能够长远顺畅发展。农产品物流中心是农产品电商销售的重要运输方式，具有关键作用，因此，在规划建设方面，应当与电商发展相配合，协调发展，有计划地进行建设。完善的现代农业物流主要功能有以下几个方面：一是体现出农产品的更多附加价值；二是农产品通过电商平台销售解决了农村农产品过剩、城市需求不能满足的问题；三是能够提高农产品销售效率，降低了销售成本和交易成本，促进农业现代化进程。

3. 完善政策体系

在欠发达地区推广电子商务，尤其是农产品电子商务，政府的作用十分重要，这也是各地发展县域电商的普遍经验。在规划建设保障政策体系时，应注重宏观及长远发展，必须遵循市场规律，不能急功近利、急于求成。首先要解决货源的问题，这涉及货物的仓储、物流、检验检疫等各个环节。政府支持电商发展，就必须制定产业各个环节的支持措施，而不是简单地仅是给电商企业提供免费的办公室，接免费的网络，让他们自生自灭去。因此，要打造电商生态系统，促进产业健康可持续发展。

（五）思考探索

武功县如何进一步优化提升 P2B2C 模式，进而产生更大规模和辐射效应？

第四节　实　训　实　践

一、课堂实训

（一）文献报告

随着电子商务的不断发展，农村电子商务也有了新的发展机遇，同时国家也出台了不少方针政策大力支持农村电子商务的发展。根据实际情况，学生自由组成学习小组。指导老师为学生拟定文献报告的研究主题，学生再自行拟定具体研究报告题目，通过文献搜索、文本分析、网页查找、数据收集等方式收集资料，按照要求完成文献报告。研究主题及内容示例如下。

1. 淘宝村案例分析

（1）实践难度级别：容易。

（2）学生需要对淘宝村的概念、发展历程、发展因素进行了解，同时搜集淘宝村的典型案例进行分析，总结目前淘宝村的发展状况并给出淘宝村的发展意见。调研后，需要形成调研报告作为成果。调研报告需要包含调研背景、至少三个淘宝村的案例、案例分析，以及对策建议。调研报告总字数不少于 2000 字，其中对策建议和分析两部分的总字数不少于 1000 字。

2. 县域电商案例分析

（1）实践难度级别：中等。

（2）明确县域电商的基本概念，了解县域电商发展的模型以及发展县域电商的意义，搜集县域电商的典型案例进行分析，总结出县域电商的发展趋势，得出县域电商对农村电商的促进作用。需要形成调研报告作为成果。调研报告需要包含调研背景、至少三个县域电商的案例、县域电商优秀经验总结，以及对策建议。调研报告总字数不少于 2500 字，其中对策建议和优秀经验总结两部分的总字数不少于 1500 字。

3. 民宿电商案例分析

（1）实践难度级别：难。

（2）深入了解民宿电商的概念、发展背景以及发展特征。通过搜集不同的民宿电商案例进行分析，得出民宿电商的发展趋势以及民宿电商给农村电商发展的启示。调研后，需要形成调研报告作为成果。调研报告需要包含调研背景、至少三个民宿电商的案例、案例分析，以及经验启示。调研报告总字数不少于 3000 字，其中经验启示部分不少于 1000 字，并且需要重点讨论案例中的民宿电商经验是否适合推广到全国。

文献报告评分标准参考本书附录 A。

（二）情景模拟

农村电商作为促进"三农"发展、转变经济发展方式、优化产业结构、带动就业与农民增收的重要动力，为农村经济的发展及加快农业农村现代化提供了新的引擎。指导老师为学生拟定路演的情景模拟主题，并提供情景模拟背景描述。由学生分组自行设计和完善情景剧情并撰写剧本，制作电商销售产品样品、生产工具、直播用具或小场景等简易道具，使用 PPT、视频展示、对话等方式在课堂上进行情景模拟。情景模拟主题及背景描述示例如下。

1. 情景模拟主题一：如何劝说村民参加网上销售

背景：你们村打算开展村内特色产品的销售，在走访寻找村里的特色产品期间，你发现村民老李种的柑橘很好吃，值得推广，但是老李拒绝参加线上销售，你怎么劝说他？

劝说示例：李叔您好，又去集市上卖柑橘啊。我能不能尝一个你的柑橘呢。哎呀，你这橘子真是太好吃了，跟我去年吃的一个味，早就想去你家里买点尝尝了，这次给我多留点啊。

李叔，我最近负责咱村的线上销售推广，正在收集大家的特色农产品，好多村民已经同意跟我们一起线上销售了，您家的柑橘这么好吃，你咋不愿意参加呢？

哦，您是不了解，那我可得跟您好好介绍一下。这次的线上推广是咱们县里统一组织的助农活动，咱们县是水果大县，正值农产品的丰收季，很多水果今年产量都比往年翻一倍，但是好多村民的销售渠道有限，所以我们就负责这次线上销售，而且咱们县长到时候还会来到直播间，化身主播，给大家充当形象大使，这次推广也没有任何中间商，保证您的实际利益。您也不用担心收益问题。

再者听说您家城里的房子马上就该交房了，您还担心装修的资金来源问题。这柑橘一销售，您的燃眉之急马上就解决了。您家邻居老李家，通过我们的线上销售，他家的苹果短短几天就销售一空了，哪还用跑这么远去集市上售卖呢。您家柑橘的品质这么好，我相信会赢得好多消费者的认可。而且柑橘的销售期也比较短，您家的冷库目前还没收拾好，咱们这次给您解决了销路问题，还能给您省一笔开支呢。

线上销售的其他问题也不用您操心，从上架到售后都有我们专业的工作人员在操作，您只需要给我们提供产品就行。

如果您还担心，今天晚上我们还有一场直播活动，给老王家卖猕猴桃。要不您来实地考察一下，肯定会改变您之前的想法。要不您先去赶集，直播是晚上7点开始，您到时候来看看。

行，那您先忙着，晚上记得7点来啊。

请同学们根据劝说示例，分组进行情景模拟。

2. 情景模拟主题二：如何开启农村电商之旅

天微微泛白，村子里已炊烟袅袅，农妇们开始了一天忙碌的工作。巧妹正是这普通农妇中的一员，然而她面带愁容，心想："今天是收果的日子，定是要忙活到很晚。白天摘好的果子装篮后便可运送到批发市场，为了能卖高一些的价格，得在凌晨一点前运送到批发市场。若是超过五点，那肯定只能卖便宜的价格了。"

可是，大山里的村民，除了等待收购商，还能怎么办呢？巧妹的迷茫也是很多人进入农村电商领域之前的迷茫。人们把农村电商想得太难，对电商知识知之甚少，不知道到哪里可以找到需要的资料。为了把果子卖到更广阔的市场，巧妹下决心成为一名电商创业者，开展农村电商运营，通过国家、地方政府网站，农业信息网站，电商平台等获取农村电商政策信息，了解农产品的基本知识，迈出农村电商的第一步。

近年来，我国政府出台了大量涉及农村电商的政策，大力扶持农村电商，对促进农村电商的发展起到了决定性的作用。为了读懂农村电商政策，巧妹决定从两个方面入手：了解国家层面政策和地方政府政策。通过中国政府网和中华人民共和国财政部（简称"财政部"）、中华人民共和国商务部（简称"商务部"）、中华人民共和国国家发展和改革委员会（简称"国家发展改革委"）、中华人民共和国工业和信息化部（简称"工业和信息化部"）、中华人民共和国农业农村部（简称"农业农村部"）等国家政府部门的官方网站搜索并查看了相关政策。其中，2022年2月发布的中央一号文件（即《中共中央 国务院关于做好2022年全面推进乡村振兴重点工作的意见》）对农村电商工作做出了总体安排，集中体现在3个方面，进一步为农村电商的发展指明了方向。

（1）持续推进农村一二三产业融合发展。鼓励各地拓展农业多种功能、挖掘乡村多元价值，重点发展农产品加工、乡村休闲旅游、农村电商等产业。

（2）加强县域商业体系建设。实施县域商业建设行动，促进农村消费扩容提质升级；加快农村物流快递网点布局，实施"快递进村"工程，鼓励发展"多站合一"的乡镇客货邮综合服务站、"一点多能"的村级寄递物流综合服务点，推进县、乡、村物流共同配送，促进农村客货邮融合发展；支持大型流通企业以县城和中心镇为重点下沉供应链；加快实施"互联网+"农产品出村进城工程，推动建立长期稳定的产销对接关系；推动冷链物流服务网络向农村延伸，整县推进农产品产地仓储保鲜冷链物流设施建设，促进合作联营、成网配套；支持供销合作社开展县域流通服务网络建设提升行动，建设县域集采集配中心。

（3）大力推进数字乡村建设。推进智慧农业发展，促进信息技术与农机农艺融合应用；加强农民数字素养与技能培训；拓展农业农村大数据应用场景；加强农村信息基础设施建设。

县域农村电商如果能够获得当地政府的政策资源和背书，发展必然能够事半功倍。开展农村电商，除了需要了解本地政府落实国家政策的程度，还要了解本地政府是否出台了针对本地实际情况的农村电商政策。巧妹所在地为广西灵山县，为此，她要了解广西壮族自治区人民政府和灵山县人民政府出台的促进农村电商发展的相关政策。

明确农产品选品的基本方向后，巧妹将综合考虑农产品的地方特色、品质、运输及储存、供应等因素，并结合自身情况选品。

（1）选择地方特色农产品。"橘生淮南则为橘，生于淮北则为枳"，不同的地理环境、气候条件会造就不同的农产品，并形成一大特色，如烟台苹果、章丘大葱、东阿阿胶、西湖龙井等。商家如果能在当地找到具有一定知名度和很强地方特色的农产品，就可以考虑将其纳入选品范围。这样的农产品具有可信度高、易被消费者接受的特点，不仅能提高销售转化率，还可以节省推广费用。巧妹所在的灵山县素有"中国荔枝之乡"的美誉，灵山县特色水果首推荔枝，其次是龙眼，此外还有杨梅、杧果等。

（2）选择品质农产品。食品安全是消费者十分关心的问题，为了打消消费者的顾虑，商家在选品时应做好品质把关。商家可选择具备无公害农产品、绿色农产品、有机农产品、名优农产品或农产品地理标志标识的农产品，这些农产品是政府认证的安全优质农产品，是当前和今后一个时期农产品生产消费的主导产品。例如，灵山荔枝即为农产品地理标志产品。

（3）选择易于运输及储存的农产品。农产品的特殊之处在于其对物流时限要求很高。农产品易腐坏，若短期内无法快速售出，将会给商家带来巨大的压力。因此，商家在选品时应尽量选择保鲜期较长、不易破损、便于运输的农产品。

（4）选择能稳定供应的农产品。开展农村电商运营，保证货源是关键。农产品上线后最大的问题往往是供应链问题，一旦市场接受度高，交易订单量大幅增长，农产品的后续供应就会面临很大的考验。农产品不同于工业消费品，农产品的生产条件复杂、生产周期长，而且农村生产条件有限，因此商家在选品时应重点关注生产条件要求相对较低、生产周期相对较短、能保证大量供应的农产品。商家最好依托家庭农场、种养大户、专业合作社、企业等农业生产组织，整合各类农业资源，保证货源稳定。稳定的货源和质量保障是农村电商良性发展的根本。就巧妹而言，现阶段自己的果园和本地果农即可满足供货需求。

请同学们分组情景模拟巧妹如何开启农村电商之旅。

情景模拟评分标准见本书附录A。

二、实地实践

（一）实践内容

本次实地调研的主题为"农村电子商务调研"。农村电子商务能够有效拓展农产品销售渠道，拉近农民与市场的距离，促进农民创业就业，改变农民的生活和消费习惯，增加农民收入，对于乡村社会经济发展有着重要的意义。调研的主要目的是了解目前农村电子商务的发展基础、农村电子商务发展的特点、农村电子商务取得的成效、农村电子商务在发展过程中所遇到的机遇与发展困境、针对发展问题采取的措施，以期为农村电子商务发展提供科学指导。

（二）实践要求

学生需以班级为单位，围绕农村电子商务调研主题，在保证安全的基础上在农村地区开展实践。在实践过程中，学生通过访谈、考察、观察等方式，围绕以下调研要点收集视频、文字、音频等相关素材，为实践报告成果提供支撑。

农村电子商务现状：了解当地电子商务发展基础、电子商务相关企业运行情况，以及电子商务发展特点。

农村电子商务成效：从就业、工资、农民生活等多方面了解当地电子商务发展带来的影响，并收集近年来电子商务销售额等数据，进而总结归纳出农村电子商务发展成效。

农村电子商务发展面临的困难和机遇：深入了解村民对于电子商务发展的态度和看法，对电子商务当前发展困境、未来挑战进行深入分析。

提示：本次调研目的并不局限于上述要点。教师可根据实际情况结合本地的特色和需求，进行适当的调整和补充，关键是确保调研内容既能反映农村电子商务发展的核心，又能满足乡村产业的发展需求。

（三）准备工作

1. 物品准备

出发前，准备生活用品、工作用品、记录设备等，参考本书附录 B。

2. 地点选择

选择实践目的地应全面考虑地点的相关性、代表性、配合度和安全性，确保实地调研能够高效、顺利且安全地进行。选取实践目的地需符合以下要求与原则。

贴合调研主题：实践目的地必须与农村电子商务主题密切相关，且能够实际反映农村电子商务相关产业现状和发展特点。

电子商务发展情况较好：实践目的地应拥有国家级或省级淘宝村等相关荣誉，具备一定电子商务发展成效。

实际运营的电子商务相关产业：实践目的地中需要有仍在运营的电子商务相关产业。

配合意愿：实践目的地应具备高度的配合意愿，特别是得到当地政府或相关管理机构的支持和引导，保障调研活动顺利进行。

人员对接：实践目的地应具备丰富的电子商务相关从业者，以确保每组学生能至少与

5 位相关从业人员进行深入访谈。

地点与安全：实践目的地应选取在授课大学所在省内，确保学生能够在较短时间内到达并进行实地调研。同时，应结合当前社会状况、传染病等实际情况，选择合适的时间和目的地。

3. 人员分工

建议将教学班分为 A、B、C、D、E 五个组，A 组负责调研农村电子商务现状，B 组负责调研农村电子商务成效，C 组负责与村民进行访谈、了解当地居民对村内开展电子商务的看法，D 组负责收集了解该村电子商务的发展困难和机遇，E 组负责素材和建议梳理以及全文文字的整理。A、B、C、D 组需要根据实际情况拍摄照片、开展访谈并留下相关记录，最终形成文字材料。每一组都应结合该村实际情况，提出至少两条发展建议。

4. 实践成果

在实践结束后，学生以班级为单位，提交一份详细的实践报告，对各个调研要点逐点回应，并对其进行深入分析与反思。实践报告全文字数不少于 5000 字，其中对策建议部分不少于 2000 字。报告中，学生应附上 20~30 张与研究主题息息相关的高清图片。这些图片既可以是电子商务相关产品、电子商务产业，也可以是访谈时的实拍，或是具有代表性的电子商务园区或试点等。此外，若在调研过程中进行了问卷调查或深度访谈，相关的统计数据、访谈摘录和分析结果也应整理并附在实践报告之中。

（四）实践成效

本章着重加强学生对于网络新媒体发展催生出的农村电子商务相关产业的深度理解，探索如何将新媒体技术与现有乡村产业有效融合，以实现农村电子商务助推农村经济发展。实地实践可以达成以下成效。

1. 知识成效

经过本次实地实践，学生在多个领域都获得了宝贵的知识和经验，学会将乡村振兴的理论体系与乡村产业发展实际情况进行对照，深入了解农村电商对于乡村产业和经济的影响。

2. 能力成效

在与农村电子商务相关从业者的互动中，学生锻炼了批判性思维、沟通技巧和团队合作的能力。更为重要的是，锻炼学生运用所学知识分析实际问题的能力，当学生面对如农村电子商务发展困难、农村电子商务优化提升等议题时，学生可以学会提出和执行有效的解决策略。

3. 成果成效

本次所提交的实践报告包含了农村电子商务的发展基础、农村电子商务发展的特点、农村电子商务取得的成效、农村电子商务在发展过程中所遇到的机遇与发展困境、针对发展问题提出的措施。该报告中的文字内容可以帮助当地政府更好地了解当地电子商务发展现状及痛点、难点，更好地制定相关政策，促进电子商务相关产业发展。成果中的照片与视频可以用于农村电子商务宣传工作，也可作为佐证材料用于申报电子商务试点村等相关荣誉或争取电子商务相关政策支持。实践成果将对当地的电子商务发展具有一定的借鉴指导作用，体现了高校响应国家服务地方的号召与大学生智推乡村振兴的美好情怀，为促进当地社会经济繁荣发展提供绵薄之力。

本章参考文献

[1] 陈梦根，周元任. 数字经济、分享发展与共同富裕[J]. 数量经济技术经济研究，2023，40（10）：5-26.

[2] 王星，周重礼. 农业产业化过程中的技能重组与小农主体性建构：基于M村制茶产业变迁的过程分析[J]. 社会学研究，2023，38（2）：115-134+228-229.

[3] 刘伟，刘守英. 论新发展阶段与社会主义初级阶段[J]. 经济研究，2023，58（3）：4-22.

[4] 李实，史新杰，陶彦君，等. 以农村低收入人口增收为抓手促进共同富裕：重点、难点与政策建议[J]. 农业经济问题，2023（2）：4-19.

[5] 涂勤，曹增栋. 电子商务进农村能促进农户创业吗？——基于电子商务进农村综合示范政策的准自然实验[J]. 中国农村观察，2022（6）：163-180.

[6] 史新杰，李实，陈天之，等. 机会公平视角的共同富裕：来自低收入群体的实证研究[J]. 经济研究，2022，57（9）：99-115.

[7] 柳西波，丁菊，黄睿. 农村电商[M]. 北京：人民邮电出版社，2020.

[8] 惠亚爱，乔晓娟，谢蓉. 网络营销推广与策划[M]. 北京：人民邮电出版社，2021.

[9] 何晓兵. 网络营销基础与实践[M]. 北京：人民邮电出版社，2019.

[10] 杨路明，罗裕梅. 网络营销[M]. 北京：机械工业出版社，2022.

[11] 郑舒文，吴海瑞，柳枝. 农村电商运营实战[M]. 北京：人民邮电出版社，2020.

[12] 徐骏骅，陈裕青，宋文正. 直播营销与运营[M]. 北京：人民邮电出版社，2021.

[13] 孙爱凤. 直播技巧[M]. 北京：机械工业出版社，2020.

[14] 柏承能. 直播修炼手册[M]. 北京：清华大学出版社，2022.

[15] 邓裕新. 电子商务：理论、操作与实务[M]. 北京：人民邮电出版社，2020.

[16] 孙东亮. 电子商务概论[M]. 北京：人民邮电出版社，2020.

[17] 曲维玺. 加强国际合作，延伸蔬菜产业链，擦亮"寿光蔬菜"名片[J]. 中国发展观察，2021（11）：20.

[18] 郑春峰. 青岩刘电商演化探路义乌商贸转型[J]. 浙江经济，2015（13）：54-55.

[19] 余燕伶，刘素平. 基于主客互动体验的莫干山民宿运营中住宿满意度提升研究[J]. 营销界，2019（47）59-60.

[20] 徐灿，白树超. 乡村建设精神富有的逻辑、问题及路径探索——以杭州市临安区为例[J]. 河南农业，2023（27）：41-43.

[21] 李纯青，沈媛. 基于品牌杠杆理论的区域品牌发展过程模型：数智化赋能武功县电商发展的案例研究[J]. 管理案例研究与评论，2023，16（5）：639-657.

第四章　合作社经营与管理

第一节　导　论

一、背景知识

（一）合作社的起源

国际合作社联盟（ICA）对合作社的定义是："合作社是人们自愿联合、通过共同所有和民主管理的企业，来满足共同的经济和社会需求的自治组织。"合作社在我国是一个"舶来品"，它的传播可以追溯到五四运动前后，以知识分子和革命人士的传播为主。其中，具有代表性的有1918年由北京大学法科教授胡钧创办的"北京大学消费公社"和1919年由中国合作运动的创始人薛仙舟在复旦大学创办的"上海国民合作储蓄银行"。

五四运动后，随着马克思主义在国内的宣传，人们也窥见了在列宁领导下的苏联的合作社运动发展情况的一角。从合作社实践的推动角度讲，中国共产党一开始就十分重视合作社运动，推出了许多法案支持合作社发展，党领导的合作社实践也从一开始的组织发展工人合作社逐步转向组织发展农民合作社，一般具有以下特点。

（1）农民自愿加入和退出。

（2）由社员民主管理，组织的发展方针和重大事项由社员集体参与决定。

（3）为社员利益服务，维护社员的利益是组织存在的主要目的。

（二）探索现代合作社发展路径

2006年10月，《中华人民共和国农民专业合作社法》公布，从此，农民合作社有了合法身份，能够作为市场主体与其他类型经济实体进行交易，开展相关经济活动，农民合作社走上了依法发展的快车道。2017年12月27日，十二届全国人大常委会第三十一次会议表决通过修订的《中华人民共和国农民专业合作社法》，自2018年7月1日起施行。新法进一步规范了合作社的组织和行为，强化了对农民专业合作社发展的促进政策，凸显了在现代农业发展中合作社对小农户的引领作用。对比旧版，新版法对合作社发展方向更加明确，外部合作权力更加灵活，内部管理权力更加扩大，扶持更加精准，政府管理更加规范。

"三农"问题是关乎国计民生的重大战略问题，进入21世纪以后，从2004—2023年，中央连续发布了20个以"三农"为主题的中央一号文件，这些政策文件成为我国农业农村发展的重要指引，充分体现了党中央、国务院驰而不息重农强农的坚强决心，在这些政策文件中也不乏支持合作社发展的相关政策条例。2021 年农业农村部办公厅公布关于开展 2021 年农民合作社质量提升整县推进试点工作的通知，重点支持合作社质量提升工作；党的二十大报告中也提出，要深入开展新型农业经营主体提升行动，支持家庭农场组建农民合作社、合作社根据发展需要办企业，带动小农户合作经营、共同增收。

然而，我国的合作社具有较为特殊的性质，随着合作社发展队伍的壮大，在发展中会产生一些新的问题，例如，合作社运行管理不规范、销售不畅、部分合作社竞争实力不强、社有企业在经营管理方面存在不足等。因此，如何解决这些问题，让合作社能稳定健康可持续发展，进一步为实现乡村振兴做出更多贡献，成了当下发展合作社的重中之重。

中共中央办公厅、国务院办公厅印发的《关于加强和改进乡村治理的指导意见》指出，"建立以基层党组织为领导、村民自治组织和村务监督组织为基础、集体经济组织和农民合作组织为纽带、其他经济社会组织为补充的村级组织体系"，明确了农民合作组织在村级组织体系中的地位。新型农村合作社是新时期农民实现联合的重要组织形式，如果能够在乡村振兴进程中依照国家法律和章程充分行使职权，必然能够有效发挥其"纽带"作用，助力乡村振兴。

（三）企业管理与合作社运行

企业是从事生产、流通或服务性经营活动，实行独立核算的经济组织，是国民经济的基本单位。若按其经营活动的部门划分，则有工业企业、农业企业、服务企业等；按组织形式分，有公司制企业、合伙企业、独资企业等；按所有制划分，分为国有企业、集体或合作社企业、私营企业等。而合作社是一种非营利性的互助性经济组织形式，它属于社会经济组织的一种。合作社的性质是以成员为基础，以合作经营为主要形式，以提高成员经济利益和社会福利为宗旨的经济组织。合作社的主要特点是以成员为中心，以合作为主要方式，实行民主管理，共同分配利益。合作社的经营目的是满足成员的需要，提高成员的经济利益和社会福利。合作社的经营活动主要包括生产、加工、销售、服务等方面，其经济效益主要体现在成员的分红和社会福利的提高上。

从经营范围来看，农民专业合作社以其成员为主要服务对象，开展农业生产资料的购买和使用、农产品相关服务、农村工艺及制品与旅游资源的开发经营、与农业生产经营有关的运营服务等；从财务管理来看，国家财政部有专门的农民专业合作社财务会计制度，要求农民专业合作社应设置会计账簿，配备必要的会计人员，符合独立核算的要求；从组织性质来看，农民专业合作社是在农村家庭承包经营的基础机构，是农产品的生产经营者或农业生产经营服务的提供者、利用者，自愿联合、民主管理的互助性经济组织。因此，如果从经营范围、财务管理、组织性质三个方面来看，合作社完全符合企业定义，但它有其特殊性，与一般的企业相比又有区别。总之，合作社是一种特殊的企业形式，属于社会经济组织的一种，是以成员为基础，以合作经营为主要形式，以提高成员经济利益和社会福利为宗旨的非营利性经济组织。

企业管理的任务服从于企业的基本任务，是为实现企业经营目标，完成经营计划服务的。合作社运行往往涉及农村企业的经营管理，通过对企业的经营活动和人力、物力、财力的计划、组织、指挥、监督和调节，保证经济活动过程的顺利进行，力争以较少的劳动消耗和占用取得较大的经济效益和社会效益，实现企业的基本任务和基本职能。其具体任务表现在以下几个方面。

1. 做好调查预测，确定经营方向

经营方向确定的正确与否，直接关系到企业的兴衰成败。而要确定正确的经营方向，必须以市场调查和市场预测为前提。首先对影响农村企业发展的因素，包括政治、经济、技术、需求、自然条件等，进行充分的调查和变动预测。其次，根据对未来发展趋势的估计，对实现经营方向相应采取的措施做出决策。再次，把企业经营方向同社会经济发展目标进行协调、平衡。

2. 对各经营要素进行合理利用和管理

经营要素指企业经营的内部条件，即企业拥有的经营资源和经营手段。经营资源包括人力资源、物质资源和财政资源。人力资源是企业最宝贵的资源，它包括企业的领导班子和职工队伍。物质资源是企业生产经营的物质保障，包含能源、原材料、外协件、外购件等劳动对象，以及厂房、机器设备、工具等劳动手段。财政资源是指企业拥有的资金及其来源。经营手段包括企业的技术水平、组织能力、技能和手段等，它是指对企业的人力、物力、财力等资源进行合理运用，达到预期的经济效益的方式和方法。

合作社的经营管理的重要任务之一，就是对上述各要素充分合理地开发利用，以最少的投入，取得最多的产品，使生产力的组合处于最佳状态，以保证企业经营目标的实现。

3. 合理组织生产经营，提高经济效益和社会效益

通过管理，合理调度和支配企业的人力、物力、财力。通过科学的管理方法和手段，扩大生产规模，开拓市场，做到人尽其才、物尽其用、财尽其效，保证生产经营顺利进行，取得最大的经济效益和社会效益。

4. 通过各种途径培养人才

任何一个企业的经济活动，既有生产力方面的问题，也有生产关系方面的问题，人是生产力中最重要的组成部分。人的素质如何，直接影响着各种管理活动的经济效益。当前，合作社面临着成员素质低，技术人才、管理人才缺乏的现状，因此，通过多种途径培养人才已成为合作社经营管理的又一重要任务。中共中央办公厅、国务院办公厅于2021年印发的《关于加快推进乡村人才振兴的意见》中提出"鼓励农民工、高校毕业生、退役军人、科技人员、农村实用人才等创办领办家庭农场、农民合作社"。各大高校也积极响应国家号召，成立乡村振兴学院，培养学生成为"一懂两爱"的排头兵，增强学生做好新时代乡村振兴工作的本领和能力，让更多的有志青年（学生）了解城市化发展，理解农村重要性、爱上农村、愿意到农村工作。

5. 加强政治思想教育工作

政治思想工作着力于以人为对象，解决人们的思想观点、政治立场问题，提高人们认识世界和改造世界的能力，动员人们自觉地为实现当前和长远的革命目标而奋斗。它同其他工作一样具有同等重要的意义，都是经营管理的重要任务。

上述几项任务既有区别，又有联系，它们解决的矛盾不同，但又互为依托。在合作社的经营管理实践中，这几项任务是综合在一起完成的。

二、学习重点

本章主要讲解了合作社发展现状,并阐述了合作社的最新动态、理论发展过程、有关政策法规等问题,现实案例的解读进一步加深了学生对合作社的成立、运行等问题的了解,使学生对合作社发展有更深刻的认识。本章学习要求如下。

(1) 了解合作社的发展现状。
(2) 掌握经典合作社理论。
(3) 了解合作社的概念、类型和特点。
(4) 理解合作社的经营管理。
(5) 能够运用合作社相关知识进行调研实践。

第二节 理 论 知 识

一、名词解释

1. 新型农村集体经济

新型农村集体经济是集体成员利用集体所有的资源要素、通过合作或联合实现共同发展的一种经济形态,是社会主义公有制经济的重要形式。习近平总书记强调,"要把好乡村振兴战略的政治方向,坚持农村土地集体所有制性质,发展新型集体经济,走共同富裕道路"。大力发展新型集体经济是推动农村共同富裕的重要战略举措[1]。

2. 新型农村合作经济

新型农村合作经济组织是指以市场经济为推动,以农民为主体并由农民自愿组织的经济形式。组织的宗旨主要是进行组织内部的服务,促进组织利益的最大化,遵守国家法律规范和国内法律规范,对组织内部的事物进行自我管理和自我服务[2]。

3. 农民专业合作社

农民专业合作社是指在农村家庭承包经营基础上,通过提供农产品的销售、加工、运输、储藏以及与农业生产经营有关的技术、信息等服务来实现成员互助目的,成员自愿联合、民主管理的互助性经济组织,拥有一定的组织架构,成员享有一定权利,同时负有一定责任。

4. 供销合作社

供销合作社是以集体所有制为基础,通过购进各种生产资料出售给社员,同时销售社员的产品,以满足其生产上各种需要的合作社,是党领导下的为农服务的综合性合作经济组织[3],有着悠久的历史、光荣的传统,是推动我国农业农村发展的一支重要力量。

5. 供销合作社社有企业

供销合作社社有企业是指供销合作社拥有控制权的出资企业,包括供销合作社全资、控股或实际控制的企业及其子企业[4]，社有企业是一种具有中国特色的企业发展建制和模式，是供销合作社经营服务体系的重要支撑，也是供销合作社自身经济实力和为农服务能力的重要体现。

6. 空壳社

空壳社或称"僵尸社"，是指由于管理运行不规范、与农民利益联结不紧密等方面的问题，无农民成员实际参与、无实质性生产经营活动、因经营不善停止运行、涉嫌以农民合作社名义骗取套取国家财政奖补和项目扶持资金、从事非法金融活动等的合作社[5]。

7. 合作社品牌建设

合作社品牌建设一般指合作社农产品的品牌化建设。合作社对品牌进行规划、设计、宣传、管理，通过品牌建设提升合作社市场竞争力和影响力。品牌建设包括品牌定位、品牌规划、品牌形象、品牌主张和品牌价值观等。

8. 合作社人力资源管理

合作社人力资源管理指来源于企业人力资源管理，通过招聘、甄选、培训、报酬等管理形式对合作社内外相关人力资源进行有效运用，满足合作社当前及未来发展的需要，保证合作社目标实现与成员发展的最大化的一系列活动的总称。

9. 经营管理

经营管理指企业为了满足社会需要，为了自己的生存和发展，对企业的经营活动进行计划、组织、指挥、协调和控制。其目的是使企业面向用户和市场，充分利用企业拥有的各种资源，最大限度地满足用户的需要，取得良好的经济效益和社会效益。

10. 合作社绩效

绩效是组织行为中最基本的概念之一，指成绩与成效的综合，是一定时期内的工作行为、方式、结果及其产生的客观影响。企业绩效指一定经营期间的企业经营效益和经营者业绩。合作社绩效则包含经济效益、社会影响、服务能力、社员满意度等。

二、重要概念

（一）经营的概念

经营是指在社会主义商品经济条件下，企业按照国家的方针、政策，在调查和预测市场需求情况的基础上，做出决策，确定企业的发展方向和目标，利用一切可能利用的资源和力量，付诸实施，以获得最好经济效益的经济活动[6]。

在实践中我们应从以下几个方面理解经营的概念：首先，经营必须有经营要素。也就是说，经营必须拥有从事经营活动必不可少的条件，即资金、商品、物质技术设备和劳动力等要素，否则，经营活动是无法进行的。其次，经营是在一定的环境下进行的。经营要受到外部环境各种因素的影响和制约，如社会制度、法律制度、经济制度、国家经济政策、国家经济管理体制、科学技术发展水平、市场经济的发达程度，以及传统的风俗、道德等，都对经营活动有一定的制约和影响。其中，国民经济的发展及其结构状况、市场商品供求关系状况、地理环境和同行业状况四个方面，直接影响经营的外部环境。最后，经营必须取得经济效益和社会效益。经济工作都应讲求经济效益,如果经营过程中没有经济效益,经营就不能再进行下去,也就无法扩大再生产,更谈不上社会效益。

(二)管理的概念

管理是人们在一定的生产方式下,依照一定的规律、原则、程序和方法,对企业的人力、财力、物力及其经济活动过程进行有效的计划、组织、指挥、监督和调节,以最小的劳动消耗取得最大经济效果的过程[7]。

管理是普遍、普通的社会现象之一,是社会劳动过程的一般要求,它是共同劳动得以顺利进行的必要条件。共同劳动的规模越大,劳动的社会化程度越高,管理也就越重要。同时,管理也是一项重要的社会活动,在社会劳动过程中具有特殊作用,只有通过管理才能把实现劳动过程所必需的各种要素组合起来,使各种要素发挥各自的作用。管理工作是活力与创造性兼备的行为,管理既是一门科学,又是一门艺术,是科学与艺术的统一。

(三)经营与管理的联系与区别

经营与管理是企业经济活动的两个方面,它们既有联系又有区别,是不可分割的有机统一体。

经营与管理是密切联系的。从经济活动整体来看,经营与管理是相互作用的。经营过程的协调进行和企业目标的实现必须以有效的管理作为保证。简言之,经营是基础,管理是手段。具体而言,如经营包含市场预测与经营决策;管理则是根据决策进行计划,并通过指挥,监督计划实施,完成决策。经营的目的是确定经营方向与经营目标,而管理是为了实现企业的总目标而组织各项生产服务活动;经营侧重于对外联系,协调企业外部经济关系,而管理主要是搞好企业内部的经济协调工作,各有侧重,相互渗透。任何一个企业在确定了企业的经营方向和总目标后,还必须运用现代化的科学管理手段,切实发挥企业管理的职能,才能最后实现经营目标,取得经营成果。

经营与管理的区别体现在:经营是由商品经济所产生的职能,而管理是由共同劳动需要所产生的职能;经营是解决企业与外部环境如何适应的问题,而管理是解决企业内部共同劳动如何优化组合的问题;经营的中心是争取最大效益,管理的中心则是提高效率。总而言之,经营与管理二者是现代企业经济活动的两大支柱,既有区别又互相联系,协调运转,共同推动了企业的发展。对于企业而言,应反对只注重经营而忽视管理的倾向,也应反对只注重管理而忽视经营的观点,企业应把经营与管理有机结合起来,使之相辅相成。

三、经典理论

我国是典型的小农制国家,许多专家、学者一直把农民合作社视作实现农业农村现代化的一条重要途径,认为合作社是小农户联合生产的有效方式,是连接小农户与大市场的桥梁,也是使小农摆脱窘境的主要途径之一。要全面地了解合作社,必须从合作社的起源开始。下文第一部分"中国共产党人的合作社理论"将重点介绍合作社思想在我国的历史沿革,下文第二部分"交易成本理论"从交易费用的视角,阐述了合作社本质的理论来源。

近年来,农民专业合作社借助乡村振兴战略提供的良好社会环境和政策条件,在规模化经营和规范化管理中都较之前有了巨大转变,农产品产量也有了大幅提高,农业增产不增收一度成为阻碍农民专业合作社提质增效的发展瓶颈。但随着电商、微商等销售平台进入农村，农民专业合作社"酒香也怕巷子深"的销售困境迎刃而解，越来越多的合作社通过创立自有品牌发展订单、巧借电商网络平台等方式将藏在大山中的优质农产品销往世界各地。下文第三部分"合作社的经营机制"与第四部分"合作社的品牌管理"则介绍了当前合作社发展过程中，日常经营管理的基础理论。

（一）中国共产党人的合作社理论

1. 以毛泽东同志为主要代表的中国共产党人的合作社思想

毛泽东同志在经典马克思主义合作理论的基础上，从中国革命和建设的需要出发，将经典马克思主义合作经济理论运用于中国的实践。毛泽东同志的农业合作理论主要包括以下几个方面。一是关于合作化和机械化的顺序。毛泽东同志指出我国农业应走"先合作化，后机械化"的发展道路。二是发展农业合作社要全面规划、加强领导。三是发展合作社要坚持自愿互利原则。毛泽东同志在合作化过程中多次指出要坚持自愿互利原则。他强调只有在互利的基础上才能实现自愿，要在合作社内部实行互利政策，不能损害任何一个人或任何一个阶层农民的利益[8]。

2. 以邓小平同志为主要代表的中国共产党人的合作社思想

邓小平同志在继承马克思列宁主义合作理论和汲取我国农业合作化运动经验教训的基础上，立足我国国情，创造性地提出了具有中国特色的农业合作社指导思想。邓小平同志的农业合作社思想主要包括以下内容：一是发展农业合作社要尊重农民意愿，因地制宜地采取相应的措施，真正做到"以人为本"。二是"两个飞跃"战略思想，第一个飞跃是废除人民公社，实行家庭联产承包为主的责任制。第二个飞跃是适应科学种田和生产社会化的需要，发展适度规模经营，发展集体经济[9]。

3. 以江泽民同志为主要代表的中国共产党人的合作社思想

以江泽民同志为代表的中国共产党人在改革开放大潮中对马克思主义的合作思想进行了创新发展。党的十五大报告中指出："目前城乡大量出现的多种多样的股份合作制经济是改革中的新事物。劳动者的劳动联合和劳动者的资本联合为主的集体经济，尤其要提倡和鼓励"，提出了"两个联合"[10]。当前我国农村中大量出现的农民专业合作社就是"两个联合"思想的体现。这种模式能够适应社会主义市场经济的发展，提高了我国农村地区的生产力，是符合我国农村发展现实的一种行之有效的生产组织形式。

4. 以胡锦涛同志为主要代表的中国共产党人的合作社思想

随着我国农业生产力的发展，以胡锦涛同志为代表的中国共产党人对农村合作思想进行了进一步的发展。在党的十七届三中全会上，胡锦涛同志指出，现有土地承包关系要保持稳定并长久不变，允许农民以转包、出租、互换、转让、股份合作等形式流转土地承包经营权，这是党中央对农地经营模式和农村生产关系做出的积极调整，进一步拓宽了农民的合作空间与合作方式。同时还指出，家庭经营要向采用先进科技和生产手段的方向转变，增加技术、资本等生产要素投入，着力提高集约化水平；统一经营要向发展农户联合与合作，形成多元化、多层次、多形式经营服务体系的方向转变[11]，由此提出了"两个转变"思想，为合作社的发展指明了方向。

5. 以习近平同志为主要代表的中国共产党人的合作社思想

习近平同志高度重视"三农"问题,他立足于我国农村具体发展现状编写了《中国农村市场化建设研究》《摆脱贫困》等多部著作。主要理论包括:一是农村市场化理论。习近平同志认为农村市场化是应对加入世贸组织所带来的挑战、开创农村经济发展新局面的必然要求。二是农民组织化理论。由于市场信息的不对称性,农民在市场交易时往往处于不利地位。而且农户群体具有分散性,若盲目推动市场化,忽略组织化,不仅会造成农民利益受损,也使得整个农村市场在结构上与公平竞争相背离,从而形成垄断。习近平同志强调只有将农民组织起来,走组织化的农村市场化道路,才能加快推进农村市场化建设,推动实现农业现代化。三是"三位一体"综合合作理论。针对要改变农业小规模分散经营状况的现实要求,习近平总书记提出要推进农民专业合作社、供销合作社、农村信用合作社"三位一体"的服务联合体建设,全面推进农村社会经济的发展[12]。发展生产、供销、信用"三位一体"综合合作不是简单意义上的服务内容的叠加,而是组织要素的融合与主体功能的创新。其中,流通合作是主导、生产合作是基础、信用合作是支撑,三者有机互补、协同运行,这是构建综合性合作经济组织的客观要求。开展"三位一体"综合合作,对全面推进乡村振兴、实现农业农村现代化、进一步深化供销合作社综合改革、更好践行为农服务宗旨,都具有十分重要而深远的意义。

(二)交易成本理论

交易成本也称交易费用,是指在一定社会关系中,人与人之间在交往和合作过程中,为实现交易所支付的成本。交易成本理论是现代产权理论的两大基础理论之一。科斯于1937年在《企业的性质》中第一次提出交易成本这一概念。科斯把交易成本看作为了取得市场信息,或者在谈判和缔结合约过程中产生的费用。信息寻找成本、谈判成本、监督成本或者应对事后可能违约所产生的成本构成了交易成本。

由于我国小农户的分散经营,导致其在购买生产资料、农业生产经营、使用农业机械各方面都不占优势,农业生产的成本较高,所以交易成本就较高。而农民合作社的产生就是为了降低交易费用。合作现象常见于传统社会某些特殊生产经营文化,或者当代一些志同道合的实验性生产经营项目,但是其核心问题都是要通过某种内在机制克服机会主义自利行为,防止"搭便车"问题(即外部正效应),或者对他人产生外部负效应。人们希望合作社作为生产经营主体——对外,利用规模效应应对市场风险和自然风险;对内,通过稳定的合作关系,降低市场随机交易的交易成本[13]。农民合作社通过提供种子、化肥、农药等生产资料的统购服务,对农产品进行初加工、深加工以及品牌包装、网店销售,降低了交易风险和交易费用,增加了农业产业利润。当前条件下,由农户和企业家共享合作社的剩余权能够在一定程度上提高合作社劳动雇佣资本。

交易成本高和人们面对同等条件获得的风险规避倾向,使得农民专业合作社的发展壮大受到融资难、参保贵的制约,可以通过成立农业联合社、建立股份制合作社,同时加强政府引导和合作社制度建设降低交易成本,进行风险管理[14]。

在城乡二元结构的约束下,物质资本和人力资本的双重缺乏是合作社表现出资本雇佣劳动特征的经济诱因,其根源在于交易成本。随着二元体制的逐步破除以及人力资本市场的不断完善,合作社终将转变为劳动雇佣资本的,真正由农户所有、为农户服务的经济社会组织,进而成为推动乡村全面振兴和共同富裕的重要力量[15]。

（三）合作社的经营机制

农民专业合作社成立之后，就要进行正常的经营管理活动，《中华人民共和国农民专业合作社法》对合作社日常运行过程中的一些问题做了相关的规定。

1. 农民专业合作社的社员管理

农民专业合作社的社员也是农民专业合作社的主人，作为主人，既享有相应的权利，也需要承担一定的义务。分散的农民作为乡村建设的主体，组织化程度较低，而农民合作社可组织凝聚自身社员，发挥引领带动作用，使农民形成合力，在乡村建设行动中发挥重要作用[16]。此外，由于农民专业合作社实行"入社自愿，退社自由"的原则，其成员如果认为在合作社中没有获取到相应的好处，或其需求没有得到满足，也可以申请退社。

按照《中华人民共和国农民专业合作社法》的规定，合作社成员一般享有民主管理权、获得盈余的权利、使用本社服务和设施的权利，以及在合作社章程中规定的其他权利等。

农民专业合作社的宗旨是为本社社员提供服务，为了使社员能够更好地获取服务，让社员获得更多的利益，每个成员都有义务对合作社负责，为合作社的发展尽力。此外，农民专业合作社在从事生产经营活动过程中，需要对外承担一定的义务，如完成签署的购销合同、支付货款等，这些义务需要全体成员共同承担，以保证农民专业合作社及时履行义务。一般来说，合作社社员需要履行按章程规定向本社出资，与本社进行交易，执行成员大会、成员代表大会和理事会的决议，承担亏损等义务，以及章程规定的其他义务。

有些情况下，加入合作社的成员认为在合作社中没有获取到理想的服务，或是已经不需要合作社的服务，这时就会涉及成员的退社问题。按照《中华人民共和国农民专业合作社法》的规定，农民专业合作社实行"入社自愿、退社自由"的原则，也就是说，只要成员认为有必要，就可以退社，这也是成员的一项基本权利。

2. 农民专业合作社的组织管理

作为一个合法的市场主体，一个由多个成员组成的组织系统，其内部要设置相应的组织机构，以保证组织的正常运行。农民专业合作社设有成员（代表）大会、理事长和理事会、执行监事以及监事会等组织机构，这些组织机构在合作社中分别承担不同的职责。

（1）成员大会。农民专业合作社实行成员大会制度，成员大会是最高权力机构，有权决定农民专业合作社的一切重大事项。成员大会以会议的形式行使权力，而不采取常设机构或者日常办公的方式。

农民专业合作社召开成员大会，其出席人数应当达到成员总数三分之二以上。而且其议事表决也是有规定的，对于一般事项，应当由本社成员表决权总数过半数通过；重大事项应当由本社成员表决权总数的三分之二以上通过。所谓重大事项，主要指对合作社成员利益关系重大的事项，如章程修改、重大财产处置、对外投资、对外担保等。

（2）理事会。理事会的职权可以由章程规定，主要行使如下职权：① 组织召开成员大会并报告工作，执行成员大会决议；② 制订本社发展规划、年度业务经营计划、内部管理规章制度等，提交成员大会审议；③ 制订年度财务预决算、盈余分配和亏损弥补等方案，提交成员大会审议；④ 组织开展成员培训和各种协作活动；⑤ 管理本社的资产和财务，保障本社的财产安全；⑥ 接受、答复、处理执行监事或者监事会提出的有关质询和建议；⑦ 决定成员入社、退社、继承、除名、奖励、处分等事项；⑧ 决定聘任或者解聘本社经理、财务会计人员和其他专业技术人员；⑨ 履行成员大会授予的其他职权。

（3）监事会。现实中，大多数农民专业合作社都设有执行监事，对于成员众多、事务较多的合作社，才设监事会。执行监事和监事会是承担监督职责的主体，其职权可以由章程约定，主要行使以下职权：① 监督理事会对成员大会决议和本社章程的执行情况；② 监督检查本社的生产经营业务情况，负责本社财务审核监察工作；③ 监督理事长或者理事会成员和经理履行职责情况；④ 向成员大会提出年度监察报告；⑤ 向理事长或者理事会提出工作质询和改进工作的建议；⑥ 提议召开临时成员大会；⑦ 代表本社负责记录理事与本社发生业务交易时的业务交易量（额）情况；⑧ 履行成员大会授予的其他职责。

（四）合作社品牌管理

尽管在不同时期，不同学者对品牌定义的表述不尽相同，但都强调了品牌作为标识的重要含义。现代营销学之父菲利普·科特勒认为，品牌是名称、术语、标记、符号、设计的组合使用，其目的是用以辨识某个制造商或销售者的产品或服务，并使之与竞争对手的产品和服务区别开来[17]。

品牌所代表的就是企业的形象，当我们在日常生活中提到某种商品时，人们往往会将注意力集中在品牌上，而很少讨论这个产品的制造者和生产商。从这一点上，我们可以看到一个商品的品牌是多么重要。同时，品牌本身也是一个代名词，它是一种多功能的集合体，也是消费者对它的第一印象，所以在某种意义上，品牌也是消费者心目中的一个企业。产品的制造商不能随便更改品牌的价格，而企业的领导者也要对自己的品牌有全面的了解，才能按照企业的经营目标对自己的品牌进行调整和改进。

对合作社而言，品牌是合作社参与市场竞争最有力的武器，也是合作社最有价值的资产。合作社可以通过对品牌进行战略性管理，创造更大的价值。其中，合作社对品牌进行管理，首先要识别和确立品牌的定位，计划执行品牌活动等内容，合理布局，真正促使品牌发挥出最大的价值，提升合作社知名度与形象。

创建农产品品牌是合作社经营发展过程中极其重要的一个环节，品牌化能有效抵御农产品市场风险、增加产品价值并提高农民收入。合作社通过品牌向消费者传递农产品信息集合和承诺，帮助消费者摆脱受制于信息不对称而产生的"劣币驱逐良币"的市场困境，进而通过优质优价增加消费者对合作社农产品的有效需求[18]。农民合作社创建农产品品牌能够推动地区间农产品的标准化生产进程，完善农产品的生产管理制度与体系，提升合作社进入市场和参与竞争的能力，更好地发挥农产品内在经济价值，对我国深入实施乡村振兴战略，推进农业农村现代化发展有着巨大的推动作用。

第三节　案例剖析

一、湖北省广水市红星养殖专业合作社创办公司案例[19]

（一）基本情况

湖北省广水市以位于京广铁路线上的古镇"广水镇"派生而得名，湖北省辖县级市，由随州市代管，位于湖北省北部、随州市东南部，地处桐柏山脉南麓、大别山脉西端，属北亚热带大陆性季风气候，毗邻5个区、县（市），总面积2647平方千米。截至2022年10月，广水市辖4个街道、13个镇，另辖3个乡级单位。2022年，广水市年末户籍人口87.95万人。2022年，全年地区生产总值达到416.96亿元，同比增长4.5%，规模以上工业增加值增长7.1%，固定资产投资增长13%，社会消费品零售总额增长2.9%，首次入选"全国投资潜力百强县市"。广水历史悠久、人杰地灵，置县于南北朝时期，迄今已有1400多年的历史。佛教祖师达摩曾在广水市大贵寺面壁修行，遗存"崧高峻极"珍贵石匾；唐代诗仙李白在此隐居多年，留下"床前明月光"等千古绝唱。

广水区位优越、交通便捷。地处武汉城市圈和中原城市群切点位置，南眺富饶旷美的江汉平原，北望一马平川的中原大地，挑桐柏山脉、大别山脉于东西，划长江流域、淮河流域于南北，系全楚襟喉之处，坐拥京广、武襄2条铁路和京港澳、汉十、麻安、武汉城市圈环线4条高速，距天河机场和武汉港1小时车程，是武汉城市圈观察员、鄂西生态文化旅游圈、大别山革命老区经济社会发展试验区、长江经济带、淮河生态经济带成员，战略地位突出。目前，随州至信阳高速正加快建设，建成后将切实加强鄂豫毗邻地区交通联系，推动长江、淮河生态经济带协同建设，进一步巩固广水"融通鄂豫"桥头堡地位。

广水经济发展、社会进步。培育了风机制造、钢铁冶金、新能源等工业产业，打造了东三镇、经济开发区"两大工业集聚区"，风机产业连续多年纳入湖北省重点成长型产业集群，被授予中国风机名城。建设了蔬菜、林果、食用菌等特色农业板块，打造了王鸽、生猪、小龙虾等特色产业，创成省级现代农业产业园。近年来，广水市五次蝉联全国双拥模范城，被授予中国风机名城、国家园林城市、全国第二批电子商务进农村综合示范市、全国农村创业创新典型县、全国科普示范市、义务教育发展基本均衡市，蝉联"中国民间书法艺术之乡""中华诗词之乡""中国楹联文化城市"。

（二）案例背景

红星养殖专业合作社创办于2008年12月，该合作社致力于蛋鸭养殖、蛋品深加工，公司的主导产品有无铅松花皮蛋、低盐油黄咸蛋和红心酥沙咸蛋黄，现拥有先进的皮蛋、咸鸭蛋腌制车间和先进的全自动真空高压杀菌包装熟蛋和卤鸡蛋生产线，年产松花皮蛋3200多吨，咸鸭蛋2900多吨，咸蛋黄5000多万枚，实现产值1.3亿元，现有职工300余人，占地30 000余平方米。裂痕检测、吸蛋入桶、恒温腌制、毛刷清洗……自动化生产线上，一颗颗新鲜出炉的松花皮蛋让人目不暇接（见图4-1）。

图4-1 红星养殖专业合作社生产车间

图片来源：全国典型！广水应山"红星养殖合作社"上榜[EB/OL].（2023-02-20）. http://www.suizhou.gov.cn/xwdt/szfb/202302/t20230220_1082234.shtml.

合作社领办人蒋远辉从 2000 年开始摸索松花蛋制作技术，2005 年成立了松花蛋加工厂，直到 2008 年松花蛋制作技术成熟，生产的松花蛋不涩、不苦，入口后有一股浓郁的回香，获得了消费者的高度认可，批发价高于当地市场 1 元/千克。一家一户的单打独斗很难创造出规模效益，农民合作社却能发挥集体优势弥补这方面的不足，合作社的成立能在技术、生产资料、管理等方面提供最大的便捷以及最低成本，形成了一个有序的链条，如果管理得当，运行顺畅，合作社是保障普通农民发家致富的更好平台。

2008 年 12 月，在当地农业部门的指引下，蒋远辉与 11 户养鸭户一起，成立了应山红星养殖专业合作社，将松花蛋加工厂业务并入合作社，当时的合作社由 12 名养殖成员组成，养殖蛋鸭还不足 1 万只。合作社创办后，蒋远辉发现，目前的市场环境、经济发展模式转型期等，对合作社经营造成一定的影响，同时国家对养殖污染的持续关注以及《畜禽规模养殖污染防治条例》的出台也让畜禽养殖业压力倍增。

（三）做法成效

社有企业是供销合作社为农服务的重要载体，是供销合作社经济实力和服务能力的重要支撑。红星养殖专业合作社利用社有企业，采取了一系列措施拓展市场。自 2018 年以来，投资 300 多万元建成真空烤鸭蛋生产线，还引进了日本"NABEL"裂纹检测设备，配套了皮蛋清洗机、自动装托机、自动给袋机等设备。2020 年，公司设立电子商务有限公司作为子公司，入驻淘宝、淘特、拼多多、抖音、国家扶贫网等平台，实现了线上线下销售双突破。同年，公司、合作社与华中农业大学共同成立了湖北省院士专家工作站，通过产学研结合，提升蛋鸭产业竞争力。合作社通过办公司，产品销量不断攀升，生产的"楚丹"牌无铅松花皮蛋和油黄烤鸭蛋受到消费者喜爱。

红星养殖专业合作社的多项举措助力合作社发展更上一层楼，同时对其他合作社发展也起到了借鉴、示范作用。在人才培养方面，院士专家工作站的建立不仅有利于专业人才的培养，短期内可以解决企业人力资源不足的问题，从长期来看可为行业储备专业技术人才；对高校、科研机构而言，还有利于学生将理论应用于实际，使高校、科研机构的研究更贴近实际、贴近市场需求。

经过 10 多年的发展，合作社形成了集养殖、加工、销售于一体的综合发展格局，从最初的小作坊发展到拥有 9 栋生产车间、1 个冻库、3 个标准化养殖基地，成员从最初的 12 个发展到 378 个，资产总额从 2 万元增长到 3900 余万元，全年总收入从最初的 4.8 万元增长到 1000 多万元。2021 年合作社畜禽出栏 58 万只，产品总量 9200 吨，辐射带动成员及周边农户达 500 余户，吸纳广水市周边 17 个乡镇 1400 余人就地就近就业，全年累计支出职工薪酬达 400 多万元，既解决了当地富余劳动力就业问题，还带动了多名贫困户、残疾农民摆脱了贫困，被认定为国家农民合作社示范社。

（四）经验推广

坚持"五统一保"服务，确保产品质量。合作社实行"生产在户，服务在社"的养殖方式，提供"五统一保"服务。一是统一种苗提供。合作社为养殖户提供低于市场价的优质蛋鸭苗。二是统一养殖标准。合作社投资 300 多万元建立两个养鸭小区，从鸭舍标准、饲养方式、防疫治病等方面为养殖户进行示范。三是统一饲料供应。与饲料公司签订长期供应合同，在保证质量的同时降低生产成本。四是统一防疫服务。与相关企业签订疫病防治和药品供货合同，由企业派两名技术人员常年入驻合作社，持续为成员提供疫病防治服务。五是统一技术指导。与科研院校建立长期技术合作关系，请专家教授到合作社集中培训授课，传授最新的蛋鸭养殖技术和养殖理念，定期组织成员外出参观学习。"一保证"，即保证以高于市场 0.3~0.5 元/斤（1 斤=0.5 千克）的价格收购成员的鸭蛋。

入股公司开展深加工，提升竞争力。面对竞争激烈的禽蛋市场，2011 年 6 月，合作社入股湖北楚丹禽业有限公司，发展禽蛋深加工业务（其中合作社占股 3.1%），注册商标"楚丹"品牌，自此，开启了"公司+合作社+农户"模式的发展格局，即由合作社负责提供标准化的鸭蛋产品，公司负责鸭蛋的冷藏、加工等业务。公司自成立以来，先后建成一座 1000 多平方米的蛋品冷藏库，一条"真空烤鸭蛋"生产线，引进一套裂纹检测设备，配套国产皮蛋清洗机、自动装托机、自动给袋机等，生产的"楚丹"牌松花皮蛋深受消费者喜爱。2020 年 3 月，公司牵头成立楚丹电子商务部，实行线上线下相结合的销售模式，极大拓宽了产品销路。

积极参与精准扶贫，助力共同富裕。合作社积极带动贫困户（现已脱贫）发展蛋鸭养殖产业。一是劳务用工。合作社为贫困户提供就业岗位，贫困户可选择按天结算和按月结算两种方式，按天结算每天发放 120 元工资，随来随走，方式灵活；按月结算需签订合同，每月发放约 3000 元工资。二是帮助贷款。针对部分年纪大、无劳动能力的贫困户，按照"分款统还"模式，每户由合作社担保贷款 2 万元注入合作社，合作社年底为贫困户发放不低于 2000 元的分红。三是资金分红。合作社将国家产业奖补资金量化到贫困户，按照不低于 1 分利息的标准，每年为贫困户发放 100 余万元的分红。四是技术服务。合作社邀请市畜牧养殖专家、高等院校教授举办培训班和上门服务等，免费对贫困户提供养殖技术支持。五是统一收购。合作社统一收购贫困户的成品鸭蛋，保证贫困户养鸭效益和积极性。六是提供物资。免费为部分贫困户提供饲料，促进贫困户增产增收。通过"六大套餐"，合作社获得了稳定的优质蛋品来源，贫困户通过入股等方式参与合作社经营，实现了合作社和贫困群众的双赢。

（五）思考探索

社有企业是为农服务的重要载体，也是供销合作社经济实力和服务能力的重要支撑，社有企业应如何提升企业经营活力与为农服务能力？

二、安徽省临泉县兄弟蔬果种植专业合作社领头乡村致富案例[20]

（一）基本情况

临泉县隶属于安徽省阜阳市，是安徽省的西北门户，位于黄淮平原的西南端，安徽省的西北部。这里曾经交通闭塞，被人们称作"安徽的西伯利亚"；因为穷，临泉曾经是贩毒的重灾区，被列为全国毒品问题重点整治地区。同样是因为穷，很多人选择外出打工，高峰时期全县有近百万人外出务工，是全国劳务输出人口最多的县。

临泉虽然在安徽省，但是三面都被河南省"包围"，在过去很长时间里，这里都是被人遗忘的角落。2019 年之前，别说是高铁了，临泉就连普通的铁路都不通。没有铁路经过，公路建设情况也不佳，2014年，全县只有一段不到7千米的国道经过，而且离县城还有40多千米。内外闭塞的局面，让临泉成了人们口中的"安徽的西伯利亚"。2020年4月，安徽省人民政府发布公告，临泉县正式退出贫困县序列。6年来，全县累计脱贫21.69万人，96个贫困村全部出列，贫困发生率由10.52%下降至0.38%。临泉县先后获得"中国杂技之乡""全国文化先进县""全国体育先进县""全国科技进步先进县""中国民间文化艺术之乡""国家级生态示范区""中国绿色名县""全国粮食生产先进县""全国人力资源开发试点县""全国畜产品生产百强县""安徽省农业产业化合作示范县"等荣誉。

发展现代农业、实现农业提速增效，全方位夯实粮食安全根基，是临泉始终努力的目标。2022年，临泉县新建高标准农田10万亩，粮食总产量106.4万吨，实现"十九连丰"。扎实推进"两强一增"行动，实施"大托管"面积74万亩，主要农作物生产全程机械化率达93.5%。开展种源实验攻关项目14个，"皖临白山羊"新品种通过国家审定。培育省市级长三角绿色农产品生产加工供应基地13家、省级农业产业化重点龙头企业10家，农产品"上线进城"销售28.8亿元。"中原牧场"品牌荣登中国区域农业形象品牌影响力指数百强榜。

没有制造业的加速度，就没有工业经济发展的高质量。临泉县致力先进制造业扩量提质，大力实施"两区三园"成片开发方案，经开区建成区扩展1.2平方千米，化工园区成功通过省级认定。两座万吨级工业污水处理厂投入使用，供热供气管道铺设3.5千米，临庐产业园11.8千米地下管廊竣工验收。扎实推进"扶优育规"工程，新增规上工业企业30家，全年实现规上工业总产值252.5亿元，工业投资增长24.2%，规上工业增加值51.4亿元。

（二）案例背景

临泉县兄弟蔬果种植专业合作社位于安徽省阜阳市临泉县老集镇328省道东侧，主要从事蔬菜种植、农产品加工销售、大棚设计建设、新技术新品种引进推广等。2011年11月，合作社发起人之一宋雷带着几个愿意返乡的年轻人一起回到家乡，创办了兄弟蔬果专业合作社，共同出资流转土地，建设大棚种植蔬菜。合作社管理有方，准确把握市场需求，当年就收回全部投资，吸引了越来越多的农户主动入社。合作社现有成员207个，全部是农民成员，带动农户380户。合作社2016年被评为国家农民合作社示范社，成为大中专院校农业教学实习基地，理事长宋雷被评为阜阳市劳动模范、全市优秀返乡创业典型等。

（三）做法成效

兄弟蔬果种植专业合作社规范运营，探索合作社办公司经营模式，做好乡村致富带头人。通过设立成员大会、成员代表大会、理事会、监事会，坚持"三公（公平、公开、公正）到位""两权（执行权、监督权）分离"，实行"理事牵头、分层管理、订单服务"的管理模式。合作社积极参与财务委托代理试点工作，委托专业的会计机构为合作社开展代理记账服务，专门设立财务部门，实行财务电算化管理，按季度公开财务、社务和经营运营情况，不断提升财务管理规范化水平。

同时，合作社按照"民办、民管、民受益"的原则，为成员设立成员账户，做到"一人一个账户，一人一份资产，每年分摊到户，年年盈余返还"，通过规范管理，合理分配盈余，实现利益共享、风险共担。与安徽菜大师农业控股集团有限公司合资成立安徽菜大师润泉农业发展有限公司，双方融合经营，进一步提升合作社的经济效益和社会效益。

合作社种植的绿色新鲜蔬果达数十种，年产量2000吨，除了保障本地大型超市和生鲜市场供应，还销往北京、上海、广州、深圳等10多个省份，部分产品销往香港、澳门市场（见图4-2）。为了确保供港蔬菜市场份额，合作社2012年注册了"皖北靓点"商标，将每一种蔬菜的收购标准制成展板，在各片区进行展示，要求按照统一规格进行蔬菜采摘，符合收购标准的方可入库。合作社定制了统一的收纳筐，在收购点和冷库进行验货回收时，实行电子编码管理，不仅方便了管理，而且方便快速结算。合作社在基地建立了专业的农产品检测实验室，对每一批次的蔬菜瓜果进行抽样检测，严禁超标产品进入流通渠道，销路的拓宽也进一步巩固了供港蔬菜生产基地。

图4-2 临泉县兄弟蔬果种植专业合作社的展位

图片来源：下活"特色棋"！临泉这样做[EB/OL].（2023-02-28）. https://new.qq.com/rain/a/20230228A077JO00.

（四）经验推广

一是强基础。合作社成立之初，成员都按照传统的露天方式种植，不愿意花钱建大棚。2013年，一场百年一遇的大雪和寒流让农户几个月的辛勤成果全部付诸东流。于是，合作社带领技术专家挨家挨户地看现场，做沟通，给农户普及大棚建设的重要性和技术要领，还组织部分年轻人赴山东寿光参观学习，帮助成员筹资建设温室大棚。经过几年的努力，合作社建成蔬菜种植大棚2000多亩，现代化连栋大棚30 272平方米，实现了四季均可种植蔬菜。

二是立标准。为有效降低损耗，提高蔬菜的产量和质量，合作社从山东寿光邀请蔬菜种植专家长期蹲点，为种植户提供技术指导，规范生产管理。同时，聘请了安徽省农业科学院、安徽科技学院的专家教授组建顾问团队，针对合作社制定了耕种、采摘、收购、冷藏、农药化肥管理等方面的技术规范，引导成员按照规范标准开展生产和管理，并逐步形成日常管理的一部分。

三是提效率。合作社采取层级管理模式，按照种植品种、规模大小、路程远近等将基地分成 7 个片区，每个片区设一个片长，由合作社理事和优秀的专业种植技术人员担任，负责该片区的综合管理、资源统筹和数据统计工作。每个片区再根据规模大小细分为若干小组，一个组长管理 200～500 亩土地，负责协调采收，并将收割蔬菜运送到统一的收购点，再按照入库标准进行入库移交。片长和组长的收益与整个片组的总效益挂钩，鼓励农户在保证收购标准的前提下，多劳多得。这一激励机制调动了农户的积极性，年轻人纷纷竞争上岗，过年过节都会主动留在合作社，保证正常的农业生产。效益好的年份，一个片长能有上百万元的收入，一个组长能有三四十万元的收入。

四是育人才。合作社积极与省市农业科研技术推广部门合作，不定期地举办各种培训班，组织成员到省内外参观考察，提高成员科学种植的技能水平。多年来，合作社累计培训 3000 多人次，培养了一批经纪人和一支业务精干的管理队伍。合作社还积极投身公益事业，参与美丽乡村建设，为宋港村修建道路 3000 米，配备路灯 40 盏，为困难村民发放扶贫资金 30 余万元。

（五）思考探索

兄弟蔬果种植专业合作社的规范化管理给了我们哪些启示？

三、湖北省谷城县金盆岭食用菌专业合作社打造菌菇产业高地案例[21]

（一）基本情况

谷城县位于鄂西北山区，属秦岭、大巴山东延余脉与江汉平原接壤地带，主要山脉线走向受地质构造控制，呈近东西向展布；南靠高山、北滨汉水。整体地势由南西向北东降低，呈向北东方向开口的 C 形地势，形成南西、中部、北东三级阶梯地貌特征。2022 年，全县户籍户数 20.85 万户，户籍人口 58.56 万人。2022 年，全县农林牧渔业实现总产值 100.7 亿元；实现增加值 59.62 亿元，比 2021 年增长 5.2%。农作物播种总面积 97.12 万亩，种植业生产稳定，作为其特色的蔬菜及食用菌，种植面积 14.09 万亩，比 2021 年增长 3.0%，产量 34.07 万吨，比 2021 年增长 0.8%。谷城县森林资源十分丰富，森林覆盖率达 73%，菇耳林面积达 50 万亩以上，总蓄积量 1600 万余立方米，可保证每年 9000 万棒原材料循环使用，为食用菌的种植、生产提供了丰富的林地资源。

谷城县围绕建设"五县"（工业强县、农业特县、旅游热县、生态美县、健康名县）总目标，坚持做实传统产业、做强新兴产业、做优发展环境，以乡村振兴为引领，建设"农业特县"，打造精品农业、精致农村、精彩农民。谷城县电子商务发展较好，曾于 2019 年入围"国家电子商务进农村示范县"，中国有机谷电商产业园被评为"全国十佳优秀电商园区"，2020 年 6 月，被命名为第二批湖北省食品安全示范县。

经过多年发展积蓄，谷城县的茶叶、优质粮油、畜牧水产、食用菌等传统农业在农产品加工企业龙头做强、产业链延伸的带动下，不断提质增效。长期以来，谷城县大力发展食用菌种植、生产，不断壮大全县食用菌产业，成立食用菌专业合作社，食用菌由散户栽培初步实现产业化。全县以金盆岭菌业公司为龙头，以旺发土特产公司为骨干，以"公司+合作社+农户"为模式，构建起产业化发展格局，网络6000多户近4万人参与到食用菌产业链条，其中发展2万袋以上的50家。全县总规模1500万袋，产值达到8亿元以上。2022年，湖北省科技厅公布第二批湖北省乡村振兴科技创新示范基地名单。58家科创基地入选，其中，谷城食用菌种养带动型乡村振兴科技创新示范基地位列其中。科创基地以企业为主体，围绕产业发展技术需求，与高校院所开展合作，提升科技创新水平，加快科技成果转化应用，是实施乡村振兴战略的重要载体，是促进产学研、农科教紧密结合的重要纽带，是组织县域开展农业技术创新活动的重要平台，将促进谷城县食用菌产业进一步做大做强。

（二）案例背景

湖北省谷城县种植食用菌历史悠久，传统的种植方式是个个搭棚、家家搭灶、户户冒烟，既容易造成环境污染，也卖不上好价钱，不适应"资源节约、环境友好"的要求。根据交易成本理论，小农户的分散经营会导致其在购买生产资料、农业生产经营、使用农业机械等各方面都不占优势，农业生产的成本较高，所以交易成本就较高，而农民合作社的产生能够高效地降低交易费用。为振兴优势特色产业，2015年，湖北金盆岭菌业有限公司联合当地50个农户，共同发起成立谷城县金盆岭食用菌专业合作社（见图4-3），成员出资总额1500万元，其中农户成员出资额130万元。合作社业务覆盖菌种菌棒生产、种植基地、技术服务、烘干保鲜、加工包装、冷链配送等，集种植、销售、仓储物流和技术服务于一体，提供食用菌产供销一条龙服务。合作社已成为谷城县首家跨区域从事食用菌生产的农民合作社，2020年被认定为国家农民合作社示范社。

图4-3 金盆岭食用菌专业合作社

图片来源：谷城县石花镇：培育壮大特色农产品深加工 推动农业产业链做大做强[EB/OL].（2023-03-24）. https://news.hubeidaily.net/pc/1172814.html.

（三）做法成效

合作社加大对食用菌的科技投入，建有100余亩100多万棒香菇工厂化科技实验示范基地，与湖北省林业科学研究院联合成立了院士专家工作站，食用菌种质资源研发、菌种质量判别能力显著提升。研发出的"襄菇棒"牌菌种畅销全国，特别是自主研发的香菇菌包运用了"全氧发菌技术"，使每棒增产42%，成活率达99.8%，产品的市场竞争力大幅提高。目前整个谷城的菌种基本来自合作社。

第一产业以菌种作为点辐射，提供成熟的菌棒，免费传授技术。等菌菇种出来后，公司再以高出市场价5%的价格收购。第二产业主要是加工业，以出口为主，内外双循环，对食用菌产品做了一个深加工；第三产业通过研学旅游，达到菇旅融合的目的。合作社以优势产区为核心，带动周边地区发展食用菌产业，全面推行区域化管理，逐步形成专业化、规模化经营发展新格局。合作社在6个乡镇建成规模化种植基地，基地配套设施齐全，有保鲜库、空气能保鲜烘干机、机动传输设备、自动筛选机、大型地磅、技术服务专车等，在各乡镇建立管理小组，分片落实具体任务。合作社推进食用菌产业链向两头延伸，探索开发深加工产品，走产、供、销、服一体化经营道路，带动广大农民发展循环经济。

合作社依托龙头企业，注册了"绿谷山珍"商标，联合开发了"襄菇棒""绿谷山珍""八里荒""大叔家的山珍""七花台"等食用菌线上线下品牌，建立了产品质量安全追溯体系，实行以质量带品牌、以品牌促销售，与武商量贩、好邻居等中大型超市签订长期供货协议，全力拓展绿色香菇的增值空间。"绿谷山珍"系列产品荣获汉江流域农业博览会优质农产品金奖、第二届绿交会优质农产品金奖；自主研发的"襄菇棒"牌菌种、菌棒畅销全国，远销美国和东南亚地区。

（四）经验推广

一是统一原料供应。合作社为农户成员统一提供优质菌种，在保证种子质量的同时，降低了农户购种成本，实现了成员的良种全覆盖。合作社通过免费培训和现场讲解，让种植户自己比较传统种植与现代管理的效益差别，逐步改变传统粗放式种植习惯，统一采用标准化种植操作规程。

二是统一技术指导。合作社坚持从源头上管理农产品质量安全，严把生产环节农业投入品关，并定期对基地管理人员和农户开展技术指导和培训。合作社每年邀请食用菌专家进行食用菌生产管理指导1~3次，培养了高级食用菌农技师10余人、职业食用菌管理人员5人、"土专家"上百人。合作社每年在全县组织4次以上的技术培训，在规模种植基地安排技术人员常驻指导，联合领办公司安排技术服务车、技术员等，进行不间断巡回现场技术指导，确保合作社及基地全部达到标准化生产。

三是统一产品购销。为稳定发展食用菌生产基地，合作社实行统一生产、统一销售，做到以销定产，切实维护成员经济利益。合作社与成员签订种植收购合同，明确约定基地产品统一收购、实行价格保障等事项，产品回收率达到90%以上。仅通过高于市场价收购这一项，成员农户亩均净增收3000元左右。为方便种植户产品的销售，合作社在石花镇、庙滩镇、冷集镇均建有保鲜中转库，减少了物流成本和产品损耗，有效保障了种植户利益的增值转化。

（五）思考探索

设想一下，食用菌专业合作社发展可能会遇到哪些瓶颈，作为合作社的负责人，可以提前做哪些工作？

四、安溪县山格淮山专业合作社：示范引领打造山格淮山品牌[22]

（一）基本情况

安溪县古称清溪，位于福建省东南沿海，厦、漳、泉闽南金三角西北部，隶属泉州市。东接南安市，西连华安县，南毗同安区，北邻永春县，西南与长泰区接壤，西北与漳平市交界。山格村隶属于福建省泉州安溪县长坑乡，在乡政府驻地北3千米处，凤髻山东南坡。原称凤山，因该地原有两片松柏林，树木参天，后改为山格。清代分山格、卿源、水口3个乡。山格村原本有一个"支柱"产业，就是小作坊制作鞭炮。据介绍，全村有85%的村民靠这项传承了数百年的手艺谋生。数百年传承下来的鞭炮制作工艺十分落后，在给山格人带来收益的同时也引发了不少安全问题，每年都有村民被炸死或炸伤。为了谋生，村民们却放不下这个行当，用他们的话说："宁愿被炸死，也不愿饿死。"为制止非法生产和改变单一的经济结构，村两委对广大村民进行大力的宣传和教育，已全面制止，并积极引导村民大力发展支柱产业"茶叶"生产和"淮山"种植。

山格淮山有丰富的营养价值，明嘉靖《安溪县志》载："山药，《本草》谓之薯蓣，味无毒，主补虚劳、益气、除烦热。"清乾隆《安溪县志》亦载："薯蓣即药薯，一名'玉延'，性补脾。"安溪"山格淮山"生产历史悠久，在长期的栽培和自然选择下，形成了"根块粗直，肉质肥厚，脆而不硬，酥而不软"的产品品质，外皮带紫色，块根圆柱形，口感细腻、滑爽、醇厚。全县山格淮山种植面积2667公顷，产值11.5亿元。"山格淮山"2020年入选农业农村部农产品地理标志登记产品，2021年入选全国名特优新农产品登记产品。山格淮山是安溪人民千百年来世世代代传承下来的宝贵资源，在带动区域特色农产品品牌化、推动农业高质量发展、助力农民增收致富和乡村振兴等方面作用凸显。

（二）案例背景

20世纪90年代，鞭炮是山格村的主要产业，村里有大大小小60多个作坊，近80%的村民从事鞭炮生产，安全事故频发。由于产业不兴，"做鞭炮炸死，不做鞭炮饿死""饿死不如炸死"，这些陈旧观念在贫穷的山格人心中根深蒂固。为扭转乡亲们的"鞭炮思维"，当时的山格村村主任陈主义毅然现身说法，带头种植山格淮山。当年，陈主义种下的淮山就喜获丰收，运到城里换回了好价钱，换来乡亲们羡慕又惊讶的目光。

渐渐地，山格村6000多名乡亲们悉数放下危险产业，干起绿色营生，并于2008年1月组织成立了山格淮山专业合作社。安溪县山格淮山专业合作社是安溪首家淮山专业合作社，于2012年成立了合作社党支部。有了党组织的引领和村主任陈主义的带动，山格村淮山种植面积超过3000多亩，年产量6000多吨，销往全国各地，淮山产业收入占村民收入的51%，蹚出了淮山致富的新路子。

合作社现有入社成员636户，合作社建有1个淮山生产主产示范区和11个淮山生产副产区，总面积1500多亩，采用"基地+农户"的生产经营模式，以250亩基地示范，通过农户自种产品签约入社、承包土地经营权入社、劳动力入社等方式，保价收购成员农户种植的淮山，吸引周边8个乡镇3万多名农户参与淮山种植。

一方水土孕育一方特色，有了山格淮山专业合作社的示范引领，当地的淮山产业发展得越来越好。为更好地激活地方"土特产"，安溪县以党建为引领，坚持"绿水青山就是金山银山"，做优一方特色产业。安溪高度重视淮山产业发展，多年来相继出台了扶持淮山产业发展系列政策，持续挖掘地域文化内涵，突出绿色、生态、健康，提升淮山品牌的市场竞争力，提高其在国内外市场上的知名度。近年来，安溪推广"公司+合作社+农户+基地"的产地利益共同体系，实行"五统一"管理模式，开展"六化"建设，全面推动山格淮山特色产业高质量发展。

依托"标准化生产、清洁化加工、品牌化销售、规模化经营"的现代农业模式，国家地标产品——山格淮山，正在走出深山，走向更多城市居民的餐桌，给更多人带去美味和营养。

（三）做法成效

安溪县山格淮山专业合作社积极带动周边农户发展淮山生产，在全乡范围内淮山种植面积10 000多亩，其中，仅山格村淮山种植面积达6000多亩，无公害淮山认证基地1200多亩，年产量6000多吨。一根小淮山，成了村民致富的大产业（见图4-4）。在专业合作社带动下，山格村现在已有800多户村民种植淮山，种植面积从10年前的40亩增加到现在的3000亩，产品主要销往泉州、厦门、安溪县城等地，山格淮山走上了产业发展道路，成为村民致富新路。为推进乡村振兴，合作社还与长卿镇5个经济收入薄弱村开展合作，每个村以20万元到40万元不等资金入股合作社，每年有10%分红，以此来增加薄弱村的收入。

图4-4 安溪县山格淮山专业合作社产品

图片来源：乡村新画卷——泉州安溪山格村：从"鞭炮村"到"淮山村"的华丽转身[EB/OL].（2023-08-14）. https://fj.china.com.cn/xiangcun/202308/33946.html.

合作社采取"合作社+基地+农户+订单农业"淮山产业化经营模式，实行规范化运作。合作社还与安溪淮山协会共同合作，通过示范带动，在安溪淮山优良种植区域长坑、感德、祥华、龙涓、桃舟、芦田、蓝田、剑斗8个乡镇实施"安溪县千亩淮山基地"项目建设，即每个乡镇建设50~100亩的标准化淮山种植基地，由合作社提供薯种、免费提供技术指导，淮山收成后再以高价全盘收购，提升8万多名群众发展的积极性和种植水平，推动共同致富。

在合作社的带动下，山格村山格淮山种植面积超过 3000 亩，年产量 6000 多吨，销往全国各地。全村 2200 多户中有 1800 多户种植淮山，淮山产业人均收入达 6000 多元，占村民人均收入的 51%。山格淮山走上了产业化、规模化种植道路，成为村民致富新路。合作社被指定为省级城市副食品（蔬菜）调控基地，获评福建省农业龙头企业，合作社的山格淮山面线、山格淮山排骨汤入选福建省风味知名小吃。山格淮山成为福建省名牌农副产品，被评为福建省金牌老字号，获得第五届海峡两岸农订会创新产品金奖、第十一届 618 海峡两岸职工科技创新奖、第七届和第十届国际发明展览会银奖、国际发明展览会德国站铜奖。

该合作社先后入选福建省示范合作社、全国中华供销合作总社示范合作社，通过国家农业农村部无公害农产品产地认证，并成功承办 3 届安溪县淮山节及淮山王系列评选活动，取得广泛的经济和社会效益。目前，该合作社走在全县淮山产业化发展的前列，为淮山产业发展提供最直接、最有效的借鉴，为安溪县农业结构调整、低产茶园改造闯出了一条新路。

（四）经验推广

一是做到"四个统一"。合作社不断探索科学生产经营和管理模式，做到"四个统一"。① 统一生产技术规程，规范 12 个基地的淮山生产技术。② 统一农业投入品，建立农产品种植规范，统一投入品的规格、用量等。③ 统一加工，建立 1 万多平方米的淮山加工厂房，开发生产淮山茶、淮山面线等 10 多种淮山产品。④ 统一门店销售规格，不符合标准的门店一律不予上市营业，合作社在福建省已有 115 家门店。

二是创新合作共赢。合作社吸纳福建省山格农业综合开发有限公司入社，借力公司成员的人力、财力和物力优势，在技术创新上取得新的突破。① 研发真空包装技术。为解决山格淮山保鲜问题，合作社请来福建农林大学专家进行指导，发明了山格淮山真空包装技术，使山格淮山市场价从每千克不足 2 元上涨到 7 元，最高时达到每千克 20 元。② 发明钻孔灌沙种植新技术。合作社成立了淮山产业技术研究会，通过反复试验，摸索出山格淮山钻孔灌沙种植新技术，让淮山根块更易纵深生长，表色澄澈明亮，淮山产量和品质大幅提升，走上了科技带动产业发展之路。③ 研发有机肥。为解决传统技术种植淮山"隔年生产"的难题，合作社与省、市科研单位开展合作，研发可改善土壤营养状况的有机肥，让淮山园每年都能保质保量生产，实现年年耕种。④ 研发产品深加工延伸产业链。合作社和省农业科学院合作研发淮山精深加工技术，推出淮山精装、淮山原薯、淮山营养米粉、淮山手工面线、淮山营养粉、淮山酥、淮山薯片等绿色、健康、原味的系列产品，受到市场追捧，销路很好。

三是品牌推广升级。合作社创办了福州山格淮山分公司、电子商务中心，设立了安溪淮山协会厦门办事处，形成了规模经营格局，打响了山格淮山品牌。① 提高"山格淮山"品牌含金量。合作社举办安溪淮山文化节，申报"山格淮山"国家地理标志产品，吸引央视《致富经》栏目宣传报道，提高了"山格淮山"品牌的知名度。② 成立淮山产业扶贫创业联盟。自 2016 年以来，合作社响应"精准扶贫"号召，发起成立安溪淮山产业扶贫创业联盟，打造安溪县千亩淮山基地、淮山产业扶贫示范园，帮扶安溪 8 个建档立卡贫困村、10 个新经济社会组织成为联盟成员单位，以合作社提供淮山薯种、保底收购的形式，带动贫困户发展淮山生产。合作社在长坑、感德等8个淮山优良种植镇建设了1000亩标准化淮山种植基地，邀请一批淮山种植能手作为讲师，进入田间地头，手把手带动贫困农民种植淮山，共同致富，精准帮扶213户贫困户种淮山、稳脱贫。③构建淮山农业观光产业园。合作社确定每年11月11日为安溪淮山日，把推动淮山产业三产融合发展的实践历程做成短片，在合作社、村委会等公共场所轮番播放，吸引社会力量商谈合作，吸引在外打工的年轻人返乡创业。

（五）思考探索

如何继续深入挖掘山格淮山特色优势和历史文化内涵、讲好品牌故事、进行特色化保护传承？

五、保康县农民专业合作社[23]

（一）基本情况

保康县隶属湖北省襄阳市，地处鄂西北，位于襄阳市西南部，是襄阳市唯一的全山区县、全省脱贫奔小康试点县和秦巴山片区脱贫攻坚重点县。全县总面积3225平方千米，辖11个乡镇、1个开发区、257个村、19个社区，2022年年末，全县户籍总人口26.12万人，2022年GDP为181.36亿元。

保康于明弘治十一年（1498年）建县，是楚国源头和早期楚文化发祥地。保康县境内山峦重叠，沟壑纵横，地势起伏多变，素有"八山一水一分田"之说，生态环境优良，磷矿、林特、旅游等自然资源丰富，享有"中部磷都""牡丹故里""蜡梅之乡""中国紫薇之乡"的美誉；磷矿保有储量3.37亿吨，远景储量达20亿吨以上，综合指数居全国八大磷矿第四位；有机茶、蓝莓、核桃、香菇等特产久负盛名；全县森林覆盖率达到84.09%，空气优良率达97.5%，野生蜡梅、原始牡丹、古桩紫薇、云锦杜鹃等珍稀花卉分布密集；建成尧治河、五道峡、九路寨、横冲4个国家4A级旅游景区，黄龙观1个国家3A级旅游景区，尧治河村、格栏坪村2个"全国乡村旅游重点村"，横冲、梅花寨2个高山滑雪场。"春赏花、夏纳凉、秋品叶、冬滑雪"，四季可玩。保康区位独特、交通便捷，是鄂西北地区重要的交通枢纽。呼北、麻安、老石、保神4条高速穿境而过，1小时可达十堰、襄阳、宜昌、神农架，郑渝高铁在保康设站。

近年来，保康县立足山区农村实际，充分运用共同缔造理念，坚持"串点、连线、扩面"总体思路，将"和"字贯穿始终诠释"一字之变"，因地制宜巧规划、发动群众齐参与、做实产业增收入、强化整治优环境、合力攻坚强统筹，围绕试点村、示范县、示范片建设，建成省级和美乡村典型示范村25个，县级和美乡村试点村79个，绘就了"秀美""善美""淳美"乡村新画卷，推进乡村建设由"形"向"神"的自然过渡，将山区变成景区，实现"和"与"美"的有机交融。

（二）案例背景

截至2019年12月底，保康全县登记注册农民专业合作社925家，成员出资总额134 833万元，登记社员28 965人。其中各乡镇组织部门认可的、属村支两委领办的合作社有159

个村，约占全县 257 个村的 62%，共建立合作社 235 家。其中 65 个建档立卡贫困村，组建农民合作社 173 个，已带动贫困户 4482 户，13 723 人脱贫。

合作社经营范围覆盖全县所有主导产业，涵盖种、养、加、服等领域。截至目前，全县已有 28 个合作社和家庭农场进行设施农用地报备，占用集体土地 208 亩，其中占用耕地 171 亩。保康县禾丰中药材种植农民专业合作社，不仅在马桥镇大力发展苍术、柴胡、白及、白芷等中药材 4300 亩，促成安家湾、横溪 2 个药材种植专业村，还带动歇马、后坪、寺坪等乡镇发展中药材 2000 余亩。

从创建示范合作社以来，截至 2023 年年底，全县已创建各级示范合作社 126 个，其中国家级 4 个、省级 9 个、市级 54 个、县级 59 个。保康县南河渔业农民合作社喂养的翘嘴鲌、鲴鱼等畅销全国各地，每年向社员分红，累计分红 1600 多万元，加上劳务收入共为社员增收 2000 多万元，年户平均增收 3 万元以上。同时，辐射带动库区周边 100 多户村民，从事种养、农家乐、渔家乐就业致富，累计增收 1800 多万元，在一定程度上和区域内起到典型示范引领作用。

特色产业健康发展，新建、改造茶园 1.1 万亩，建设核桃标准化基地 3 万亩，新发展中药材 1.4 万亩，烟叶面积、产量、收入实现"三同增"，蓝莓、蔬菜、油用牡丹等产业规模稳定。2018 年，全县兑付 14 家农民合作社产业发展奖补资金 1 343 510 元，社平均 95 965 元。两峪乡枫香坪犇富养牛农民合作社采取集中喂养和农户分散喂养模式，养殖夏洛莱牛 240 多头，带动 11 户村民在家门口创业增收，还发动贫困户种植牧草 120 亩作为牛饲料，每亩为农户增收 3000 元。

（三）现存问题

1. "空壳社""僵尸社"问题突出

有的村成立有农民合作社，章程、制度、牌子、章子、办公场地等形式要件一应俱全，但时至今日，却未开展任何实质性的经营活动，有其名无其实。城关镇白果园村组建 7 个农民专业合作社，真正运行的只有 3 个，其余 4 家基本没有实质性的生产经营活动，属于"僵尸社"。

2. 经济效益普遍低下

根据相关调研，发现有的农民合作社自成立以来都未按合作社章程分过红，除相当一部分处于起步阶段，所经营项目尚未见效外，大部分业主均表示没赚到钱，甚至处于亏损状态，让人感到心灰意冷。农民专业合作社规模普遍偏小，发展重数量、轻质量、轻规范。农民专业合作社力量薄弱，服务内容较为单一，而且彼此之间是孤立运行的，限制了合作社功能的发挥。合作社的宗旨是为全体社员服务，实现服务最大化，但实际上很多合作社民主管理落实不到位；合作社财务管理比较随意，没有按照有关会计规范来记账算账报账；合作社内部组织机构没有真正履行职责。当前，更多关注合作社对农民的带动性，对合作社运作的规范性缺乏关注。

3. 示范带动能力不够强

据统计，全县正常经营的合作社 532 个，经营差的 313 个，未经营的 75 个，还有经营异常的 5 个。其中有 42% 的合作社没有发挥出应有的经济效益和社会效益。合作社代表性不强，特色不突出。大部分基层社没有围绕当地特色、优势产业领办创办农民专业合作社和"农合联"，仅是为了完成绩效考评任务。

4. "等靠要"思想比较严重

有的合作社在成立时动机不纯，就想找门路、拉关系、走捷径；还有的不加强生产经营管理，不练"内功"，就想套政策、要扶持，结果害人害己。

农产品品牌知名度低，影响力小。虽然全市系统已打造省部级示范社 16 家、地市级示范社 33 家，注册农产品商标 20 多个，但是部分专业合作社存在"粗放式"管理，缺少宣传推广，品牌产品少。销售基本只局限于本地，外地市场知名度不高。

（四）对策建议

1. 在经营方式上，力求新模式

积极开展示范社创建活动，通过择优扶持、示范带动，积极培育一批让农民可看、可学的标杆和样板，充分调动社会各方面办社积极性。鼓励、支持产业龙头企业发展，鼓励龙头企业领办或整合合作经济组织，大力探索跨村、跨乡，联村、联乡合作组织模式，形成以龙头企业为核心的产业联盟，实现产业链一体化运作。

2. 在组织管理上，力求新突破

建立健全组织管理机制，指导农民合作社规范组织形式，实行社员大会、理事会、监事会制度，明确"三会"的职责和权力，保证合作社组织内部运作的公开、公平。建立健全民主管理机制，认真履行民主决策、民主管理、民主监督程序，确保合作社成员的主人翁地位和经济利益。

3. 在品牌打造上，力求新进展

要加大品牌建设力度，规范使用无公害、绿色、有机等农业规范标识，培育知名品牌，提高产品在市场中的认知度和竞争力。引导合作社实行标准化生产，建立农产品生产记录和追溯制度，确保每个环节都有据可查，提高产品品质和质量安全水平。指导合作社在巩固现有销售渠道和营销窗口的基础上，通过参加各类展销会，大力开展宣传推介，开拓新的销售渠道。

4. 在扶持发展上，力求新渠道

争取政府支持，出台合作社管理和扶持办法，明确税收优惠、信贷支持、土地流转、招商引资等方面的政策措施，健全完善指导服务体系。整合农业、林业、水利、市场监管、供销等部门的管理资源，形成各部门齐抓共管的指导服务体系，共同协调和解决农民专业合作社发展过程中遇到的困难和问题。

（五）思考探索

合作社往往面临着急缺人才、留不住人才的问题，为实现合作社高质量发展，你认为在选人用人方面合作社应该注意哪些方面，为什么？

第四节　实训实践

一、课堂实训

（一）文献报告

围绕合作社政策、社会职能、经营成效等内容，根据授课班级实际情况，学生自由组成学习小组。指导老师为学生拟定文献报告的研究主题，学生再自行拟定具体研究报告题目，通过文献收集、文本分析、量表设计等方式完成文献报告。研究主题及内容示例如下。

1. 相关政策解读

（1）难度：易。

（2）收集 5 条近年来国内外有关农民专业合作社的政策、法律法规，逐一学习和理解，并选取其中一条具有代表性的条例，附上政策落地的相关案例进行说明。文献报告字数不少于 800 字，注意内容翔实、语言准确（至少包含政策法规、优点缺点、具体案例等）。

2. 合作社质量管理分析报告

（1）难度：中。

（2）农民合作社作为重要农产品生产和供给主体，是从源头提高我国农产品质量安全的重要组织载体，而农业生产部门的业务类别较多，从生产、加工至农产品的成形涉及多个环节，前一个过程质量的好坏直接影响下一过程的质量指标，因此要对质量管理全过程进行严格的把控，以保障最终产品的质量。在这些过程质量中一般涉及产品质量、生产质量、养护质量、服务质量等，请至少收集一个合作社案例，分析其在质量管理中就产品质量、生产质量、养护质量、服务质量等方面是如何保障过程质量的。文献报告字数不少于 2000 字（至少从 3 个方面展开）。

3. 农民专业合作社经营绩效测度量表设计

（1）难度：难。

（2）农民专业合作社的经营绩效可以借鉴企业经营绩效的概念，请根据企业经营绩效相关的内容，设计一份农民专业合作社经营绩效测度量表，并说明设计的理由。选取一个合作社作为样本，结合其实际情况说明量表测度的可行性与预期效果。文献报告字数不少于 1500 字，注意内容准确、语句流畅（至少包括量表、具体案例、分析结果等）。

文献报告评分标准见本书附录 A。

（二）情景模拟

围绕合作社发展现状、人才发展、品牌建设等内容，指导老师为学生拟定路演的情景模拟主题，并提供情景模拟背景描述。由学生分组自行设计和完善情景剧情并撰写剧本，使用场景布置、PPT 演示、道具，在课堂上进行情景模拟。情景模拟主题及背景描述示例如下。

1. 情景模拟主题一：合作社的人才问题

Y县地处暖温带大陆性季风气候，四季分明，凭借丰富的资源和现代农业体系的建设，Y县不断提高农业生产水平，大力发展种植业、养殖业、农牧业。Y县新峰种植专业合作社成立于2011年，现有合作社成员45户，负责人是当地种植大户，发展多年，合作社探索出一条高产增收道路，还曾获得"国家农民合作社示范社"等多项荣誉，辐射带动周边5个乡镇60个行政村的1.2万户农民，为带动周边经济做出了巨大贡献。

为了让新峰种植专业合作社更上一层楼，合作社负责人特地邀请了专家进行管理指导，专家通过实地调研、社员访谈、专题会议等手段，了解了新峰种植专业合作社的基本情况。通过调研发现，新峰合作社的主要负责人仅有少数具有大学或更高学历，多数负责人的学历在初中或高中以下，合作社不仅缺乏管理型人才，还缺乏拥有专业知识的技能型人才，从年龄分布来看，中老年人占比高，同时，新峰种植专业合作社的工作人员往往身兼数职。了解到这些问题后，负责人特地组织了针对合作社人才问题的专题会议，邀请合作社的骨干社员参会。

对于新峰种植专业合作社来说，如何确保现有人才不流失的同时，又能大力吸引优秀的外来人才成了当前提升合作社人才结构最需要解决的问题。目前农村与城市的经济发展差异仍然较大，其实不仅新峰种植专业合作社存在这一问题，Y县的大部分合作社都存在着社员整体素质较低、社员学历不高、协作意识较差等问题。合作社要想实现高质量发展，就要吸引人才、提升社员综合素质两手抓，这都属于人力资源管理所涉及的范畴。从人力资源的角度来看，企业人力资源管理包含人力资源规划管理、招聘配置管理、培训开发管理、薪酬管理、绩效管理、员工关系管理六大模块，内容如下。

（1）人力资源规划管理模块，主要工作包括：人力资源战略规划；组织机构的设置与调整；工作分析、工作评价与岗位设置；职位级别、类别的划分，职位体系管理；人员编制核定；人员供给市场分析；人力资源制度的制定与修订；人力资源管理费用预算的编制与调整；人才梯队建设。

（2）招聘配置管理模块，主要工作包括：招聘需求分析；招聘程序和策略；招聘渠道分析与选择；招聘过程实施；招聘中的特殊政策应对与应变方案；离职面谈。

（3）培训开发管理模块，主要工作包括：企业内部培训需求调查与分析；培训计划的制订与调整；外部培训资源的考察与选择；培训内容的开发与设计；培训的具体组织与实施；培训效果的评估；培训建议的收集与工作改进。

（4）薪酬管理模块，主要工作包括：薪酬策略的制定；岗位评价与薪酬等级的设置；内外部薪酬调查；薪酬总额预算制定与调整；薪酬结构设计；薪酬发放与成本统计分析；福利计划的制订与福利项目设计；福利的执行。

（5）绩效管理模块，主要工作包括：激励策略的制定；绩效管理方案的设计与调整；绩效考评的具体实施；绩效管理的面谈；绩效改进方法的跟进与落实；绩效结果的应用。

（6）员工关系管理模块，主要工作包括：掌握国家和地区最新的劳动法规与政策；劳动合同管理；员工入职、离职、调动、转正、调岗等的日常管理；特殊员工关系（如劳动纠纷、集体劳动合同、罢工等）的处理；员工信息的保管与更新；员工心理辅导；员工关怀。

请围绕上述六大模块进行情景模拟，讨论如何实现"吸引人才、提升社员综合素质两手抓"。

2. 情景模拟主题二：如何打造合作社自有品牌

"天苍苍，野茫茫，风吹草低见牛羊。"这首南北朝时期的民歌描绘了一幅苍茫辽阔的草原风景图，让敕勒川草原美景名扬天下。在这里，一棵绿色的小草从沐浴阳光开始，直到变成流淌不尽的牛奶，日夜不停地灌装进亿万个小盒，运送到全国各地，走进千家万户。

呼和浩特市曾经被授予"中国乳都"的称号，这个响亮的名号背后，是内蒙古在中国乳业的绝对领先地位。从产业特色和地理区位来看，内蒙古有畜牧业的千年传承，也有发展奶业的天然厚赐——黄金奶源带。南北纬40～50°区间的温带草原，是世界上所有"黄金奶源带"的聚集区。比如位于南纬46°的新西兰南奥塔哥、北纬50～53°的荷兰奶源带。内蒙古也是"黄金家族"的成员之一。优质的地理气候条件，加上13亿亩天然草原、3000万亩人工草地，赋予了内蒙古"中国最大奶源生产加工基地"的先天优势。奶业已经成为内蒙古兴区富民的支柱产业。

牛栏旁的乳牛分喂器持续运转，不断搅拌酸化奶并保持恒温，一头头乳牛在科学的喂养下健康茁壮成长；通往挤奶厅的通道上，一头头壮硕的奶牛排队而行，红外线通过扫描牛颈项圈的芯片，监控奶牛的身心状态，自动分区门将不同状态（如生病等）的奶牛隔离，进一步处置……看着眼前苦心经营的牛场，开福奶农农民专业合作社的刘经理感慨地说："这么多年，奶牛的饲养方式发生了巨大的变化，科学喂养，科技赋能，让牛奶更安全更放心。"

从30多头牛发展到2000多头牛，从日产奶两三吨到现在的30多吨，经过近10年的发展，奶牛养殖从分散经营转向集中饲养、集中管理，开福奶农农民专业合作社应运而生。刘经理建起奶牛养殖小区，吸纳各家各户的奶牛入场饲养。"当时我养了30多头牛，散户陆续入场后，一共才200多头，每天产奶两三吨。"刘经理回忆说。那时，牛场为散户提供牛棚、水电、奶厅。然而，由于各家各户都有各自的养牛"高招"，产出的牛奶质量良莠不齐。"没有标准、科学的饲养，有时一头牛甚至会污染1000头牛。"

合作社依托青稞种植面积广、奶牛存量大的优势，定期向农户收购饲草料，既解决了合作社饲草料供给问题，又增加了农户收入，还避免了秸秆焚烧造成大气污染。对集中饲养奶牛产生的粪便，合作社实行统一收集，一部分用于饲草基地施肥，另一部分出售后用于有机肥加工，实现了循环利用，减少了环境污染。随着合作社圈养技术的不断成熟，天然草场得到有效保护，实现了经济发展与生态共赢。

近年来，人们日益增长的美好生活需要对农产品品质提出了更高的要求。品牌是品质的体现、信誉的凝结，在"大路货"横行、好坏难辨的情况下，品牌农产品自然成为当前人们个性化消费的首选。要想抓住新消费趋势，提升农业质量效益和竞争力，应对日益激烈的国内外市场竞争，推出自有品牌就成为合作社拥抱新发展阶段的必然选择。例如，内蒙古玛拉沁艾力养牛专业合作社，依托合作社自有品牌"玛拉沁艾力"，在实现自身不断发展壮大的同时，有效辐射带动了地区农牧业结构调整和农牧民脱贫致富。

如果你是刘经理的团队，就合作社的品牌建设、宣传推广等问题召开专项会议，谈谈如何打造合作社自有品牌。

情景模拟评分标准见本书附录A。

二、实地实践

(一)实践内容

本次实地调研主题为"农民专业合作社调研",调研合作社运行情况、合作社社员管理情况、合作社制度建设及规范化管理情况、品牌建设情况等。结合合作社实际,重点宣传有利于农民专业合作社效益提升、产品管理等方面的政策、法律法规,促进合作社规范化管理。此次调研旨在通过实践让学生对合作社由感性认识转变为理性认识,由书本知识转化为实践收获。

(二)实践要求

学生以班级为单位,围绕合作社经营管理现状,了解合作社运行情况、合作社社员管理情况、合作社制度建设及规范化管理情况、品牌建设情况。在实践过程中,学生需要通过观察、考察等方式,围绕以下调研要点收集资料、文字、图片等相关素材,为实践报告成果提供支撑。

合作社运行情况:了解当地合作社的基本情况,包括合作社的数量、类型、产业结构、产品类型等基础信息。调研合作社发展中存在的问题和制约因素,如资金缺乏、技术落后、市场风险等,以及这些问题对合作社发展的影响程度;合作社的服务内容是否丰富,包括技术服务、信息服务、金融服务等,以及服务的效果如何。

合作社社员管理情况:调查社员参与合作社活动的程度和满意度,包括对技术培训、生产指导、产品销售、盈余分配等方面的参与情况和满意度。研究合作社与社员之间的利益联结机制,包括如何建立利益共享、风险共担的机制,如何确保社员的利益,以及如何实现合作社与社员之间的互利共赢。了解合作社的民主管理情况,包括社员代表大会的召开和运行情况,理事会、监事会的选举和职责履行情况,以及社员对合作社事务的参与和决策情况。

合作社制度建设:研究合作社组织形式,是否以农民为主体,是否存在多样化的组织形式,如龙头企业依托型、技术信息型、生产加工销售型等。合作社的运行机制是否健全,包括社员代表大会制度、理事会制度、监事会制度等是否完善,以及制度的执行情况等。对合作社的发展前景进行预测和分析,包括政策环境、市场需求、技术进步等对合作社发展的影响,以及合作社在未来发展中可能面临的风险和挑战。

(三)准备工作

1. 物品准备

出发前,准备生活用品、工作用品、记录设备等,参考本书附录 B。

2. 地点选择

选择实践目的地应全面考虑地点的相关性、代表性、配合度和安全性,确保实地调研能够高效、顺利且安全地进行。选取实践目的地应符合以下要求与原则。

贴合调研主题:实践目的地选取须优先考虑是否贴合所拟定的调研主题及目的,切勿仅考虑距离远近与方便程度而随意选取。

多级别与多产业：实践目的地需有至少三类不同级别（国家级、省级和市级为佳）或不同产业，且目前仍在实际运行的农民专业合作社（所调研合作社社员总人数以学生组数的 5 倍为佳，即每组学生至少可以与 5 位农民合作社社员进行访谈），以保证调研内容丰富和所收集的数据多样。

配合意愿：实践目的地还需有良好配合调研意愿（以当地政府部门支持为佳），避免调研效果不理想。

地点距离与安全：实践目的地不宜过远，应尽量在授课大学所处的省内，不选择传染病多发和高发地区。

3. 人员分工

建议将教学班分为 A、B、C、D、E 五个组，A 组负责调研合作社运行情况，B 组负责调研合作社社员管理情况，C 组负责调研合作者制度管理情况，D 组负责总结归纳合作社的当前挑战与未来前景，E 组负责素材整理和建议梳理，以及全文的整理。参与实践的教师负责实地授课、团队决策、重大事件审批和处理、实践指导等。

4. 实践成果

在实践结束后，学生须以班级为单位，提交一份详细的实践报告。实践报告全文字数不少于 5000 字，实践报告应包括但不限于合作社基本情况、调研时发现的问题、对问题的建议或对策、未来展望等方面。实践报告应尽量使用调研现场拍摄的图片（5~10 张）、视频以增强说服力，根据调研过程中发现的问题提出相应的对策。报告中还应当附上访谈提纲，提纲应围绕访谈的主题展开，问题具体、明确，并具有一定的逻辑性，语言简洁、准确。以下访谈提纲模板可参考。

农民专业合作社访谈提纲

一、合作社成立情况

（1）合作社的社名、所在地（××市××县××乡镇××村）及成立时间（某年某月）。

（2）合作社主营业务（产品）。

（3）合作社成立的发起人是谁？发起人数有多少？发起的具体情况？（是政府、企业、村委、本村村民、全村农户或其他发起人）。

（4）合作社初期成员总数、上年末合作社成员总数。

（5）合作社成立初期的资金总额与构成。包括政府、企业（企业的名称和主营业务）、村集体投资、成员出资等的具体金额。

（6）是否有合作社的办公地点。

二、合作社能力建设情况

（一）合作社的组织管理能力

1. 合作社组织机构成立情况

是否成立成员大会、理事长、理事会、执行监事、监事会、经理等及其成员基本情况；理事长、执行监事以及经理的基本情况：包括是否外聘、工资待遇等，成员大会、成员代表大会、理事会、监事会每年召开会议的次数，是否进行会议记录。

2. 合作社各个部门情况

是否成立财务部、技术部、生产部、销售部等部门；财务部是否有专业的财会人员；技术人员主要的职责是什么等。

3. 合作社组织管理制度制定情况

制定了哪些管理制度（包括合作社章程、成员大会制度、财务管理制度、财务开支审批制度、会计档案管理制度、会议记录制度、质量管理制度、产品质量标准、生产服务制度等）；是由谁制定的组织管理制度（是由全体成员讨论制定、理事会讨论制定或村委制定）。

4. 合作社的财务公开情况。每年合作社财务公开次数；财务公开的具体方式是什么？（是张贴公示或是成员大会通知）

5. 合作社的组织管理的培训情况

合作社聘请老师对管理人员进行培训的情况（包括每年培训的内容、次数和人数）；合作社的管理人员每年外出学习、参观的情况（包括学习的地点、参加的人数、次数）；合作社管理人员每年内部交流讨论的次数。

(二) 合作社的盈利能力

(1) 合作社主营产品的规模（包括面积和产值）。

(2) 合作社是否按照成员交易量对成员进行分红？合作社是否提取公积金，提取比例为多少，主要用途是什么？合作社是否提取公益金，提取比例为多少，主要用途是什么？

(3) 合作社的销售渠道情况，销售的主要渠道，包括固定渠道和零散渠道与收购的公司和商家签订合同的情况；销售单价为多少，与单家独户进行销售的单价对比情况如何？

(4) 合作社是否有商标认证或其他认证（如绿色食品等）。

(三) 合作社的服务能力

1. 合作社对成员的技术服务情况

每年对成员开展技术服务的主要内容，每年技术培训的次数和覆盖面，是否对成员收费。

2. 合作社为成员的生产服务情况

是否为成员统一购买生产资料（包括化肥和农药），统一购买总值为多少，生产资料是否免费发放；是否为成员统一购买种苗或兔苗等；是否有统一的产品质量标准；收购成员产品的价格标准（是市场价、保护价或是最低保证价等）；是否对成员进行生产帮扶。

3. 合作社为社员提供贷款支持情况

合作社用于贷款支持的资金总额及资金来源；进行贷款支持的标准：包括对象要求、贷款金额限制、贷款用途要求、还款期限等贷款支持的利率；已对成员放贷的总金额和贷款的成员数量；是否对获得贷款支持的成员名单向全社会公开及公开方式。

4. 合作社对成员进行的其他服务情况

(四) 合作社争取外界的支持能力

1. 合作社争取政府支持的情况

如争取政府扶持的总金额、争取政府扶持的相关政策、争取政府人员支持情况（包括技术人员、名誉理事成员等）。

2. 合作社成立之后，争取企业投资的情况

对合作社进行投资的企业数量及投资总额；企业对合作社的技术支持情况；企业对合作社提供生产资料等服务情况。

3. 合作社成立之后，争取社会团体或个人投资的情况

争取社会团体或个人投资的数量及投资总额，如社会团体或个人对合作社的技术和服务情况。

4. 合作社聘请技术专家或顾问团队（包括法律顾问等）的情况

5. 合作社与大学或科研院所合作的情况

三、在发展中遇到的困难及采取的解决办法

如合作社在人员、管理、销售、发展等中曾遇到的困难和问题，已采取的解决办法及解决的效果。

四、今后发展规划和建议

如未来的发展重点和对发展的建议等。

（四）实践成效

本章着重培养学生对合作社的运营方式、经营模式、管理制度的认识，认识农民合作社的重要性和作用，探讨合作社为促进农村经济发展和社会进步做出的贡献。实地实践可以达成以下成效。

1. 知识成效

学生通过收集近年来国家发布的合作社相关政策，收集所调研合作社的基本情况；并利用互联网提前搜集合作社信息，了解合作社所属类别、主要业务范围、成立时间、历史沿革等信息；提前列好访谈提纲，确定好访谈的重点，与合作社负责人、社员、周围乡镇村民进行谈话，侧面了解合作社情况；通过实地调研，深入了解农民合作社的现状及运营情况。

2. 能力成效

学生在实践中锻炼了信息搜集能力、沟通能力、解决问题等方面的综合能力，在实践过程中，亲身与农民面对面交流，了解农民最关心、最现实的问题，磨炼学生的意志，使他们学以致用。

3. 成果成效

本次所提交的实践报告，包含合作社运营现状、合作社社员管理情况，总结了合作社面临的挑战以及未来发展的前景。该报告中的文字内容可以帮助当地政府更好地了解当前合作社发展现状及痛点、难点，更好地制定相关政策，以促进农村产业结构调整和优化，增强农民的组织能力和自我管理能力，推动农村社会进步。

本章参考文献

[1] 魏建. 新型集体经济促进农村共同富裕的机制与路径研究[J]. 当代世界社会主义问题，2022（3）：13-22.

[2] 钟沛芳.新型农村合作经济组织法地位及合作经济组织发展路径研究[J].农业经济,2020(10):69-70.

[3] 王军,王真,刘纪荣.赋能中国式农业农村现代化:新时代深化供销合作社综合改革的三重逻辑[J].新疆师范大学学报(哲学社会科学版),2023,44(4):89-101.

[4] 中华全国供销合作总社.关于印发《供销合作社社有资产监督管理办法》的通知[EB/OL].(2021-08-11)[2023-08-25].https://www.chinacoop.gov.cn/news.html?aid=1718487&wd=&eqid=810ca8b20004e15d00000006646ec3ef.

[5] 关于印发《开展农民专业合作社"空壳社"专项清理工作方案》的通知[EB/OL].(2019-03-20)[2023-08-25].http://www.moa.gov.cn/nybgb/2019/0201903/201905/t20190525_6315400.htm.

[6] 陈春叶.农业企业经营管理[M].重庆:重庆大学出版社,2016.

[7] 杜玉梅,吕彦儒.企业管理[M].4版.上海:上海财经大学出版社,2017.

[8] 中共中央文献研究室.毛泽东文集(第6卷)[M].北京:人民出版社,1999.

[9] 中共中央文献编辑委员会.邓小平文选(第3卷)[M].北京:人民出版社,1993.

[10] 江泽民.高举邓小平理论伟大旗帜 把建设有中国特色社会主义事业全面推向二十一世纪[EB/OL].(2007-08-29)[2023-08-25].https://www.gov.cn/test/2007-08-29/content_730614.htm.

[11] 中共中央关于推进农村改革发展若干重大问题的决定[EB/OL].(2008-10-31)[2023-08-25].https://www.gov.cn/test/2008-10/31/content_1136796.htm.

[12] 习近平.扎实推进新一年建设社会主义新农村的各项工作[J].政策瞭望,2007(3):4.

[13] 张鑫鑫,郭伟和.文化、理性与互动:从"公共牧场"合作机制引出的问题[J].西南民族大学学报(人文社会科学版),2022,43(8):224-234.

[14] 韩紫微.解决农民专业合作社融资问题:理论分析与实践突破[J].农业经济,2021(9):109-110.

[15] 马太超,邓宏图.从资本雇佣劳动到劳动雇佣资本:农民专业合作社的剩余权分配[J].中国农村经济,2022(5):20-35.

[16] 汪恭礼,崔宝玉.乡村振兴视角下农民合作社高质量发展路径探析[J].经济纵横,2022(3):96-102.

[17] 科特勒,凯勒.营销管理:全球版[M].北京:中国人民大学出版社,2012.

[18] 魏玲丽,魏晋.农民合作社纵向一体化保障农产品质量的机理、实践及风险防控[J].农业经济与管理,2023(4):88-98.

[19] 崔逾逾.全国第四批新型农业经营主体典型案例公布[EB/OL].(2023-02-20)[2023-08-25].http://news.cnhubei.com/content/2023/02/20/content_15504200.html.

[20] 临泉县委宣传部.下活"特色棋"!临泉这样做[EB/OL].(2023-02-28)[2023-02-28].https://new.qq.com/rain/a/20230228A077JO00.

[21] 谷城菌菇俏销东南亚[EB/OL].(2023-06-26)[2023-08-25].http://news.cnhubei.

com/content/2023-06/26/content_16065056.html.

[22] 方家洲乡村新画卷——泉州安溪山格村：从"鞭炮村"到"淮山村"的华丽转身[EB/OL]．[2023-08-25]．https://fj.china.com.cn/xiangcun/202308/33946.html．

[23] 张善华．湖北保康县社：绿色发展高质量发展的调研与思考[EB/OL]．（2019-10-31）[2023-08-25]．https://www.chinacoop.gov.cn/HTML/2019/10/31/157952.html．

第五章　人口流动与人才振兴

第一节　导　　论

一、背景知识

随着全球化和经济发展的加速，人口流动已成为一个全球性的普遍现象。全球人口流动主要分为国内流动与国际移民，两种流动方式的驱动因素一般基于创业、就业等经济因素。国际移民主要由发展中国家流向发达国家，国内流动主要是由小城市流向大城市，人口流动方向一般是从经济不发达地区流向发达地区。近年来，人口流动越发普遍化，主要受工作、经商、培训等经济因素驱动，主要构成为成年务工或经商男性，主要流动趋势为从经济欠发达的乡村流向经济发达的大城市或沿海地区。1978—1990年，我国经济发展相关政策转变，促进了乡镇企业和农村工业化的蓬勃发展，从而导致了人口流动以短距离迁移为主，形成了"离土不离乡、进厂不进城"的转移模式。20世纪90年代中期至今，随着我国全方位开发开放格局的形成，以及全球经济一体化的推进，国内人口流动以跨省、跨区域的长距离迁移为主，发展较好的沿海城市等持续吸引人口迁入，形成了以大城市为主导的快速城镇化。第七次人口普查结果显示，从2011—2021年，我国常住人口城镇化率在突破50%后依旧保持快速增长的趋势，城乡之间依旧呈现大迁移大流动的基本格局，人口依旧持续从农村流向城市，我国目前的城镇化水平处于诺瑟姆城市化曲线中的中期阶段。广东省成为我国人口数量第一大省份。在以人为核心的新型城镇化战略推动下，历史上千百年的"乡土中国"正日益发展为"城镇中国"。

高洪（2003）认为越发普遍的人口流动不仅带来了更繁荣的经济、更有效的就业与社会分工、更优化的产业以及更快的城镇化，也造成了社会治理压力提升、大城市房价激增、经济发达地区就业竞争压力大、农村等经济不发达地区出现空心化等一系列问题[1]。李博（2020）认为，近年来，由于人才缺失，缺乏有效发展主体、农业生产功能弱化、乡村治理能力下降、以熟人社会为纽带的乡土社会解体等一系列问题在农村地区日益严重，这些问题严重阻碍了乡村社会经济的健康发展。为了有效解决以上问题，我国始终强调人才对于乡村发展的重要性，鼓励人才奔赴农村、投身乡村建设[2]。自20世纪40年代，我国就提出"知识分子必须走与工农相结合的成长道路"，于1965年中共中央正式发布了《关于分配一批高等学校毕业生到基层工作的指示》，到1983年中央组织部决定每年选调一批应届优秀大学毕业生到基层进行重点培养锻炼，直至乡村振兴战略的提出，国家始终都在鼓励各类人才前往农村、参与农村建设。《中共中央　国务院关于实施乡村振兴战略的意见》

中提出"发挥科技人才支撑作用""鼓励社会各界投身乡村建设""通过下乡担任志愿者、投资兴业、包村包项目、行医办学、捐资捐物、法律服务等方式服务乡村振兴事业";同时为使高校人才培养方向与农村建设需求更加契合,加强校地间人才培养合作新模式,国家教育部于 2022 年印发《新农科人才培养引导性专业指南》,明确将乡村治理专业列入新农科人才培养引导性专业,其学位授予门类为管理学;2023 年教育部发布的《普通高等学校本科专业目录》中将乡村治理专业作为新专业列入目录,为培养服务乡村振兴新型人才提供强有力的保障。为了更好地让愿意留在乡村、建设家乡的人留得安心,让愿意上山下乡、回报乡村的人更有信心,激励各类人才在农村广阔天地大施所能、大展才华、大显身手,我国自 2017 年 10 月在党的十九大报告中首次提出乡村振兴战略后,每年的一号文件中都有关于人才振兴的内容。这些重要政策内容分别从有效开发乡村人力资本、建立健全人才激励机制、持续优化人才培养机制、鼓励农科大学生等高学历人才下乡、鼓励政府优秀干部投身乡村建设等多方面、多维度为乡村人才培养和吸引工作提供政策支持。各地政府也积极响应国家号召,下发了有关吸引人才返乡创业就业、支持乡村开展职业技术培训等相关政策。在全民投身乡村建设、致力推进乡村振兴的宏大背景下,虽然目前已有较多人才投身乡村建设,然而不少地处偏远、经济欠发达的农村依旧存在农村空心化、专业技术人才短缺、人才队伍年龄结构不合理、本地人才质量不高等问题。

二、学习重点

本章主要讲解了国内外人口流动现状,并阐述了国内人口流动受经济等因素驱动,持续从农村流向城市,进而导致的农村人才短缺等一系列问题,以及通过实施人才振兴战略有效为农村建设提供人才的相关知识和案例。本章学习要求如下。

(1) 理解人才振兴、新型职业农民等专有名词。
(2) 掌握二元经济结构等经典理论。
(3) 了解当前乡村建设中人才缺乏的现状。
(4) 了解乡村实施人才振兴过程中所遇到的困难及相关对策。
(5) 能够运用人口流动和人才振兴相关理论知识开展调研实践。

第二节　理 论 知 识

一、名词解释

1. 人口流动

人口流动是中国特定城乡背景下衍生的特定概念,而国外并没有这一概念,其对应的概念为人口迁移。由于人口流动与人口迁移涉及社会学、人口学、经济学、地理学等多个领域,在不同领域的文献往往会对人口流动有不同的概念界定。目前大多研究认为,人口流动或人口迁移与空间属性(居住地是否改变)、时间属性(是否永久性改变)和目的属性

（是否以居住为目的）有密不可分的关系[3]。联合国编纂的《国内迁移衡量方法》将迁移定义为"跨越一定最低距离限度的区域转移，且发生了居住地的改变"[4]。

2. 人才振兴

乡村振兴，人才为要。乡村振兴中的人才振兴是在"人"的基础上充分发挥乡村人力资源优势和解决谁来振兴问题的实践探索，也是乡村振兴中需要从人力资源配置方面解决的难题，关系到乡村振兴的基础。习近平总书记高度重视人才的重要作用，他指出，发展是第一要务，人才是第一资源，创新是第一动力。总书记指出的乡村振兴五个具体路径中，人才振兴占据重要地位。人才振兴的工作主要分为两部分，一是培养本村人才，二是吸引村外人才（村外人才包含本村外流的人才）[5]。

3. 乡村人才

乡村人才狭义上是指农村本地人力资源，广义上讲，乡村人才应该包括能在农村广阔天地大展所能、大展才华、大显身手的各类农村农业人力资源。根据乡村人才资源与分工的不同，可以将其分为农村实用人才、返乡就业创业人员、农业科技人员、村三委及党组织带头人、农村教师和乡村医生等几大类。这几种人才基本构成了乡村振兴中的人才主体，是当前乡村振兴过程中需要大力支持和通过各种途径有效培育的人才[5]。

4. 传统农民和职业农民

传统农民是一种身份意义上的农民，是与"市民"相对应的一个群体，其从事农业生产的目的主要是维持自己和家人的生计。职业农民是一种职业，不再具有身份的烙印，其从事农业生产经营的目的不是维持生计，而是充分地利用市场机会追求经济报酬最大化[6]。

5. 新型职业农民

新型职业农民是指具有一定的文化素质和现代农业生产技术与经营管理知识，通过专职从事农业生产经营活动而获利的现代农业经营者。新型职业农民既可以是农民专业合作社或农业企业的经营管理人员，也可以是一般的种养大户或家庭农场主，还可以是一般的农业技术工人[7]。

6. 农村空心化

农村空心化本质上是在城乡转型发展进程中，由于农村人口非农化引起的农村居民离开农村导致房屋以及宅基地的闲置，并且由于"建新不拆旧"的习惯导致新建住宅逐渐向外围扩展，进而产生"外扩内空"（即村内没有什么房屋建筑，却一直在向外建，拓建村庄）的格局。农村空心化是一种导致村庄用地规模扩大、闲置废弃加剧的不良演化过程。其结果产生了空心村，包含农村土地空心化、人口空心化、产业空心化和基础设施空心化。农村空心化的本质是农村地域经济社会功能的整体退化[8]。

7. 全国人口普查

全国人口普查是在中国特色社会主义进入新时代开展的重大国情国力调查，将全面查清我国人口数量、结构、分布、城乡住房等方面的情况，为完善人口发展战略和政策体系，促进人口长期均衡发展，科学制订国民经济和社会发展规划，推动经济高质量发展，开启全面建设社会主义现代化国家新征程，向第二个百年奋斗目标进军，提供科学准确的统计信息支持[9]。

8. 常住人口

常住人口为国际上进行人口普查和人口调查时常用的统计口径，目前我国人口普查和人口调查均按常住人口进行统计和汇总。判断常住人口的时间标准为半年，空间标准为乡、镇、街道。常住人口主要包括：① 调查时点居住在本乡、镇、街道，户口也在本乡、镇、街道的人；② 调查时点居住在本乡、镇、街道，户口不在本乡、镇、街道，离开户口登记地半年以上的人；③ 调查时点居住在本乡、镇、街道，尚未办理常住户口的人；④ 户口在本乡、镇、街道，调查时点居住在港澳台或国外的人。常住人口是制订国民经济和社会发展规划、评估国民经济生产能力、评价居民福利水平等的重要基础数据，适用范围广泛。如财政支出、城市建设、住宅建设、公共设施的配置、教育投资、医疗投资和公用事业投资等都需要根据常住人口的规模进行规划[10]。

9. 户籍人口

户籍人口指不管是否外出和外出时间长短，只要在某地公安户籍管理部门登记了常住户口，则为该地区的户籍人口。户籍人口数据由公安部门统计，长期以来，我国建立了一套完善的户籍统计和管理制度，在社会管理中发挥了重要作用[10]。

10. 现有人口

现有人口既包括长期居住的人口，也包含短期居住、停留的人口，其适用范围主要是消费、卫生、治安等领域的工作，如水电煤的供应，餐饮及食品供应，菜篮子工程建设，交通、医疗、商业、旅游等服务设施的建设和布局等[10]。

11. 流动人口

流动人口一般指人户分离人口中扣除市辖区内人户分离的人口。人户分离人口指居住地与户口登记地所在的乡镇街道不一致且离开户口登记地半年及以上的人口。随着经济社会的快速发展，我国城乡之间、城市与城市之间人口流动的规模不断扩大，流动人口大量增加，这一指标的重要性也日益提高[10]。

12. 乡贤

乡贤是乡村传统文化的守望者、新时代的道德模范和具有正能量的人物。他们能够通过自身拥有的科学技术、先进理念或财富资本等优势，积极推动乡村经济、社会、文化等领域的快速发展。

二、重要概念

（一）人口迁移

正如前文提到，国际上广泛接受的概念人口迁移与仅在国内使用的概念人口流动基本相同，唯一区别在于人口流动包含户籍变更，而人口迁移则不包含。国内外多个权威机构都尝试为人口迁移进行定义，其中较为权威的是国际人口科学联盟所提出的定义。人口迁移即在一个地区单位同另一个地区单位之间进行的地区移动或者空间移动的一种形式，通常它包括了从原住地或迁出地迁到目的地或者迁入地的永久性主动变动[11]。

英国统计学家 E. G. 列文斯坦在 19 世纪 70 至 80 年代，根据调查研究陆续发表了《出生地与迁移》《迁移定律》等论文，并在其中总结了人口迁移规律，该定律被认为是人口流动规律研究领域最早的全面性总结，至今仍有重要的现实意义。该规律主要包含以下10点。

（1）大部分的人口迁移是由经济因素所引起的，如工资待遇。相比而言，其他因素引起的迁移数量较少。这条规律至今仍与现实情况相符合。

（2）人口迁移的方向大部分为从农业地区迁往工商业中心。这条规律至今仍与现实情况相符合。但在发达国家，也存在较多的城市间的人口迁移，即从小城市迁往经济更为发达的大城市。

（3）人口迁移分为长距离迁移和短距离迁移，大多数人口迁移为短距离迁移。相对较少的长距离迁移往往是以某个大的工商业中心为目的地的。一个地区是否能拥有大量迁入居民和这个地区是否拥有较多工商业中心，以及周边短距离内是否拥有大量人口有关，且成正比关系。这条规律至今仍与现实情况相符合。

（4）进行长距离迁移的人口性别大多为男性，进行短距离迁移的人口大多为女性。这条规律至今仍与现实情况相符合。

（5）迁移人口主要为青壮年，未成年人较少出现在迁移人口中。这条规律至今仍与现实情况相符合。

（6）人口迁移的过程往往是分步骤、分阶段开展的，并非一步到位的。例如，在某地新建了一个城镇，人口迁入往往是先由周边距离近的农村人口迁入城镇，之后再由距离较远的居民迁入该城镇周围的农村。这条规律与现实情况有所差异。虽然目前还有一些地方的人口迁移与这一规律所阐述的一样进行分步迁移，但更多的是一步到位式地直接从某个农村迁入经济较为发达的城市。

（7）人口迁移和逆向迁移同时并存。例如，在一个相邻的农村与城市之间，有人会从农村去往城市，有人会从城市去往农村。但最终结果大多为农村人口净流出，城市人口净流入。这条规律的前半部分与现实情况不是完全相符。目前，在发展中国家，大多数人口迁移为农村迁往城市，呈现城市化趋势；在发达国家，大多数人口迁移为城市迁往农村，呈现逆城市化；均较少出现城市化和逆城市化并存的情况。

（8）交通、通信技术和工商业的发展促进了人口迁移。这条规律至今仍与现实情况相符合。

（9）城市居民相对农村居民而言，比较不容易出现迁移。这条规律与现实情况不是完全相符。在发展中国家，大部分的城市居民不易迁移，因为他们本身就在经济较为发达的城市，不需要进行迁移。然而在发达国家更多的迁移是发生在城市与城市之间的，城市居民相比农村居民拥有更优越的交通工具和通信技术，因而更容易出现由小城市迁往大城市的人口迁移。

（10）人口迁移往往会导致大城市的人口增长，其增长比重甚至超过自然增长所占的比重。这条规律至今仍与现实情况相符合[12]。

（二）人口集聚

随着对于人口迁移经济作用研究的不断深入，人口集聚概念逐渐取代了人口迁移概念在学术研究中的地位，越来越多的学者开始把人口集聚作为研究的切入点。人口集聚是指一个国家或一个地区内部人口不均匀分布的一种人口空间分布状态，即在某个区域内部某一特定地区的人口数量占比相对较大。它不仅具有上述静态的含义，还具有指代人口动态流动迁徙行为的动态含义。

我国地理学家胡焕庸在1935年提出划分我国人口密度的对比线，这条线从黑龙江省瑷珲到云南省腾冲，大致为倾斜45°基本直线。这条线被称为胡焕庸线，它将中国分为两个部分。胡焕庸线西北半壁包括内蒙古自治区（不含赤峰市、通辽市、兴安盟）、甘肃省、宁夏回族自治区、新疆维吾尔自治区、青海省、西藏自治区、大兴安岭地区、陕西省榆林市、四川省阿坝藏族羌族自治州、甘孜藏族自治州、云南省迪庆藏族自治州和怒江傈僳族自治州，占全国总面积的43.4%；东南半壁是除西北半壁以外的部分，占全国总面积的56.6%。东南半壁与西北半壁常住人口分别占总人口的94%和6%，但会受到经济因素的影响，进而轻微变动。

我国有关人口集聚的研究主要在分析其带来的影响上，学者通过研究发现人口集聚会对集聚地区造成产业集聚度提高、产业结构优化升级、老龄化问题改善、经济发展水平提升等一系列影响[13]。

三、经典理论

（一）二元经济结构理论

二元经济结构理论是发展经济学的奠基性理论之一，它以二元经济结构为假设，论证了人口受工资（经济因素）影响而在城乡（工业部门与农业部门）之间进行流动，部分结论目前依旧与现实情况相符合，具备较为深远的研究意义。该理论最早是由荷兰社会学家伯克在对印度尼西亚社会进行调查时提出的。他根据当时印度尼西亚的社会情况，提出了二元经济结构理论的最基本假设：社会分成主要依靠劳动力生产的农村和主要依靠机器生产的城市，城市和农村组成了二元结构社会。之后，刘易斯、拉尼斯、费景汉、乔根森、托达罗等多位著名经济学家以该假设为基础，提出了各种各样的二元经济结构理论，用于研究发展中国家经济结构。本节仅介绍刘易斯模式与拉-费模式[14]。

1. 刘易斯模式

著名发展经济学家、诺贝尔经济学奖获得者刘易斯在《劳动无限供给条件下的经济发展》中提出其二元经济结构理论，并被后人称为刘易斯模式或无限过剩劳动力发展模式。该模式包含两条重要假设。

第一条假设是社会分为两个生产部门。一个部门是以传统生产方法进行生产，劳动生产率和收入都极低的农业生产部门。另一个部门是以现代生产方法进行生产，劳动生产率和工资较高的工业生产部门。以上两个部门共同构成了整个社会，对应现实生活中的农村与城市。社会经济的发展主要依靠工业部门的发展，工业部门的发展则需要从农业部门那里吸收廉价劳动力。

第二条假设是无限劳动力供给。由于刘易斯模式主要是研究发展中国家，这类国家大部分拥有丰富的人力资源，即廉价劳动力，缺乏促进经济发展的资本和资源。因此，工业部门可以通过现有的工资水平，从农业部门获取任何数量的劳动力，用于扩张自身规模。在以上两条假设的基础上，刘易斯模式中的社会将存在以下现象。由于发展中国家土地等农业相关资本十分有限，在大量的农业廉价劳动力的假设下，必然会存在没有土地耕种的农民，即边际生产率为零的农业劳动者。此类农民仅能收到极低的工资，他们也被称为农业剩余劳动力。相比而言，在城市的工业部门则能够提供相对较高的工资。其原因在于城市生活费用相比农村较高，以及工业产品相比农业产品附加值较高。因此，边际生产率为零的农业劳动者将会被高额的工资所吸引，流向城市里的工业部门。由于工业部门的资本积累和技术持续发展能力较强，该部门能够不断扩张生产规模，进而产生对于劳动力的持续需求，不断吸纳近乎无限的农业部门剩余劳动力。最终，形成人口不断从农村涌入城市，从农业部门流向工业部门的现象。该现象中的流动人口均为农业剩余劳动力[15]。

2. 拉-费模式

发展经济学家古斯塔夫·拉尼斯和费景汉合作共撰了论文《一个经济发展理论》。文中提出了被称为拉-费模式的二元经济发展模式。这个模式又被后人认为是刘易斯模式的补充和优化。该模式的假设基本与刘易斯模式一致，且第一阶段（劳动力无限供给阶段）的人口流动与刘易斯模式基本相同，此处不再赘述。

不同之处在于，拉-费模式认为并不只有农业剩余劳动力（边际生产率为零的农业劳动者）会转移到工业生产部门。该模式认为还有一类边际生产率大于零但是低于农业部门平均产量的农民。这类农民在现实生活中可以认为是在从事农业劳动，但是由于技术、资本等导致其产量低于全体农民的平均产量，进而导致其工资低于农民的平均工资。拉-费模式将这类农民与边际生产率为零的农民共同称为伪装失业者。这类伪装失业者在该模式中都将被工资这一经济因素驱动转移到城市里的工业部门，这一过程被称为伪装失业者被工业吸收阶段，即阶段二。

在阶段二中，边际生产率大于零的伪装失业者开始向工业部门转移，该转移会导致农业总产量的减少，进而导致农业产品尤其是粮食价格和农民平均工资的上升。如果出现比较严重的粮食价格上升，工业部门将无法在阶段二中有效地把所有伪装失业者都吸收，因为伪装失业者有可能会因为农民工资的上升而返回农村继续从事农业。因此，拉尼斯和费景汉认为该阶段是二元经济结构社会中最困难的阶段，是否能让工业部门的扩张持续到将全部伪装失业者都吸收，主要是看在扩张工业的同时农业部门能否提高自身劳动生产率。如果能够提升，那么由于边际生产率大于零的伪装失业者的离开而导致的农产品短缺将会被提高劳动生产率所弥补，从而不会出现明显的农业工资水平上升，使得工业部门的扩张和劳动力的转移顺利进行。

在阶段二后，拉-费模式还提出了阶段三，被称为农业现代化阶段。在该阶段中，所有的农业伪装失业者均已转移至工业部门。农业部门也告别了低收入的传统经济，其工资水平和工业部门一样由劳动市场决定，而不再是一个平均不变的水平。在这个阶段中，资本和劳动力都会是工业部门和农业部门争夺的稀缺资源。

因此，拉-费模式为我们展现了第一个更加贴合现实的二元经济结构社会。其人口流动分为三个阶段，第一阶段和第二阶段均为从农村（农业生产部门）流向城市（工业生产部门），在第二阶段中有可能由于农产品价格导致流动终止或是逆流（城市流向农村）。第三阶段人口呈现动态平衡，即人口因为工业和农业部门的工资相仿，基本不进行流动。但是若其中一个部门的工资超过另一个部门，则会出现人口向工资高的部门流动的情况[16]。

（二）马斯洛的需求层次理论

美国心理学家亚伯拉罕·马斯洛在 1954 年出版了《动机与人格》一书，书中提出了需求层次理论，其中包含三个假设与五个需求层次。该理论强调人的动机是由人的需求决定的。而且人在每一个时期，都会有一种需求占主导地位，而其他需求处于从属地位。在如今看来，该理论虽然存在一些缺点，但确实为以人为本的管理提供了较好的科学指导。正确地理解该理论，有助于帮助乡村政府和乡村企业更好地吸引和留住人才，更高质量地完成人才振兴工作。

需求层次理论中的三个假设分别是：其一，人们在一生中存在多种需求，但只有未满足的需求能够对人的行为造成影响；其二，人的需求是可以按重要性进行排序的，从基本的生理需求到复杂的自我实现需求；其三，当人的某一级需求得到最大限度的满足之后，才会追求高一级的需求。

需求层次理论中的五个需求层次包含以下内容。

（1）生理需求：主要包含每个人在生活中的衣、食、住、行、健康等生理需求。那么在吸引和留住人才的工作中，我们就应该思考是否能够为人才提供较好的宿舍、可口的食堂饭菜、较好的医疗保障等。或者思考所发的工资是否能够满足人才在本地生活的基本生理需求。

（2）安全需求：主要是指人对安全、秩序、稳定的需求。那么在吸引和留住人才的工作中，我们就应该思考是否能够为人才提供安全的工作环境和工作相关的保险。如果不能，是否能够在工资上进行补偿。

（3）归属与爱：又称归属需求或社会需求。它主要包括两个方面：一是与他人之间有情感联系，包括与朋友之间的友情、与亲人之间的亲情、与恋人之间的爱情等；二是隶属某一群体并在群体中有一定社会地位的需求。那么在吸引和留住人才的工作中，我们就应该思考如何为人才适当地安排团建、联谊等活动，帮助人才更好地融入集体，在工作单位中找到自己的归属感，在当地找到属于自己的情感联系。

（4）尊重需求：属于较高层次的需求，该需求主要是人们希望得到自己或他人对自己的认可。例如，人获得了成就、名声、地位等时，会觉得别人投来羡慕、认可的眼光，这就是别人对自己的认可。当人得到了工作岗位晋升，或者完成了自己的理想时会觉得自己是一个有价值的人，这就是自己对自己的认可。那么在吸引和留住人才的工作中，我们就应该思考如何为人才建立合理的晋升机制，如何有效保护人才所研发的专利，等等。

（5）自我实现需求：是所有需求层次中处于最高层次的需求。它指的是人希望能够最大限度地发挥自身潜能，不断完善自己，完成与自己能力相称的工作，实现自己的理想的需要。简单来说，一个人如果完成了自我实现需求，他将会觉得自己的一生都过得很有价值。那么在吸引和留住人才的工作中，我们就应该思考为每一个人才安排属于自己的职业生涯规划以及晋升路线，力求让人才在工作的每一个阶段都能体会到实现自身价值的感觉；在拟定薪资待遇的过程中，充分将人才待遇提升与企业发展相匹配，让人才在企业发展过程中感受到自我实现[17]。

以上五大需求在图 5-1 中有更细致的体现，图片主要包含五大层次需求更细致的举例和解释。需求的产生由低级向高级的发展是波浪式推进的，当初级需求产生但未被完全满足的时候，更高一级的需求就已经产生，当初级需求基本被满足时，高一级的需求则已经到达了顶峰。每一层次的需求越高，说明其被满足的要求越加迫切。在某一需求被满足以后，它对于人的行动的影响力就会降低，而未被满足的更高层次的需求的影响力则会增大，取代已经被满足的需求，成为新的人的行动的主要影响因素。

图 5-1　马斯洛需求金字塔

第三节　案例剖析

一、尚义县十三号村"空心村"改造案例[18]

（一）基本情况

尚义县位于河北省西北部、内蒙古高原南缘，地处晋冀蒙三省（区）交界区域。总面积 2601 平方千米，其中耕地面积 101 万亩，林地 135 万亩，草地 122 万亩，林草盖度 76.2%，森林覆盖率 38.6%。下辖 7 镇 7 乡、11 个社区居委会、172 个行政村。全县总人口 182 876 人，常住人口 10.42 万人，其中城镇人口 5.65 万人，城镇化率为 54.19%。1934 年建尚义设治局，1936 年建县，当时的察哈尔省主席宋哲元取"崇尚礼义"的含义确定尚义县名，1958 年并入张北，1960 年张北与商都分县后又划入商都县，1961 年恢复尚义县建制至今。全县分坝上、坝下两个地貌单元，平均海拔 1300 米，属大陆性季风气候，年平均气温 3.6℃，年降水量 330～420 毫米，无霜期 100～120 天。尚义农业基础较好，全县光照充足，气候冷凉，是理想的绿色蔬菜种植基地，白萝卜、生菜等 7 种蔬菜远销日本、韩国等国家和地区。燕麦、枸杞、草莓、西瓜、肉鸡等特色农业产业效益显著，成为带动群众增收的支柱产业。尚义燕麦获得"河北省特色农产品优势区"称号，尚义白萝卜、尚义莜面获得国家地理标志产品。尚义风光资源丰富，是全国最佳的风能、太阳能资源区之一，全县风光电并网总量 382.2 万千瓦。尚义生态环境良好，生态旅游资源富集，境内拥有察汗淖、大青山、石人背、鸳鸯湖、鱼儿山五大旅游景区，"赛羊""冰雪"旅游品牌效应日渐凸显，草原天路得到全面开发，打造了十三号、二道背、马莲渠等一批旅游示范乡村，十三号村被评为全省乡村旅游示范村和国家旅游扶贫示范村、河北美丽休闲乡村，入选"2018民生示范工程"[19]。

尚义县南壕堑镇十三号村位于大青山省级森林公园脚下，草原天路西线末端，距县城6千米，地处坝上、坝下交汇处，海拔1400米，昼夜温差10℃以上。全村土地总面积1.12万亩，共辖4个自然村240户525人。

（二）案例背景

十三号村里的人祖辈居住的村子位于大山深处，交通不便，靠天吃饭，长期以来，村民们经营着坡梁薄田，几乎没有集体经济收入。过去村里常住人口不足全村人口的一半，无人居住、房屋闲置破损的宅基地占七成多，撂荒耕地占全村耕地面积的一半。"房屋破旧漏、街道脏乱差、庭院无人住"，过去一说到张家口尚义县的十三号村，当地人都会这样来形容这个位于大山深处的小村子。但是如今这个曾经的空心贫困村通过发展以窑洞客栈为主题的乡村旅游，不仅富了起来，还被评为了"中国美丽休闲乡村"。

（三）做法成效

1. 做法

第一，抢抓国家大力发展乡村旅游和全市打造"草原天路"精品旅游线路的有利契机，依托紧傍大青山森林公园、临近县城的区位优势，整合捆绑使用各类政策资金，引导村民组建农宅合作社，鼓励村民以闲置宅基地入股。第二，通过盘活土地，150亩土地流转入股。第三，与中国农科院等单位建立了合作关系，持续优化农业科技。第四，利用国家光伏扶贫政策实施360千瓦屋顶分布式光伏项目。

2. 成效

第一，建成主题窑洞宾馆53孔38套，2017年又新建窑洞91孔，并配建2000平方米的商贸街和集"十室一栏"为内容的多功能会议中心青山草堂，成立"彩色坝头旅游开发公司"，按市场化模式运作，聘请专业人员管理经营，盈利年终按股分红，带动发展特色餐饮、观光采摘和土特产销售。2018年接待游客6.8万余人次，实现旅游收入550多万元。第二，建成了集"采摘、休闲、科普"功能为一体的现代农业园区，新建冬暖式大棚9座，春秋棚25座。第三，引进吊蔓西瓜、大棚草莓、水果西红柿、翡翠萝卜、海棠等新品种，为全县的品牌农业发展蹚出了一条新路子。第四，每年光伏收益50万元。

（四）经验推广

从农宅合作到"闲置土地捆绑开发、涉农资金捆绑使用、农村留守人员捆绑配置"的"打捆"模式，再到耕地入股合作建设现代农业园区、综合开发山地，十三号村在发展实践中不断开拓创新，找到了适合自身发展的模式，形成了"种植、养殖、窑洞住宿、光伏发电"四大产业格局，成为我国"空心村"改造的一个经典案例。该案例最值得推广的经验是将闲置土地捆绑开发、涉农资金捆绑使用、农村留守人员捆绑配置的"三个打捆"模式，这个模式为由于自身产业经济发展不好而形成的"空心村"提供了一个有效利用当地闲置资源、资本以及人才的科学方法。同时，以自身发展经验为广大"空心村"证明了要想摘掉"空心村"的帽子，有效吸引人口回村就业，最好的方法就是发展自身支柱产业，提高当地工资水平。

（五）思考探索

结合以上案例，你认为"空心村"复活有什么好的途径？

二、太原市人才振兴政策案例[20]

（一）基本情况

太原别称为并州，古称晋阳，同时也称"龙城"。太原濒临汾河，三面环山，是一座具有2500多年建城历史的古都，"控带山河，踞天下之肩背""襟四塞之要冲，控五原之都邑"的历史古城，是山西省的省会，政治、经济、文化中心。太原是我国北方著名的军事、文化重镇，也是世界闻名的晋商都会，还是中国最重要的能源、重工业基地之一。

太原市位于山西省中部、晋中盆地北部地区，地理坐标为北纬 37°27'~38°25'，东经 111°30'~113°09'。北、东、西三面群山巍峨，北靠系舟山、云中山，东据太行，西依吕梁，南接晋中平原，汾水自北向南纵贯全境。古昔有"襟四塞之要冲，控五原之都邑"之称誉。太原市东、东北与榆次区、寿阳县、孟县为邻，南与交城县、文水县、祁县、太谷区接壤，西、西北与岚县、方山县毗连，北与静乐县、忻府区、定襄县交界。太原市轮廓呈簸箕形。最北端为阳曲县天翅垴，最南端为清徐县韩武堡，东端为阳曲县贾庄，西端为娄烦县大村沟。东西宽114.25千米，南北长107千米，周长约560千米。总面积6988平方千米，约占山西省总面积的4.50%。太原市地处大陆内部，属于暖温带大陆性季风气候，冬寒夏热、春秋短促、昼夜温差大、降水少且集中[21]。

（二）案例背景

近些年来，太原市依托山西省委"乡村振兴万人计划"，引进1418名硕士研究生到村（社区）工作，通过挖掘编制资源，多措引才留才，实现"一村（社区）一名研究生"全覆盖，为乡村全面振兴提供坚强的组织支撑，为加强城乡基层治理，推动乡村全面振兴注入强大动力。

为精心选聘一批高学历、有才华、有抱负的硕士研究生进村（社区）工作，太原市以"引一批、招一批、补一批"的形式为抓手，确保研究生覆盖所有村（社区）。专项引进一批，抓住全市大规模引进高层次人才的契机，单设农村、社区岗位，通过综合素质测评、面谈等方式，引进30周岁以下、硕士研究生以上学历的高层次人才。部分地处偏远、无人报名的岗位，采用"两轮选岗"的方式进行二次调剂，给予进入面试但未被聘用的研究生二次机会，确保条件相对差的农村、社区研究生及时到岗。公开招聘一批，在市级统一引进高层次研究生的基础上，对于各县（市、区）未覆盖的273个村（社区），采用事业编制专项招聘形式予以补足。对于偏远地区、报名人数少的乡村振兴重点帮扶县，适当将学历放宽至本科，并同步跟进学历提升配套政策。动态增补一批因人员流动、转岗或新成立社区等出现空缺的岗位，各乡镇（街道）每年年初统一摸底登记，及时上报县级组织、编办、人社等部门，在当年事业单位招聘中招录补齐，确保人员齐备。

（三）做法成效

1. 做法

第一，提高研究生待遇保障，不仅为研究生提供最高补贴，还通过建设公寓、筹集租赁型住房、定向团购住房等方式解决住房问题。第二，关注驻村（社区）研究生个人成长，对业绩突出、特别优秀、发展潜力大，且担任村党组织书记的，乡镇领导班子换届时，同等条件下优先提拔。第三，把到村（社区）任职研究生培训纳入市县教育培训总体规划，围绕基层党建、产业发展、基层治理等方面内容，通过案例、观摩、研讨等形式，结合岗位特点开展业务技能培训。第四，抽调县乡村三级干部组成"3帮1"导师团，为每名研究生配备思政、业务、实践导师，全方位提高能力素质。每10名研究生配备1名县直部门负责人担任思政导师，定期讲授党的理论知识，开展专题谈心谈话，及时掌握思想动态，帮助解决工作生活等方面的困难和问题；每2名研究生配备1名乡镇（街道）班子成员担任业务导师，讲授村（社区）工作涉及的基本政策、法律法规等，帮助拓展思路；每名研究生"一对一"配备村（社区）党组织书记担任实践导师，带领参与村级日常事务、矛盾纠纷调解、宣传教育群众等实际工作，提升履职能力。第五，实行跟踪考核管理机制，明确任职一般不少于一届（5年），先到乡镇（街道）培养锻炼半年，再到村工作，鼓励长期在村任职，服务期内不得通过调动、借调等方式离开村（社区）岗位。组织部门为每人建立成长档案，记录培养锻炼、工作表现、考核奖惩等情况，每年年底进行一次综合评价。村（社区）拿出岗位，安排研究生从事报账员、网格员、信息员、监督员等实质性岗位，帮助他们尽快融入基层，确保发挥作用、成长成才。对在村（社区）工作期间培养成熟、党员和群众认可、符合条件的，经村（社区）党组织推荐，乡镇（街道）党（工）委研究、县（市、区）委组织部考察同意后，依法依规选任为村（社区）"两委"成员。

2. 成效

截至2023年3月16日，已有72名研究生进入班子，其中43人任村（社区）党组织书记，556人担任村（社区）书记助理，790人担任村（社区）主任助理、网格员、报账员等。

（四）经验推广

太原市非常重视人才在乡村振兴工作中的地位，市委农村工作领导小组专门出台了《关于加快推进乡村人才振兴的实施方案》，方案中提到要实现"一村一名研究生"全覆盖。为了让硕士研究生扎根基层，情感上有归属感，太原市从市、县、乡三个层面发力，着力解决研究生编制问题。市统筹，在深化事业单位改革中，重新核定各县（市、区）事业编制总额，明确每个县（市、区）核定单独事业编制用于建立编制"周转池"，保障招聘所需编制资源；县兜底，调剂配置"周转池"资源，按照"县编乡用、专编专用"的原则，通过减上补下，为缺编的乡镇（街道）保障编制；乡尽用，乡街全面摸底，厘清事业编制数量，能用尽用，全力保障引进和招聘研究生所需编制资源。这种市、县、乡三层面共同发力的人才振兴工作模式是值得全国每个地方学习的先进经验。

（五）思考探索

太原市鼓励人才到乡村就业的做法有一定实践意义，但是，该市出台的有关激励政策主要是面向硕士研究生及以上人才，你觉得是否合理？请站在本科生的角度，谈谈你的看法。

三、陕西省商洛市乡村人才振兴案例[22]

（一）基本情况

商洛因境内有商山、洛水而得名。位于陕西省东南部，秦岭南麓，与鄂豫两省交界。东与河南省的灵宝市、卢氏县、西峡县、淅川县接壤；南与湖北省的郧阳区、郧西县相邻；西、西南与陕西省安康市的汉滨区、宁陕县、旬阳县和西安市的长安区、蓝田县毗邻；北与陕西省渭南市的华州区、潼关县、华阴市相连。商洛地跨长江、黄河两大流域，位于暖温带和北亚热带过渡地带，气候温和，雨量充沛，四季分明，属半湿润山地气候。独特的地理和气候条件赋予商洛良好的生态环境和丰富的矿产、生物和旅游资源。全市现有林地1822万亩。全市已发现各类矿产60种，开发利用的有50种，已探明矿产储量的有46种，其中大型矿床15处，中型矿床24处，潜在价值800多亿元。境内遍生野生纤维、淀粉、油料等农林特产260多种。商洛素有"秦岭药库"之美称，现有中药材品种1119种。商洛生态旅游资源丰富，境内处处奇山秀峰，险峡名川，林荫苍翠，佳木秀郁，自然景观别具一格。有各类自然保护区及珍稀动物保护区48处，商南金丝峡、镇安木王、柞水牛背梁、山阳天竺山等旅游景点具有一定的知名度，是旅游、避暑、休闲、度假的胜地。

随着交通、电力、通信等基础设施的逐步改善，商洛已融入西安1小时经济圈，商丹循环工业经济园区被批准为省级工业园区，2016年8月晋升为省级高新区，商洛已纳入关中—天水经济区和关中平原城市群发展规划，有良好的生态环境、优越的资源条件、潜在的区位优势，充满着突破发展的生机和活力[23]。

（二）案例背景

为了响应党中央号召，大力推动实施乡村振兴战略，发挥人才支撑作用，商洛市委、市政府主动作为，因地制宜，结合本地发展实际，出台了系列相关政策，推动乡村人才振兴。一是制定出台乡村人才振兴的具体措施。2022年，出台《商洛市关于加快推进乡村人才振兴的具体措施》。2021年，为了全面深入学习贯彻中央、省关于全面推进乡村振兴《中共中央 国务院关于实施乡村振兴战略的意见》的要求，市委发布一号文件《关于全面推进乡村振兴加快农业农村现代化的实施方案》，成立农村工作领导小组，健全领导机制，明确要求加强人才队伍建设，进一步强化党对"三农"工作的领导。

虽然商洛市政府积极响应国家号召，在人才振兴工作方面已经做了以上工作。然而商洛市作为西部贫困地区，人才振兴面临的问题依旧突出。随着社会的发展、城镇化的加剧，越来越多的人走出乡村，乡村逐渐成为"空巢"。留守儿童、留守妇女、留守老人成为很多偏远乡村的特征。商洛市农村空心化较为普遍。数据统计，商洛人口流失逐年加剧，其中腰市镇20个村，总人口33 224人，60%的人长期在外务工。农村基础教育日益薄弱，师生流失严重。很多学校全校只有十几个学生，甚至出现"一对一教学"，偌大的校园如今一个年级只有一个班，农村的发展缺少人气。农村青壮年大量外流，进城务工。调查统计，农村常住人口比例不足40%，其中80%是50岁以上的中老年人和小孩。留守在农村的人员中大多数人文化水平不高，同时，因为年龄大，接受新事物的能力普遍较弱，很难适应当前社会的快速发展，难以适应乡村振兴发展提出的新要求。

（三）现存问题

第一，人才招不来、留不住。商洛市地处秦岭深处，四面环山，曾经属于国家深度贫困区，不少乡村地理位置偏僻，交通不便，基础设施落后，再加上政策保障不到位，往往让人望而却步，导致引才难。虽然近年来有"三支一扶""特岗""高层次人才引进"等多渠道努力为农村"引才"，但是由于乡村工作环境自身和城市的差距，加之待遇不高，工作复杂繁忙，农村依然面临即使成功"引才"，也无法留住人才的局面。

第二，人才保障机制不健全。商洛市中大多村庄的村两委班子难以配齐，即使配齐也只能保证数量，难以保障质量。在中西部地区，村两委干部待遇普遍低于外出务工人员的收入水平，而且缺乏人才激励机制，对人才没有吸引力。

第三，"三农"工作队伍薄弱、能力不足。目前已有的科技特派员往往流于表面工作，农技推广人才服务能力明显滞后于农业现代化发展需求，存在人员不足、队伍不稳，年龄老化、结构不优，经费不足、手段滞后，待遇偏低、激励不够，体制不顺、机制不活等问题。农村当地举办的培训，大多由于培训内容、培训方式不够灵活，加上很多人思想意识落后，缺乏进取心，很多人并不愿意听讲，更有甚者是被动参与培训，因此培训效果不佳。

（四）对策建议

第一，大力实施本土人才回归工程。鼓励退休人员、退役军人回归家乡，为家乡的发展贡献一份自己的力量，利用自己的人脉资源服务家乡。

第二，多措并举提高人才收入水平。为了让更多年轻人愿意来到乡村，留在乡村，扎根乡村，除了关心他们的生活，情感上给予关爱，更要在物质上，在真正生活中满足他们所需，解决他们的实际生活困难，必须想办法提高他们的收入水平。首先必须满足他们衣食住行最基本的生活保障，只有让这些留在乡村的人才无后顾之忧，乡村振兴的事业才会后继有人，越来越红火。

第三，积极完善人才引进、激励保障机制。在引进人才的时候，乡村需要搞清楚自身发展急需的人才种类，如农业方面的专门人才或经营人才等。在对待乡村发展急需的电子商务、实用型农业、发展绿色旅游等类型人才时，需放宽限制，政策落实有保障，切实解决他们的待遇、晋升等问题，使人才能安心留下，无后顾之忧。实行更加开放的人才引进政策，要创新激励机制，明确政策奖励，提高人才待遇，吸引人才留下。

第四，解放思想培育新型职业农民。以提高农民、扶持农民、富裕农民为方向，以吸引年轻人务农、培养职业农民为重点，建立专门政策机制、完善培育制度、强化培育体系和提升培育能力，通过培训提高一批、吸引发展一批、培养储备一批，加快构建一支有文化、懂技术、善经营和会管理的新型职业农民队伍，为农业现代化建设提供坚实的人力基础和保障。

（五）思考探索

除了以上四个对策，请根据所学知识对商洛市现存问题提出一条可行的对策建议。

四、福建省科技特派员助力乡村养殖业发展案例[24]

（一）基本情况

福建省简称"闽"，地处中国东南沿海，省会福州。辖福州、厦门、漳州、泉州、三明、莆田、南平、龙岩、宁德 9 个设区市和平潭综合实验区，下设 11 个县级市、31 个市辖区和 42 个县（含金门县）。全省陆地面积 12.4 万平方千米，海域面积 13.6 万平方千米。2022 年年末常住人口 4188 万人。福建省的大陆海岸线全国第二，可建万吨级以上泊位自然岸线约 258 千米，全国领先。水产品人均占有量居全国第一，水能资源蕴藏量居华东地区首位。森林覆盖率 65.12%，连续 44 年保持全国第一。拥有世界遗产 5 处，"双世遗"武夷山和世界文化遗产鼓浪屿、福建土楼景色宜人。毛茶产量全国第二，茶产业全产业链产值全国第一，大红袍、铁观音、白茶等名扬中外。早在 18 万年前，就有古人类在三明万寿岩一带活动。有距今 5000 多年的昙石山文化，朱子文化、闽南文化、客家文化、妈祖文化、闽都文化等地域文化独具魅力。朱熹、郑成功、林则徐、严复、陈嘉庚、冰心、陈景润等名人光耀史册。

福建省对外交流历史悠久，经济外向度高，是我国对外通商最早的省份之一，早在宋元时期泉州就是世界知名的商港，为海上丝绸之路的起点，福州是郑和下西洋的驻泊地和开洋地。拥有经济特区、自由贸易试验综合实验区、21 世纪海上丝绸之路核心区等多区域、叠加优势。全国著名侨乡，现旅居世界各地的闽籍华人华侨 1580 万人，闽籍港澳同胞 120 多万人，80%以上台湾民众祖籍在福建。平潭岛距台湾本岛仅 68 海里（1 海里≈1852 米），厦门角屿距小金门仅 1000 多米[25]。

（二）案例背景

近些年来，随着畜牧业结构调整，福建养禽业发展迅猛。据不完全统计，2020 年全省存栏蛋鸡 2000 多万羽，共有规模化蛋鸡场 300 多个，其中存栏 10 000 羽以上的占 70%以上，存栏 50 000 羽以上的占 60%以上。畜禽的规模养殖是未来的发展趋势。规模养殖面临着两大风险，一个是市场风险，另一个是疾病风险。市场风险是不可控的，疾病风险是可控的，因此疾病风险对养鸡场更为重要。多种常见的病原微生物（大肠杆菌、沙门菌、球虫、白细胞虫病、败血支原体等）不断地威胁着鸡只健康，近年来尤其是滑液囊支原体、副鸡嗜血杆菌鸡、白血病病毒等病原微生物更是对鸡群造成巨大的威胁。在食品安全监管体系日益严格的形势下，为了生产出合格的鸡蛋，疫病防控成了养殖场的最大难点。但是，目前还有很多规模养殖场存在疫病防控意识淡薄、知识欠缺、疫病防控技术不完善等情况，这些都急需科技特派员去指导、培训来提高。为了防止这些病原微生物导致鸡群发病，科技特派员吴胜会结合自身专业知识对养殖场进行精心指导。

（三）做法成效

1. 做法

第一，疫病监测。通过对该地区、该场区的流行病学调查以及福建省农科院畜禽病疾病诊疗中心平台的门诊病例情况分析本地区的流行疫病，并定期抽取血样、蛋样、粪样进行抗体和病原检测,若抗体没有达到保护要求,要及时查找原因并加强相关疫苗的免疫接种,以免发生相关疫情。再结合本场的情况不断进行优化免疫保健程序,确保该鸡场不发生大的疫情。第二,疫病防控。根据疫病监测、抗体检测和病原检测情况,制定最适合本场的优化免疫程序来防护。结合实际情况,经过近几年的临床实践在白冠病的流行期间可以用中药白头翁、青蒿等来防治。第三,人员培训,对养殖场管理人员、技术人员、饲养人员进行技术培训,不断提高养殖场疫病防控水平,补齐技术短板,达到小问题早发现、早诊断、早处理,最大限度地减少因疫病等造成的经济损失。同时还通过现场指导、微信、电话等手段实时进行指导。科技特派员吴胜会把20多年临床实践经验编写成通俗易懂的科普书籍,共主编和合著出版17本科普书籍,这些书籍成为提高科学防疫、提升管理人员和技术人员水平的参考资料。第四,新技术推广。大力推广鸡滑液支原体防控技术、鸡肠道保健技术、蛋鸡无抗蛋生产技术来有效提高鸡场的饲养管理水平和蛋鸡健康水平,从而提高鸡群成活率及蛋鸡产蛋率。

2. 成效

通过科技服务,服务的森旺养殖场的鸡群各项疫苗免疫抗体合格率都在95%以上,没有发生大的疫病,蛋鸡全程成活率由原来的83%提升到96%,每只蛋鸡的年产蛋量由原来的15千克提高到19.3千克,生产出的鸡蛋完全达到无抗生素残留,提高养殖场蛋品质量,每年可增加企业经济效益100多万元。这种服务模式还辐射推广到周边十几个蛋鸡场,有效提高这些蛋鸡场的疫病防控能力和生产性能,年增社会经济效益可达1000万元以上。

(四)经验推广

科技特派员吴胜会在工作中为养殖场做出了较大的贡献,较好地体现了科技特派员服务农村的理念,其中最值得借鉴和推广的经验有以下两点。第一,发挥科技特派员的自身优势,将诊疗中心平台与养殖场紧密联系在一起,通过周边畜禽流行病学调查和血液抗体监测情况来优化免疫程序,构建鸡群完全的免疫屏障,保证鸡群的疫苗免疫到位、免疫无漏洞,保障鸡群健康。第二,科技特派员与养殖场实时对接,通过微信、QQ、慧农信等远程服务软件与养殖场构建一个实时沟通的桥梁,可以及时了解鸡群的健康状况,即使遇到突发事件,科技人员也能及时为养殖户提供解决方案,减少经济损失。

(五)思考探索

请搜集并学习你所在省份的科技特派员相关政策文件,说说科技特派员对于农村发展的利好。

五、阳泉市义井镇案例——人才振兴"出实招",基层治理"见实效"[26]

(一)基本情况

阳泉市位于山西省东部,是一座新兴工业城市,是晋东政治、经济、文化中心。现辖平定、盂县两县及城、矿、郊三区和经济技术开发区,全市面积4559平方千米,2021年底常住人口为131.1万人,是中国共产党亲手缔造的第一座城市,被誉为"中共创建第一城"。阳泉是三晋门户，晋冀要衡，地处太原、石家庄两个省会城市的中间位置，相距均为100千米，一重一轻两大城市对阳泉经济互辅性极强。阳泉又处于东部发达地区与中西部的结合地带，具有承东接西、双向支撑的战略地位。阳泉还位于环渤海与长江三角洲两大经济区的合理运输扇区内，在半径500千米内，分布着首都北京、直辖市天津及省会太原、郑州、济南等城市，经天津、青岛、黄骅港可东出渤海，是京津塘及沿海发达地区向内地辐射的重要通道[27]。

义井镇隶属于山西省阳泉市城区，地处阳泉市郊区东南部，东南与平定县冠山镇相邻，西与平坦镇隔狮脑山相望，北与城区义井街道相连，镇人民政府距阳泉市区政府14.6千米，行政区域面积41.11平方千米[28]。

（二）案例背景

义井镇地处阳泉市区城乡接合部，国土面积41平方千米，常住人口2.8万人，下辖12个行政村，村两委成员62名，平均年龄43岁，大专以上学历39人，存在学历不高、能力偏弱、力量不够、创新不足等问题；全镇共有党员777人，45岁以上党员占到80%，党员干部队伍力量不足，人才数量、结构和质量尚不能满足乡村振兴的需要。

（三）做法成效

1. 做法

第一，坚持爱才之风，让大学生"愿意来"。在到村任职大学生入职前，提前配备生活工作必需品，到任后及时足额做好待遇保障，第一时间办理入编入职手续，配套医疗、养老等社会保险和人身意外伤害保险等。镇党委书记组织召开专题会议与到村任职大学生面对面谈心，了解、关心其思想动态和工作情况，对各自存在的问题和不足及时予以指导纠正，确保12名大学生走得稳、走得实、走得好、走得远。第二，坚持育才之本，让大学生"涨本领"。重视到村任职大学生岗前培训和素质教育工作，到镇工作前一周，在城区组织部开展为期两周的一对一帮带学习，进行多岗位实践锻炼；到镇报到后第一时间安排逐村参观学习，实地调研并掌握各村情况，帮助大学生迅速适应岗位需要、开拓工作视野、提升工作能力。运用"3+1"的结对帮带模式，由乡镇党委书记、包村领导和村党（总）支部书记与到村任职大学生结成帮扶对子，进行思想、政策、工作和生活帮带。第三，坚持用才之术，让大学生"上舞台"。采取"一天两半"（半天在镇机关、半天在村里）的工作方式，将农村工作的复杂化、多元化与乡镇工作的制度化、标准化有效结合，在农村下沉基层一线，在镇机关接受学习锻炼，提高到村任职大学生的综合素质。推进到村任职大学生领办党建项目，出台《义井镇关于到村任职大学生领办党建项目工作的通知》，要求大学生结合各村特点和现实需要，参照基层党建项目清单，制订本村项目计划书和实施方案。目前12个项目正在有条不紊地推进中，形成的典型案例在市乡村治理专班收录9篇、领航阳泉发布3篇，推动"人才+项目式党建"创新工程在全区基层党建中提质增效。第四，坚持评才之效，让大学生"早成才"。制作城区义井镇到村工作大学生风采录，聚焦个人领办党建项目，展示大学生工作亮点和个人风采，营造"比、学、赶、超"的氛围。健全人员管理制度体系，出台《义井镇选调生、到村任职大学生平时考核实施细则（试行）》，做好到村任职大学生的纪律监督和日常考勤等工作，进行台账式全程纪实，充分征求乡镇、农村干部的评议意见和建议,将日常工作表现与年底评优评先挂钩,切实将大学生的履职考评和督促管理工作落到实处。同时,创建个人成长档案,定期记录锻炼培养、工作表现等情况,为优化晋升空间、拓宽成长成才路径提供更加科学的依据。

2. 成效

自 2022 年以来,结合"乡村振兴万人计划"和抓党建促基层治理能力提升专项行动,城区聚焦人才发展,实施人才赋能、人才聚势,为义井镇 12 个村各招聘 1 名 30 周岁及以下、本科及以上学历的大学生到村工作,改善了镇村干部知识结构、优化了年龄层次,引导大学生参与乡村治理、深入一线解忧、传播先进理念,形成了头雁领航、雏雁奋飞、群雁争雄的局面。

(四)经验推广

义井镇对于大学生人才的合理利用,有效促进了乡村基层治理能力的提升,并且凝练出了一套从大学生入职乡村政府开始实施,包含生活保障、业务培训、工作重点、绩效考核等多方面、全方位的人才利用模式。该模式最值得全国乡村学习和借鉴的地方在于,它既站在乡村的角度,也站在人才的角度,综合考虑人才的利用、提升、挽留、考核。该模式在人才刚刚进入基层组织时给予人才生活和心理上的保障,在人才刚开始工作和工作以后持续给予培训和业务指导,在人才工作时期安排合理的工作模式与方向,在人才工作过程中安排合理的考评和晋升机制;能够让人才愿意留下工作,在工作中持续提升自身业务水平,并在自己的岗位上持续为乡村发展做出贡献。

(五)思考探索

结合案例内容和所学知识,说说地方政府为了吸引人才和留住人才应该制定哪些方面的政策和出台什么样的激励办法。

第四节 实 训 实 践

一、课堂实训

(一)文献报告

围绕乡村人才振兴、空心村治理、吸引人才返乡政策等内容,根据授课班级实际情况,学生自由组成学习小组。指导老师为学生拟定文献报告的研究主题,学生再自行拟定具体研究报告题目,通过文献搜索、文本分析、网页查找、数据收集等方式收集资料,按照要求完成文献报告。研究主题及内容示例如下。

1. 地方有关人才振兴的政策收集和分析

(1)实训难度:易。

(2)每组学生通过查阅文献或浏览政府官网的方式,收集某地方(省、市、县、村等)

政府下发的有关人才振兴的政策，包含但不限于农民培训、吸引人才返乡就业创业等，并对所收集的政策进行分析整理后，形成政策研究报告，其内容需包括调研背景、政策概述及解读、政策成效或预期成效、政策分析，以及参考文献等。报告字数不应少于 2000 字，其中政策分析部分不应少于 600 字。政策分析部分需要以政策可行性分析为重点。

2. 地方人才振兴案例收集与分析

（1）实训难度：中。

（2）每组学生通过查阅文献或浏览政府官网的方式，收集人才振兴先进做法的案例，并综合分析每个案例中人才振兴工作情况，尝试提炼出典型工作经验。调研成果为调研报告及幻灯片版本的调研成果展示。调研报告中需要包含研究背景、案例描述、案例分析、经验总结，以及参考文献等，报告字数要求为 2000~2500 字。报告应以数据和实例为支撑，重点分析案例中人才振兴工作情况及达到的效果，总结典型工作经验并探讨其是否适宜推广到国内其他地区，是否存在区域局限性等。幻灯片版本的调研成果展示中需要包含 8 张以上的案例相关图片。

3. 空心村治理

（1）实训难度：高。

（2）每组学生通过查阅文献或浏览政府官网的方式，收集空心村治理案例，并对案例中的治理措施进行总结和评价，之后选取其中两个案例，结合所学知识提出至少三条可实施的留住人才的政策性建议，并形成报告。报告内容包含研究背景、案例介绍、治理措施总结与评价、留住人才的建议等，报告字数要求为 2500~3000 字。案例中所提出的建议需要考虑可行性，并且贴合案例中的乡村发展现状，其中，对策建议部分字数不应少于 1500 字。

文献报告评分标准见本书附录 A。

（二）情景模拟

围绕乡村青年就业、乡村人才振兴工作推进、召回外出乡贤等内容，指导老师为学生拟定路演的情景模拟主题，并提供情景模拟背景描述。由学生分组自行设计和完善情景剧情并撰写剧本，制作村牌、文创手工艺品、景点地标等简易道具，使用 PPT、视频展示、对话等方式在课堂上进行情景模拟。情景模拟主题及背景描述示例如下。

1. 情景模拟主题一：小明找工作

背景简介：

A 村地处偏僻山区，村庄占地面积较大，包含较多耕地面积。该村庄曾经以农业为主要经济支柱，其主要农产品为西瓜、葡萄等水果。现在由于生产和销售技术无法跟上时代的脚步，导致出产的农产品难以满足市场需求，该村农业逐渐荒废。大多村内青年进城打工赚钱，村里仅仅剩余一些老弱妇幼。小明家住 A 村，今年中专毕业。拿到毕业证后，他收拾行李回到故乡的家中，开始在网络上投递简历，也打算去城里打工。然而经过了一周的时间，回复他的公司大多认为其学历不高，不愿意开出优厚的薪资待遇，甚至还有很多公司直接告知他没有合适的岗位。看着邮箱里一封封拒绝的邮件，小明陷入了茫然。为了帮助小明找个好工作，小明的父母请来几位亲戚帮他出谋划策……

人物简介：

小明：大专毕业生，专业为作物生产与经营管理（农业专业）。平时业余时间喜欢看动漫、打游戏、剪视频，自学了视频剪辑技术，上学时曾经兼职过一段时间的游戏主播，后来因为功课繁忙放弃了。目前在家待业，因为喜欢大城市的生活环境，希望去大城市找工作，等站稳脚跟后将父母接去城市。

老明：小明的父亲，一辈子的农民，早年吃苦耐劳，承包了多片土地种植西瓜。赚了钱后在村里建了一栋大房子。然而随着农业技术的更新和市场的变化，他所经营的西瓜田的西瓜逐渐无法卖出，只能改行在村里开了一个食杂店，时常看着自家仅剩的一亩西瓜地回忆往昔。他希望小明能和村里其他青年一样去大城市赚钱，但是又心疼农村的瓜地和食杂店无人继承。

翠花：小明的母亲，传统农村妇女，年轻的时候曾因为口才较好，在干农活之余兼职媒婆和婚礼喜娘。现在退休在家，负责家里的主要家务。希望小明能够在农村发展，早日结婚生子。

老哈：小明的大叔，已经进城打工多年，主要从事装修工作。他最早从搬砖的工人，一路努力成为城市里的包工头，在城里不仅买了房还娶了一个城市的姑娘，然而近年房地产市场不景气，他的装修业务也少了很多，正好回农村看看家里的亲戚。

老陈：小明所在村庄的村主任。早年是村里的种瓜大户，带领A村靠卖瓜发家致富，之后就顺理成章地成了A村村主任。现在由于当地西瓜产业无法跟上时代，且年事已高，只能关闭之前经营的合作社，专心当村主任。他无时不怀念当年村庄人丁兴旺的时光，最近经常去县里学习国务院下发的《乡村振兴战略规划2018—2022年》，他隐隐感觉让村庄恢复往日繁荣的机会来了。他希望能够通过自己的劝说，让小明留在村里，共同建设乡村。

小黄：小明的表哥，之前跟随父亲进城打工。然而由于经济不景气，小明先后从事了搬砖、送外卖、卖水果等多项工作，也没有找到一条稳定的赚钱路子，目前暂时从事送快递工作。他这次回村是为了劝说小明与他一起去城里做生意，已经筹集到开店的资金。

小美：小明的表妹，曾经学习成绩优异，考到城市里的大学，完成学业后在城市工作了几年，由于无法忍受职场的压力，回到农村，但所学的软件专业知识在农村没有用武之地。近年来，她只能通过网上接点编程类的工作补贴家用，找不到固定工作但又不想返回城市。

请同学们根据以上人物描述，进行情景模拟，学生可根据组员数量，适当增减角色。

2. 情景模拟主题二：月溪村的招才宴

月溪村本是一个依山傍水的美丽乡村，因村内有一条小溪和月夜美景而得名。然而由于地处偏僻，当地经济发展得并不好。近期由于乡村振兴战略的推动与实施，县政府决定将其作为旅游景区进行开发。村主任老吴收到了县政府的通知后，既开心又担忧，开心的是他生活多年的村庄终于迎来了经济发展的机会，担忧的是村里的年轻人都已经外出打工了，目前村内没有适龄青年或是相关人才来共同建设乡村、落实县里下发的旅游景区开发计划。为了更好地落实旅游景区开发计划，老吴联系了几个外出工作并且闯出一番业绩的村民和一些当地的青壮年，打算办一桌宴席，名为招才宴，希望能够在宴席上劝说他们，共同建设家乡，一起做好旅游区开发工作。

人物简介：

老吴： 月溪村村主任，一辈子都在月溪村生活，自身是一名木匠，技术精湛，能够打造木质雕花的全套家具。年纪大了以后，由于古道热肠、为人公正等优秀品格，被村民推选为村主任。自从上任以来，他始终想要带领月溪村村民发家致富，奈何受限于区位和资金，曾经尝试发展当地农业、服务业等，均以失败告终。现在认为旅游区开发计划是月溪村经济发展的好机会，希望通过本次宴席劝说村里外出工作的人才都回到村庄，共同参与开发计划。

老金： 月溪村普通村民，早年外出打工，从最早的货车司机起家，经过一辈子的打拼，现在是一家拥有多个车队的货运公司的老板。他在致富后多次给月溪村捐款，村里唯一的祠堂都是他多次出资修缮的。但是苦于村庄附近交通情况较差，无法将车队的业务开展到村里。

老林： 月溪村普通村民，早年由于学习成绩较好，考上一所985大学，后经过努力成为一名研究文化的教授，在相关领域内发表了多篇论文。曾经想过回村支教，为村里培养下一代，但遭到家人的极力反对，现在某知名大学任教。

小周： 为数不多仍留在村内工作的年轻人，主要原因是受教育程度不高，仅完成九年义务制教育，目前主要工作为经营农田，家里有许多闲置的空房，但无法找到租客，只能闲置。今天他也被请到了宴席中，村主任认为他忠厚老实的性格可堪大用。

老王： 早年考上了公务员，曾到浙江等共同富裕工作做得较好的地方工作，目前在月溪村所在的A市政府部门工作，负责招商引资和优化营商环境。曾经尝试利用自己工作所积攒的人脉为月溪村吸引投资者，但都因为月溪村区位和相关配套设施过差而失败，但他始终都想为自己的家乡致富出一份力。

小梁： 月溪村的普通村民，身强力壮但不思进取，从小时候的性格顽劣，到长大后成了一个小混混，他从来都不觉得需要靠努力来改变自己贫穷的生活，认为能混一天是一天。这次参加宴席，也只是发现自己正好符合标准，能够蹭吃蹭喝。

老朴： 月溪村村民，早年去城市打工，有了积蓄后便开始做起了小商品批发生意，后面逐渐做大做强，现在已经是一个文创产品公司的老板，该公司具备独立的设计团队和工厂，所生产的产品远销国内外。但是他对家乡的发展漠不关心，只对能赚钱的机会感兴趣，这次的宴席也是奔着积攒人脉、发现商机而来。

请同学们根据以上人物描述，进行情景模拟，学生可根据组员数量，适当增减角色。情景模拟评分标准见本书附录A。

二、实地实践

（一）实践目的

千秋基业，人才为先，乡村振兴，关键在人。乡村的社会经济发展离不开人这一重要载体，人才振兴更是乡村振兴实现的重要路径。本次实地调研主题为"人才振兴与人口外流"。本次调研内容主要为了解村内人才现状、人才振兴工作情况和相关政策，并归纳总结该村人才外流的原因和人才振兴工作中遇到的困难及问题，发现村内人才需求，最终结合本村实际从培训人才、吸引人才、留住人才三个方面提出对策建议，并形成调研报告，以期为该村人才队伍建设和人才振兴工作推进提供科学指导和有效建议。

（二）实践要求

学生以班级为单位，围绕乡村人才振兴，在保证安全的基础上在农村地区开展实践。在实践过程中，学生需要通过访谈、考察、观察等方式，围绕以下调研要点收集视频、文字、音频等相关素材，为实践报告成果提供支撑。

当地人才现状：了解现有劳动人口数量、年龄结构、受教育程度等信息。深入了解人才外流情况及其原因。

人才振兴工作：了解当地政府的人才振兴工作情况，其内容包括但不限于举办的培训情况、吸引乡贤返乡开展的工作和活动、为人才提供的服务等。

人才振兴政策：了解当地引进人才可以享受到的政策待遇，并与乡（镇）干部、村干部深入探讨政策的覆盖面以及实效等内容，与实际享受政策的人才探讨政策的优点和缺点等。

乡村人才发展：了解当地未来产业发展方向以及对应的人才需求，通过访谈等方式了解对未来人才引进可能出台的政策或激励办法。

提示：本次调研目的并不局限于上述要点。教师可根据实际情况，结合本地的特色和需求，进行适当的调整和补充。调研内容应既能反映人才振兴的主题要求，又能为当地人才振兴工作的开展提供决策参考。

（三）准备工作

1. 物品准备

出发前，准备生活用品、工作用品、记录设备等，参考本书附录B。

2. 地点选择

选择实践目的地应全面考虑地点的相关性、代表性、配合度和安全性，确保实地调研能够高效、顺利且安全地进行。选取实践目的地需符合以下要求与原则。

贴合调研主题：实践目的地必须与人才振兴和人口流动主题密切相关，能够反映乡村人才现状，存在明显的人口流动现象。

具备一定产业支撑：实践目的地需要有一定产业发展成效或具备产业发展潜力，不建议以面临撤并搬迁或自然消亡的空心村作为实践地点。

对人才高度重视：实践目的地需要能够落实贯彻习近平总书记所提出的"把人力资本开发放在首要位置"的思想精神，调研组应当了解人才振兴工作的重要意义。

配合意愿：实践目的地应具备较好的配合意愿，特别是得到当地政府或相关管理机构的支持和引导，保障调研活动顺利进行。

人员对接：应组织一定数量的就业人员，对接当地人才振兴工作相关经办干部，以确保访谈有成效。

位置与安全：实践目的地应选取在授课大学所在省内，确保学生能在较短时间内到达并进行实地调研。同时，应尽量避免前往气候环境恶劣以及有传染病高发的地区。

3. 人员分工

建议将教学班分为A、B、C、D、E、F六个组。A组负责查找数据，给村民发问卷，调研当地人才现状和人口流动情况。B组负责与干部访谈，了解人才振兴工作现状及困难，并收集目前人才可以享受的政策支持。C 组负责与就业创业人员进行访谈，了解人才振兴工作及政策的效果，以及人才对于政策支持的需求。D 组负责考察村内产业发展情况，并与重要产业负责人进行访谈，从中发现未来人才需求。E 组负责对外流人口的家属进行访谈，收集人口外流的具体原因。F 组负责素材和建议梳理以及全文文字的凝练提升。A、B、C、D、E 组需要根据实际情况，拍摄照片、开展访谈并留下相关记录，最终形成文字材料。每一组都需要结合该村实际情况，提出至少两条对策建议，对策建议须涵盖培训人才、吸引人才、留住人才三个方面。

4. 实践成果

在实践结束后，学生以班级为单位，根据调研要点提交一份详细的实践报告。实践报告全文字数不少于 5000 字，其中对策建议部分不少于 2000 字。报告中，学生应附上 20～30 张与研究主题相关的高清图片。这些图片既可以是考察乡村产业，也可以是与村民或村干部访谈时的实拍，或是具有代表性的人才振兴活动图片（例如吸引乡贤返乡的活动照片等）。此外，若在调研过程中进行了问卷调查或深度访谈，相关的统计数据、访谈摘录和分析结果也应整理并附在实践报告之中。

问卷应与所定调研主题与目的高度契合，考虑收集数据的精准性、科学性及可操作性。在问卷中，尽量以朴实的语言提出学术的问题，并按需增加例子进行说明，保证接受访谈的对象能够看懂、听懂和理解问卷。建议以教师为主，学习小组组长参与的形式共同拟定问卷，并充分研讨、优化提升。问卷形式建议以电子版为主，纸质版为辅，即通过问卷星等软件创建问卷链接，便于数据收集和分析且环保，同时为由于文化程度较低或无智能手机无法填写电子版问卷的受访人准备纸质版问卷，由学生小组根据访谈结果记录在纸质版问卷上，返程后及时录入电子版。问卷收集的结果仅作学术研究，严禁泄露个人信息。以下以围绕人才振兴和人口外流为主题拟定若干访谈问题。

"人才振兴和人口外流"若干访谈问题

1. 您的性别是：A. 男；B. 女
2. 您的年龄是：A. 18 岁以下；B. 18～24 岁；C. 25～34 岁；D. 35～44 岁；E. 45 岁以上
3. 您的受教育程度是：A. 高中及以下；B. 大专；C. 大学及以上
4. 您所从事的行业是：A. 种植业；B. 养殖业；C. 个体经营户；D. 村干部；E. 其他（请注明）
5. 您认为人口外流对于农村发展有何影响：A. 严重阻碍；B. 有一定影响；C. 影响不大；D. 没有影响
6. 您认为本地人才外流严重吗：A. 非常严重；B. 严重；C. 比较严重；D. 不严重
7. 您认为人口外流的推动因素是什么：A. 就业机会较少；B. 基础设施不健全；C. 收入偏低；D. 其他（请注明）
8. 您认为应该采取哪些措施吸引人才回流：A. 加大对农村地区的投资；B. 提供更多的就业机会；C. 加强对创业者的支持；D. 提高教育水平；E. 其他（请注明）
9. 您认为人才振兴对整个社会的发展有何影响：A. 促进经济增长和社会进步；B. 提供更多的就业机会；C. 加强文化交流和创新；D. 其他（请注明）
10. 您所在的村是否曾组织过人才培训：A. 是；B. 否

11. 您认为本村未来的发展需要什么类型的人才：A. 技术人才；B. 治理人才；C. 经营人才；D. 其他（请注明）
12. 如果有机会，您是否愿意回到家乡从事相关工作或创业？A. 是；B. 否

主观问题：
13. 本村是否有吸引人才的相关政策？如有，请介绍一下该政策的内容及成效。
14. 本村有返乡创业的大学生或乡贤吗？您认为他们为乡村带来了什么好处？
15. 本村有驻村科技特派员吗？他们主要做哪些方面的工作？

（四）实践成效

通过学习本章，促进学生更好地了解人才在乡村发展中的重要性，理解乡村人口外流原因以及人才振兴工作重点，进而讨论如何有效地为乡村吸引人才、培养人才以及留下人才，同时鼓励学生未来投身乡村建设，为乡村未来发展贡献属于自己的力量。实地实践建议达到以下成效。

1. 知识成效

经过本次实地实践，学生在多个领域获得了宝贵的知识和经验，学会将乡村振兴的理论知识与发展实际进行对照，深入了解乡村人才现状与乡村人口流动的原因。

2. 能力成效

在与村干部、村民、乡村就业人员的访谈中，学生锻炼了访谈沟通技巧、辩证思维能力和团队协作能力。更为重要的是，锻炼学生运用所学知识分析实际问题的能力，当学生面临村庄人才大量外流，难以有效吸引、留下人才的困难时，学生能够结合乡村实际，从多个角度提出对策建议。

3. 成果成效

本次所提交的实践报告包含了村内人口外流现状、人才振兴工作情况、人才相关政策分析、未来乡村人才需求，以及从吸引人才、培养人才和留下人才三个方面提出的对策建议。该报告中的文字内容能够帮助当地政府更好地了解本村目前人才外流情况、人才振兴工作面临的困难以及人才政策的缺点，为下一步的政策优化和人才振兴工作开展提供了方向和建议。成果中的照片与视频可以用于吸引乡贤返乡的宣传片的制作，促进外出工作的乡贤返乡创业。实践成果将对当地人才振兴工作推进具有一定的促进作用，体现了高校响应国家服务地方的号召与大学生智推乡村振兴的美好情怀，为促进当地社会经济繁荣发展提供绵薄之力。

本章参考文献

[1] 高洪. 当代中国人口流动问题[D]. 上海：复旦大学，2003.
[2] 李博. 乡村振兴中的人才振兴及其推进路径——基于不同人才与乡村振兴之间的内在逻辑[J]. 云南社会科学，2020（4）：137-143.

[3] 颜咏华．人口流动对城市化进程的影响：理论分析与实证研究[D]．兰州：兰州大学，2016．

[4] United Nations. Methods of measuring internal migration[A]. In: Manuals on Methods of Estimating Population, Manual VI. New York: UN Department of Economic and Social Affairs, 1970.

[5] 李博．乡村振兴中的人才振兴及其推进路径——基于不同人才与乡村振兴之间的内在逻辑[J]．云南社会科学，2020（4）：137-143．

[6] WOLF E R. Peasants[M].Prentice-Hall,1966.

[7] 李伟．新型职业农民培育问题研究[D]．成都：西南财经大学，2014．

[8] 刘彦随，刘玉，翟荣新．中国农村空心化的地理学研究与整治实践[J]．地理学报，2009，64（10）：1193-1202．

[9] 中华人民共和国国务院．国务院关于开展第七次全国人口普查的通知[EB/OL]．[2023-09-01]．https://www.gov.cn/gongbao/content/2019/content_5456806.htm．

[10] 略阳县统计局．统计知识：重要的人口指标有哪些？[EB/OL]．（2022-05-23）[2023-09-01]．http://www.lueyang.gov.cn/lyxzf/lyzwgk/tjsj/tjxx/202205/76ed4fab4a964b28b41d7359460be608.shtml．

[11] 段成荣，孙玉晶．我国流动人口统计口径的历史变动[J]．人口研究，2006（6）：70-76．

[12] RAVENSTEIN E G .The laws of migration[J].Journal of the Statistic Society, 1976, 151(2):289–291.

[13] 杨东亮，任浩锋．中国人口集聚对区域经济发展的影响研究[J]．人口学刊，2018，40（3）：30-41．

[14] BOEK J H Economics and Economics Policy of Dual Societies as Exemplified by Indonesia[M]. New York: Institute of Pacific Relation,1953.

[15] LEWIS W A Economic Development with Unlimited Supplies of Labour[J].The Manchester School, 1954 (22): 139-191.

[16] FEI C H, RAINS G. A Theory of Economics Development [J]. American Economic Review, 1961(9): 533-565.

[17] MASLOW A H .Motivation and personality, 3rd ed.[J].1987.

[18] 于广宁．尚义县十三号村"空心村"的华丽嬗变[J]．河北农业，2021（5）：72-73．

[19] 尚义县人民政府．尚义县概况[EB/OL]．（2024-06-06）[2024-07-23]．http://www.zjksy.gov.cn/single/99/26536.html．

[20] 太原市人力资源和社会保障局．《中国组织人事报》关注太原：千人到千村 汇聚新动能[EB/OL]．（2023-03-20）[2023-09-01]．https://rsj.taiyuan.gov.cn/tyxw/20230320/30028622.html．

[21] 太原市人民政府．太原概况[EB/OL]．（2021-02-22）[2023-09-01]．https://www.taiyuan.gov.cn/tygk/20210222/1044393.html．

[22] 屈楠楠，郎伍营．乡村人才振兴的现实困境及优化策略——以陕西商洛为例[J]．智慧农业导刊，2023，3（15）：177-180．

[23] 商洛市人民政府. 市情概况[EB/OL]. [2023-09-01]. https://www.shangluo.gov.cn/slgk/sqgl.htm.

[24] 福建省科技厅科技服务处. 福建省科学技术厅科技特派员工作优秀案例⑫科技下乡，为养殖保驾护航[EB/OL].（2023-06-02）[2023-09-01]. https://www.faas.cn/cms/html/fjsnykxy/2023- 06-02/ 1601421084.html.

[25] 福建省人民政府. 这就是福建[EB/OL]. [2023-09-01]. http://www.fujian.gov.cn/zjfj/.

[26] 阳泉城区党建. 义井镇：人才振兴"出实招" 基层治理"见实效"[EB/OL].（2022-08-31）[2023-09-01]. https://mp.weixin.qq.com/s?__biz=MzI0Mzc3 OTEwNg==&mid=2247508219&idx=1&sn=a14896a1451e48e466c6abbf93acb048&chksm=e96533b6de12baa0fb5fdbba48f2ae9a38cd5f8f1480b6f51b4a50c29cd59d7f7f74af516ebc&scene=27.

[27] 阳泉市人民政府. 山西省阳泉市概况[EB/OL].（2024-05-27）[2024-07-23]. http://www.yq.gov.cn/scfq/yxsc/zhgl_1411/201509/t20150902_44194.shtml.

[28] 中华人民共和国民政部, 黄树贤, 薛维栋. 中华人民共和国政区大典·山西省卷[M]. 北京：中国社会出版社，2016.

第六章 文化振兴与乡村旅游

第一节 导　论

一、背景知识

党的二十大报告就全面推进乡村振兴做出战略部署，强调"全面建设社会主义现代化国家，最艰巨最繁重的任务仍然在农村"。"加快建设农业强国，扎实推动乡村产业、人才、文化、生态、组织振兴。"乡村文化旅游是乡村旅游与乡土文化融合发展的农村产业新模式，是对优秀乡土文化的创造性转化和创新性发展，从一定意义上来说，也是统筹推进农村经济建设、政治建设、文化建设、社会建设、生态文明建设和党的建设的重要抓手，在全面推进乡村振兴中发挥着重要作用。

（一）国外乡村旅游文化发展模式

1. 西欧国家乡村旅游文化发展模式

德、法、意、瑞等西欧一带国家的乡村游相较于国内有其独特的风采。尽管同为山川、草地和房屋，但阿尔卑斯山脉的存在使其成为冰雪运动的圣地；这里广袤无垠而平整的草坪，外加些许高树点缀，成为人们野餐、嬉戏、打高尔夫、观看动物等各种休闲娱乐的最佳场所；这里的圆木屋在精心设计与装饰下，不仅成为摄影拍照的重要吸引物，也是主题民宿的魅力所在。例如，法国推出了"Gîtes de France"计划，这一计划鼓励农民为城市居民提供住宿和餐饮服务。它不仅为农民开辟了新的经济来源，也使游客能够深入体验法国真实的乡村文化。在英国，Cotswolds地区凭借其传统的英格兰乡村建筑和田园风光，成功地将乡村传统文化与旅游业相结合，使游客能够身临其境地体验英国的乡村生活和文化。西欧国家乡村旅游模式既包含对文化的重视和利用，同样注重在文化支撑下的视觉冲击和休闲享受。

2. 日本乡村旅游文化发展模式

在乡村走向衰败的现实压力下，日本凭借其后发优势，在借鉴他国成功发展经验的基础之上，高度支持发展乡村旅游业，在村民的密切合作下，观光体验型、休闲生活型、生态保健型等乡村旅游项目应运而生，且获得良好的发展。例如，坐落在日本岐阜县白川乡山麓的合掌村在文化遗产保护和传承方面具有世界领先水平，沿用并创造出一系列独特的乡土文化保护措施，成为日本传统风味十足的美丽乡村。合掌村在文化资源开发上，强调与地方乡土特色相结合，如组织了富有当地传统特色的民歌表演和趣味性节日活动，为旅游业建造了系列突出乡土特色和民俗体验的民宿等。再如在基础配套建筑设施建造方面，饮食店、小卖部、纪念品店、土特产店等配套建筑的装饰会以某一种文化为主题，并充分利用当地的自然资源，以植物花草为装饰元素，力争体现一种温馨朴实之美。日本乡村旅游文化得到了很好的保护与传承，其不仅注重传统乡村文化在旅游业中的运用，也会根据人们的喜好和消费特点的改变而不断创新[1]。

3. 新西兰乡村旅游文化发展模式

新西兰以其原生态的美景著称，蔚蓝的天空、纯洁的白云、巍峨的高山、清澈的湖水以及茂盛的草地和各类野生动物为其乡村旅游提供了无可比拟的自然背景。此外，新西兰的众多乡村和小镇各具特色：有些地方因温泉而成为度假胜地；有的地方则因红酒产区而闻名；有些则以日间滑雪和夜晚星空为主打；更有的是徒步探险的好地方，还有一些专为钓虾或高尔夫打造的休闲场所。值得一提的是，新西兰还有一些乡村因当地独特的文化而繁荣，例如以毛利文化为核心的村落。在这里，毛利文化的哈卡舞、传统编织及雕刻艺术都被展现得淋漓尽致，成为该地区的文化象征。新西兰政府不只依赖这些天然优势，更致力于深化和挖掘当地的文化资源，努力使乡村旅游成为一个让游客和当地居民都能沉浸并欣赏的美好场所。

（二）国内乡村旅游文化发展模式

近年来，我国乡村旅游市场规模持续扩大、产业链条不断延展、综合带动作用日渐显著，形成了一大批新模式，成为乡村振兴的重要抓手。早在乡村振兴战略提出之前，我国就对乡村文化旅游产业发展给予了高度重视。2016年中央一号文件中提出需要加强乡村生态环境和文化遗产保护，并对具有历史记忆、地域特点、民族风情的特色小镇进行开发，形成文旅项目，促进乡村经济发展。中共中央、国务院在2018年发布的《中共中央 国务院关于实施乡村振兴战略的意见》中提到"实施休闲农业和乡村旅游精品工程"，目标就是要促进乡村旅游产品质量的提高、硬件设施建设的升级、软件管理服务的升级、文化内涵的升级、环境卫生的升级、人员素质技能的升级，真正打造一批生态优、环境美、产业强、农民富、机制好的休闲农业和乡村旅游精品。

1. 乡土文化体验模式

乡土文化体验模式强调对本土文化的深入体验和交流。游客不仅可以观赏，还可以参与。这种模式充分利用了当地的非物质文化遗产、古老的村落和传统的工艺技术，让游客从中感受到乡土文化的深厚底蕴和魅力。在政府的"非物质文化遗产保护与传承"政策下，乡村被鼓励挖掘并保护本土的文化资源，为该模式提供了持续的支持。

2. 农耕体验模式

游客可以直接参与农业生产的各个环节，从种植到收获，乃至加工，体验传统的农耕生活。伴随"新农村建设"政策的深入推进，如今的农民合作社和农业基地已经成为该模式的重要支撑。

3. 生态休闲模式

在生态休闲模式中，乡村的天然环境和生态成为主要吸引游客的要素。这种模式强调与自然的和谐共处和体验乡村的宁静与放松。提供的生态农庄、野餐和徒步活动都是为了让游客更近距离地感受乡村的生态魅力。农庄不仅是供人们观赏的生态园地，更成为文化的传播者，将传统的农耕方式、手工艺以及当地的饮食文化传承给到访的游客。野餐和徒步不仅是为了让游客体验大自然的魅力，更是为了让游客深入了解乡村的独特文化和历史。在"生态文明建设"政策的指引下，这一模式更加强调乡村文化与生态旅游的结合，旨在达到文化、生态和旅游三位一体的和谐发展。这就确保了乡村旅游不仅仅是经济的增长点，更是文化和生态的传承与保护。

4. 创意文化模式

创意文化模式主张将传统文化与现代元素相结合，为游客创造全新的文化体验。举办的艺术节和乡村手工艺品展示都是为了鼓励当地居民和艺术家合作，从而创造出独特且具有创意的文化产品。这种模式得益于国家"文化产业振兴"政策，鼓励乡村在传统文化的基础上进行创新与拓展。

5. 整村旅游模式

对于具有特色的乡村，可以通过整村旅游模式进行整体规划和打造，将其发展成为具有综合吸引力的旅游景点。鼓励乡村通过修复古老的建筑、挖掘并传承传统手工艺、保护和展示当地的非物质文化遗产，将整个乡村打造成为一个活体的文化博物馆。游客可以在这里深度体验到乡村的日常生活，感受传统的农耕方式、节日庆典、乡土音乐和舞蹈，深入了解当地的历史和故事。文化整村旅游模式不仅提升了乡村的旅游品质，更让当地居民参与其中，共同保护和传承他们的文化遗产。这不仅带动了乡村经济的提升，更促进了文化的传播和交流，增强了乡村的文化认同感和归属感。在乡村振兴战略的背景下，这种注重文化和旅游相结合的开发模式无疑为乡村带来了双重的价值，既实现了经济的增长，又保护和传承了乡村的宝贵文化遗产。

二、学习重点

本章探讨了乡村文化的核心价值，分析了其对于地方身份、传统与现代的联系以及社区凝聚力的贡献，也讨论了如何在追求经济利益的同时，重视文化的保护和传承。乡村旅游作为乡村经济发展的关键支撑，它的发展离不开可持续发展和社区参与。此外，本章还探讨了如何将丰富的文化资源演化为独特的旅游景点，以及如何利用文化盛事、非遗宝藏和地域传统等资源提升乡村旅游的魅力。本章学习要求如下：

（1）理解乡村文化的定义与特性，探寻其在乡村振兴大局中的核心价值。

（2）分析乡村文化对于地方身份、传统与现代之间的联系及其对于社区凝聚力的贡献。

（3）理解如何确保在追求经济利益的同时，重视文化的保护和传承。

（4）掌握乡村旅游的历史脉络、主流模式与未来趋势。

（5）洞察乡村旅游如何崭露头角，成为乡村经济发展的关键支撑。

（6）学习如何在资源使用、环境保护、社区参与等方面确保乡村旅游的可持续发展。

（7）了解如何巧妙地将丰富的文化资源演化为独特的旅游景点。

（8）发掘如何利用文化盛事、非遗宝藏和地域传统等资源，全面提升乡村旅游的魅力。

第二节 理论知识

一、名词解释

1. 乡村文化

乡村文化是指在历史上各时期的生产生活实践过程中，在乡村形成的物质文化和精神文化的总和。乡村是文化的发源地，也是文化的重要组成部分。中国文化的根在乡村，以乡村为根基，以乡村为主体，发育成高度的乡村文明。

2. 文化振兴

文化振兴是乡村振兴战略中的重要组成部分，旨在保护、传承和发展乡村的传统文化资源，激发农民的文化自信和认同感，提升乡村的文化软实力。文化振兴通过加强乡村文化产业的开发，促进艺术、手工艺和传统节庆活动等文化创意产业的发展，推动乡村文化旅游的蓬勃兴起，以实现农村经济增长和社会进步的目标。

3. 乡村文化资源

乡村文化资源包括传统建筑、风俗习惯、传统技艺、文化景观等，是乡村振兴中的重要资产。乡村文化资源是农村独有的、具有历史和地域文化特色的资源，在乡村旅游和文化振兴中具有重要的保护、开发和利用价值。

4. 文化自信

文化自信是一个民族、一个国家以及一个政党对自身文化价值的充分肯定和积极践行，并对其文化的生命力持有的坚定信心。在乡村振兴中，培养农民的文化自信可以增强乡村居民对自己文化传统的认同感，提高他们保护和传承乡村文化的积极性和主动性。

5. 乡村旅游

乡村旅游是指人们借助假期、休闲时间等，前往农村地区体验田园风光、农耕和乡村生活，以获取身心放松和文化体验的一种旅游形式。乡村旅游在促进乡村经济发展、改善农民收入、推动农村农业结构调整等方面发挥重要作用。同时，乡村旅游也增强了城乡交流与融合，促进了农村文化的传承和发展。

6. 乡村体验旅游

乡村体验旅游是指游客在乡村中参与当地的生活、文化、艺术等活动中，实现体验和旅游的完美结合。这种旅游方式让游客深入了解和体验乡村文化，增强乡村旅游的吸引力。乡村体验旅游不仅提供游客休闲娱乐的场所，还能让他们亲身体验乡村生活的方方面面，感受到乡村的独特魅力和文化底蕴。这种旅游方式不仅可以促进乡村经济发展，还可以为游客提供难忘的旅游经历，加深对乡村文化的了解和认同。

7. 可持续旅游

可持续旅游是指在保护环境、尊重文化、提供经济效益、保障社会福利等原则下进行的旅游活动。这种旅游方式旨在实现旅游活动与环境保护的协调，同时促进当地经济发展和社会进步。在乡村旅游中，实践可持续旅游理念至关重要，这有助于保护乡村的生态环境和传统文化，同时为当地居民提供就业机会和经济效益，从而实现乡村的长期发展。

8. 农文旅融合

农文旅的融合是产业的融合，是农业产业跨越传统产业边界，与文化旅游产业相互改变产业链的过程。同时，文化旅游产业的无形要素要跨越其产业边界，应用到农业产业，对相应功能模块进行创新。

二、重要概念

（一）文化资本

在探讨乡村振兴的策略和方法时，我们不能忽视文化的重要作用。文化是乡村地区的灵魂，是连接历史、现在和未来的纽带。法国社会学家皮埃尔·布迪厄的文化资本理论为我们理解和利用文化在乡村旅游及经济发展中的角色提供了新的视角。

文化资本理论在现代社会学中占有一席之地，尤其是在乡村振兴和旅游发展领域。布迪厄所提出的文化资本理论为我们理解文化如何与经济和社会结合提供了新的视角。布迪厄提出的文化资本理论对理解文化振兴和乡村旅游具有重要的启示。布迪厄将资本具体划分成三大形态：经济资本、文化资本和社会（关系）资本。文化资本是一种表现行动者文化上有利或不利因素的资本形态。在某些特定条件下，它可以转化为社会地位和经济收益[2]。在乡村振兴的语境中，通过保护和挖掘乡村的历史文化资源，这些"文化资本"可以转化为乡村旅游的吸引力，进而带动乡村经济的发展。同时，通过提升乡村居民的文化素养，也可以增加他们的"文化资本"，提高他们的生活质量。

在乡村振兴的背景下，文化资本可视为乡村地区的独特传统、历史、艺术和生活方式，这些文化元素可以转化为实际的经济价值，特别是在乡村旅游中。当文化资本得到恰当的塑造和宣传，它能够吸引游客并促进当地经济发展。乡村地区拥有丰富的历史和文化遗产，这些遗产不仅仅是历史的见证，也是当地社区的集体记忆。每一个古老的建筑、每一个传统节日，甚至每一种传统手工艺，都承载了一个地方的故事和文化。这些文化元素成为乡村地区的文化资本，有潜力转化为实际的经济价值。乡村旅游正是这一转化过程的体现。随着现代人对于原生态和文化体验的追求，乡村地区的独特文化逐渐被外部所重视。当这些乡村能够有效地挖掘、包装和传播自己的文化资本时，它们就能够将这种无形的资源转化为实际的经济收益。但仅仅将文化资本变现是不够的，如何持续、恰当地保护和利用这些资本至关重要。过度的商业化可能会导致文化的失真或者异化，从而失去了文化资本的核心价值。因此，乡村地区在发展旅游的同时，也需要考虑如何在利用与保护之间达到平衡，确保文化的原真性和可持续性。文化资本理论为乡村振兴提供了一个新的维度，使我们意识到文化不仅仅是历史的沉淀，更是推动乡村经济和社会发展的重要力量。正确地认识和利用这一资本，乡村地区将有机会实现真正的振兴。

（二）交旅融合

产业融合是现代产业体系的重要趋势，通常是指在技术进步和制度变革推动下产业之间交叉渗透和互为影响，最终形成了新产业、新领域和新业态。夏杰长和刘怡君（2022）提出交旅融合是指交通和旅游要素之间在技术进步、设施建设、产品开发、空间优化、运营管理和客户服务等方面相互渗透、交叉汇合或整合重组，彼此交融而形成的协调共生现象与过程[3]。此外，交旅融合的范畴还扩展至理念的结合、技术的统一以及功能的整合等方面，促进交通领域对旅游空间的拓展和旅游业对交通转型的推动，从而实现双赢发展。交通与旅游的融合作为一个动态的优化过程，不仅促进了两者业态的创新和功能升级，而且推动了产业的转型，进而引发了新的市场需求，并扩大了消费规模和水平。在乡村振兴的大背景下，交旅融合的意义尤为重大。它不仅提高了乡村旅游的可达性和便利性，还增强了乡村作为旅游目的地的吸引力。这种融合模式有效地连接了城市和乡村，促进了人流、物流、信息流的交换，为乡村带来了新的发展机遇。

从理论角度来看，交旅融合融入了交通经济学、旅游管理学、区域规划学等多个学科的理论基础。交通经济学关注如何通过高效的交通网络规划、成本控制和服务质量提升促进旅游业的发展。旅游管理学则侧重于如何通过优化旅游产品和服务来提升旅游体验，吸引更多游客。区域规划学则从更宏观的角度出发，强调在推动乡村旅游发展的同时，平衡区域发展，保护乡村的生态环境和文化遗产。实际操作中，交旅融合体现在多个方面，包括交通基础设施的优化、信息技术的应用、市场营销的联动、服务模式的创新以及政策和管理的协同。这些策略的实施不仅提升了乡村旅游的效率，还为乡村经济的全面发展打开了新的局面。通过交旅融合，可以实现交通运输业和旅游业的共赢，推动乡村的全面振兴。

三、经典理论

（一）文化认同理论

在当代社会中，文化多样性和身份认同日益受到重视。乡村，作为一个拥有深厚历史、文化传统和独特生活方式的地方，其文化认同感不仅代表了居民的心灵归属，还是吸引游客的魅力所在。在乡村振兴的过程中，如何充分挖掘和展现这种文化认同，以及如何在旅游发展中保护和弘扬这种认同，都是我们必须深入思考的问题。文化认同是对一个群体或文化的身份认同，是人类对于文化的倾向性共识与认可，也是人类对自己文化的归属性意识。文化认同理论强调了个体或群体与其文化传统、价值和符号的联结和认同感。Hall（1996）认为文化认同是构建和经验"意义"的复杂框架，它与历史、语言和文化实践紧密相连[4]。文化认同是一个与历史、语言和文化实践紧密相连的复杂结构。这意味着它是动态的，不断地进行自我更新和适应。乡村居民的文化骄傲以及与外界分享的意愿为乡村旅游注入了活力。当游客深入了解并体验乡村文化时，他们会更加尊重并欣赏这种独特的文化环境。

在乡村振兴的背景下，文化认同成为推动乡村发展的关键，特别是考虑到乡村地区独特的文化传统和生活方式。在发展乡村旅游时，应当尊重乡村居民的文化认同，发掘具有乡土特色的文化资源，通过旅游让外来游客了解乡土文化，增强乡村居民的文化认同感。

乡村的独特性通常与其文化遗产和生活习惯有着不可分割的联系。文化认同在乡村振兴中的重要性在于：当乡村地区通过旅游业寻求振兴时，一个稳固的文化认同感会促使乡村居民更加珍视并传承其文化遗产。通过增强乡村社区的文化认同，可以帮助当地居民更加珍视和保护自己的文化遗产，从而吸引更多对此感兴趣的游客。文化认同理论还为乡村旅游提供了有益的指引，强调在发展过程中对乡村文化的尊重与融合。旅游业可能会带来经济利益，但如果缺乏对当地文化的尊重，乡村的原生文化可能会遭受破坏或曲解。因此，将文化认同纳入旅游开发的核心，是确保乡村文化持续性和可持续性发展的关键。乡村文化的认同感可以通过多种方式加强，如举办传统活动、展示手工艺品或乡土音乐会等，使游客深入体验乡村的文化魅力。这不仅可以增强游客对乡村文化的理解，还为乡村居民提供了一个展示自己文化的平台，进一步巩固他们的文化认同感。

（二）社区参与理论

社区参与理论的实施是实现乡村振兴与旅游发展目标的关键。任何外部的建议或介入，如果没有得到当地社区的支持和参与，都可能成为泡影，因此社区参与理论显得尤为重要。这不仅仅是一种理论指导，更是实践中成功的关键。在乡村旅游发展的背后，隐藏的是一种对乡村居民情感、文化和生活方式的尊重和理解。社区参与理论指的是社区居民自觉自愿地参加社区各种活动或事务，表达自己的意见和建议，并影响权力持有者决策的行为。社区参与理论在乡村振兴与乡村旅游领域中占据了核心地位，强调乡村居民应作为关键利益相关者，积极参与其所在社区的发展决策过程。乡村居民对其所处环境拥有深厚的情感与认知。他们对乡村的历史、文化以及自然环境有独到的了解。因此，他们的参与确保旅游开发能够更真实、有效地贴合乡村的实际情况，并为项目提供宝贵的建议与资源。通过社区参与，乡村居民直接从乡村的振兴与发展中受益，例如，可以提供更多的就业机会、提升生活品质等，从而增强他们对于乡村发展的支持度和归属感，进一步加强乡村社区的内聚力。

社区参与还为乡村旅游的开发带来持久和可持续的效益。由于当地居民既是开发的推动者也是受益者，他们更可能关心并维护乡村资源，确保旅游开发不对乡村带来不适度的负担。然而，确保有效的社区参与并非易事，这要求决策者与居民之间建立和维护良好的沟通机制，以确保居民的声音被听见并被有效地融入决策过程。综上所述，社区参与理论在乡村振兴与旅游开发中起到了决定性的作用，只有确保乡村居民的全面参与和受益，乡村的发展才能真正实现可持续性与普惠性。

第三节 案 例 剖 析

一、安徽黄山世界级休闲度假旅游目的地文化振兴与旅游发展

（一）基本情况

地理位置：黄山市位于安徽省最南端，介于东经 117°02′～118°55′和北纬 29°24′～

30°24'。南北跨度1°，东西跨度1°53'。西南与江西省景德镇市浮梁县、上饶市婺源县交界，东南与浙江省衢州市开化县、杭州市淳安县、临安区为邻，东北与安徽省宣城市绩溪县、旌德县、泾县接壤，西北与池州市青阳县、石台县、东至县毗邻。全市总面积9807平方千米。

区位优势：黄山市地处长三角城市群腹地，接近上海、苏州、杭州等重要的旅游客源市场，为长三角高收入群体提供了"后花园"式的便利旅游目的地。同时，黄山市拥有著名的世界文化遗产——黄山风景区。

产业情况：主要产业为旅游业，其次为农业，包括茶叶种植和果树种植。

人口：截至2022年年末，黄山市常住人口132.3万人。

发展情况：虽然黄山风景区吸引了大量游客，但周边的乡村地区仍然面临经济发展滞后的问题。近年来，通过乡村振兴战略，当地乡村旅游开始逐渐兴起，带动了地方经济和文化的发展。2023年1月至6月，黄山市共接待游客3610.4万人次、同比增长125.1%，旅游总收入330.8亿元、同比增长109.7%[5]。

（二）案例背景

黄山因其独特的地貌和景色而被誉为"五岳归来不看山"。但除了著名的旅游景点，周边的乡村地区仍存在着发展滞后和贫困的问题。为了进一步挖掘和利用黄山及周边地区的文化和旅游资源，当地政府启动了一系列乡村振兴项目。近年来，黄山市聚焦打造大黄山世界级休闲度假旅游目的地，坚持大农业观，全产业、多维度开发物产资源，探索特色农业发展新业态、新场景、新模式，以独特步法全面推进乡村振兴，构建"山水村夜"文旅坐标系，推出一批"徽字号"精品线路、徽州美宿、文创产品和节庆赛事活动，推动农文旅跨界融合发展，打通绿水青山向金山银山转化通道，加快建设彰显徽风皖韵的宜居宜业和美乡村，以一座世界名山的高度与全球对话，建设具有世界影响力的景区度假区、中华优秀传统文化体验地、全国最美生态旅游度假地，铺展开产业丰美、人才秀美、乡风纯美、生态醉美、社会和美的"新安山居图"。

（三）做法成效

1. 成效画面

黄山市通过巧妙地利用其丰富的生态、旅游和徽文化资源，快速转型为具有特色的乡村旅游和乡村振兴的示范点。古村落如黟县的宏村和西递得到了保护和恢复，吸引了大量游客，并催生了众多与旅游相关的经济活动。

黄山市地处皖南山区，是一个山多地少、田坞分散、交通落后的山区农耕小城。黄山市传统农业结构以水稻、油菜、大豆、红薯等为主要农作物，正常年份40%以上的粮食需要从外地调进。无论是城市规模，还是土地面积、产量，放之全国乃至全省，黄山的农业都处于一个非常不起眼的地位。但黄山农业特色十分明显，而且质量、品类也独具一格。加上生态资源、旅游资源、徽文化资源非常丰富，因此黄山农业具有一些地市无法比拟的禀赋个性（见图6-1）。

近年来，黄山市正聚焦高标准建设生态型、国际化、世界级休闲度假旅游目的地城市，黄山市作为国家布局的25个重点旅游城市、安徽旅游的国际化桥头堡，"大黄山"的定位更加清晰。截至目前，全市拥有国家级、省级、市级专业特色示范村339个，其中国家级

11个，省级70个，这些特色村作为黄山市乡村振兴的重要引擎，推动着黄山市乡村振兴快速迈进。

图6-1　黄山市传统乡村风貌

图片来源：黄山市"一村一品"特色农业探微[EB/OL]．（2022-06-08）．https://mp.weixin.qq.com/s?__biz=MzAxMTAwNzg1NA==&mid=2651788135&idx=2&sn=8be2ea3d76c5040bc9f2f9ff18ab79fb&chksm=80bc1166b7cb98709c7d51f21b16fb3182f084c2cfa9c154abe84e5458d3d22411f61270399c&scene=27．

世界文化遗产地黟县宏村（见图6-2）、西递名扬天下，游客接待量和旅游收入逐年攀升，当地从事旅游行业的农民占90%以上，已经成为黟县全域旅游的"模范生"、黄山市乡村旅游和乡村振兴的"样板"，并成为古村落保护、开发、利用的典范。开乡村旅游风气之先的休宁白际、木梨硔、黄山区的山岔村、庄里、歙县的石潭、阳产、坡山、狮石已经成为黄山市乡村旅游的品牌代言村，正吸引越来越多的村民回乡办旅游。

图6-2　黄山市宏村旅游村

图片来源：黄山市"一村一品"特色农业探微[EB/OL]．（2022-06-08）．https://mp.weixin.qq.com/s?__biz=MzAxMTAwNzg1NA==&mid=2651788135&idx=2&sn=8be2ea3d76c5040bc9f2f9ff18ab79fb&chksm=80bc1166b7cb98709c7d51f21b16fb3182f084c2cfa9c154abe84e5458d3d22411f61270399c&scene=27．

2. 主要成效

以皖南国际文化旅游示范区建设为统揽，持续推进创意下乡、创意景区建设，推动农旅与非遗、摄影、户外、休闲、研学等融合发展，徽州民宿、非遗手工制作、数字乡村等乡愁经典产业茁壮成长，每年举办祁红采摘节、油菜花摄影旅游季、"徽文化·大地艺术季"等乡村文旅活动100余场，培育"非遗"夜市、写生基地、百佳摄影点、户外徒步基地等业态3700余处，推进乡村书屋和咖啡屋"双百计划"，西递村成功获评世界最佳旅游乡村，卖花渔村案例登上世界旅游联盟榜单，农产品电商年销售额达39亿元。2022年全市乡村旅游接待游客达4000万人次、旅游收入近300亿元，跻身全国首批9个"民宿产业发展示范区"，3200余家民宿年收入达15亿元，近10万农民变身旅游"服务员"、乡村CEO。

3. 经验总结

深度挖掘与整合资源优势：黄山市巧妙地将其得天独厚的地理、生态和文化资源进行整合，确立了一种独特且不可复制的乡村旅游模式。这一成功经验告诉我们，地区的转型发展不应简单模仿，而应基于自身的独特性，以创新的方式深入挖掘和利用。

推进旅游与农业的有机结合：黄山市通过与非遗、摄影、户外、休闲、研学等行业的深度融合，为游客提供了丰富多彩、深入人心的文化之旅。这种有机结合为乡村旅游赋予了更深层次的价值，使其从简单的观光模式升级到情感、知识和文化的交融。

注重品牌建设与活动策划：通过系列乡村文旅活动（如祁红采摘节），黄山市不仅成功吸引了众多游客，更在市场上树立了鲜明且深入人心的品牌形象。品牌的策划与推广需要深度了解当地的特色文化与市场需求，才能达到预期的效果。

农民的角色转型与专业培养：黄山市通过培训与鼓励，使得农民从传统的农耕模式转型为乡村旅游的专业服务提供者，如乡村CEO。这种转型不仅提升了农民的经济地位，更为乡村旅游注入了源源不断的活力。

远景规划与持续发展：黄山市乡村旅游的成功背后，是其对于旅游业的长期规划、持续投入与不懈努力。仅凭短期的热闹与繁荣，难以确保一个地区旅游业的长期繁盛。

（四）经验推广

资源的多维度整合：黄山市成功地通过对地理、生态和文化资源的多维度整合，打造了独特的乡村旅游品牌。各地可以根据自己的资源特点，运用此经验把分散的资源进行有效整合，形成具有吸引力的乡村旅游产品。

旅游与农业的融合模式：黄山市证明了旅游与农业的融合发展是完全可行的，为乡村注入了新的活力。其他地区可以参考此模式，将自身的农业特色与旅游产业相结合，打造具有地方特色的旅游项目。

活动策划与品牌打造：黄山市通过系列乡村文旅活动成功吸引了大量游客。其他地区可以借鉴其策划和推广方式将自身的文化和历史背景与旅游相结合，通过活动的策划和推广树立地方品牌。

农民参与培训：黄山市的农民转型成功案例表明，农民的参与和专业培训是乡村旅游成功的关键。各地可以设置专门的培训机构，将农民培养成为乡村旅游的主要参与者和推动者。

长期规划与发展策略：黄山市的持续发展证明了长远规划的重要性。对于其他地方来说，建议制定长期的乡村旅游发展策略，并结合自身实际情况进行持续调整和完善。

（五）思考探索

黄山市曾是一个地理位置偏远、农业资源有限的山区农耕小城。通过积极推进乡村旅游，挖掘和利用当地丰富的生态、旅游和文化资源，黄山市成功地提升了其在旅游业中的地位，同时也为当地农民带来了新的经济机会。

请你从战略规划、资源整合、市场营销和文化保护等角度，分析黄山市成功转型为一个知名旅游目的地的关键因素是什么。在此基础上，如何为其他具有类似背景和条件的乡村地区提供发展乡村旅游的建议？

二、丽水松阳县古村落的文化振兴与旅游发展

（一）基本情况

地理位置：松阳位于浙西南山区，地理坐标为北纬 28°14′～28°36′，东经 119°10′～119°42′。丽水腹地，东邻莲都，西南接龙泉、云和，西北连遂昌，东北毗邻金华武义县。东西最宽处径距 53.7 千米；最北至赤寿乡大川，最南至大东坝镇大湾，南北最长径距 40.2 千米。松阳县地域面积 1406 平方千米。

区位优势：松阳县地处浙南山区、瓯江上游，背靠浙江大花园最美核心区，自古就有"桃花源"的美誉，是丽水市最早的建置县，有着 1800 多年的建县历史，是浙江省历史文化名城，也是华东地区历史文化名城名镇名村体系保留最完整、乡土文化传承最好的地区之一，被誉为"最后的江南秘境"。

产业情况：松阳县的经济原来主要以农业为主，特别是茶叶种植和竹子。但近年来，凭借其丰富的历史遗产和独特的地方文化，文化旅游业成为该县的新经济增长点。明清时期的古建筑群、古村落、古桥、祠堂等都成为游客的主要吸引点。

人口：截至 2022 年年底，松阳县户籍人口 23.83 万人。

发展情况：随着乡村旅游和文化产业的发展，松阳县开始获得更多的外部关注。当地政府也加大了对古村落的保护力度，当地围绕古村、老屋等精巧发力，实现古村传统与当代艺术的融合，让乡村在文化传承与发展中重焕生机[6]。此外，松阳还引入了一些现代化的配套设施，如农家乐、特色民宿等，以满足游客的不同需求。

（二）案例背景

近年来，松阳立足"最大优势是生态、最大特色是田园、最深底蕴是乡土文化"的基本县情，深入践行"绿水青山就是金山银山"的发展理念，积极探索历史文化村落的保护和利用，并坚持以文化引领为导向，以品质发展为准则，以传统村落保护发展为切入点，以壮大集体经济为牵引，以共同富裕为追求目标，走出了一条城市与乡村、传统与现代、保护与开发、经济与文化互融、互促、互补发展的乡村振兴之路。

（三）做法成效

1. 成效画面

曾经的松阳虽拥有丰富的历史和文化，但由于缺乏合理的开发和利用，很多古村落面临着衰退、遗弃的境地，乡土文化流失严重。

经过几年的积极努力，松阳成功地将"绿水青山就是金山银山"的发展理念付诸实践，古村落得到了逐步保护和修复，乡土文化得以传承，旅游产业带动了地区经济的迅速发展。

2. 主要成效

松阳古民居的修复和活化利用唤醒了民宿旅游和文创产业，吸引了人口的回流，推动了古村的复苏。近年来，松阳县依托独特的古村落资源，借助"丽水山居"区域公共品牌，结合"拯救老屋"等创新工作，精准确定"小众化、中高端、高品质"发展定位，全力打造山居民宿胜地，培育有根的"生长型"民宿经济。

松阳县诞生了过云山居、原乡上田、揽树山房等一大批口碑极佳的"网红"乡村民宿，并形成了山景、山居、山货统筹和联动的特色民宿产业，受到市场青睐和业界好评。短短10年间，松阳民宿农家乐从最初的52家发展至目前近500家，全县一半以上乡村植入了民宿、文创等多元经济业态，形成了一批摄影村、画家村、养生村，直接带动4000余户农户增收。在乡村人口流失严重，空心村越来越多的时代背景下，松阳全县常住人口反而增加了一万余人，乡村呈现出一派生机勃勃的模样，松阳民宿已然成为推动乡村振兴的新生态、新模式。

3. 经验总结

利用历史文化资源：松阳县拥有深厚的历史文化背景，是浙江省文化名城的代表。该县明确这一最大优势、特色和底蕴，在此基础上开展工作，确保每一步行动都与本地的文化和历史相符，避免了一刀切和简单模仿的问题。

文化引领与品质发展：松阳坚持文化引领，强调品质发展。对古民居进行修复和活化，不仅重视其物质价值，还注重文化与历史的传承，使得传统与现代、经济与文化能够互融、互促、互补。

统筹与联动发展：通过对各种资源的统筹利用，松阳县形成了山景、山居、山货统筹和联动的特色民宿产业，充分展现了其独特的乡村魅力。

（四）经验推广

明确文化与历史定位：在追求乡村振兴的过程中，地方特色和文化印记的挖掘与强化至关重要。各地区需要深入研究其历史文化，确保旅游和文化产业的推广与本地的独特性相呼应，从而塑造出与众不同的地方品牌。

强调品质与文化的双重传承：经济发展与文化价值是相辅相成的。在提升服务和产品质量的过程中，必须融入地方文化元素，确保文化与商业价值双双提升，为品牌增添更深远的意义。

资源整合与产业链完善：资源的最大化利用是推进乡村发展的关键。各地需要将古民居、自然景观等潜在资源与旅游、农业和手工艺等产业紧密连接，构建一个有机、高效、可持续的产业生态链。

（五）思考探索

松阳县位于浙南山区、瓯江上游，因其独特的地理、历史和文化特质，被誉为"桃花源"和"最后的江南秘境"。近年来，松阳县成功地将生态、田园和乡土文化三大优势进行有机结合，秉持"绿水青山就是金山银山"的发展理念，通过文化引领，实现了乡村的全面振兴。特别是古民居的修复与活化，唤醒了民宿旅游和文创产业，为当地带来了前所未有的经济和人口回流。

深度旅游和文创产业在乡村振兴中起到了什么作用？松阳县如何有效地将这两大产业与其独特的乡土文化结合起来？

对于其他乡村或地区来说，从松阳县的经验中，有哪些可借鉴和推广的策略与实践？这些策略在不同的文化和经济背景下应如何调整？

三、广东潮州凤凰镇文化振兴与旅游发展

（一）基本情况

地理位置：凤凰镇隶属于广东省潮州市潮安区，位于潮安区北部山区，东邻饶平三饶镇、北连大埔桃源镇、西界丰顺留隍镇和潭江镇。

区位优势：潮州地处广东、福建两省自由贸易区之间，在促进两省跨区域合作、自贸区合作等方面有着不可复制和替代的地缘区位优势。凤凰镇土地资源丰富。山地面积20多万亩，山地栽植率96%。山区山高谷深，人烟稀少，森林茂密。雨量充沛、溪涧纵横交错。茶区土壤是典型的黄红壤茶园土。

产业情况：以传统的农业为主，近年来开始发展文化旅游业，特别是以非物质文化遗产和地方特色为主题的乡村旅游。当地坚持"以茶为本、茶旅融合"，深入挖掘凤凰单丛茶文化的丰富内涵，推动茶产业与茶文化、茶旅游深度融合发展。一片叶子富一方百姓，"茶+"发展道路成为潮州凤凰镇乡村振兴的一大亮点[7]。

人口：2018年年末，凤凰镇户籍人口有44 421人。

发展情况：过去以农业为主，近年来通过文化振兴和乡村旅游逐渐改变了经济结构，带动了当地的经济发展。

（二）案例背景

凤凰镇一方水土养育出丰富的历史文化和旅游资源。凤凰镇以绿色为发展底色，紧扣"绿水青山就是金山银山"的发展理念，加大对茶产业的投入，持续推动"茶+产业"的升级提质。茶产业的延伸链在当地经过精心打造，已经形成了"全、强、特"的特色标签。凤凰镇对"茶+旅游"的导向有着清晰的认识。一方面，开展了一系列的旅游特色村培育项目，为游客打造了独特的旅游体验；另一方面，还有凤凰单丛茶博物馆这种受年轻人喜欢的"网红"打卡点。凤凰山茶旅走廊逐步推进，将景点、历史遗存、乡村聚落、文旅项目等紧密相连，形成了具有连续性和整体性的旅游链条。

（三）做法成效

1. 成效画面

凤凰镇村落略显老旧，街道狭窄且维护不佳，旅游资源没有得到有效开发。

当地政府积极实行乡村振兴文旅建设，街道经过整修，两旁建立了特色的文化店铺、传统手工艺品等。古老的建筑得到修复，并变成了旅游景点。

2. 主要成效

"凤凰山茶旅走廊"也成为凤凰镇的标志性词汇。潮州市以此为依托，大力发展其乡村旅游业，并将其视作乡村振兴的重要示范。凤凰不仅有深厚的茶文化，旅游资源也十分丰富，如潮汕的第一高峰凤鸟髻、大庵古茶园、叫水坑原始森林等，这都为其乡村旅游业提供了坚实的"硬件"基础。特别值得一提的是，每年的3月到5月，天池景区的杜鹃花如约而至，吸引了众多游客的目光。

随着旅游业的兴起，住宿业也随之兴旺。凤凰镇在政府的引导下，迅速迎来了"民宿热"。许多优质的民宿如雨后春笋般出现，其中，凤凰谷恺德苑因其与凤凰单丛茶博物馆相邻，且紧紧围绕茶产业和茶文化而成为众多游客的首选（见图6-3）。

图 6-3 潮州凤凰单丛茶博物馆

图片来源：从"绿水青山"到"金山银山"的凤凰路径看凤凰茶旅走廊如何成为潮州乡村振兴示范带[EB/OL].（2023-04-04）. http://www.chaozhou.gov.cn/slhwz/czxw/content/post_3839390.html.

凤凰镇还充分挖掘并利用了其红色革命遗址，深化了红色文化旅游的发展。结合近年来的大量投资，凤凰不仅提升了自身的风貌，更是成功转型，实现了从传统农业向文化旅游的跨越。

3. 经验总结

文化传承与资源深度挖掘：凤凰镇成功地利用潮州工夫茶这一拥有千年历史的文化资源，通过深入挖掘凤凰单丛茶文化的丰富内涵达到既传承了传统文化，又发展了当地经济的双重目标。这显示了在乡村振兴过程中，结合地方文化进行深度挖掘和创新是非常有效的。

绿色发展与产业链延伸：凤凰镇坚持"绿水青山就是金山银山"的发展理念，以此为基础，不仅加强了茶产业的基础建设，更进一步发展了与旅游、文化等多个领域的融合，构建了一个完整、富有特色的产业延伸链。这既保障了环境的可持续性，又实现了经济的高质量发展。

政府引导与科技融合：凤凰镇积极抓住广东省的政策机遇，创新结合茶产业与旅游，进而培育出多种新的业态（如康养酒店、茶事体验等）。与此同时，技术的加入，如开发的凤凰智游数字平台，也让旅游业发展更为便捷、高效，实现了"吃住行"旅游全生态产业链的完整覆盖。政府的有力引导与科技的有效融合为乡村振兴提供了有力支撑。

（四）经验推广

强化地方文化资产的利用：各地应识别和挖掘自身的文化和历史资源。例如，凤凰镇成功地利用了潮州工夫茶的文化，既实现了文化和经济的双重发展，也为当地带来了旅游收益。长远来看，这不仅弘扬和传承了地方文化，使其得以长久保留，还带动了地方经济的发展。

倡导绿色发展与多元产业融合：鼓励乡村借鉴"绿水青山就是金山银山"的发展理念，注重环境保护与经济发展的平衡。同时，探索不同产业之间的合作空间，如茶产业与旅游、文化的融合，构建多元化的产业延伸链。这样的策略将为乡村带来鲜明的品牌特色，吸引更多游客和投资，促进地方经济的持续、健康发展。

利用政府与科技双轮驱动：鼓励政府为乡村振兴提供政策支持和引导，同时与科技企业合作，引入先进的技术和解决方案，如凤凰镇的智游数字平台。政府的引导能确保乡村振兴方向的正确性，而科技的融入则大大提高了振兴的效率和质量，为乡村创造了更多经济增长点。

（五）思考探索

潮州的凤凰镇通过深入挖掘凤凰单丛茶的文化丰富内涵，成功地推动了茶产业与茶文化、茶旅游的深度融合发展。凤凰镇的"茶+"发展策略不仅重视了文化传承，而且着眼于绿色、可持续的经济发展。其成功经验中融合了地方特色、政府引导、科技支持等多方面的因素。

凤凰镇的茶文化和旅游融合模式有哪些可以为其他乡村或地区借鉴的要点？如何看待凤凰镇通过茶文化和旅游的深度融合，实现乡村经济与文化的双重振兴？

四、平凉市庄浪县的文化旅游振兴

（一）基本情况

地理位置：庄浪县位于甘肃中东部，六盘山西麓，属黄土高原丘陵沟壑区，是国家乡村振兴重点帮扶县和全国农业社会化服务创新试点县。全县辖18个乡镇、1个城市社区、293个行政村，总面积1553平方千米。

区位优势：庄浪地理位置优越、区位优势明显，是平凉至天水、银川至武都中轴线上的中心接点，是丝绸之路经济带上的重要节点。

产业情况：庄浪县主要以农业为主，尤其是种植业和畜牧业。但近年来，随着文化旅游业的发展，这一产业也逐渐崭露头角。

人口：2022 年年末，庄浪县常住人口为 33.27 万人。

发展情况：近年来，庄浪县在地方政府的引导下，开始大力发展文化旅游业，积极保护和挖掘本地的历史文化资源，使得地方经济呈现出新的生机和活力。庄浪县坚持"以文塑旅、以旅彰文"的理念，把发展文旅产业作为推动经济社会高质量发展的朝阳产业和首位产业，充分利用资源禀赋，结合美丽乡村建设、休闲农业、乡村振兴等要素，大力发展以农耕文化为魂、田园风光为韵、村落民宅为形、生态农业为本的优质乡村旅游。

（二）案例背景

庄浪县不断加强农村精神文明建设，推动建设文明乡风、良好家风、淳朴民风，既要物质富裕，也要精神富有。朱店镇吴沟村以乡土文化为灵魂，利用村史馆、乡村舞台、新时代文明实践站等阵地平台，举办农耕文化展览等优秀传统文化场景体验活动，为群众提供丰富、优质的文化服务。近年来，庄浪县依托山水资源、特色农业和独特的乡土文化，着力优化农村人居环境以及景观绿化建设，聚力打好农文旅融合"一张牌"，助推乡村旅游高质量发展。

（三）做法成效

1. 成效画面

通过积极的努力和规划，庄浪县已从一个传统的农业县逐渐转变为一个充满活力的乡村旅游热点。

2. 主要成效

庄浪县引导部分乡镇推进农文旅融合发展，深度挖掘特色产业和民俗文化资源，韩店镇、郑河乡乡村旅游助推乡村振兴示范村建设项目，永宁镇葛峡村康养综合开发项目、吴沟村山水田园文旅综合体建设等重点项目先后开建，累计完成投资 2860 多万元，有效助推了乡村振兴。

庄浪县围绕"森林康养，避暑度假、观光旅游、中医保健"等为一体的目标，积极构建"以康为主体，以养为特色，以游为纽带"的文旅康养产业体系，推进文旅康养产业高质量发展，为建设社会主义现代化幸福美好新庄浪提供新引擎，注入新动力。2023 年前 6 个月，全县共接待游客 200 多万人次，实现旅游综合收入 4.8 亿元。

庄浪独特的地理环境、特殊的气候条件和悠久的文化传统造就了众多特殊的旅游资源。农副土特产品丰富，如"庄薯 3 号"马铃薯、庄浪果醋、山野菜、庄浪暖锅、大馍馍、德生祥点心和庄浪小杂粮等系列制品。工艺美术品精湛，如泥金纸织画、马尾荷包、庄浪毛笔、竹编、草编、木雕和根雕等。民俗风情淳朴，如庄浪花儿、庄浪高抬、地方戏曲、社火等，其中马尾荷包和庄浪高抬被列为全国非物质文化遗产保护名录。绿色农业景观独特，40 万亩马铃薯、65 万亩果园和 10 万亩绿色蔬菜为各方游客提供了"田园劳作""农舍体验""采摘品尝"的绿色农业观光旅游项目（见图 6-4）。

图 6-4　庄浪县百万亩梯田

图片来源："三抓三促"行动进行时 | 平凉庄浪：农文旅融合绘出好光景[EB/OL].（2023-07-09）. https://baijiahao.baidu.com/s?id=1770948845346630244&wfr=spider&for=pc.

3. 经验总结

以文化为核心魂魄：庄浪县的成功之处在于深刻地认识到"以文化为核心"的旅游发展理念。在当下众多的乡村旅游目的地中，庄浪县精准地选取了其丰富的非物质文化遗产，作为旅游的独特卖点。这种以文化为驱动的方法不仅深深吸引了对文化有浓厚兴趣的群体，还让广大的游客在享受旅游的乐趣时，能够更加深入地体验和感悟庄浪的深厚历史和文化内涵。这种深度的体验为庄浪县在乡村旅游中带来了不可替代的品牌影响力。

整合资源挖掘潜力：庄浪县的另一大成功经验是对各类资源进行了高效的整合与配置。而非单一依赖某一资源或产业，庄浪县广泛地结合了文化、旅游、农业等多元资源，打破了传统的产业发展壁垒，构建了一个有机互补、多元化的产业生态。以"田园劳作"和"农舍体验"为例，通过与农业的深度结合，旅游业的内涵得到了进一步丰富，为游客提供了更为宽广的选择空间，同时也为当地的农业开辟了新的增长点。

社区参与合作共赢：在乡村旅游的发展道路上，庄浪县始终坚守与社区共同参与、合作的原则。这种"自底向上"的发展策略确保了旅游业在传承和保护当地文化的同时，也能够充分满足社区居民的经济和文化需求。社区居民在此过程中，不仅是乡村旅游的受益者，更是其重要的参与者和合作伙伴。他们为游客展现了真实且有深度的文化风情，而这种与社区的紧密合作也确保了旅游业的可持续、长远发展。

（四）经验推广

打造文化品牌，提升目的地知名度：在当今乡村旅游逐渐兴起的大环境中，拥有独特的文化品牌是吸引游客的关键。庄浪县所做的就是充分利用其丰富的非物质文化遗产，打造了一个文化深厚、具有辨识度的旅游目的地品牌。其他地区也可以挖掘当地的文化资源，加以整合和宣传，形成有特色的文化品牌，从而提高目的地的知名度和吸引力。

多元资源融合，形成产业联动：庄浪县所展现的整合各类资源的策略，为乡村旅游的发展提供了新的思路，不再仅仅依赖某一资源或产业，而是跨产业、跨部门合作，使得每个产业都能在融合中找到新的增长点。其他地区也可以根据本地的资源和条件，推动各产业的融合发展，形成一个健康、有机、可持续的产业发展生态。

深度社区参与，确保可持续发展：庄浪县的成功也得益于与社区居民的深度合作。在推广此经验时，必须确保社区居民能够成为旅游业发展的重要参与者。这不仅可以确保旅游业的发展更接地气、有温度，还可以在长远的发展中形成一个"旅游业发展、社区受益、文化传承"三赢的局面。其他地方在发展乡村旅游时，也应重视与社区的合作，确保项目的长期性和可持续性。

（五）思考探索

参考庄浪县的成功经验，特别是其对文化、农业、非物质文化遗产的利用，如何在其他乡村设计一个结合本土特色的乡村旅游发展规划？如何确保在提升旅游吸引力的同时，保护和传承这些宝贵的文化和资源？请提出你的具体建议和实施方案。

五、乡村旅游发展中的同质化问题

（一）基本情况

随着近年来人们生活水平的提高，乡村旅游逐渐成为都市人追求的休闲方式。山区、农村地区以其独特的风貌和民风，吸引着众多游客。特色鲜明的"农家乐""农家院""农家小吃"等成为农村旅游的一大亮点。然而，随着农村旅游的蓬勃发展，一些地方开始出现过度开发、同质化严重的问题。原先那些独树一帜、各具特色的乡村景点，现如今在过度商业化和模仿的推动下，渐渐丧失了自己的独特性。许多地方为了迎合市场和迅速吸引游客，模仿其他成功的旅游点，导致原本各具特色的农村地区变得千篇一律。

这种同质化不仅让游客失去了新鲜感和探索的欲望，还可能导致当地的生态环境受到破坏。为了建设更多的"农家乐"和"农家院"，有些地方砍伐了大片的树林，改变了原有的生态平衡。更糟糕的是，随着乡村旅游景点之间的竞争加剧，价格战、质量下降等现象也随之而来，进一步削弱了农村旅游的可持续性。《农业农村部关于开展休闲农业和乡村旅游升级行动的通知》中就指出，产业总体发展仍然不平衡不充分，中高端乡村休闲旅游产品和服务供给不足，发展模式功能单一，经营项目同质化严重，管理服务规范性不足，硬件设施建设滞后，从业人员总体素质不高，文化深入挖掘和传承开发不够等问题仍不同程度存在[8]。

（二）案例背景

在国家大力推广乡村振兴战略的背景下，许多地区积极参与乡村旅游的开发，期望通过这种方式带动经济增长。一些地方的山野菜、特色小吃等使这些地方具有独特的魅力。例如内蒙古赤峰市的特色菜拌山梨花，原材料是山上野生梨树开的花，口味独特，清香爽口，作为赤峰市特色菜肴为当地的农家乐带来了可观的经济效益。但随着旅游人员的增多、农家乐数量的增加，对山梨花的采摘成了掠夺性占有，很多高处够不着的树枝被拉断、砍折。这种行为对稀有的山梨树造成了严重的破坏。如果这样的状况持续下去，几年之内，山梨树可能会面临灭绝，那时不仅不能品尝到拌山梨花这一美味，甚至连观赏都成为一种奢望。这是一个典型的"杀鸡取卵"式破坏生态的例子，反映了一些地区在追求旅游业的发展时，过于模仿他人成功的经验，却忽略了对本地环境和文化的保护。

（三）现存问题

同质化问题：众多地区在乡村旅游的开发过程中，大量复制成功经验，忽视了本地特色和文化，导致游客体验感减弱。部分村庄的建筑风格、设施配置乃至旅游活动内容高度相似，使游客体验缺乏新鲜感。

忽视环境保护：盲目开发和建设导致部分村庄的自然环境受到破坏。由于每个村庄都在建设类似的设施，导致资源的浪费，同时也对环境产生了一定的压力。部分地方在追求短期经济利益时，未充分考虑生态环境的承载力，如内蒙古赤峰市的山梨花过度采摘问题。

文化被稀释：在追求经济效益的过程中，部分村庄忽视了对本土文化的传承和保护。在模仿的过程中，许多村庄牺牲了自己的本土文化和特色，使之逐渐被稀释或遗忘。

（四）对策建议

1. 注重乡村旅游规划与建设

科学评估与规划：乡村旅游项目在开始之前，需要对所在区域的自然、历史、文化等资源进行全面的评估。根据评估结果，制定具有可持续性的旅游规划，确保旅游活动不会破坏当地的自然生态和文化遗产。

突出地方特色：避免盲目跟风，每个乡村都应根据自身特点和资源，塑造独特的旅游品牌和产品。这可以防止同质化现象，并提高游客对目的地的吸引力。

2. 乡村文化保护与传承

文化挖掘与再现：通过调查研究，挖掘乡村的历史文化、民间故事和传统技艺，使之成为旅游产品的一部分。

培训当地导游：鼓励当地居民成为乡村旅游的导游，因为他们对当地的文化、传统和故事都有深厚的了解，可以为游客提供更丰富、更真实的旅游体验。

3. 可持续性发展与环境保护

制定环保规范：对乡村旅游中可能产生的废物排放等进行严格的监管，确保其不会对环境造成长远的伤害。

推广绿色旅游：鼓励游客进行环保、低碳的旅游活动，如徒步、骑行等，减少环境的负荷。

（五）思考探索

在面对乡村旅游的商业化与同质化趋势时，如何让村庄能较为准确地挖掘和传承其独特的文化和历史，同时为游客提供一个有意义和难忘的旅游体验？

第四节 实训实践

一、课堂实训

（一）文献报告

围绕乡村文化振兴、文旅融合路径、文旅项目建设等内容，根据授课班级实际情况，学生自由组成学习小组。指导老师为学生拟定文献报告的研究主题，学生再自行拟定具体的研究报告题目，通过文献搜索、文本分析、网页查找、数据收集等方式收集资料，按照要求完成文献报告。研究主题及内容示例如下。

1. 乡村文化旅游融合典型优秀案例分析

（1）难度：易。

（2）每个组至少收集一个具体的乡村文化旅游融合成功案例，并对其成功经验进行分析，尝试总结出适宜其他地区文化旅游融合典型借鉴的做法或措施。评价成功案例的经验是否具有局限性，这些做法是否适合推广到大部分的地区。学生根据研究主题，以小组为单位开展研究，并提交调研成果，调研成果为调研报告及幻灯片版的调研成果展示。调研报告应详细阐述研究方法和数据来源，包括但不限于实地考察、问卷调查、访谈记录和相关文献资料的综合分析。报告应分为以下几个部分：研究背景和目的、案例介绍与分析、数据收集与分析方法、主要发现、对策建议及结论。每一部分都应详尽且有逻辑性，总字数控制在 2000～3000 字。学生需要结合理论与实际，对比分析案例的可复制性及其对其他地区的适用性。最后，报告应包括参考文献，确保所有引用的文献、数据和信息来源已规范标注。

2. 乡村文化旅游融合项目运行模式评价

（1）难度：中。

（2）每个组至少收集三个乡村文化旅游融合项目，尝试分析其成功经验，从中提炼、总结其运行模式，并分析其优劣。学生根据研究主题，以小组为单位开展研究，并提交调研成果，调研成果为调研报告及幻灯片版的调研成果展示。报告应分为以下几个部分：研究背景与目标、项目案例详细介绍、运行模式分析、绩效评价标准与方法、主要成果与不足之处分析、改进对策与建议。报告应以数据和实例为支撑，对比分析不同项目的运行模式及其效果，探讨其在不同地区的适应性和可推广性。总字数建议控制在 3000～5000 字，确保内容全面且深入。各组应围绕总体内容，通过幻灯片形式直观展现报告的关键信息和结论，便于理解和交流。

3. 当前我国乡村文化旅游融合的困境及解决对策

（1）难度：难。

（2）查阅知网文献及报道等权威资料，收集至少五条当前我国乡村文化旅游融合的困难或困境,并标明资料来源。查阅相关资料并针对所收集的困难与困境提出具有针对性的解决方案,并从可行性及执行效果方面进行简要自评。学生根据研究主题,以小组为单位开展研究,并提交调研成果,调研成果为调研报告及幻灯片版的调研成果展示。调研报告须详细描述研究方法及数据分析过程,涵盖文献综述、实地调研、专家访谈等多元化的资料收集方式。报告结构应包括:研究背景与目标、当前乡村文化旅游融合的主要困境分析、收集资料的来源与方法、解决方案的提出与论证、方案的可行性分析及自评。报告字数建议在 5000~8000 字,确保内容翔实且深入。重点应放在解决方案的创新性和实际应用的可行性评估上。报告应附有完整的参考文献列表,以确保所有引用的资料和信息来源的准确性和可靠性。

文献报告评分标准见本书附录 A。

(二)情景模拟

围绕乡村文化产业发展、乡村文化振兴工作推进、乡村精神文明建设等内容,指导老师为学生拟定路演的情景模拟主题,并提供情景模拟背景描述。由学生分组自行设计和完善情景剧情并撰写剧本,制作村牌、文创手工艺品、景点地标等简易道具,使用 PPT、视频展示、对话等方式在课堂上进行情景模拟。情景模拟主题及背景描述示例如下。

1. 情景模拟主题一:古韵新声

柳林村坐落于连绵不绝的群山怀抱之中。这一历史悠久的村落,每一片褪色的青瓦、每一块风雕雨洗的石板,都沉静地诉说着历史的长河。古老的祠堂在岁月的涤荡中仍然屹立,而那些建筑精美的土木结构民居则见证了曾经的辉煌。

但是,随着时代的滚滚车轮,众多年轻后辈选择离村而去,投身都市的忙碌与学海的波澜。如今,村中多是老人与童稚。那些曾经熙攘一时的手工艺作坊、热闹非凡的集市,以及那些深入人心的民间传说和农事节令,都面临着被遗忘的厄运。

柳林村的村干部决定寻求一条转型之路。他们明白,要想真正重振古村,不能只是看重经济增长,更需要文化传承与创新。于是,他们提议发展乡村旅游,意欲凭借文化底蕴的深厚来吸引游客,从而带动乡村的整体复兴。然而,如何将似乎寻常的乡村生活与文化转化为富有魅力的旅游资源,又如何在对外开放中保持其原始的风韵,避免过度商业化,都是他们面临的巨大挑战。

柳林村的村干部老陈了解到当下的乡村旅游、特色农业以及文化传承成为国家支持的重点。老陈决定召集村里的年轻人,尤其是受过教育、有经验的青年(如小明、小美等),共同探讨如何使柳林村重拾往日的光彩。

情景描述:

老陈、老明、翠花、老哈、小黄、小美等人聚在一起。老陈首先提出他对乡村振兴的理解,并表示希望小明、小美等年轻人能够参与到柳林村的振兴中来。

小美提议,利用她所学的软件技能,可以为柳林村建设一个独特的线上平台,以展示柳林村的风土人情、历史文化、特色农产品等内容,吸引游客前来体验。小明思考后表示,结合他对农业的专业知识,可以改良西瓜的种植技术,结合农业与旅游,将柳林村打造成特色的农家乐或采摘园。他还提到,他利用剪辑技能可以制作一些宣传视频,结合村里的风景、文化等,进行线上推广。老哈表示,他在城里的经验可以用来协助村里的建设,如改造村里的民宿、建设特色景点等。而小黄也表示，他愿意将之前筹集的开店资金投入村里的乡村旅游事业。翠花提议，凭借她以前从事文化产业的经验，柳林村可以筹划一系列的乡村文化体验活动。例如，举办传统的农历节日庆祝活动，包括舞龙舞狮、闹元宵、庙会等。与此同时，她也可以主导开展一些民间艺术工坊，如剪纸、泥塑、绣花等，让游客亲自体验和制作，深入了解柳林村的传统文化。这不仅能丰富游客的旅行体验，还能为村里带来额外的经济收益。

情景结果：

经过多次的讨论，大家决定成立一个乡村旅游合作社，以柳林村的特色和资源为基础，推进乡村旅游、特色农业等项目。小明成为合作社的负责人，负责日常管理和推广；小美则主管线上平台的建设和维护；老哈和小黄共同协助硬件设施的改造和建设；翠花则成为文化活动的策划者。

不久后，柳林村逐渐成为周边地区知名的乡村旅游目的地。一方面，游客可以体验到真正的乡村生活，品尝到最新鲜的农产品，同时也能了解到村里深厚的文化背景。另一方面，村民也因此获得了更多的经济收入，许多年轻人也选择回乡发展，柳林村再次焕发出生机与活力。

请同学们根据以上情景，围绕如何将似乎寻常的乡村生活与文化转化为富有魅力的旅游资源进行讨论。

2. 情景模拟主题二：和谐共生

白水村，这一隐匿于山谷深处的秘境，因四季如诗的景致和五彩斑斓的农耕文化逐渐为人所知。白水村四周被茂盛的森林和潺潺的溪水环绕，而村中则是片片翠绿的稻田、菜地与果园，四时更迭，常伴丰收的欢欣。

随着乡村旅游风起云涌，白水村逐渐成为人们心中的圣地。每当周末，络绎不绝的游客涌入此地。他们中有的渴望体验古朴的农事生活，有的则寻求片刻的宁静与和谐。但好景不长，在游客如潮的涌入下，村落逐渐显现出问题的端倪：农田被占为停车场，曾经宁静的村道挤满了摊贩，清澈的溪流也开始被污染。更为重要的是，由于旅游所带来的经济收益分配不均，村民之间出现了争执和纠纷。白水村现面临的核心挑战是，如何在确保文化和生态环境不受侵害的同时，稳步推进乡村旅游的发展。这要求找到一个平衡点，既能满足游客的期望，又能维护乡村的原始面貌和和谐生态。

白水村村主任意识到了白水村遇到的问题与挑战，决定召集村里的村民，开启一场村庄发展大会。村主任首先描述了近年来白水村因乡村旅游业的蓬勃发展带来的利与弊。接下来，由于游客过多和经济收益分配不均所引发的问题逐一呈现，村民们纷纷发言，希望找到一个公平的解决方案。

在场的年轻人小赵说："我们可以引入智能化管理，设置电子围栏和传感器，确保游客不进入农田和水源地。同时，借助技术手段，可对每个游客收取一定费用，用于村落环境维护。"农妇小红提议："我们可以开设农家乐和手工艺品坊，让游客亲身体验我们的农事文化。这样既能带来收入，也能为游客留下深刻的乡村印象。"在经过数次争论后，翠花站出来，她清晰地回忆起了白水村的过去，当年如何和谐共生于自然。她说："我们不能仅仅为了旅游而牺牲我们的传统文化和生态平衡。我们必须引导游客，让他们知道乡村不只是一个游玩的场所，更是我们生活和生存的地方。"翠花继续提议："我们可以设置一个旅游服务中心,向游客宣传我们的乡村规矩和历史文化,同时出售一些当地特色产品。这样,游客既能更好地理解和尊重我们的乡村文化,我们也能公平地获得经济收益。"

经过一系列讨论,白水村决定采纳翠花的建议,结合其他人的提议,共同制定了一套"和谐共生"的乡村旅游发展策略。在策略的实施过程中,村民们得到了培训,学习如何与游客进行有效互动。村庄也开展了一系列的环保教育活动,鼓励游客带走垃圾,减少对环境的破坏。在短短的几个月内,白水村的环境得到了显著改善,与游客之间的互动也变得更加和谐。

最终,白水村成功地找到了一种平衡方式,使得旅游业的发展与文化和生态环境的保护相得益彰。白水村的成功经验也被许多其他乡村所效仿,成为乡村旅游业的一个典范。

请同学们根据以上情景进行模拟,根据分组情况进行实际人物删减。

情景模拟评分标准见本书附录A。

二、实地实践

(一)实践内容

本次实地调研主题为"乡村文旅产业发展"。在当下乡村振兴的背景下,文化与旅游成为新的经济增长点和农村地区社会发展的关键支撑。本次调研将重点了解乡村文化资源现状、乡村旅游发展运营状况以及当地居民对乡村旅游的态度,进而总结归纳该村庄文旅产业发展面临的当前挑战与未来前景,最后形成以发展建议为核心的实践调研报告,以期为该村乡村文化振兴与旅游业提供有价值的见解和建议。

(二)实践要求

学生以班级为单位,围绕乡村文化振兴与乡村旅游,在保证安全的基础上在村庄开展实践。在实践过程中,学生需要通过访谈、考察、观察等方式,围绕以下调研要点收集视频、文字、音频等相关素材,为实践报告成果提供支撑。

乡村文化资源现状:了解乡村的历史文化背景、地方特色及传统文化的保存和传承情况。深入探讨乡村地区的文化遗产、传统艺术、民俗节日等,并了解当地社区如何保护和利用这些文化资源来促进乡村旅游业的发展。

乡村旅游发展运营状况:研究乡村旅游资源的开发和管理模式,探讨其对当地经济和文化的影响,以及与当地文化如何融合。调查乡村旅游项目的运营状况,包括旅游景点的管理和维护、旅游产品的创新和推广、旅游服务的质量等。

当地居民对乡村旅游的态度:深入了解乡民对旅游业的接纳度、期望及担忧,以及他们对于乡村文化振兴的看法和建议。

当前挑战与未来前景:分析乡村旅游业当前面临的挑战,如环境保护、文化遗产传承、旅游产品更新等,并探讨乡村旅游业的未来发展趋势和前景。

提示:本次调研目的并不局限于上述要点。教师可根据实际情况,结合本地的特色和需求,进行适当的调整和补充。关键是确保调研内容既能反映文化振兴的核心,又能满足乡村旅游业的发展需求。

（三）准备工作

1. 物品准备

出发前，准备生活用品、工作用品、记录设备等，参考本书附录 B。

2. 地点选择

选择实践目的地应全面考虑地点的相关性、代表性、配合度和安全性，确保实地调研能够高效、顺利且安全地进行。选取实践目的地需符合以下要求与原则。

贴合调研主题：实践目的地必须与文化振兴和乡村旅游主题密切相关，且能够实际反映乡村文化资源与旅游业的现状和特点。

多级别与多产业：实践目的地建议选择国家级、省级及市级的文化旅游景点或文化产业园区，确保调研内容具有代表性与广泛性。

实际运营的文化景点或产业：实践目的地处于实际运营状态，尤其是具备一定规模的乡村文化景点、文化创意园区或乡村旅游基地。

配合意愿：实践目的地应具备高度的配合意愿，特别是得到当地政府或相关管理机构的支持和引导，保障调研活动顺利进行。

人员对接：实践目的地应具备丰富的文化与旅游从业者，以确保每组学生能至少与五位当地文化与旅游相关从业人员进行深入访谈。

位置与安全：实践目的地应选取在授课大学所在省内，确保学生能在较短时间内到达并进行实地调研。同时，应结合当前社会状况，避免选择传染病多发或高发地区。

3. 人员分工

建议将教学班分为 A、B、C、D、E 五个组，A 组负责调研村内乡村文化资源现状，B 组负责调研乡村旅游发展运营状况，C 组负责与村民进行访谈，了解当地居民对乡村旅游的态度，D 组负责总结归纳该村文旅产业的当前挑战与未来前景，E 组负责素材和建议梳理以及全文文字的凝练提升。A、B、C、D 组需要根据实际情况，拍摄照片、开展访谈并留下相关记录，最终形成文字材料。每一组都需要结合该村实际情况，提出至少两条发展建议。

4. 实践成果

在实践结束后，学生以班级为单位，提交一份详细的实践报告，选择性阐述以上各个调研要点，并对其进行深入分析与反思。实践报告全文字数不少于 5000 字，其中对策建议部分不少于 2000 字。报告中应附上 20~30 张与研究主题息息相关的高清图片，这些图片既可以是乡村的风景、文化活动现场，也可以是访谈时的实拍，或是具有代表性的文化遗产等。此外，若在调研过程中进行了问卷调查或深度访谈，相关的统计数据、访谈摘录和分析结果也需整理并附在实践报告之中。

问卷须与所定调研主题和目的高度契合，考虑收集数据的精准性、科学性及可操作性。在问卷中，尽量以朴实易懂的语言阐述学术问题，并按需增加例子进行说明，保证接受访谈的对象能够看懂、理解问卷。问卷建议由教师为主，学习小组组长参与的形式共同拟定，并在完成初稿拟定后与全体学生共同进行研讨、优化提升。问卷形式建议以电子版为主，纸质版为辅，即通过问卷星等软件创建问卷链接，便于数据收集和分析且环保，同时为由于文化程度较低或无智能手机无法填写电子版问卷的受访人准备纸质版问卷，由学生小组根据访谈结果记录在纸质版问卷上,返程后及时录入电子版。问卷收集的结果仅作学术研究,严禁泄露个人信息。以下为两份问卷模板,分别针对乡村居民、乡村旅游业务运营者、游客等。请参考以上问卷信息完善问卷模板。

文化振兴与乡村旅游调研问卷模板 1(针对乡村居民)

问卷说明:本问卷旨在了解乡村居民对文化振兴和乡村旅游的认知与态度,数据仅用于学术研究,不涉及任何个人隐私,敬请真实回答。

1. 您的基本信息。

年龄段:□ 18~30 □ 31~40 □ 41~50 □ 50 以上

性别:□ 男 □ 女

2. 对乡村历史文化的了解。

您觉得乡村哪些文化资源具有振兴价值?(如民间舞蹈、村庙、传统工艺等)

3. 乡村旅游态度与参与情况。

您是否参与过乡村旅游活动(如接待游客、为游客提供饭菜等)?

□ 是 □ 否

您认为乡村旅游发展对当地的好处是什么?

4. 对乡村旅游业与文化振兴的建议。

您希望看到的乡村旅游活动或项目有哪些?

有哪些当地的文化活动或传统,您希望更多人了解?

文化振兴与乡村旅游调研问卷模板 2(针对乡村旅游业务运营者)

问卷说明:本问卷旨在了解乡村旅游业务运营者对文化振兴和乡村旅游的认知与态度,数据仅用于学术研究,不涉及任何个人隐私,敬请真实回答。

1. 您的基本信息。

您从事乡村旅游相关工作多久了? □ 1~3 年 □ 4~6 年 □ 7 年以上

2. 乡村旅游资源的开发与管理。

您如何评价当前的乡村旅游资源开发?(如是否充分、是否与当地文化相结合等)

您目前在乡村旅游业中面临的最大挑战是什么?

3. 对乡村文化振兴的认知与策略。

您认为,怎样的文化资源最受游客喜欢?

您所运营的旅游项目中,是否结合了当地文化?如果结合了,请举例说明。

4. 建议与期望。

您认为,怎样的措施或政策能进一步推动乡村旅游业的发展?

您对未来乡村旅游业的期望是什么?

文化振兴与乡村旅游调研问卷模板 3(针对游客)

问卷说明:本问卷旨在了解游客对于乡村旅游及文化振兴的认知和期待,数据仅用于学术研究,不涉及任何个人隐私,敬请真实回答。

1. 您的基本信息。

年龄段:□ 18~30 □ 31~40 □ 41~50 □ 50 以上

性别：□ 男 □ 女

您每年大约参与多少次乡村旅游？□ 1次 □ 2~3次 □ 4次以上

2. 乡村旅游选择与体验。

您选择乡村旅游的主要原因是什么？（多选）

□ 体验当地文化 □ 接近自然 □ 休闲度假 □ 其他：_____

在您之前的乡村旅游体验中，有哪些方面让您印象深刻？

3. 对乡村文化的认知与体验。

您是否参与过当地的文化体验活动？（如制陶、编织、民间舞蹈等）

□ 是，具体是：_____ □ 否

您更倾向于参与哪些类型的文化体验活动？（多选）

□ 传统手工艺 □ 地方特色食文化 □ 民间艺术 □ 地方节庆

□ 其他：_____

4. 关于乡村旅游的建议与期望。

您认为目前乡村旅游存在哪些不足之处或需要改进的地方？

您希望在未来的乡村旅游中，能体验到哪些新的或不同的活动或内容？

5. 关于乡村文化振兴的看法。

您认为乡村的哪些文化资源或活动对游客具有吸引力？

您是否愿意为了体验乡村文化，特地前往某个乡村旅游？□ 是 □ 否

若是，您希望体验的文化内容是_____。

（四）实践成效

文化振兴与乡村旅游章节侧重于培养学生对乡村的文化资源、传统艺术和民俗活动的深度认知，进而研讨如何巧妙地将这些文化元素融入乡村旅游的开发中，实现文化与经济的和谐共生。实地实践可以达到以下成效。

1. 知识成效

经过本次实地实践，学生在多个领域都获得了宝贵的知识和经验，学会将乡村振兴的理论体系与田野实际相对照，深入了解乡村文化资源的现状与乡村旅游的运作机制。

2. 能力成效

在与乡村居民和旅游业务运营者的互动中，学生磨炼了批判性思维、沟通技巧和团队合作的能力。更为重要的是，锻炼学生运用所学知识分析实际问题的能力，当学生面对如文化遗产的保护、环境挑战和乡村旅游的持续发展等议题时，学生可以学会提出和执行有效的解决策略，并积累未来创业、就业的知识。

3. 成果成效

本次所提交的实践报告，包含了乡村文化资源现状、乡村旅游发展运营状况、当地居民对乡村旅游的态度、当前挑战与未来前景以及未来发展建议。该报告中的文字内容可以帮助当地政府更好地了解本村文旅产业发展现状及痛点、难点，更好地制定相关政策以促进产业发展。成果中的照片与视频都可以用于乡村文旅产业宣传工作，为该村的旅游景点吸引更多的游客。实践成果将对该村的文旅产业发展具有一定的促进作用，体现了高校响

应国家服务地方的号召与大学生智推乡村振兴的美好情怀，为促进当地社会经济繁荣发展提供大学生智慧。

本章参考文献

[1] 唐碧. 寓农于乐、打造IP、融入艺术　看看国外农旅融合经验[EB/OL]. (2023-05-17)[2023-09-03]. https://www.rmzxb.com.cn/c/2023-05-17/3345733.shtml.

[2] 钟漪萍, 唐林仁, 胡平波. 农旅融合促进农村产业结构优化升级的机理与实证分析——以全国休闲农业与乡村旅游示范县为例[J]. 中国农村经济, 2020（7）: 80-98.

[3] 夏杰长, 刘怡君. 交旅融合高质量发展的内在逻辑与实施方略[J]. 改革, 2022（8）: 111-122.

[4] HALL, S. Introduction: Who Needs Identity?[J]. In S. Hall & P. du Gay (Eds.), Questions of Cultural Identity, 2011: 1-17.

[5] 刘美子. 安徽深挖"大黄山"文化内涵　建设世界级休闲度假旅游目的地[EB/OL]. (2023-08-13) [2023-09-03]. https://baijiahao.baidu.com/s?id=1774082338193302163&wfr=spider&for=pc.

[6] 方问禹. 浙江松阳: 传统与艺术融合　古村落重焕生机[EB/OL]. (2022-08-26)[2023-09-03]. https://baijiahao.baidu.com/s?id=1742192321261932289&wfr=spider&for=pc.

[7] 齐慧杰, 梅元龙, 周颖, 等. 高质量发展调研行 | 广东潮州凤凰镇: "茶+文旅产业"带动乡村振兴[EB/OL]. (2023-06-15) [2023-09-03]. https://baijiahao.baidu.com/s?id=1768745141566561863&wfr=spider&for=pc.

[8] 佟明彪. 乡村旅游发展空间广阔　同质化问题待解[EB/OL]. (2018-12-28)[2023-09-03]. http://travel.people.com.cn/n1/2018/1228/c41570-30492282.html.

第七章 生态文明与绿色发展

第一节 导 论

一、背景知识

　　文明是社会赖以发展的根基。人类文明发展经历了四个阶段，即原始社会文明、农业文明、工业社会文明和生态文明。原始社会文明是人类生活完全依赖大自然赐予，人们最主要的活动和最重要的生产劳动都是狩猎采集，石器、弓箭、火是原始文明最重要的发明。从原始文明步入农业文明，主要的生产活动是农耕和畜牧，人类可以创造适当的条件使物种得到繁衍和生长，不再完全依赖大自然，这个时期形成了铁器、陶瓷、文字、造纸、印刷术等文明发展的科技成果。从农业文明进入工业文明后，人类运用科技武器，建立了"人化自然"的新成就，以工业武装农业，进入了更好地控制和改造自然的时代，形成了蒸汽机、计算机、电动机等文明成果。再从工业文明进入生态文明社会，人类意识到必须在生态基础上与自然界发生相互作用、共同发展，人类的经济社会才能持续发展。

　　岳天明等（2023）指出，一种文明如果缺乏发展性的力量，它即便包含着浓烈的生态关注，也未必会有发展的前景，而是否具有这种发展性的力量则取决于能否与社会环境紧密结合。生态文明是继原始文明、农业文明、工业文明之后的又一文明形态[1]，是人类文明发展的历史趋势，以生态文明建设为引领，协调人与自然的关系，也是实现人与自然和谐发展的新要求，关系到中华民族永续发展的根本大计。

　　随着全世界城市化进程的加速，全球人口不断增加，在全球的经济和社会发展中，资源的消耗和环境的承载面越来越广，地球可以承受的负荷也越来越大，制约全球的经济发展和社会发展。曹孟勤（2023）强调直至2008年的金融危机后，渐渐形成绿色经济和绿色发展转型趋势，人类开始迎来生态文明和绿色发展的时代。特别是自全球性生态危机发生以来，保护自然环境、让自然界美丽美好已成为全世界人民的普遍共识[2]。

　　世界上多数的发达国家采取"先污染、后治理"的道路。美国西部开发在其发展历史上具有重要的地位，其百余年的开发进程始终沿着"移民拓荒—农业发展—中心城市发展—农工互进—工业崛起—人与自然协调发展"的模式，以资源开发为基础，主要采用市场调节的方式进行。同时强调经济和社会效益，增加开发中的科技含量，注重产业结构的合理组合和调整，取得了巨大的成功。但是在这项运动中，始终伴随着对资源的掠夺性开发和对生态环境的破坏，如不合理的开发、掠夺性经营、滥砍滥伐森林、过度垦殖，对生态环境造成了严重破坏。后来为了解决生态环境破坏所带来的问题，美国陆续成立相关保护部门，建立健全法律法规和技术等，使生态环境保护走上了法制化和科学化的轨道。

在全球性环境保护运动中，我国生态文明建设无论是在理论上还是在实践上都独树一帜，提出了不同于西方社会的环境保护理念和实践路径。党的十八大报告对"大力推进生态文明建设"做出战略部署，首次明确提出"美丽中国"这一生态文明建设总体目标。2015年，中共中央政治局召开会议，审议通过《关于加快推进生态文明建设的意见》。意见中明确指出，要以完善县域村庄规划、加强农村基础设施建设、强化山水林田路综合治理、开展农村垃圾专项治理等内容作为工作重点，持续做好美丽乡村建设工作，加快生态文明建设的脚步。

董兴华（2023）提出习近平生态文明思想根植于中国生态文明建设实践，科学把握人与自然关系新矛盾，深刻回答了生态文明建设的宗旨、目标与路径等重大理论及实践问题，成为新时代生态文明建设的根本遵循和实践指南。在习近平生态文明思想统领下，通过立足生态文明建设和绿色发展这一宏大背景促进生态文明，推动绿色发展，建设美丽中国[3]。

绿色发展是在传统发展基础上的一种模式创新，是建立在生态环境容量和资源承载力的约束条件下，将环境保护作为实现可持续发展重要支柱的一种新型发展模式。曾倩雯（2023）指出绿色发展理念以人与自然和谐为价值取向，以绿色低碳循环为主要原则，以生态文明建设为基本抓手。党的二十大报告指出，新时代新征程中国共产党的使命任务便是要推动绿色发展，促进人与自然和谐共生。这表明绿色发展在我国社会主义现代化建设中的重要作用[4]。

美丽中国是环境之美、时代之美、生活之美、社会之美、百姓之美的总和。生态文明与美丽中国紧密相连，建设美丽中国，核心就是要按照生态文明要求，通过生态、经济、政治、文化及社会建设，实现生态良好、经济繁荣、政治和谐、人民幸福。"美丽中国"在党的十八大报告中首次作为执政理念出现。党的二十大报告指出，推进美丽中国建设，坚持山水林田湖草沙一体化保护和系统治理。农药合理利用也是乡村生态保护与美丽中国建设工作的重要内容。2021年通过的《中华人民共和国乡村振兴促进法》中明文规定：国家对农业投入品实行严格管理，对剧毒、高毒、高残留的农药、兽药采取禁用限用措施。农产品生产经营者不得使用国家禁用的农药、兽药或者其他有毒有害物质，不得违反农产品质量安全标准和国家有关规定超剂量、超范围使用农药、兽药、肥料、饲料添加剂等农业投入品。

《中华人民共和国国民经济和社会发展第十四个五年规划和2035年远景目标纲要》第十一篇提出，推动绿色发展，促进人与自然和谐共生。坚持绿水青山就是金山银山理念，坚持尊重自然、顺应自然、保护自然，坚持节约优先、保护优先、自然恢复为主，实施可持续发展战略，完善生态文明领域统筹协调机制，构建生态文明体系，推动经济社会发展全面绿色转型，建设美丽中国。党的二十大报告对新时代新征程我国生态文明建设做出战略部署，强调要坚持人与自然和谐共生；强调必须牢固树立和践行绿水青山就是金山银山的理念，站在人与自然和谐共生的高度谋划发展。建立健全绿色低碳循环发展经济体系、促进经济社会发展全面绿色转型是解决我国生态环境问题的基础之策。要坚持用习近平总书记生态文明思想推进美丽中国建设。新时代新征程，全面建设社会主义现代化国家，我们要深入学习党的二十大精神，深入学习习近平生态文明思想，掌握有效推进绿色发展的认识论、方法论，践行绿色生产生活方式，更早推进美丽中国目标基本实现。在以习近平同志为核心的党中央领导全国人民推进生态文明建设取得伟大成就的经验基础上，着力解决战略实施中的机制问题，在大力推动绿色发展、推进人与自然和谐共生方面迈出新步伐。"十四五"规划时期，我国生态文明建设要坚持以绿色发展理念为引领，拓展生态产品价值实现通道，走产业生态化、生态产业化协同的绿色发展之路，建立健全生态经济体系，促进经济高质量发展，努力推进人与自然和谐共生的现代化。

二、学习重点

本章主要讲解人类文明的发展过程，全世界城市化进程的加速带来的社会问题，以及采取的措施，并讲解生态文明和绿色发展的相关研究基础、相关的名词解释和相关的经典理论，通过生态文明与绿色发展相关案例加以说明生态文明和绿色发展的重要性。本章学习要求如下。

（1）理解生态文明与绿色发展之间的关系。

（2）掌握生态文明、美丽中国、矿山修复、生态产业化、产业生态化、生态产品价值等专有名词。

（3）掌握资源节约利用、生态环境保护、推动能源转型等绿色发展原则。

（4）了解国内外绿色发展的案例和实践经验、评价指标和政策措施、评价指标体系。

（5）了解政府制定的相关政策和措施，包括环境保护法律法规、节能减排政策等。

（6）能够认识自己对生态环境的责任，并通过自己的行动来推动绿色发展。

（7）能够运用这些理论解释相关社会现象并剖析章节中有关流域治理、矿山修复、生态产业化、生态产品价值、海洋生态等典型生态案例并将以上所学知识适当运用到课堂实训与实地实践中。

第二节 理论知识

一、名词解释

1. 生态文明

生态文明又称绿色文明、环境文明，是指以人与自然和谐共生为核心的文明发展模式，是经济、社会和环境三个方面共同发展的全新发展模式；是习近平总书记首先提出的，其构建的目的是要实现可持续发展；是依赖人类自身智力和信息资源，在生态自然平衡基础上，经济社会和生态环境全球化协调发展的文明。

2. 习近平生态文明思想

习近平生态文明思想是新时代生态文明建设的重要指南和根本遵循，其核心要义是人与自然的和谐共生，即遵循"在发展中保护，在保护中发展"的绿色发展理念，协同推进物质文明和生态文明建设，最终实现生产发展、生活富裕、生态良好的"三生共赢"局面。[5]

3. 绿色发展

绿色发展是在传统发展基础上的一种模式创新，是建立在生态环境容量和资源承载力的约束条件下，将环境保护作为实现可持续发展重要支柱的一种新型发展模式。党的二十大报告指出：新时代新征程中国共产党的使命任务便是要推动绿色发展，促进人与自然和谐共生。这表明绿色发展在我国社会主义现代化建设中的重要作用。

4. 美丽中国

美丽中国是环境之美、时代之美、生活之美、社会之美、百姓之美的总和。"美丽中国"在党的十八大报告中首次作为执政理念出现。党的二十大报告指出，推进美丽中国建设，坚持山水林田湖草沙一体化保护和系统治理。[6]

5. 矿山修复

矿山修复主要基于恢复生态学原理，结合矿山扰动情况及立地条件等进行深入的理论研究，为生态修复工作提供技术和理论支撑，将已扰动矿区在人为干预下或根据需要重建成满足某种社会需求的状态，恢复到近天然或以矿区周围自然环境为标准恢复成与其相适应的状态。[7]

6. 生态产业化

生态产业化指的是基于现有的自然环境资源，通过市场化手段形成各类产业，最终实现价值增值的过程，达到"将绿水青山变成金山银山"的目的。[8]

7. 产业生态化

与生态产业化不同，产业生态化是要求企业按照"绿色、循环、低碳"的产业发展要求，把主要的产业活动纳入生态循环体系，保证企业的生产活动对自然环境的影响和自然资源的消耗始终处在生态系统物质能量守恒的规则之中。[9]

8. 生态产品价值

生态产品价值是指在不损害生态系统稳定性和完整性的前提下，生态系统为人类生产生活所提供的物质和服务，包括物质产品供给、生态调节服务、生态文化服务等。习近平总书记在党的二十大报告中指出，中国式现代化是人与自然和谐共生的现代化。要提供更多优质生态产品以满足人民日益增长的优美生态环境需要。[10]

9. 海洋生态文明

海洋生态文明是人类遵循人、海洋、社会和谐发展规律而取得的物质与精神成果的总和，是人与海洋、人与人、人与社会和谐共生与良性持续发展的文化伦理形态。[11]

10. 中国式现代化

中国式现代化是人与自然和谐共生的现代化。这是中国式现代化区别于西方现代化鲜明的中国特色之一。党的二十大报告指出，从现在起，中国共产党的中心任务就是团结带领全国各族人民全面建成社会主义现代化强国，实现第二个百年奋斗目标，以中国式现代化全面推进中华民族伟大复兴。[12]

11. 碳中和碳达峰

碳中和碳达峰简称"双碳"。2020 年习近平总书记在第七十五届联合国大会上宣布，中国的二氧化碳排放力争于 2030 年前达到峰值，努力争取 2060 年前实现碳中和。其中"碳中和"指的是一个组织在一年内的二氧化碳排放通过二氧化碳去除技术应用达到平衡，即净零二氧化碳排放。"碳达峰"是指某个地区或者行业年度二氧化碳排放量在年份和峰值上达到历史最高值，之后平台期进入持续下降的过程，是二氧化碳由增转降的历史拐点，标志着碳排放与经济发展实现脱钩。这是应对全球气候变暖、地球村面临严峻挑战，中国作为地球村一员做出的庄严承诺。"3060"逐步成为国家高质量发展、经济复苏、引领经济发展航向标。降低温室气体排放量与应对气候变化，逐步成为影响全球发展的核心问题。

二、重要概念

（一）生态产品

生态产品是指为了改善生态、维持资源平衡和保护健康而制造和供应的各种可测量的为了满足人类社会美好的生态需求，在人类社会与自然生态共同作用下产生的产品或者服务。

在最初阶段，生态产品的内涵从生态设计的概念演变而来。外部条件的定义中，生态设计改进了生态产品的生产过程，以尽可能避免对环境的负面影响。2000 年年初，随着联合国"千年生态系统核算"计划的提出，自然生态与人类价值回归的和谐共生模式受到了进一步的关注，对其具体实施方法的探索也越来越多。据 2005 年《千年生态系统评估报告》阐述，以世界作为基础调查对象，自然环境的退化趋势十分严峻，超过 60%的生态系统服务供给数量出现大幅衰减。当前面临严峻的环境挑战，对人类保护生态产品提出更严峻的要求，生态产品概念逐步深入人心。"生态产品"是在党的十八大首次提出的。[13]

按照生态产品的形态，其分为有形和无形生态产品。有形生态产品是在人类社会的直接作用下形成的，无形生态产品与人类劳动有着紧密的因果关系，没有实际形态的自然产品。生态产品是具有可持续性特征的可再生产品，并且具有地域性的特点。

生态产品同农产品、工业品和服务产品一样，都是人类生存发展所必需的。生态功能区提供生态产品的主体功能主要体现在：吸收二氧化碳、制造氧气、涵养水源、保持水土、净化水质、防风固沙、调节气候、清洁空气、减少噪声、吸附粉尘、保护生物多样性、减轻自然灾害等。生态产品的供给模式主要有政府供给模式、组织供给模式和私人供给模式。一些国家或地区对生态功能区的"生态补偿"，实质是政府代表人民购买这类地区提供的生态产品。

（二）产业结构调整和转型

产业结构调整和转型是指产业在要素配置、产品附加值、部门结构等方面动态调整的过程，以及引入新的产业形态和业态，以适应市场需求和经济发展的变化。[14]产业结构调整和转型是经济发展的重要任务，旨在提高产业的竞争力和适应力，促进经济的可持续发展和转型升级。它包括以下几个方面：① 结构优化：优化产业结构，调整产业之间的比重和比例，提高高技术、高附加值和高效益产业的比重，减少传统产业的比重，以适应市场需求和经济发展的变化。② 创新驱动：通过创新驱动产业结构调整和转型，推动科技创新和产业升级，培育新的经济增长点，提高产业的技术水平和竞争力。③ 绿色发展：在产业结构调整和转型的过程中，注重环境保护和可持续发展，推动绿色经济和低碳经济发展，降低资源消耗和环境污染，实现经济的绿色、可持续发展。④ 就业转移：产业结构的调整和转型可能导致一部分劳动力失业，因此需要进行就业的转移和重组，培训和转岗工人，以保障就业稳定和社会稳定。⑤ 国际竞争力：通过产业结构调整和转型，提高国内产业的国际竞争力，加强国际合作和竞争，实现对外开放和融入全球经济体系。

总之，产业结构调整和转型是经济发展中必不可少的一个过程，旨在使产业更加适应市场需求和经济发展，提高经济的竞争力和可持续发展能力。党的二十大报告提出，要统筹产业结构调整、污染治理、生态保护、应对气候变化，协同推进降碳、减污、扩绿、增长。我们要通过结构性调整、制度性改变、技术性创新和文化性转化等多种方式转变传统的发展理念，推动产业的创新，打造绿色、循环和低碳的发展模式。需要全球各国共同努力，实现工业化进程与生态环境的协调，促进绿色工业化的发展。

三、经典理论

（一）马克思主义生态理论

其理论基础是马克思主义的异化理论，是马克思主义的经典作家在对资本主义批判的基础上，形成并阐述的一系列生态文明思想。此后，随着对工业化进程负面影响的反思日益深入，生态文明的思想进一步发展为生态文明理论。[15]马克思主义生态文明理论包括自然本源的生态世界观、以人为本的生态价值观和和谐发展的生态实践观。

自然本源的生态世界观是马克思主义生态文明理论的构建出发点。马克思主义认为，"人本身是自然界的产物，是在自己所处的环境中并且和这个环境一起发展起来的"[16]。人和其他生命体一样是自然界进化和发展的产物，人作为自然界的存在物是受到自然界的限制和约束的，人类的生存和发展离不开自然。

以人为本的生态价值观是马克思主义生态文明理论的落脚点和着眼点。马克思主义认为，人们奋斗所争取的一切无不与利益有关，生态问题也是一个利益问题。[17]人类通过劳动与自然界发生链接关系，与自然进行物质交换。但在与自然的相互关系中，人类不能没有限度地发挥主观能动性，不断向自然索取，而是要以人为本，对社会制度进行不断的创新和变革，实现科学的以人为本的发展模式。

和谐发展的生态实践观是马克思主义生态文明理论的实现方式。马克思主义主张人类在尊重自然的前提下，利用生态的科技手段，通过生态实践的方式把社会发展与自然发展结合起来，提高效益和质量，实现资源节约和环境保护，解决自然和社会发展的矛盾，即实现人与自然的对立消解，实现人的全面发展。

（二）流域治理理论

流域治理理论是指为了充分发挥水土资源及其他自然资源的生态效益、经济效益、社会效益，以流域为单元，在全面规划的基础上，合理安排农、林、牧、副各业用地，因地制宜地布设综合治理措施，对水土及其他自然资源进行保护、改良与合理利用的理论。

人类文明起源于大河流域文明，人类从古至今没有停止过对流域生态文明的理论探索与实践。国外学者 P. J. Reynolds（1985）在对生态系统部分自我调节能力的认识基础上，强调了生态环境保护的重要性，此后 B. V. Petrov 等（1993）和 P. H. Nienhuis 等（2002）探索了经济活动对流域生态环境的影响。S. C. G. Ferreira、deLima A Mm J. A. M. Corra（2020）通过对巴西墨居流域水资源管理调查，分析现行的用水资源管理框架并提出了可持续性治理方案。S. Suriya 等人通过研究城市化进程对自然资源使用模式的变化，对蒂鲁苏拉姆次流域进行了水环境变化模拟，建立了流域的洪水综合管理系统，削弱了城市化对流域水环境造成的影响。Timothy P. Neher 等学者（2020）对爱荷华州中部的一个农业流域进行水环境质量检测，确定四个 ARG（抗生素抗性基因），有效地跟踪流域中环境的污染物。国内学者从 20 世纪 50 年代就开始关注流域治理。随着研究的深化，流域生态文明建设的研究视角逐渐向流域生态治理方面转变，积极探索流域治理与生态文明建设的理论以及实践。从 1994 年发布《中国 21 世纪议程》，到党的十七大将建设生态文明写入党的报告（陈洪波等，2013），到党的十八大、党的十九大和党的二十大生态文明的战略定位持续提升。党的二十大更是提出要坚持绿水青山就是金山银山的理念，坚持山水林田湖草沙一体化保护和系统治理，全方位、全地域、全过程加强生态环境保护，生态文明制度体系更加健全，污染防治攻坚向纵深推进，绿色、循环、低碳发展迈出坚实步伐，生态环境保护发生历史性、转折性、全局性变化。

（三）协同治理理论

协同治理理论是一种新型的政府管理理论，它提出政府与公民、社会、企业和非政府组织合作，共同解决公共政策问题。作为一种新型的公共政策制定方法，从政府的政治权和公众参与的角度出发，以政府为主导，以多方参与和协同治理为手段，实现公共政策的制定和实施，一次性解决公共政策问题。

协同治理理论在政府治理领域发挥着重要作用。一方面能够帮助政府提高治理效能，政府通过合作可以获得更多的治理资源，解决复杂的问题；另一方面能够提高公众参与治理的积极性。通过多方的参与，政府能够对公众有更多了解，从而满足公众更多需求，最终服务公众。

关于协同治理理论的运用领域较广，其中从生态文明和绿色发展的角度研究较多。王东方等学者（2023）从理论框架、应用场景及可拓展性角度研究城市跨区域资源环境协同治理。以 T 学院"一站式"学生社区建设管理为依托，从运行机制、管理协同、治理方式等方面探索协同治理理论应用于"一站式"学生社区管理模式的契合性，并在实践的基础上总结经验做法，为"一站式"学生社区的创新发展提供借鉴。刘畅（2023）从协同治理理论角度研究市域社会治理现代化路径。对市域、市域社会治理、市域社会治理现代化及其路径做出概念界定，介绍了市域社会治理现代化及其路径研究的起源和发展历程，并结合其特点和内容进行总结和分析。王雪影（2023）从协同理论视角研究某市的大气污染治理问题。从 L 市大气污染治理现状入手，发现 L 市大气污染治理过程中存在社会治理主体参与不足、政府内部协同不够、大气污染事件频繁发生、大气污染治理方式未改变四个问题，分析出 L 市大气污染治理存在问题的原因，即多元主体治理格局尚未形成、协同治理机制不完善、治理行为缺乏有序、治理过程缺乏与时俱进。最后结合 L 市的实际情况提出了四点对策。

（四）人与自然和谐共生理论

人与自然和谐共生理论是指人类与自然之间建立一种平衡、和谐的关系，通过相互合作、相互依存、相互促进的方式实现双方共同繁荣和发展的理论。在这一关系中，人们尊重自然、敬畏自然规律的存在，并为了自身利益有意识地、积极地参与维护自然生态的平衡活动，与自然和谐共处。这个概念强调了人类与自然之间的相互作用和互动，并倡导人类尊重和保护自然，合理利用自然资源，同时意识到人类的生存和繁荣依赖于自然的支持。

人类是生活在自然中的一种生物，人与自然之间应当存在和谐共生的关系。然而，在现代社会中，越来越多的人忽视了这种关系，导致了严重的环境问题。为了解决这些问题，人们开始重新思考人与自然的关系，提出了和谐共生的理念。人与自然和谐共生是生态文明的核心要素和重要内涵。人与自然和谐共生理念是我国生态文明建设的重要理念。

人与自然和谐共生，要优先考虑生态安全和自然价值，在人的经济社会发展过程中，注重环境保护和资源利用，实现人与自然协调发展。和谐共生的理念强调了人与自然之间的相互依存和互惠互利关系，要求人们在日常生活中重视环境保护，推动可持续发展，促进人与自然的和谐共生。只有让生态环境得到充分保护，才能保障人类的健康和幸福。反对人类对自然的掠夺、破坏和剥削，呼吁通过可持续的发展方式保护和修复自然环境，并为后代留下一个良好的生态环境。党的十九大报告提出了人与自然是生命共同体，要坚持人与自然和谐共生，提出"我们要建设的现代化是人与自然和谐共生的现代化"。习近平总书记在 2018 年 5 月全国生态环境保护大会上的讲话中提出了新时代推进生态文明建设必须遵循的六项原则，并把坚持人与自然和谐共生作为首要原则；党的十九届五中全会进一步把推动绿色发展和促进人与自然和谐共生作为国民经济"十四五"规划和 2035 年远景目标的重要任务。[18]党的二十大报告对新时代新征程我国生态文明建设做出战略部署，强调要坚持人与自然和谐共生。

（五）绿色发展理论

绿色发展理论是一种强调经济发展与环境保护相协调的发展理论。它强调经济增长应该以环境可持续性为前提，通过减少环境污染、有效利用资源和保护生态系统来实现经济的可持续发展。习近平总书记多次在重要场合强调，"人民幸福生活是最大的人权"。要实现人民群众美好幸福生活，必须以绿色发展为引领，把绿色发展贯穿于经济、政治、社会、生态各个领域中并实现均衡发展。[19]具体要考虑以下几个方面：① 以绿色发展推动经济发展，实现人民群众物质生活的美好需要。即使人民获得进行生活、生产等自然生态的物质环境，获得适合经济发展的生活生产资料，转化为经济优势。② 以经济发展推动政治发展，实现人民群众的美好政治生活需要。即使人民群众拥有良好的政治氛围、从政环境和融洽的党群关系、稳定和谐的政治秩序。③ 以绿色推动文化发展，实现人民群众美好的文化生活需要。即使人民群众树立绿色生态价值观念和拥有生态文化体系，拥有绿色生活方式。④以绿色发展推动社会进步，使人民群众实现美好社会生活需要。即使人民群众生活在充满绿色生态智慧的社会里。⑤ 以绿色推动环境友好发展，实现人民群众绿色优美生态环境需要。即处理好经济发展和生态保护的关系，形成节能高效的生产流程，使群众健康生活。

第三节 案 例 剖 析

一、仙游县木兰溪流域治理案例[20]

（一）基本情况

木兰溪为福建省八大河流之一，在木兰溪距入海口 25.8 千米处，有一座 200 多米长、形如钢琴的拦河坝，名为木兰陂。流域内有著名的南北洋平原（兴化平原）和仙游东西乡平原，是莆田市内主要的人口聚居区。流域内木兰溪沿岸水利设施众多，为流域生产生活提供了充足的水源和电力支持。同时木兰溪及其支流、入海口湾是市内重要的水运航道，因此被称为莆田人民的母亲河。根据第七次人口普查数据，截至 2020 年 11 月 1 日零时，仙游县常住人口 905 068 人。2022 年，仙游县实现地区生产总值 609 亿元，增长 7%。

（二）案例背景

木兰溪总长 105 千米，流域面积超过 1700 多平方千米，流域雨量充沛，与海相连，湾多流急，盐碱遍地，两岸不长禾苗，河段防洪能力不足，治理难度大，洪水屡见，伤及群众。于是变水害为利，成了当地人的梦想。习近平总书记在福建工作期间，曾先后 10 次关心、调研木兰溪治理工作，并特地请来国内权威水利专家，指挥推动木兰溪流域治理，木兰溪也成为全国第一条全流域系统治理的河流。

（三）做法成效

1. 做法

第一，树立"三位一体"全流域系统治理理念。一是推进木兰溪干流全线防洪工程保安措施。二是改良修复过度硬化的河床河滩河岸。三是建设生态亲水设施以打造木兰溪水文化景观。第二，坚持"生态优先"的生态保护与修复原则。一是坚持空间管控，构建生态走廊。二是坚持以水定城，优化产业布局。三是坚持借水兴业，打造经济高地。第三，坚持党建引领，凝聚共治力量。一是引导党员主动承担复杂繁重的任务。二是探索建立重大项目干部力量保障机制。三是建立"一线考核""巡回蹲点考核"等机制。

2. 成效

曾经的洪水肆虐、水患之河，实现河湖"清水绿岸、鱼翔浅底"，海湾"水清滩净、鱼鸥翔集、人海和谐"美丽景象。如今，历经千年的木兰陂周边已变身风光优美的亲水公园。治水先贤们的雕像静静伫立在木兰溪畔，见证着他们曾为之付出生命的河流。经过近千年的努力，特别是在中国共产党领导下科学治水、系统治水，木兰溪已经成为发展之河、幸福之水（见图 7-1）。

图 7-1 木兰溪的绿色之变

图片来源：福建木兰溪的绿色之变[EB/OL]．（2022-03-26）．https://baijiahao.baidu.com/s?id=1728325979485522568&wfr=spider&for=pc．

（四）经验推广

木兰溪成为生态之河、发展之河，有几个经验：一，遵循习近平总书记生态文明思想，全面系统治理。二，创新体制机制是助推绿色发展实践的重要保障。三，党委政府高位推动。四，市场配置资源。五，为民情怀是驱动绿色发展实践的精神力量。

（五）思考探索

木兰溪治理能够坚持 20 多年并最终获得成功的关键因素有哪些？

二、长汀县生态修复案例[21]

（一）基本情况

长汀县亦称汀州府，位于福建省西部，武夷山脉南麓，南邻广东、西接江西，土地面积 3104.16 平方千米，是客家人聚居的第一座府治城市，被誉为"世界客家首府"。第三批国家历史文化名城（1994 年），获"中国十大最具人文底蕴古城古镇"称号（2012 年）。全国第一批"绿水青山就是金山银山"实践创新基地、首批国家生态文明建设示范市（县）。第一批通过全国水生态文明建设试点验收城市（2018 年）。第一批革命文物保护利用片区分县名单（2019 年）。国家级县城新型城镇化建设示范名单（2020 年）。根据第七次人口普查数据，截至 2020 年 11 月 1 日零时，长汀县常住人口为 397 470 人。2021 年，长汀县地区生产总值 318.15 亿元，同比增长 7.0%。

（二）案例背景

20 世纪 40 年代，"山光、水浊、田瘦、人穷"，曾是长汀县自然生态恶化、群众生活贫困的真实写照。长汀水土流失面积达 146.2 万亩，占全县面积的 31.5%，涉及河田、三洲、策武等 7 个乡镇。治理水土流失成为长汀推动经济社会发展的首要而艰巨的任务。习近平总书记在福建工作期间，曾先后 5 次深入长汀调研指导，发出了彻底消灭荒山的动员令，长汀县水土流失治理被列为福建省为民办实事项目，推动水土流失治理和生态建设迈上规范、科学、有效的道路。

（三）做法成效

1. 做法

第一，创新观念，形成了统筹协调、源头治理、综合治理和系统治理的生态治理观，以政府为主导、群众为主体、全社会共同参与的治理模式，创造了一系列生态治理的科学方法。第二，创新技术，探索一条工程措施与生物措施相结合、人工治理与生态修复相结合、生态建设与经济发展相结合的科学治理和发展之路。第三，创新制度，形成多元化主体的投入经营机制；实现了水土流失治理从规模化向精准化转变；建立生态红线管控机制，使生态文明建设步入法治化轨道。

2. 成效

群众响应号召改变"山光水浊"的自然光景，更为改变"田瘦人穷"的生活状态投身于水土流失治理。如今，长汀县河田镇秃岭荒山蜕变绿水青山，茂盛草木间悠然觅食的河田鸡见证着兰秀和芦竹村村民从贫困向富饶的转变。

（四）经验推广

长汀县水土流失综合治理与生态修复成功入选联合国《生物多样性公约》第十五次缔约方大会（COP15）生态修复典型案例，成为"长汀经验"，主要经验有：一是坚持党委领导、政府主导，建立党政领导挂钩责任制。二是创新治理理念和技术，实行工程措施、生物措施和农业技术措施有机结合，人工治理与生态修复有机结合。三是充分发挥群众主体作用，培育大户引导治理、组织农民承包治理、引导企业积极参与治理，形成水土流失治理的强大合力。

（五）思考探索

在众多水土流失地区，长汀在生态治理方面能脱颖而出的重要原因是什么？

三、蒙阴县打造生态产业化案例[22]

（一）基本情况

蒙阴县位于山东省中南部、临沂市西北部，地处泰沂山脉腹地、蒙山之阴；东邻沂水、沂南县，西靠新泰市，南依蒙山与费县、平邑县交界，北与沂源县接壤。蒙阴县纯山区，地势南北高，中间低，由西向东逐渐倾斜。山地丘陵占总面积的94%，坐落着较大山峰520余座，其中海拔1000米以上有12座。根据山东省统计局2021年公布的数据，截至2021年年末，蒙阴县总人口为 82 482 人，其中男性人口为 41 694 人，女性人口为 40 788 人。2022 年，蒙阴县实现生产总值（GDP）206.78 亿元。

(二)案例背景

蒙山位于山东临沂境内,分布在蒙阴、平邑、费县、沂南四个县,绵延数百里,山势雄伟,气势磅礴,与泰山遥相呼应,为山东第二高峰,人称"亚岱"。这里是沂蒙山区腹地,历来以贫穷著称。清代县志对蒙阴的记载是:"四塞之崮,舟车不通,内货不出,外货不入。"蒙阴是纯山区县,过去,这里最著名的是孟良崮、沂蒙六姐妹。优美的山水和红色文化让蒙阴县在全省 21 个试点县中承担起了生态文明的建设任务。1993 年,蒙阴在临沂市最早提出开发蒙山,发展旅游,蒙山终于敞开山门。

(三)做法成效

1. 做法

第一,系统推进绿色保护与生态治理。实施山川绿化工程、绿色通道工程、土壤净化工程和水系生态工程。第二,全面推动绿色低碳发展。构建生态循环产业链条,实现了经济效益和生态效益"双赢";构建"果—菌—肥"生态循环产业链条。第三,创新产业模式,构筑"农业新六产"。将生态优势转化为惠民富民新的增长点,源源不断向群众释放生态红利。

2. 成效

蒙阴县从山水绿到产业绿起来,全县 90% 的水土流失面积得到有效治理。如今,造林绿化和生态建设改善了区域小气候,近 5 年全县平均降雨量比 20 世纪八九十年代多 200 毫米,比全省同期平均多 200 毫米。绿水滋润青山,青山涵养碧水,绘成了果在山上、村在林中、山山披绿、溪流潺潺的美丽画卷(见图 7-2)。

图 7-2 蒙阴县生态治理之变

图片来源:"绿水青山就是金山银山"实践模式与典型案例 | 山东省蒙阴县打造生态循环立体农业[EB/OL].(2021-08-04). https://www.sohu.com/a/481334652_121106991.

（四）经验推广

蒙阴县统筹推进自然生态、经济生态、社会生态、政治生态建设，大力发展生态循环的链条式农业，推进产业绿色转型，把生态富民理念融入经济社会发展各方面和全过程，成为"绿水青山就是金山银山"实践模式与典型案例，主要经验有：一是加强顶层设计，构建起"1+N"规划体系。二是大力提升人居环境，全力构建链条生态循环。三是推动农业转型升级，延伸特色农业链条，提升农业生态产品价值，实现生态与农业、农村、农民效益的统一。

（五）思考探索

蒙阴县绿色循环农业模式是什么？

四、三明沙县林权改革和碳汇交易案例[23]

（一）基本情况

三明市位于福建省西部和西北部，中国优秀旅游城市，全国百强市，国务院批准建立的全国集体林区改革试验区，国家林业局确定的全国集体林区林业产权制度改革唯一试点和海峡两岸现代林业合作实验区。三明是客家人形成并繁衍生息的重要居住地，是著名的客家祖地，客家文化底蕴深厚。截至2022年年末，三明市常住人口245.5万人，常住人口城镇化率为64.4%。2022年，三明市实现地区生产总值3110.14亿元，人均地区生产总值126 044元。

（二）案例背景

福建省三明市森林资源丰富，森林覆盖率达到78.73%，集体林占比高，是我国南方重点集体林区、全国集体林区改革试验区和福建省重要的林产加工基地。近二十年来，三明市牢记习近平总书记重要嘱托，认真践行"绿水青山就是金山银山"的理念，发挥森林资源优势，深入推进集体林权制度改革，探索实践了林票、林业碳汇等价值实现路径，逐步打通森林生态价值转化为经济价值的渠道，实现了生态环境保护与经济发展协同共进。

（三）做法成效

1. 做法

第一，推进集体林权制度改革，建立产权清晰的林权制度体系。自实施不动产统一登记以来，规范林权类不动产登记，探索"三权分置"改革，推动林业多元经营格局。第二，推动"林票"制度改革。制定了《林票管理办法》，探索林票改革试点。第三，推动林业碳汇经济价值实现。开展林业碳汇交易，以碳汇项目的预期收益作为信用基础进行贷款，促进林业碳汇产品的价值实现。

2. 成效

林业碳汇经济价值逐步显现，林业碳汇产品交易量和交易金额均为全省第一。绿色金融蓬勃发展；有效盘活了沉睡的林业资源资产，推动形成"保护者受益、使用者付费"的利益导向机制，提高森林生态产品供给能力和价值实现水平，实现国有、集体、个人三方共赢，实现了生态美、产业兴、百姓富的有机统一。

（四）经验推广

一，集体林地"三权分置"改革是基础。三明市集体林权改革始终走在全国前列，在完成集体林地承包确权登记颁证工作以后，创新开展集体林地"三权分置"改革试点，所有权归集体，承包权归农户，经营权归实际经营者，有效保障了经营者的合法权益，调动了社会资本参与经营集体林的积极性。二，建立林业金融风险防控机制是关键。三明市探索实施了"一评二押三兜底"机制，"一评"即一套评估体系，评估林木价值和林农信用等级，并引入第三方机构进行测算评估和技术支撑。三，引导林业贷款资金再次投入森林保护与经营是亮点。

（五）思考探索

三明市集体林权制度改革为什么能够始终走在全国前列？

五、重庆武隆区跨省市重大非法捕捞水产品案[24]

（一）基本情况

武隆区隶属重庆市，地处重庆市东南部乌江下游，武陵山和大娄山峡谷地带。境内有"世界自然遗产"喀斯特芙蓉洞和"国家 5A 级旅游景区"天生三桥。2019 年 9 月，入选首批国家全域旅游示范区。2020 年 10 月 9 日，被生态环境部授予第四批国家生态文明建设示范市县称号；10 月 20 日，入选全国双拥模范城（县）名单。2021 年 12 月 29 日，获得中国天然氧吧称号。截至 2021 年，武隆区面积 2901 平方千米，辖 4 个街道、10 个镇、12 个乡，户籍总人口 406 868 人，地区生产总值 2 621 413 万元。

（二）案例背景

为积极落实长江大保护、推动长江经济带高质量发展、十年禁渔重大决策，强力震慑非法捕捞水产品等违法行为，充分发挥法庭审理的法治教育作用，重庆市涪陵区一以贯之、持续发力，依法依规，严厉查处非法捕捞水产品行为，守护好一方春水。2023 年 8 月 10 日，重庆市涪陵区人民法院在武隆区中兴码头公开户外审理了当事人陈某等 9 人非法捕捞水产品案。

（三）做法成效

1. 做法

第一，各部门高度重视长江大保护等重大决策。在公安部统一调度指挥下，重庆警方会同贵州、广西、湖南等地公安机关进行收网行动。重庆警方从市内部分餐馆销售体态"活性"极佳、体表毫无损伤的野生鱼线索入手，以潜水电捕鱼必备作案工具"电鱼竿""潜水服"为突破口开展分析，锁定 51 名潜水电捕鱼嫌疑人。第二，审判持续。巡回审判正式拉开帷幕，在合议庭的主持下，法庭严格按照法定程序组织公诉人与被告人、辩护人依次进行了法庭调查、法庭辩论、被告人最后陈述等环节，依法认定罪行。第三，庭后宣传到位。成员单位及时开展了以"共创生态文明、共享碧水蓝天"为主题的首个全国生态日普法宣传活动，让广大旁听群众持续做好生物多样性及水资源的保护工作。

2. 成效

重庆专案共抓获嫌疑人107人（采取强制措施76人），现场查获渔获物600余千克，查获涉案渔船14艘、车辆10台、电捕网捕渔具45副（套），涉案金额216.8万元，斩断跨渝黔桂三地的非法捕捞"捕运销"地下产业链，全力保护了长江、珠江水域生态资源安全和珍贵野生动物多样性。

（四）经验推广

有关部门把非法捕捞水产品案件庭审特地搬到乌江边进行，用鲜活的案例加上实地环境，更有利于向当地人民群众进行普法教育，宣传有关禁渔的相关法律法规。希望广大人民群众以此为鉴，进一步增强生态环境保护的法律意识、自觉行动。

（五）思考探索

假设你是一名普法专员，你将如何设计与本案相关的普法行动。

第四节　实训实践

一、课堂实训

（一）文献报告

围绕生态文明与绿色发展、生态文明建设、绿色发展的案例和实践经验等内容，根据授课班级实际情况，学生自由组成学习小组。指导老师为学生拟定文献报告的研究主题，学生再自行拟定具体的研究报告题目，通过文献搜索、文本分析、网页查找、数据收集等方式收集资料，按照要求完成文献报告。研究主题及内容示例如下。

1. 福建省有关生态文明的相关法规或政策

（1）难度：易。

（2）每个小组成员收集一项，每个人对所提供的内容进行阐述，发表自己对该项法规或者政策的看法，包括支持与否、实施情况、作用等几部分。提供法规或者政策基本内容；小组讨论照片3张；小组成员各观点阐述材料，形成文稿，体裁不限，1000~2000字。

2. 所在家乡的生态环境保护情况

（1）难度：中。

（2）每个小组成员对所在家乡生态环境保护情况进行全面了解，与小组成员进行分享，表达自己的看法，提供一份不少于15页的课件PPT汇报，包括现状、问题、建议等内容。

3. 近五年来福建法院生态环境审判案例

难度：难。

至少收集一个典型案例，小组成员对本案例的案情进行收集，小组成员对案情分析、法院的审判结果进行讨论，小组成员分别是法官、当事人、社会群众，对案例阐述自己的观点。提供案例基本情况，包括背景简介、发生过程、判决结果等几部分，并形成文稿，体裁不限，字数 2000 以上，并提供讨论照片 3 张。

文献报告评分标准见本书附录 A。

（二）情景模拟

围绕绿色发展原则、生态修复治理、典型生态案例等内容，指导老师为学生拟定路演的情景模拟主题，并提供情景模拟背景描述。由学生分组自行设计和完善情景剧情并撰写剧本，布置场景切换 PPT，制作景点地标、任务名片或者简易道具，使用 PPT、视频展示、对话等方式在课堂上进行情景模拟。情景模拟主题及背景描述示例如下。

1. 情景模拟主题一：威海华夏各部门生态修复治理探寻之旅

位于美丽的海滨度假城市——威海，三面环海，群峰拱卫，是以展示东方古典文化为主的大型生态文化景区。威海华夏城景区，中国生态环保第一城位于里口山脉南端的龙山区域，曾绿树成荫，风光秀丽，生态环境良好。但在 2003 年之前，龙山是威海华夏城的旧址，每天都能听到隆隆的开山炮声，山体千疮百孔、危岩裸露、尘土飞扬。

把时光机开到 20 世纪 50 年代。威海华夏城旧址是龙山。为了发展集体经济，人们在龙山上建起了养蚕场，龙山植被遭到不同程度的破坏。20 世纪 70 年代末，随着城市建设步伐的加快，这里成为建筑石材集中开采区，30 多年间采石矿坑多达 44 个，被毁山体 3767 亩，森林植被损毁、粉尘和噪声污染、水土流失、地质灾害等问题突出，周边村民无法进行正常的生产生活，区域自然生态系统退化和受损严重。

为了呵护青山绿水，从 2003 年开始，威海市以"生态立市"，全面加强对矿产资源的开发利用和监管，对龙山区域开展生态修复治理。华夏文旅集团响应威海市的号召，怀着对家乡山山水水的深情，倾尽全力对龙山开始了长达数十年的造福桑梓的生态修复历程。

生态修复压力非常大，投入修山的费用也是一笔天文数字，而且对于企业而言，投入和产出不一定成正比，甚至可能一点效益都不会产生。一开始华夏文旅集团企业的员工对华夏文旅集团的董事长做出这样的决策很不理解，多数表示不支持，但最终华夏文旅集团的董事长还是顶着各种压力一点点往前推进工作。

经过认真勘察，发现最严重的龙山矿断面垂直距离达到 150 米，一些山体多数被挖空了，山谷里只剩下一堆堆的渣石。地表各种裂缝，几十万平方米的土地几乎寸草不生。面对这样的困难，华夏文旅集团没有经验，也无从学习经验，只能摸着石头过河，一点一滴摸索和学习，全力探索适合龙山修复的多样方式。

华夏文旅集团对龙山的生态修复因地制宜地采用了以下几种修复方式：一是对开采面相对较小的矿坑进行拉土回填，即先拉土再回填，然后种植树木复绿。二是对双面开采比较严重的、山体几乎被打透的矿坑采用隧道构建法，即在各个矿坑里有计划地修建隧道，再在隧道上进行覆土复绿。三是改造部分破坏较大的矿坑并合理利用，如今威海华夏城风景区里的人民防空教育馆、《神游传奇》剧场以及禹王宫等均是在那时先后打造的。

于是，由威海市相关部门引进具有资质的华夏文旅集团，由集团领导、员工、龙山区域的干部和人民群众参与的矿山生态修复工程，经过18年的努力，投资51.6亿元，修复44处矿坑，搬运土方6456万立方米，建造水库35座，修建隧道6条，栽种各类树木1189棵，如今，龙区山域植被覆盖率由65%提高到97%，修复了水系、栖息地，提高了动植物的多样性，为周边15万居民和威海市民提供了高质量生态产品。

2018年6月12日，习近平总书记对华夏集团利用生态修复变矿坑废墟为绿水青山，将绿水青山变金山银山，带动周边村民就业致富的做法，给予充分的肯定。景区先后入围"中国最具潜力的十大主题公园"，荣获"中国创意产业最佳园区奖"，并被山东省文化厅评为首批山东省文化产业示范园区，被评为国家级文化产业示范基地、国家休闲渔业示范基地。2020年10月9日，被生态环境部命名为第四批"绿水青山就是金山银山"实践创新基地。

请结合以上案例的案情，以威海市相关部门、华夏文旅集团董事长、华夏文旅集团若干员工、华夏风景区游客的身份，针对十几年后取得的成果，探讨经历了怎样的努力取得今天的成果，并演示修复的过程和修复好后各身份的感受。

2. 情景模拟主题二：广西北海市冯家江：生态治理与综合开发

北海市地处广西壮族自治区南端，三面环海，其中全长16.9千米的冯家江自北向南贯穿主城区，是城区内的最大水系和主要排涝河道。冯家江位于北海市银海区银滩东部与龙潭辖区之间，是北海市唯一的内陆潮汐河流，由北向南流，上游有一个鲤鱼地水库，有淡水源头，下游生长有红树林。冯家江里有罗非鱼等一些淡水鱼，海鱼较多。冯家江在北海银滩附近入海。

曾经的冯家江流域养殖污染严重、污水直排、淤泥沉积。冯家江流域原有363个雨污直排口、2000亩虾塘、24个养殖场，大量的污水和养殖废水排入江中，据调查每天排入冯家江的污水约有4.5万吨，相当于24个标准游泳池的蓄水池，导致自然生态环境容量超载、湿地生态系统衰退，直接影响了银滩国家旅游度假区和金海湾红树林区域的水质和环境，严重威胁下游入海口区域生态安全。冯家江生态治理刻不容缓。

从2017年开始，广西壮族自治区北海市认真贯彻落实习近平总书记"把红树林保护好""把海洋生物多样性湿地生态区域建设好"的指示要求，确立了"生态立市"发展战略，启动了冯家江流域生态治理与综合开发工作，建设以"治污、生态、为民"为指导思想，通过控源截污、内源治理，整治水污染，提升水质，保护银滩，以"生态恢复、治污护湿、造林护林"为主线，通过生态修复、再生水利用，改善冯家江流域生态环境，保护红树林；建设冯家江滨海湿地，以统一规划管控和土地储备为抓手，系统改善片区人居环境，发展绿色创新产业，建设海绵城市和自然景观，提升北海形象和吸引力，打造了人与自然和谐共生的绿色家园，促进北海城市的发展。

经过不懈的努力，进行了各种生态治理和综合开发，如今，冯家江流域生态环境得到根本改善。北海市滨海国家湿地公园（冯家江流域）生物多样性也逐步提高。每年污水排放量大量减少，主要污染物大量消减，鸟类物种大量增加，打造园区观鸟基地、基塘农园、滨水栈道、慢行系统等休闲娱乐场所，为市民提供集休闲、文化、科普于一体的开放性城市中央公共绿地，实现人民享受美好生活的愿望。

生态环境日渐向好，吸引大量海洋动物前来栖息。记者通过与北海滨海国家湿地公园管理处监测部部长邓秋香沟通了解到，目前在湿地公园累计监测到底栖动物 207 种，鸟类有 208 种。

冯家江畔水清岸绿，每天吸引不少群众前来散步。家住附近小区的卢女士告诉记者："以前这条江又黑又臭，现在水清澈、鸟雀跃，两岸花香阵阵，只要有空就想来走走逛逛。"

北海市冯家江流域水环境治理工程 PPP（政府和社会资本合作）项目是国内首个近海流域水环境综合整治项目，项目占地面积约 4.46 平方千米，全长约 16.9 千米，涉及江、渠、库、海、滩。该项目荣获自治区 2020 年度"美丽广西·宜居城市"优秀范例奖，入选中国自然资源部"中国特色生态修复十大典型""广西国土空间生态修复典型案例"，为我国乃至全球基于自然的解决方案本地化应用提供了示范和借鉴作用。冯家江东连金海湾红树林生态保护区、西接有着"天下第一滩"之称的银滩国家旅游度假区，与其紧邻的金海湾红树林生态保护区生长着大片"海岸卫士"红树林，成为北海深呼吸的最佳去处，是广西一张靓丽的生态建设名片。海洋局副局长、总工程师宁向军介绍："近年来，广西坚持山水林田湖草海一体保护修复，实施海洋生态修复重大工程，多个亮点示范工程取得良好生态效益。北海冯家江流域生态修复治理模式入选中国特色生态修复十大典型案例，向全国推介，成为生态文明建设中国样板；防城港山心沙岛生态岛礁建设项目在设计阶段充分考虑利益相关者建议，综合实现'护岛'与'护鸟'两个目标；钦州市 2020 年蓝色海湾项目入选广西生态产品价值实现典型案例，并依托此项目建成了'广西海洋科普和意识教育基地'。"

请立足于冯家江实际情况，讨论分析冯家江贯彻落实习近平总书记的指示要求，进行"生态治理与综合开发"，主要做了哪些工作，取得了哪些成果，并选择案例中出现的人物进行情景模拟。

情景模拟评分标准见本书附录 A。

二、实地实践

（一）实践内容

本次实践调研主题为"服务乡村振兴，共创富美乡村"，结合福建省高校暑假大学生社会实践活动，使大学生更多地关注农村，积极回报社会，培养社会责任感，增强生态环保意识和为人民服务的精神，为推进中国式现代化奉献自己的力量。本次实践主要是通过网络、村委干部、村里群众等渠道了解所调研的村庄的基本情况，自行走访了解该村庄生态环境保护情况，制定宣传保护策略并参与生态保护行动。

（二）实践要求

学生以班级为单位，围绕生态文明与绿色发展，在保证安全的基础上在村庄开展实践。在实践过程中，学生通过访谈、考察、观察等方式，围绕以下调研要点收集视频、文字、音频等相关素材，为实践报告成果提供支撑。

村庄的基本情况：主要了解地理位置；人口数量、人口构成（如年龄、性别、职业等），以及人口变化趋势；村庄的经济状况，包括农业、工业、服务业等产业的发展情况，以及村民的收入和生活水平；村庄的基础设施，包括交通、通信、水电、教育、医疗等设施的建设情况；文化传统；村庄的社会治理情况，包括基层组织建设、村规民约的制定和执行、村民参与公共事务的情况等；村庄的生态环境，包括自然环境、空气质量、水资源质量、土壤质量等方面的情况。

生态环境保护情况：基于对村庄基本情况的了解，收集生态环境保护案例，可能是水环境，也可能是与土壤环境相关的环境保护案例、大气环境污染保护案例。案例内容包括背景介绍、具体做法、优秀经验等。

（三）准备工作

1. 物品准备

出发前，准备生活用品、工作用品、记录设备等，参考本书附录B。

2. 地点选择

选择实践目的地应全面考虑地点的相关性、代表性、配合度和安全性，确保实地调研能够高效、顺利且安全地进行。选取实践目的地需符合以下要求与原则。

贴合调研主题：调研地点应与研究的问题和目标密切相关，以便获取准确和有意义的数据。

可行性和可访问性原则：考虑学生安全等因素，应尽量选择交通便利、距离较短的目的地。

3. 人员分工

建议将教学班分为A、B、C三大组，分别负责三个地点的大气污染、水污染、土壤污染案例调查，并根据实际情况，拍摄照片、开展访谈并留下相关记录，最终形成文字材料。每一组都需要结合该村实际情况，调研案例污染、防治过程以及做法，并总结三条优秀治理方法。

4. 实践成果

在实践结束后，提交调研报告，包括大气、水、土壤污染三大类案例，包括案例背景、污染、防治过程等几个部分，字数3000字以上，并包含5~8张照片，上交文件夹添加个人信息：专业、班级、姓名、作品名称。上交时请用如下方式命名：班级+学生姓名（学号）+作品名称。

（四）实践成效

生态文明与绿色发展章节侧重于培养学生对生态文明、生态环境保护的深度认知，进而研讨如何在发展开发中坚持绿色发展的原则，避免环境污染问题，实现"绿水青山就是金山银山"的和谐共生。实地实践可以在三个层面达到对应成效。

思想成效：贯彻落实党的二十大报告精神。党的二十大报告强调："全面推进乡村振兴，坚持农业农村优先发展，巩固拓展脱贫攻坚成果，加快建设农业强国，扎实推动乡村产业、人才、文化、生态、组织振兴。"当前，乡村展现出充满生机与活力的新面貌，但是城乡发展不平衡现象仍然存在，乡村振兴还有一段路要走，实施乡村全面振兴需要全社会齐心协力，尤其离不开高校大学生的支持。

教职成效：当前"十四五"规划实施进程中，高等教育进入普及化阶段后，高等院校将实现高质量发展作为努力奋斗的重点目标。地方高校高质量发展包括服务地方工作，开展实践为地方高校服务社会奠定了坚实的基础。

能力成效：培养了适应社会的能力。通过社会实践，帮助大学生更好地了解社会现状，将所学的理论知识转化为实际操作能力，提升分析问题和解决问题的能力；通过团队合作，培养团队合作精神，帮助大学生提高团队合作能力；帮助大学生提前积累社会工作经验，了解社会需求，提高自身的就业竞争力；帮助大学生更好地认识自己，了解自己，增强自信心，为大学生服务乡村发展奠定基础。

本章参考文献

[1] 岳天明，张成恩. 我国生态文明建设的中国特色与世界格局[J]. 福建论坛（人文社会科学版），2023（2）：18-29.

[2] 曹孟勤. "生态优先，绿色发展"理念的深层价值[J]. 江苏大学学报（社会科学版），2023，25（1）：11-21.

[3] 董兴华. 习近平生态文明思想的理论溯源、基本内涵与时代价值[J]. 中共云南省委党校，2023，24（2）：37-46.

[4] 曾倩雯. 绿色发展理念研究综述[J]. 产业创新研究，2023（10）：49-51.

[5] 杨宁，徐卫华，欧阳志云，等. 生态文明建设重点领域标准化现状、存在的问题及对策建议[J]. 生态学报，2023（16）：1-10.

[6] 曾倩雯. 绿色发展理念研究综述[J]. 产业创新研究，2023（10）：49-51.

[7] 蒋文翠，杨继清，彭尔瑞，等. 矿山生态修复研究进展[J]. 矿业研究与开发，2022，42（4）：127-132.

[8] 李敏瑞，张昊冉. 持续推进基于生态产业化与产业生态化理念的乡村振兴[J]. 中国农业资源与区划，2022，43（4）：31-37.

[9] 张波，白丽媛. "两山理论"的实践路径：产业生态化和生态产业化协同发展研究[J]. 北京联合大学学报（人文社会科学版），2021，19（1）：11-19+38.

[10] 方印，石丹妮. 生态产品价值实现的主要需求类型及其相应配套机制[J]. 价格月刊，2023（3）：1-9.

[11] 郇庆治，陈艺文. 海洋生态文明及其建设：以国家级海洋生态文明建设示范区为例[J]. 南京工业大学学报（社会科学版），2021，20（1）：11-22+111.

[12] 刘儒，陈舒霄. 中国式现代化：马克思主义现代化理论的新飞跃[J]. 西安交通大学学报（社会科学版），2023，43（1）：9-20.

[13] 张翼. 生态产品供给视角下第一师阿拉尔市红枣生态林保护的主体博弈研究[D]. 阿拉尔：塔里木大学，2022.

[14] 刘佳，李煜轩. 产业结构调整、绿色创新与旅游业碳减排研究[J]. 中国海洋大学学报（社会科学版），2023（2）：51-60.

[15] 张乐. 马克思主义生态文明理论中国化研究[J]. 时代报告，2022（11）：72-74.

[16] 中共中央马克思恩格斯列宁斯大林著作编译局. 马克思恩格斯全集（第 3 卷）[M]. 北京：人民出版社，1972.

[17] 中共中央马克思恩格斯列宁斯大林著作编译局. 马克思恩格斯全集（第 1 卷）[M]. 北京：人民出版社，1995.

[18] 王雨辰，周宜. 站在人与自然和谐共生高度谋划发展与美丽中国建设[J]. 求是学刊，2023，50（1）：13-21.

[19] 刘佳，李煜轩. 产业结构调整、绿色创新与旅游业碳减排研究[J]. 中国海洋大学学报（社会科学版），2023（2）：51-60.

[20] 福建莆田市木兰溪生态文明建设实践[EB/OL]. （2019-08-22）[2023-09-05]. https://baijiahao.baidu.com/s?id=1642536611496414997&wfr=spider&for=pc.

[21] 安黎哲，林震，张志强. 长汀经验，"生态兴则文明兴"的生动诠释[EB/OL]. （2021-12-18）[2023-09-05]. https://news.gmw.cn/2021/12/18/content_35389621.htm.

[22] 生态环境部. 山东省蒙阴县打造生态循环立体农业[EB/OL]. （2021-08-03）[2023-09-05]. https:// baijiahao.baidu.com/s?id=1707078111745361087&wfr=spider&for=pc.

[23] 汪聪聪，蔡峻. 生态产品价值实现案例|福建省三明市林权改革和碳汇交易[EB/OL]. （2022-08-23）[2023-09-05]. https://mp.weixin.qq.com/s?__biz=MjM5MDMzNDM0MQ==&mid=2651625804&idx=2&sn=5f5820a55b3a3ab98fedbe534ef0068b&chksm=bdbe55a68ac9dcb062a53faf93033f09dbb1c23474544c89e0645617c32f68e4b506adb4bb4f&scene=27.

[24] 山城拍客. 重庆警方成功侦破一起跨省市重大非法捕捞水产品案件，涉案金额超 200 万元[EB/OL]. （2023-08-10）[2023-09-05]. https://www.sohu.com/a/710387962_333962.

第八章　乡村治理与组织振兴

第一节　导　　论

一、背景知识

我国早期乡土社会稳定性较高，拥有相同血缘关系的家族成员在同一社区世代繁衍。由于时代发展，当前乡村社会与传统乡土社会已经大不相同。年轻劳动力外出务工、房屋出租、城镇化等原因导致乡村人员变化巨大，邻里关系减弱。因此，如何构建纽带将乡土关系稳定化是新时期乡村治理的关键工作，也是推动乡村振兴的题中之意。

我国乡村治理体系自中华人民共和国成立以来，经历了阶段性的发展和变迁，受时代背景影响，形成了管区制、片区制、社区制以及村庄制四种不同的治理体系。第一，管区制。王印红等（2020）指出该体制以"人民公社—管理区—生产大队"为基础展开治理行动，源自计划经济时期，能够实现统一领导和分级管理的需要。经过阶段性的发展，部分地区基层政府创新性发展出三类管区类型进而应对乡村治理任务：信息中介型、服务下沉型、网格维稳型[1]。通过对运行机制和治理结构的调整，较为适应基层治理特性。第二，片区制。改革开放后，我国通过片区制对村民委员会进行分片管理，该模式能够将乡镇政府与行政村进行良好的连接。李增元等（2017）表示片区制一方面能够实现上下衔接，指导所辖村干部队伍的教育管理工作；另一方面，还能推进村部发展规划的落地和政策实施等[2]。第三，社区制。2006年，我国正式提出新农村建设规划，推动农民集中居住是许多地方政府推动新农村建设的重要举措。随着这一措施的实施，许多自然村被拆除，农民被安置到城镇乡村的规划点集中居住，形成了一批区别于传统社区和传统农村的新型农村社区。然而，这种改变给乡村治理带来了较大的挑战和困境。第四，村庄制。村庄制是当前我国农村基础的治理形式。丁胜等（2020）认为村庄制是与我国乡土结构契合度较高的形式[3]，能够很好地激发村庄内生动力。村庄制下的村庄治理资源高度依赖国家供给，难以通过村民自我供给形式获取。胡平江（2020）认为受限于地方财政供给能力，国家的资源供给总是有限的[4]。综上，乡村治理就是乡村治理多元主体之间通过一定的关系模式或行为模式，共同推动乡村经济、政治、社会、文化和生态建设的一个动态过程。

迈入新发展阶段，新型农村社区治理呈现出许多新特征，各类要素之间的流动更加频繁，城乡融合更加紧密，农业现代化步伐加快，这些都要求改变旧有的农村社区治理模式。在变革当中，农村基层党组织是乡村治理的领导和推动力量，农村基层党组织振兴不仅为农村基层党建高质量发展提供内在驱动力，而且为乡村治理提供政治保障、夯实组织基础、调集社会资源、汇聚群众力量，对推进乡村治理现代化具有重要的战略意义。自党的十八大提出乡村振兴战略以来，国家高度重视农村基层组织建设工作。2018年，《中共中央 国务院关于实施乡村振兴战略的意见》中提到，要加强农村基层党组织建设，创新组织设置和活动方式。同时要注重农村带头人队伍建设工作，农村带头人队伍的质量对于组织振兴的落实至关重要，它直接关系到基层党组织的向心力、战斗力、吸引力、组织力和号召力。《中共中央 国务院关于实施乡村振兴战略的意见》中提到，实施农村带头人队伍整体优化提升行动，注重吸引高校毕业生、农民工、机关企事业单位优秀党员干部到村任职，选优配强村党组织书记。只有组织振兴才能加强党在乡村振兴中的领导力，才能够有力解决小农户与现代农业有机结合的问题，鼓励村民积极参与乡村治理、强化公共服务体系建设，组建高素质治理团队来推进农村社区治理的健康发展，提升乡村治理的效能。

二、学习重点

本章首先引入了乡村治理的基本模式与时代发展特征，其次通过不同的案例讲述乡村治理与组织振兴之间的关联。本章的学习要求如下所示。

（1）了解乡村治理的模式。
（2）掌握组织振兴的内涵。
（3）了解组织振兴对于乡村治理的重要性。
（4）思考当前乡村社区治理的短板与优化方式。
（5）能够运用乡村治理相关知识进行调研实践。

第二节 理 论 知 识

一、名词解释

1. 社区

1887年，德国社会学家Ferdinand Toennies在《社区与社会》[5]这一著作中，首次明确提出了"社区"的概念。他表示，社区是基于血缘亲族关系自然形成的一种社会联合体，这一定义成为社区理论发展史上的重要标志。随着社会的不断进步，社区的内涵也在不断演变。

当前学术界普遍认为，一个完整的社区应当包含如下特性：一定数量的人口、特定的地域范围、规模化的设施、独特文化特征以及类型丰富的组织。简而言之，社区就是由聚居在一定地域范围内的人们所组成的社会生活共同体。

2. 农村社区

农村社区是由居住在农村地区的一定数量和质量的人口所组成的相对完整的区域社会共同体。农村社区是人类社会最早出现的社区，可以追溯到原始农业的产生时期。随着原始农业的出现，人们可以在相对固定的土地上通过种植农作物取得较为可靠的生活资料，这为人类创造了比较稳定的居住条件。人们开始定居并形成了最原始的村落，从而产生了最早的农村社区。从历史发展的角度来看，农村社区大致经历了三个主要发展阶段：原始农村社区、传统农村社区和新型农村社区[6]。

3. 新型农村社区

新型农村社区区别于传统的行政村或城市社区，它由若干行政村在合并的基础上进行统一规划、建设，或是由一个行政村建设而成，从而形成的新型社区。新型农村社区的建设目标是缩小城乡差距，让农民享受到与城市居民相似的公共服务和生活条件，它是一种新的社会形态，而不仅仅是简单的村庄翻新或人口聚居。

4. 村民自治

村民自治，即广大农民群众直接行使民主权利，依法处理自己的事务，创造自己的幸福生活，并进行自我管理、自我教育、自我服务的一项基本社会政治制度。村民自治的核心内容是"四个民主"，即民主选举、民主决策、民主管理、民主监督。通过推广村民自治制度，鼓励村民积极参与乡村事务的决策和管理，可以提高村民的自治意识和责任意识。

5. 社区管理

社区管理是指在特定的规章制度和管理模式下，社区内部组织通过协商和在社区居民共同努力下，维护社区的稳定和安全，从物质及精神层面让社区居民获得更多满足感。社区管理的宗旨是在尽可能满足社区居民各方面的需求的前提下，提高社区居民的生活质量，让社区居民得到更多的享受，积极努力地促进社区居民生活方式的健康化[7]。

6. 农村基层党组织建设

农村基层党组织是乡村振兴的领导力量，加强农村基层党组织建设是组织振兴的重要内容，包括提高党组织的组织力和领导力，发挥党组织在乡村振兴中的战斗堡垒作用。

7. 乡村集体经济组织

乡村集体经济组织是农民自愿组成的互助合作经济组织，是发展农村经济、增加农民收入的重要载体。加强乡村集体经济组织的建设和管理是组织振兴的重要途径[8]。

8. 新型农业经营主体

新型农业经营主体包括家庭农场、农民合作社、农业社会化服务组织等，是推动现代农业发展的重要力量。培育和支持新型农业经营主体的发展是组织振兴的重要内容。

9. 乡村文化建设

乡村文化是传统文化的重要组成部分，是在农业生产与生活实践中逐步形成并发展起来的，表现为民俗民风、物质生活与行动章法等。乡村文化以言传身教、潜移默化的方式影响着人们，是乡民生活的主要组成部分，也是乡民赖以生存的精神依托和意义所在。

相较于工业的高度发展，农业生产与自然节律紧密相关，具有一定的稳定性和可预测性。这种稳定性也传递给了乡村文化，使其呈现出一种传统、稳定的特点。因此，乡村文化在传统社会中扮演着重要的角色，为人们提供了精神上的满足和稳定的社会环境。

10. 乡村治理数字化

党的二十大报告提出"完善网格化管理、精细化服务、信息化支撑的基层治理平台"，指的是通过引入数字化手段，构建数字化治理平台，实现乡村共建共治共享的社会治理格局。乡村治理数字化作为数字治理理论或数字化智能治理在乡村社会治理中的扩展与应用，主要指通过构建完备的数字化基础设施与技术规则，充分利用大数据、云计算、人工智能等数字化工具推动乡村治理主体、治理过程、治理内容等治理要素数字化的历史过程，是以数字化技术为载体，推进乡村数字经济社会建设与实现数字化美好生活的新型智慧治理活动[9]。

11. 一事一议

一事一议指的是当涉及村里重大决策的时候，如公共设施建设、水电费收取标准、村镇土地开发、宅基地占用及救济款物的分配等事项时，先由村"两委"会集体讨论，确定议题或者初步拟定意见后，再交由村民代表进行"一事一议"，最终由村民代表讨论决定。

12. 互助五兴

互助五兴的核心内容为"学习互助兴思想""生产互助兴产业""乡风互助兴文明""邻里互助兴和谐""绿色互助兴家园"的新时代农村基层治理模式。其本质上是一种新时代农村基层治理的模式，包含的核心内容就是学习互助性思想，也就是通过相互学习，交流各自的思想，使各自的思想有所提升，这样也可以让农村群众的思想有所转变[10]。

二、重要概念

（一）乡村治理

乡村治理是指对村镇的布局、基础设施、公共服务、生态环境等资源进行合理配置和改善，以促进当地的经济和社会发展，提高广大农村居民的物质生活水平和精神文明水平，加强基层治理。乡村治理是国家治理的基石，没有乡村的有效治理，就没有乡村的全面振兴[11]。

乡村治理的内容涵盖了五个方面：第一，农村环境治理，包括垃圾处理、污水处理、厕所改造、村容村貌的整治等。第二，农村人文治理，包括提高村民素质、加强民风建设、打击黑恶势力等。第三，农村基础设施配套，包括道路、桥梁、供水、供电、通信等。第四，农村公共服务配套，包括教育、医疗、文化、体育等。第五，农村基层干部培训，包括提高村干部管理水平、提高群众工作能力等。通过综合治理，乡村将变得更加美丽宜居、产业发展、生活幸福，实现农村振兴。

（二）组织振兴

组织振兴是指通过加强乡村组织建设，提高乡村社会的凝聚力和活力，推动乡村全面振兴。组织振兴的重要性在于，它能够提高农民的组织化程度，增强农民的自我管理能力和自我发展能力，促进乡村经济的繁荣和社会稳定。

组织振兴的主要内容包含以下四个层面：第一，加强基层党组织建设。通过加强基层党组织建设，提高党员干部的素质和能力，发挥党组织的战斗堡垒作用，带领农民走向富裕。第二，发展农民专业合作社。通过发展农民专业合作社，提高农民的组织化程度，促进乡村经济的发展。同时，合作社可以成为农民和技术对接的桥梁，推动农业技术的普及和应用。第三，培育农村产业联盟。通过培育农村产业联盟，推动农业产业的升级和转型，实现乡村经济的多元化发展。第四，完善乡村治理体系。通过完善乡村治理体系，加强乡村社会的管理，维护乡村的社会稳定。同时，要发挥村民自治的作用，推动乡村民主政治建设。

（三）乡村组织

乡村组织是指设在镇（办事处）和村一级的各种组织，主要指村级组织，包括基层政权、基层党组织及其他组织三个方面，主要有村党组织、村民委员会、村团支部、村妇代会、村民兵连及"两新"组织，即"新的经济组织"和"新的社会组织"。

（四）乡村治理现代化

乡村治理现代化的实质是人（即村民）的现代化，村民现代意识则是在党领导的公权力与村民自组织形成的自主权力的互动磨合中形成的，是一个在具体的乡村场景中互有消长、互探边界的动态的形成过程[12]。乡村治理在基层治理中占主体地位，是国家治理的基石。作为国家治理现代化的重要一环，乡村治理现代化的核心是推进治理体系与治理能力现代化。乡村治理体系现代化意在制度机制建设，即创新党领导人民有效治理乡村的一系列规则制度及相互作用机制，包括乡村治理制度化、乡村治理民主化、乡村治理德教化、乡村治理精细化、乡村治理法治化，最终在治理绩效上实现乡村社会善治化目标。

（五）乡村治理与组织振兴

乡村治理和组织振兴是当前中国乡村振兴战略实施过程中的两个重要方面。乡村治理旨在构建有效的治理体系，推动乡村社会的稳定和发展；组织振兴则关注于培养一批坚实的农村基层党组织和优秀的农村基层党组织书记，建立更加有效、充满活力的乡村治理新机制。这两者之间相互影响、相互促进，共同构成了乡村振兴战略的重要支撑。

具体来说，组织振兴在乡村治理中发挥着至关重要的作用。首先，组织振兴有助于提高基层治理能力，通过组建优秀的基层党组织队伍，为乡村治理提供有力的支持。其次，通过组织振兴充分发挥先锋模范作用，将分散的个体力量凝聚成强大的集体力量。另外，乡村治理为组织振兴提供了良好的环境和条件。首先，乡村治理有利于建立健全法律法规和政策体系，为组织振兴提供制度保障。其次，乡村治理有利于加强乡村社会的管理和服务，提高农村地区的公共服务水平，为组织振兴提供社会基础。

三、经典理论

（一）治理理论

"二战"之后，西方国家普遍面临着经济下滑的局面，在市场秩序失灵的背景下，大多奉行凯恩斯主义，政府对社会生活、经济发展进行全面干预。到了20世纪七八十年代，政府的过度干预给社会带来治理困境，不能适应经济全球化和信息时代飞速发展的趋势。在此背景下，治理理论被提出以更好地适应公共事务环境变迁。

英国著名学者Gerry Stoker（1998）指出治理理论体系可以划分为五个层面：一是治理源于但不限于政府的社会公共机构和行为者，政府不是唯一的权力中心，凡是在各自领域能够得到公众支持的就可能成为该层面的权力中心。二是治理不同于全面干预状态中政府为社会和经济问题独自承担的责任状态，公民社会中各私人部门和自愿性团体均参与社会和紧急问题，并承担相应的责任，因此国家与社会、私人、公共之间的责任和界限更为模糊。三是治理明显涉及集体行为，组织之间需要相互依靠完成集体行为，而社会公共机构存在着权力依赖，这需要组织间有共同的目标，实现资源交换以达到更好的公共服务目标。四是治理代表社会公共服务的参与者将形成一种自主的网络，在特定的领域分担政府职责，拥有绝对权威，自行完成社会事务。五是治理意味着在公共事务的管理中还存在着其他的管理方法和技术，反映了权威不是唯一的管理方法，作为社会公共机构，政府有必要及时采取和吸纳新的思路方法和技术支持来实现对社会公共事务更好的引导和控制。目前国内学者对治理理论的阐述主张政府和基层管理用"治理"代替"统治"，习惯于从"统治"的对立面立意来倡导挖掘治理理论的内在价值[13]。

（二）社区治理理论

社区治理实际上是指在特定的区域范围内，在相关政策的指导下，社区组织居民自发遵循某一制度的共同管理模式，能够有效地推进社会和居民的发展，并使得居民能够最大限度地利用社区资源从事相关活动的模式。社区治理的含义指的是：政府、社区组织、居民及辖区单位、营利组织、非营利组织等基于市场原则、公共利益等社区认同、协调合作，有效供给社区公共物品、满足社区需求、优化社区秩序的过程。社区治理主要有以下几个方面：社区的自治、社区的服务机制、社区的环境、社区的治安、社区的公共配套工程建设、社区的文化体育卫生、社区的组织体系等。

美国政治经济学家埃莉诺·奥斯特罗姆（2012）经过分析指出："社区治理能够利用自己独特的角度和资源优势，使社区居民能够最大限度地享受社区资源带来的各种福利，不同于国家和政府的给予，还能够有效地利用和开发社区的资源。"[14]社区治理的理论说明，社区治理是多方面的：社区治理的主体有政府、社区居民、非营利组织，而客体是各种公共服务和事务，本质就是在多元主体参与下进行社区管理和服务。社区治理各主体都有权参与社区事务，同时社区治理是一个长期的过程，除了要完成特定的目标，更注重培育社区自治因素，提升社区居民的参与程度，范围上更加广泛，管理上要多层次、多角度纵向发展。

（三）农村社区治理理论

学术界对于农村社区发展有各种各样的说法，涉及乡村治理、农村社区建设、农村社区化、农村社区管理、农村城镇化、城中村等。对于农村来说这些问题的提出相对还是比较笼统，仅仅体现了农村社区化未来的发展趋势，就农村社区管理而言，也日益体现出了它的局限性。徐秀丽（2004）认为农村治理就是农村公共权威管理农村社区，增进农村社区公共利益的过程[15]。尽管农村社区治理方面的文献资料与城市社区治理相比较少，但是只有农村社区治理才是未来中国农村发展中最全面、最应研究的问题。

农村社区治理总的来说具有两个明显的特征，即地域性和复杂性。地域性是指局限在一定的范围内的居民在经历了相当长时期的生产和生活后，有其不同的发展特色，相互间的沟通与合作产生了同一性，因而农村社区治理的地域性便由此凸显；复杂性是相对于城市社区而言的，农村社区治理中居民在城镇化的过程中，人的素质、法制观念、参与意识、行为习惯等并没有同步城镇化，同时农村社区的居民由于受到客观条件的限制，社区治理的涉及面很广，在以家庭、血缘、权缘为基础的社区内，多方面的利益很难协调一致，如小群体相互间不断产生的摩擦。

学术界对于农村社区治理的定位并未给出一致的定义，结合农村治理和社区治理的界定，我们可以把农村社区治理定义为：在农村社区中，政府、社区组织、居民及辖区单位、营利组织、非营利组织等基于市场原则、公共利益等社区认同、协调合作，有效供给社区公共物品、满足社区需求、优化社区秩序的过程，并从治理走向善治的一种新型管理方式。

（四）协同治理理论

协同治理理论是由德国物理学家 Hermann Haken（2005）在《大自然成功的奥秘：协同学》一书中提出的[16]。后来，这一理论又与社会科学中的治理理论有机结合，形成协同治理理论这一交叉理论。该理论强调政府、市场与社会等多方参与的治理理论，其代表人物包括美国政治学家詹姆斯·S. 科尔曼、英国政治学家罗伯特·罗兹等。

协同治理理论认为在公共事务处理中，政府、市场、社会应该以合作、协商、协同的方式共同解决问题，实现公共利益的最大化。协同治理理论的核心是协同合作，即通过建立多方参与的协作机制，让不同的利益相关者能够共同参与决策、执行和监督，实现资源的优化配置和公共事务的高效解决。

协同治理理论的实践需要关注以下几个方面：协调多方力量，实现各方优势互补和资源耦合，提高公共事务处理效率和效能；加强协商和沟通，避免因为信息不对称导致治理失败；注重监督和评估。在协同治理的过程中，需要建立监督和评估机制，对各方的职责和义务进行明确的规定和监督，确保公共利益的最大化。总之，协同治理理论强调多方参与的协作机制、加强协商和沟通、注重监督和评估，进而实现公共利益的最大化。

（五）政府治理理论

政府治理理论是指政府管理的一个新的理论，它主要涉及政府管理模式、管理技术和管理方法的持续性改进。政府治理理论是符合政府管理模式和管理技术的新理论，它强调政府在提供公共服务的同时，要加强全面参与，构建技术和规则的政府管理系统。善治是新形势下政府治理的概念，是政府治理的最高标准。

政府治理理论的核心是建立一个有效的政府管理体系，以便在政府行政部门之间建立一个有效的协调机制，可以更加有效地实施政府政策。政府治理理论认为，政府政策必须具有及时、有效、可控的特征，这就需要政府在提供公共服务的同时，重视政府管理结构、政策制定和执行过程中的管理机制。

（六）PDCA 循环理论

1930 年，Walter A. Shewhart 首次提出 PDCA 循环理论[17]，后来被美国质量管理专家戴明博士在 1950 年进一步发展和应用，主要用于持续改进质量管理体系。该循环的四个阶段分别是计划（P）、执行（D）、检查（C）和行动（A），即计划—执行—检查—行动。该循环的工作原理是产品按照 PDCA 循环的顺序不断运转，并且下一个循环基于上一个循环，从而使产品质量逐步提高。PDCA 循环理论可以优化乡村治理过程，以及对全过程进行有效性评价。

（1）计划（plan）。在乡村治理中，计划是关键。这包括制订短期和长期计划，以及为了实现这些计划所需要的具体行动计划。例如，计划可能包括改善农村基础设施、提高农业产量、加强乡村教育、提高医疗服务质量等。

（2）实施（do）。实施阶段是执行计划的过程。这可能涉及与当地社区的居民进行沟通，组织劳动力，或者与政府和其他机构进行协调。在此阶段，需要确保资源的合理分配和充分利用。

（3）检查（check）。在检查阶段，会对实施过程进行监控和评估，以确保达到预期的结果。这包括对基础设施的维护情况、农业生产的增长、教育及医疗服务的改善等进行检查。

（4）行动（act）。根据检查结果，采取必要的行动解决问题或改进工作。这可能包括调整计划、改进方法，或者分配更多的资源。行动应该是果断和有效的，以确保及时解决问题。

通过以上应用流程，PDCA 循环可以帮助乡村治理更加有序、高效地进行，从而实现乡村的发展和进步。

第三节 案 例 剖 析

一、西小吴社区协商治理模式[18]

（一）基本背景情况

西小吴村属于河南省焦作市温县番田镇下辖村，地处紫黄公路 27 千米处，交通极为便利。全村共有四个村民小组，人口 863 人，其中党员 20 名，两委班子成员 5 人，共有耕地 1445 亩。西小吴村经济以农业为主，现有民营企业两个，有菜棚近 500 亩，所产鲜菜供应香港居民，全村人均年收入 3000 元左右。

西小吴村外出人口多，空心院有几十处，这些老房子、老院子破烂不堪，既难看又有安全隐患。但是由于拆除老宅阻力较大，面临着较大的困难。此外，村里环境和就业问题也是阻碍乡村建设的难点问题。

（二）做法成效

1. 将人居环境整治与提升群众幸福感相结合

建立了党员主导、党群共治、落实监管的常态化管理机制，建立了一支稳定的环境卫生清洁队伍，采取"支部举旗帜、党员带头干、群众有作为"的工作模式，逐步实现农村环境综合整治常态化、制度化。

2. 危房类及时拆除、古建筑类合理修缮维护、集中连片类规划使用

全面开展空心院底数摸排工作，积极吸收乡贤、在外知名人士和广大群众的意见，提出切实有效的思路办法，杜绝一拆了之的简单做法，将"拆、建、管"并重。对开发使用

的空心院，由村委会与家户签订《整理空地空院协议》，镇司法所、农业农村服务中心参与鉴证，提升空心院开发使用的透明度、规范化。

3. 与企事业单位对接，缓解村民就业压力

结合村民特长与西小吴村特色，与市园林局对接合作，进行技术和后期销售指导，变房前屋后为"绿化园"；建设蔬菜大棚项目及高档鞋帮加工厂，为周边闲散劳动力提供就业岗位近 40 个，实现每月增收 3000～4000 元，变闲置宅地为"产业园"。

（三）经验推广

1. 凝练精神，营造社区文化

社区的精神文化作为社区的灵魂，反映社区居民的文明素养，凝聚地方特色文化，引导居民的精神价值和追求。社区进行文化建设可以增强社区的凝聚力，提高居民的自豪感，同化不同价值认知，淡化冲突。首先要树立社区精神，通过对原乡村传统文化的提炼，结合时代精神内涵，延续传统文化的同时，又增加时代烙印，使居民更易接受与认可。其次把这种社区精神贯穿于社区的方方面面，在潜移默化中使社区的居民认可并逐渐成为其精神追求。

2. 上下联动，突破重点难点

及时掌握县区在项目推进过程中存在的困难和问题，加强对县区项目工作的业务指导，及时衔接相关部门，尽力疏通堵点，争取部门协同配合，确保各项优惠政策落实到位。

成立培训小组，引入专业力量，进一步提高社区"党领共治"的治理效能。培训小组成员一部分由评选出的优秀管理者构成，另一部分由专业的技术指导人员构成。

3. 建立民意窗口，积极联系群众

上文中提到，社区党组织利用社区自治组织联系群众，确立社区自治组织的协同主体地位，为了加深社区党组织的建设，还可以建立民意窗口，为群众提供多种表达途径，使社区党组织能够及时了解民意、汇集民意、吸纳民意，同时能够帮助居民解决生活难题。

社区社会组织的培育需要经过较长的时间，但建立民意窗口可以以更快的方式帮助到有困难的群众，给群众提供最基础的公共服务。通过这种深入基层、联系群众的方式，使党建更加深入人心。

（四）思考探索

结合西小吴村的背景条件，思考该村在乡村治理的进程中可能会面临什么难题，有什么样的解决方案。

二、计家墩"理想村"[19]

（一）基本情况

计家墩村位于苏州昆山市锦溪镇南，毗邻著名的水乡古镇周庄，与上海青浦区金泽镇交界，原是一个传统的水乡村落，全村由两个自然村合并而成，所辖区 1.7 平方千米，共有 12 个村民小组，总人口 1097 人，341 户农户。

（二）案例背景

相比周边发达村镇，计家墩曾经是一个基础设施落后，村民收入来源少、生活水平低的村庄。当年，锦溪镇有这么一句话——"三张一计，产量最低"，其中的"一计"指的就是计家墩村。该村几乎没有任何第二、三产业，七八十岁的村民基本以务农为主，年轻人则离开村庄到镇上或周边城市寻求机会，村庄丧失活力。从地理位置上看，计家墩具有良好的地理区位条件，距离苏州和上海市区分别为55和67千米，实际车程可在一个小时内到达，自驾便利，具备打造乡村旅游度假区的基本条件。

（三）做法成效

近年来，计家墩认真贯彻落实上级决策部署，把党建引领和组织振兴贯穿乡村振兴全过程，持续在建强组织、发展产业、优化环境等方面发力施策，有力推动乡村振兴工作落地见效、提档升级。具体做法成效如下所示。

1. 乡村生活共创集群

2015年，乡伴与锦溪镇政府达成合作，以计家墩自然村为载体，以民宿集群为主要表现形式，打造多种业态集聚的新乡村生活体验示范区。计家墩理想村自2016年正式动工，2017年第一家民宿开业至今，村中共引入46个项目，包含27家民宿、13个特色文化业态、6家餐厅，倾力打造以江南水乡为特色的高品质民宿集群以及主题餐饮、生态农业有机结合的多元化文旅休闲业态。计家墩村被赋予乡村生活共创集群这样的全新理念。由乡伴以招商共创的方式吸引乡村创客回村创业，共同参与乡村文旅开发。同时，这些引入的新村民又为计家墩村带来新的乡村发展主体。

2. 土地资源重新配置利用

在土地资源的配置与制度保障方面，锦溪镇政府对计家墩的土地资源进行集中规划与整理，推进土地要素的市场化，通过"招拍挂"等方式将集体用地转为国有用地，由当地政府出面先将村庄闲置的土地资源收回变成国有建设用地，或以集体建设用地的形式用作轻资产开发，再将收回的土地资源重新流转到企业手中，实现乡村土地资源的重新配置和利用。

3. 重现乡村邻里生活

在改造田园乡居建筑方面，乡伴将部分闲置的农房和宅基地进行重建，以水乡民居的自然风貌为基底，打造了一种既可提供短期租赁又可供长期居住的新型田园社区居住板块，即微民宿（又称萱舍）。在规划设计上采用"大院"的模式，再现中国传统邻里社区的居住方式，既享有独立的生活、居住空间，又兼具公共和共享空间，形成一种开放式的院落空间。这种新型的社区居住模式将居住、生活、交往、工作与田园空间有机结合，实现功能最大化。

4. 新老乡村民的融合发展

新村民群体主要由民宿业主、文创商户以及微民宿长租业主三大部分组成。据当地政府2022年统计数据，计家墩村一共引入117位返乡人才，包含律师、医生、计算机、金融等各行各业。其中民宿业主和文创商户从事民宿、餐饮、休闲、娱乐等多元服务业的经营工作并以此获得经营收入。

老村民主要是村庄中的原住民，这些原住民主要是在当地从事农业生产的农民。锦溪镇政府在对计家墩进行规划建设中，前期通过对闲置的土地资源进行集中规划和流转给企业，使当地的村民获得土地流转的租金收益，企业在获得土地资源后，采取"公司+农户"的运作模式，改变以往小农户分散细碎的耕作方式，以代耕代种的方式交由当地的村民进行统一耕种，村民又通过参与农业生产获得部分收入。

（四）经验推广

其一，培育农村产业联盟，加强政府、村民、环境等多因素之间的整体协同与联动匹配。组织振兴是一个复杂的系统工程，需要全方位、多维度推进。各地必须树立整体性、系统性思维，致力于政府、村民、环境之间多重条件的联动匹配，制定针对性和可操作性强的政策，实现技术有力支撑、政府有为引导、社会有效协同和农民有序参与，以提升组织振兴效能、优化乡村治理水平。

其二，各地政府应因地制宜选择符合自身资源禀赋的方式提高乡村治理水平。乡村治理推进有多种组合路径，任何一种组合路径都没有绝对的优劣之分。我国幅员辽阔，各地自身条件和资源禀赋迥异，只有适合自身乡村治理的路径才是最优路径。各地政府应该根据自身经济社会发展水平、地理位置等，选择适合的路径，采取有针对性的措施，提升乡村治理效能。

其三，各地政府因时而动调整和完善乡村治理效能提升路径。乡村治理是一个动态发展的过程，每个阶段的目标任务都是不同的，具体路径和措施也是不同的。各地政府应该加强顶层设计规划，绘制路线图，因地制宜、准确判断自身所处节点，分阶段、分任务调整和完善路径及措施，不断提升乡村数字治理效能。

（五）思考探索

思考计家墩的做法对于组织振兴与乡村治理的交互意义。

三、石楼："村改社区"擦亮居民幸福底色[20]

昔日村民转变成社区居民，生活配套设施提升，出行更便捷，生活品质也越来越高。这是吕梁市石楼县"村改社区"工作成果的真实写照，乡村治理有了新模式，绘就社区民生"幸福圈"。"村改社区"工作是2023年城市基层党建工作的"一号工程"。

（一）基本情况

石楼县隶属于山西省吕梁市，位于吕梁山西麓，黄河东岸。地理坐标为东经110°28′～111°06′，北纬36°51′～37°16′。总面积1734平方千米。石楼县属暖温带大陆性气候。截至2021年10月，石楼县辖5个镇、4个乡，县人民政府驻灵泉镇。截至2021年7月，石楼县总人口达12.1万。

（二）案例背景

长期以来，石楼县以农为主，农业人口 9.67 万人，占全县总人口的 80%。随着农村人口大量迁入县城，县城居住人口 7.8 万，城镇化率达到 65%。城区 7 个社区 6 个城中村双轨运行，村社边界交叉、管理交织、职责不清等治理问题日益凸显。

（三）做法成效

为了应对上述问题，石楼县委破题开路，确立了"一城区二街道三园区四集镇三十个中心村"的改革战略。2023 年，该县又按照"村改社区"工作要求，将城乡布局、社会治理、公共服务、融合增效迈进一步、跟进一层、推进一线，开启了城乡融合发展高效治理的新征程。石楼县委书记王廷洪表示，"村改社区"工作事关群众切身利益和城乡基层和谐稳定，是抓党建促基层治理能力提升专项行动的一项重要工作。

石楼县村改社区成立以县委书记任组长、县长任第一副组长、组织部长任常务副组长的工作专班，负责牵头抓总、谋划部署、督促协调村改社区工作。工作专班实行"一月一调度、一月一督导、一月一推进"的工作机制，全面加强对村改社区工作的动态管理，压茬推进。

该县组织 310 余名干部提前梳理出涉及群众切实利益的 30 余条关键问题，采取交流座谈、个别谈话、问卷调查、五级微信矩阵等形式逐户进行宣传解读。按照"先改制、后改居"的工作原则，开展了村改社"回头看"工作，进行了专项审计，完成了成员界定，健全了村集体经济组织理事会、监事会。与此同时，该县为社区公开招聘 47 名本科毕业生，全县社区工作者达到 125 人，织密基层治理网格，60 名一级网格员、214 名二级网格员、1403 名三级网格员定位一线，85 个单位党组织、3620 名在职党员到社区报到，1294 名志愿者、老党员、老干部资源下沉。

"村改社区后，原村民的农村社会保障标准将提高到城市社会保障标准，如农村低保标准是 489 元/月，城市低保标准是 630 元/月，农村特困分散供养金额为 2042.5 元/季度，城市特困分散供养金额为 2525 元/季度，城市征地补偿标准为农村征地补偿标准的 3 倍左右，城市公共服务能力进一步提升。"王小东说。

在此基础上，围绕县城居民所需，石楼县着力落实 5 件民生实事。加快社区、城中村基础设施配套，县人民医院迁建、三座人行天桥、延安街东延等项目正在加快推进，城中村村民将与市民一起共享同质同标的公共服务。

下一阶段，石楼县将在"村改社区"工作上进一步深化，长效促常治，保障促保质。以新成立的县村改社区指挥中心为平台，建立统一的电子信息化采集机制，对社区人、事、地、物等基础数据进行一次录入、动态更新，构建智慧社区数字大脑。财力优先保障倾斜社区。将每个社区工作经费和服务群众经费增加到每年 25 万元，降低合作社收益贡献占比，维护好社员利益，推动经费保障和合作社高效发展双提升。硬件软件配套安暖社区。对标"去三化"要求，按照不低于 500 平方米的标准，用三年时间统筹规划办公场所改、扩、建任务，助力创建安暖社区。2022 年新建石楼小镇和龙山水岸两个社区服务中心，2023 年改造月亮湾和东风两个社区，2024 年在硬件和软件方面全面达到吕梁市平均水平。

（四）经验推广

结合上述石楼县在乡村治理方面的经验证据，我们提炼出如下一般性做法。

第一，立足当前，谋划长远。统筹考虑社区信息、基础、保障、衔接等各方面要素，着力提升社区综合治理水平。

第二，凝心聚力，全力以赴。调动各方面力量让社区管理和服务实现无差别覆盖，使乡村更健康、更安全、更宜居，成为人民群众高品质生活的空间，努力走出一条具有本地特色的乡村治理之路。

第三，动态管理，压茬推进。要进一步吃清底数，完善架构支撑，严格按照工作任务项目化、项目清单化、清单具体化的要求，抓住主要环节，创新方法，主动作为，协调配合，抓好落实。

（五）思考探索

结合石楼县的做法，说说组织振兴对于乡村治理的重要性。

四、如皋市搬经镇乡村治理现代化[21]

（一）基本情况

搬经镇隶属于江苏省如皋市，地处如皋市西部，东连袁桥镇，西邻泰兴的分界乡、古溪镇，北接海安王垛镇，素有"如皋西门户，秀美金搬经"的美誉，是如皋市面积最大、人口最多的建制镇，总面积为174.85平方千米，人口13.56万，辖35个行政村（社区）。

（二）案例背景

搬经镇在长期的乡村治理过程中，缺乏良好的支持氛围，缺乏统一适宜的制度，利益协调机制单一，居委会自治功能并未充分激发，农村自身定位不清晰，导致各类问题凸显。

（三）做法成效

在市委、市政府和镇党委、政府的坚强领导下，如皋市搬经镇镇域治理现代化中心经过近两年的探索实践，构建了"四个一"的运行模式，着力打造镇级一流指挥中心。

一是一支稳定高效的队伍。搬经镇指挥中心成立之初，便着手重组网格员队伍，全镇共划分综合网格106个，专属网格5个，此外还有971名网格信息员、12名民警、17名法律工作者，共同组成基层治理一张"网"。在新冠疫情期间，搬经镇指挥中心在原先网格员、网格信息员基础上进一步细化，根据微网格划分要求，做到网格员在小区、单位、商铺全覆盖，确保"不漏一户，不漏一人"。

二是一套权责清晰的制度。根据市级各项考核办法，搬经镇对标出台《搬经镇镇域治理现代化（网格化服务管理）工作考核细则》，对村（社区）和网格员工作进行量化考核，考核结果按每季度汇总、公示，与网格员待遇直接挂钩，在镇级对村（社区）综合考核中占据一定比例。下发《关于建立搬经镇镇域治理联席会议制度的通知》《关于印发〈搬经镇镇域治理现代化职能交叉事件分流处理细则（试行）〉的通知》《搬经镇镇域治理联动处置运行办法》等文件，明确联动处置部门，落实专人负责制，梳理上级交办工单和网格平台上报工单的处置流程，规范各阶段的操作流程，由镇指挥中心定期对各项工单做好汇总梳理，形成分析研判专报，交由各职能部门做好"回头看"工作，确保各项工作闭环运行。

三是一批智能化的视讯设备。搬经镇大力提升村级视频会议系统，进一步畅通镇村两级视频调度体系。目前全镇 35 个村（社区）便民服务中心、村级会议系统，24 处重点企业、危化品仓储场所等共计 202 处监控全量接入指挥大厅，实现"一屏观全镇"。为进一步提升镇级指挥平台一体调度能力，先后赴苏州、启东等地参观学习，借鉴先进地区的建设方案和经验做法，结合实际情况，全面升级打造镇级现代化指挥中心。

四是一个线上线下的宣传阵地。搬经镇利用多渠道多媒体积极开展宣传。线下，通过"横幅拉起来、喇叭响起来、身份亮起来"营造了良好的氛围，依靠栖凤园和长寿文化园"网红打卡点"热度，将网格与网红相结合，在网格员志愿服务中潜移默化提高网格化工作的知晓度与满意率。线上，建立网格微信群和微网格群，群众可在群中咨询政策、提出问题，便于网格员第一时间了解社情民意，进行答疑解惑。同时，镇指挥中心充分利用新媒体，创建了视频号与抖音号，将文字的工作动态转化为短视频，迎合大众喜好，让网格服务真正融入生活、丰富生活。

（四）经验推广

1. 镇党委在农村社区治理中总揽全局

党委领导就是要发挥党委在社会管理工作格局中总揽全局、协同各方的领导核心。搬经镇在镇村两级党组织充分发挥了领导核心作用，在农村社区治理中总揽全局。一是加强领导、成立领导组。镇和村（社区）均成立领导小组，书记为第一责任人。二是重视农村社区综合治理（社会管理创新）。强调网格化管理，大力培育和创建省级和国家级民主法治示范社区。同时实行综治网络化管理，在网上进行上报。

2. 社区党组织在社区治理中发挥领导核心作用

农村社区各项工作中，社区党组织在社区治理中发挥领导核心作用。一是成立组织，党总支书记为组长，其他社区成员为成员。二是成立居民自治网络，如依法治村综合治理领导小组、民主法治示范村创建工作领导小组。三是建立相关的工作制度，如党支部工作制度、居委会工作制度、居民会议工作制度等。无论是党建服务、民生保障，还是公共事业、综治服务，都应当充分发挥基层党组织和共产党员及群众代表在农村社区治理中的作用。

3. 政府在农村社区治理中承担公共服务的主要职能

镇政府发挥主导作用，强化社会管理工作和公共服务职能，建设服务项目型政府，提高服务型管理能力。政府把更多的钱投入社会建设、社会服务和民生，修路、建桥等。在镇级层面建立了文教卫生、应急救助、综治工作、抢修、乡村建设服务等，在村（社区）级层面，建立了"一站式"服务，一些社区尝试网上办事，为群众提供更加便捷的公共服务，社区成立爱心超市、社区农产品服务中心。搬经镇强化机关干部目标责任制考核，要求机关干部联系分工村（社区）、"一对一"帮助贫困家庭脱贫等。

4. 其他主体在农村社区治理中密切配合和协同管理

社会组织、人民团体、基层自治组织、企事业单位等在农村社区治理中密切配合和协同管理。鼓励乡村企业积极参与，进行乡村治理协同共建。工会、共青团、妇联、残联等

（五）思考探索

请通过网络等渠道深入挖掘搬经镇有关资料，并总结在实现成熟的社区化治理过程中，搬经镇曾遇到过哪些困难，有哪些可复制推广的经验。

五、梅州市华南村乡村治理[22]

（一）基本情况

广东省梅州市五华县华南村位于华阳镇东南，村辖 46 个村民小组，在册户数 754 户，人口 4381 人；全村耕地面积 2114 亩。华南村与华阳村、小拔村、华新村、叶新村、莲高村、高塘村、大拔村、太坪村、陂坑村、坪南村、社径村、华阳社区、红洞村相邻。

华南村附近有球王故里文化旅游区、益塘水库、汤湖热矿泥山庄、五华平安寺、长乐学宫、兰芳楼等旅游景点，有五华长乐烧酒、七畲径茶、大田柿花、五华红薯、五华酿豆腐、金柚等特产，有五华竹马舞、锣花舞、下坝迎灯、长乐烧酒制作工艺、五华采茶戏、五华石雕工艺等民俗文化。

（二）案例背景

为更好地推动乡村振兴战略的落地实施，华南村始终坚持把党建引领作为推动乡村振兴的"红色引擎"，统筹推进产业、人才、文化、生态、组织"五个振兴"，不断探索党建工作方式，让基层党建和乡村振兴深度融合互促共进，描绘出一幅产业兴旺、生态宜居、乡风文明、治理有效、生活富裕的乡村新图景。该村庄的做法具有一定的代表性，值得研究。

（三）做法成效

"您从哪儿来？到哪儿去？麻烦到这边测卜体温扫码登记信息。"华南村那务防疫卡点的党员志愿者对来往过路的车辆和人员仔细地进行排查登记。"请问有人在家吗？我们是华南村委的干部，请问您近期有没有去过中高风险地区？麻烦出示下健康码和行程码。"忙碌的身影穿梭在乡间小道上，华南村驻村干部和村"两委"干部对全村开展地毯式排查。一个支部就是一个堡垒，一个党员就是一面旗帜。华南村党总支部结合"活细胞 强基层 优服务"党建工作思路，充分践行党员"五新"承诺，"驻村+村干+党员"多方联动，以血性筑牢守护人民生命健康的防线。针对做出了突出贡献的党员干部进行表彰，并进行党员积分兑换活动。

"廖均丞当时在我们村搞地下革命工作，他之前就住在我们帮北坡，没有他们这些人，哪里有南宁的解放啊！"华南村帮北坡村口至红色教育基地沿路的红色帮北历史长廊刚刚完成印刷和检查修改，就引来许多村民围观。彩色的配图生动重现了当时革命斗争的一幕幕场景，平实的语言真实讲述了红色历史的种种细节，字里行间流露出共产党人的信仰和全心全意为人民服务的宗旨。在艰苦卓绝的革命年代，共产党人展现了务实苦干、担当尽责的优良作风，对革命坚持到底的决心犹如黑暗中的一盏明灯照亮了前行的道路。华南村有三百多年的革命历史，红色文化底蕴丰厚，为进一步发扬先进革命精神、传承本土特色文化，华南村聚焦文化振兴，加强精神文明建设、引领文明新风尚，丰富了广大村民的精神文化生活。

"那邑养猪场和户册养羊场是华南村引进的企业，他们与农户合作经营，带动在家待业村民的就业，等进一步发展壮大后，还能够吸引本村的年轻力量回村建设。"驻村第一书记韦存基说。由村委提供养殖生产场地，以合作经营的形式，企业向农户支付土地租金，同时提供用工岗位，解决村民的就业问题。除此之外，华南村党总支部还请来广西南亚热带农业科学研究所的高级农艺师，举办坚果高产栽培技术培训班，从澳洲坚果的品种选择及搭配、苗木质量、种植方法、施肥管理和主要病虫害防治等方面详细介绍了如何栽培澳洲坚果，理论讲解与实际操作指导相结合，将科技力量渗透到每一个环节，进一步激发村民创业动力，带动村民增产增收。

（四）经验推广

1. 驻村+村干+党员联动服务，强化组织战斗力

发挥驻村干部、本地干部和党员的联动作用，以点带面，通过召集全体党员开展集体交流学习，树立先进榜样，号召大家向先锋看齐，弘扬正能量，强化支部战斗堡垒的力量。

2. 打造帮北红色文化基地，提高文化凝聚力

通过打造翻新村史室、讲学堂、文化长廊等红色文化传播阵地，既为群众带来了文化享受，也通过通俗易懂的文字和插图、各式各样的展品让老百姓在参观中感悟中国共产党的精神，在潜移默化中提高了群众的文化素养，真正将党的文化之花开在乡间地头，在人民群众的内心深处生根发芽。

3. 引进企业带动农户就业，增强人才吸引力

为当地企业提供支持，助力人才引进，实现企业和乡村的共同发展。此外，大力开展农民职业教育，就地培养本土善经营的"新农人""农创客"、懂技术的"土专家""田秀才"、有能力有学识的"新乡贤"，积极挖掘潜在乡村人才资源，鼓励退休人员、退役军人、下乡企业家、大学生、优秀农民工等回乡返乡参与乡村治理，锻造一支懂农业、爱农村、为农民的乡村人才队伍，打开乡村治理的新局面。

（五）思考探索

结合梅州市的做法，谈谈在乡村治理中应该引进或培养什么样的人才。

第四节 实训实践

一、课堂实训

（一）文献报告

围绕乡村治理与组织振兴、乡村振兴等内容，根据授课班级实际情况，学生自由组成

学习小组。指导老师为学生拟定文献报告的研究主题，学生再自行拟定具体研究报告题目，通过文献搜索、文本分析、网页查找、数据收集等方式收集资料，按照要求完成文献报告。研究主题及内容示例如下。

1. 乡村治理现代化研究

（1）难度：易。

（2）现代化治理对于乡村治理具有重要意义，能够提高乡村治理的效率和效能，促进乡村社会的公平和公正，推动乡村经济的发展和社会的进步，以及促进乡村的可持续发展。通过知网搜索"乡村治理""乡村治理现代化"等相关文献，结合网络资料进行补充，需要学生结合组织振兴、乡村治理现代化趋势，寻找乡村治理现代化的实例，剖析其意义，讨论现代化治理给乡村治理以及乡村振兴带来的机遇与挑战。要求是近五年文献且不少于20篇，组内充分阅读后进行小组讨论，梳理框架后进行阅读报告撰写。要求每组提交一份研究报告，主题为"乡村治理现代化研究"，字数不少于2000字，阅读报告至少包括研究背景及意义、现状分析、发展瓶颈以及提升策略四个部分。

2. 乡村治理与社区管理的逻辑关系研究

（1）难度：中。

（2）通过知网搜索"乡村治理""乡村社区管理"等相关文献，结合网络资料进行补充，充分梳理乡村治理的发展历程，讨论乡村治理与社区管理之间的相关性以及未来乡村社区化管理面临的困境研究。要求是近五年文献且不少于20篇，组内充分阅读后进行小组讨论，梳理框架后进行阅读报告撰写。要求每组提交一份研究报告，主题为"乡村治理与社区管理的逻辑关系研究"，字数不少于2000字，阅读报告至少包括研究背景及意义、现状分析、发展瓶颈以及提升策略四个部分。

3. 组织振兴如何赋能乡村治理

（1）难度：较难。

（2）通过知网搜索"乡村治理""组织振兴"、组织振兴背景下的乡村治理等相关文献，结合网络资料进行补充，需要学生充分了解乡村治理的典型案例，结合组织振兴的内涵及手段，分析组织振兴如何激活乡村治理。要求是近五年文献且不少于20篇，组内充分阅读后进行小组讨论，梳理框架后进行阅读报告撰写。要求每组提交一份研究报告，主题为"组织振兴如何赋能乡村治理"，字数不少于2000字，阅读报告至少包括研究背景及意义、现状分析、发展瓶颈以及提升策略四个部分。

文献报告评分标准见本书附录A。

（二）情景模拟

围绕乡村治理结构与决策过程、社区参与民主实践、乡村发展规划与实施等内容，指导老师为学生拟定路演的情景模拟主题，并提供情景模拟背景描述。由学生分组自行设计和完善情景剧情并撰写剧本，自行完善情景模拟剧情。制作模拟投票箱和投票纸等简易道具，使用PPT、视频展示、对话等方式在课堂上进行情景模拟。情景模拟主题及背景描述示例如下。

1. 情景模拟主题一：玉溪村该何去何从

玉溪村地处闽北地带，位置偏僻，环境优美。二三十年前的井水是可以直接喝的，田地里的瓜果蔬菜是可以采摘下来直接吃的，人们在地上是可以赤脚走路的……现代人慢慢地发现这些好像成为过去。

由于发展经济，村里引进了一些重污染工厂，虽然短期带动了村民就业，经济也大幅度增长，但带来了严重的环境问题。现在，放眼玉溪村，早已失去曾经的绿色，环境污染几乎到了触目惊心的地步。

大部分年轻人在村里看不到未来，选择了外出谋生，造成玉溪村失去了往日的活力。村民恳切地希望这片土地能够恢复往日的光彩，可是面对这样满目疮痍的村庄，他们又该何去何从？

请你从下列人物中自选角色展开情景模拟，为乡村治理出谋划策。

人物简介（也可合理增添角色）如下。

王立志：男，28岁，返乡村主任。能力强、有较强的使命感，决心带领乡亲们改善乡村环境，减少人才外流，增加就业机会。

老孙：男，40岁，村支书。能力强，跟村民关系融洽，有强烈的意愿将玉溪村建设得更加美好。

钱艾东：男，55岁，村里的养殖户，一直靠养殖谋生，但是村里的污染逐渐严重，他的产品也发生滞销的情况。他疑心重，不善于变通。

李桂兰：女，50岁，钱艾东的妻子。开明，但是家里的重要决策还是以钱艾东为主导。

赵大诚：男，35岁。村民，善于变通，既是王立志的支持者也是受益者。他认为王立志积极肯干，有谋略，一定能够在带领大家致富的同时将乡村治理得更加美好。

孙燕燕：女，35岁。外出创业，直播领域。孙燕燕小有作为，愿意为乡村治理出一份力。

老周：男，45岁。村里的懒汉，村里的中青年大多外出谋生，但是老周靠着亲戚的接济一直得过且过，村里的很多政策他不关心也不行动。

经过一系列讨论，特别是在村支书老孙、王立志和孙燕燕的主导下，村民最终敲定要积极拥抱变化。老孙和王立志表示，村民们应当抢抓数字经济发展机遇，大力探索网络营销新途径，让当地特色农副产品走向全国。由于孙燕燕拥有丰富的直播经验，她在王立志的鼓舞下，开展电商直播培训班，通过对个体农户开展电子商务知识线下培训，提升村民电商技能。村里的一些大学生受到影响，也纷纷投身电商助农，助力村庄发展。村民们表示直播不仅能让自己的农作物走向千家万户，还能让年轻人留下，村庄的活力空前。

王立志表示当地以"电商+农户""电商+合作社""电商+庭院经济"等方式，将电商融入产业发展，将直播间搬到田间地头，不仅实现了乡村产业向组织化、合作化、电商化转变，推动了产业和电子商务深度融合，还为美丽乡村的建设赋能添彩，玉溪村的自然环境变得越来越好。

2. 情景模拟主题二：振兴山河村

位于大山深处的山河村，由于地理位置偏僻，交通不便，近年来许多村民外迁，村庄日渐衰落。山河村以农业发展为主，主要种植水稻、竹子、山货等。与此同时，村庄内还有一些美丽的景色，但是由于交通不便难以吸引游客前来观光。此外，山河村生活设施还不完善，通信、教育等方面也需要进一步改善。

为了振兴故乡山河村，你作为村主任，计划通过组织振兴为乡村治理奠定坚实的基础，并能够吸引村民回归，发展乡村经济，弘扬乡村文化。林小云与村党支部书记王明商讨振兴山河村的计划，重点围绕乡村经济发展、基础设施建设、生态环境治理等方面展开讨论。村委会成员和村民代表也参与了讨论，大家共同商定一份具体的治理方案。

人物简介（也可合理增添角色）如下。

林小云：村主任，女，48岁，任职多年。她对村民以及乡村发展思路非常清晰，希望通过一些变革和振兴措施带领广大村民致富，但是缺乏强健的人才队伍，林小云深感无力。

李力：村民，男，以务农为生，是村里农业观光发展的受益者。但是他认为山河村配套设施差，无法持续吸引观光者，眼看着部分观光者乘兴而来，败兴而归，他感到无能为力。

王明：村党支部书记，男，38岁。王明认为要想振兴乡村经济，不仅要有产业的带动，更要有新鲜血液的注入，充分发挥组织振兴对于乡村治理的推进作用。

李小华：村民，男，68岁。子女都已经在外生活，李小华不愿意搬离家乡，所以自己独自居住在山河村，平时最大的困难就是三餐问题。

赵小丽：村民，女，21岁，大三学生。她希望大四时能够通过选调的机会回到乡村，通过科技赋能建设自己的家乡。

赵军：村民，赵小丽父亲，47岁，在镇上务工。赵军夫妻俩都希望女儿毕业后能够在大城市工作、生活。

张小林：村民，男，32岁，与好友林升一起做山货生意，规模不大，他希望能够让家乡的山货走出去。

一些热心的村民观察到邻村由于发展观光农业受益颇多，包括：基础建设上，改善了村庄道路和铺设电线电缆；农业上，引进了先进的农业科技，提高了生产效率；同时在旅游方面，积极打造旅游品牌，吸引国内外游客前来观光旅游。村民们希望邻村的发展路径能够为玉溪村带来一些启发，因而展开了激烈的讨论。

请同学们根据以上人物情景，展开讨论。

情景模拟评分标准见本书附录A。

二、实地实践

（一）实践内容

本次实地调研主题为"乡村治理现代化模式研究"，调研目的主要是深入乡村中，具体了解某个乡村治理现代化的进程及发展趋势，以及在治理过程中存在的困境及制约。接着结合乡村振兴背景，提出在乡村治理制度化、乡村治理民主化、乡村治理德教化、乡村治理精细化、乡村治理法治化、乡村社会善治化6个层面的对策建议。

（二）实践要求

学生以小组的形式，通过访谈、问卷、观察等形式进行调研。样本数量以学生数量的20倍为宜（即每组学生5人，则至少需要提交100份问卷），辅以视频、图片资料等，以保证调研内容丰富和调研结果的参考价值。

乡村治理现代化现状：了解乡村治理现代化的发展历程；探讨不同的现代化治理维度对于乡村经济、环境、文化等方面发展的影响。

民众对于乡村现代化治理的态度：研究村民、村干部对于乡村社区现代化治理的态度以及参与情况。村民覆盖的年龄范围应尽可能广泛，了解不同年龄层次以及时代背景的村民们的态度。

当地村民对乡村治理现代化手段及模式构建的建议：深入了解村民对于如何推进乡村治理现代化的想法，如何结合本地的资源禀赋和发展特色进行推进。

面临的挑战与机遇：分析乡村治理现代化在上述 6 个层面的实施过程中可能会面临的挑战，如村民的阻力、结构的完善等，并探讨推进过程中可能面临的机遇。

（三）准备工作

1. 物品准备

出发前，准备生活用品、工作用品、记录设备等，参考本书附录 B。

2. 地点选择

实践目的地选取须优先考虑是否贴合所拟定的调研主题及目的。实践目的地尽量在授课大学所处省内，优先考虑树立了乡村治理现代化典型的地区。可以在农业农村部、国家乡村振兴局联合发布的全国乡村治理典型案例涉及的乡村中进行选择，如贵州省关岭县新铺镇卧龙村、广西壮族自治区来宾市武宣县通挽镇等。组内结合预期配合度，尽可能提高调研的可操作性。

3. 人员分工

建议将教学班分为 A、B、C、D、E 五个组，A 组负责调研村庄中乡村社区治理的现状，B 组负责了解村民对于乡村社区治理的态度，C 组负责收集当地村民对乡村社区治理现代化推进的建议，D 组负责剖析在乡村治理现代化实施的过程中面临的机遇与挑战，E 组负责素材和建议梳理以及全文文字的凝练提升。A、B、C、D 组需要根据实际情况，在受访者的允许下拍摄视频、照片，或是留存录音资料，开展访谈过程中留下相关记录，最终形成文字材料。每一组都需要结合该村实际情况，提出至少两条发展建议。

4. 实践成果

在实践结束后，学生以班级为单位，提交一份详细的实践报告，针对以上各个调研要点，进行深入分析与阐述。实践报告全文字数不少于 3000 字，其中对策建议部分不少于 1500 字，措辞准确、精练。报告中，附上不少于 10 张与研究主题息息相关的高清图片。这些图片既可以是乡村的风景、文化活动现场，也可以是访谈时的实拍，或是具有代表性的文化遗产等。此外，若在调研过程中进行了问卷调查或深度访谈，相关的统计数据、访谈摘录和分析结果也需整理并附在实践报告之中。

问卷应与所定调研主题与目的高度契合，考虑收集数据的精准性、科学性及可操作性。在问卷中，尽量以朴实的话语提出学术的问题，并按需增加例子进行说明，保证受访者能够看懂、理解问卷。问卷建议由教师为主，学习小组长参与的形式共同拟定，并在完成初稿拟定后与全体学生共同研讨、优化提升。问卷形式建议以电子版为主，纸质版为辅，即通过问卷星等软件创建问卷链接，便于数据收集和分析且环保，同时为由于文化程度较低或无智能手机无法填写电子版问卷的农民准备纸质版问卷，由学生小组根据访谈结果记录在纸质版问卷上，返程后及时录入电子版内。问卷收集的结果仅作学术研究，严禁泄露个人信息。以下为两份问卷模板，分别针对乡村居民、村干部。请参考以上问卷信息完善问卷模板。

乡村治理现代化模式构建研究模板（针对乡民）

问卷说明：本问卷旨在了解乡村治理现代化模式构建的认知与态度，数据仅用于学术研究，不涉及任何个人隐私，敬请真实回答。

1. 您的基本信息。

年龄段：□ 18～30 □ 31～40 □ 41～50 □ 50 以上

性别：□ 男 □ 女

2. 对乡村治理现代化的了解。

乡村治理现代化对村民的意义是什么？（如经济发展、村民管理、法制教育等）

3. 乡村治理现代化的态度与参与情况。

您是否参与过乡村治理现代化的工作？（如参与文化建设、自愿组成互助合作经济组织等）

□ 是 □ 否

您是否觉得乡村治理现代化为生活带来了便利？

□ 是 □ 否

您认为乡村治理现代化对当地的好处是什么？＿＿＿＿＿＿＿

4. 对乡村社区现代化路径构建的建议。

您希望看到的乡村治理现代化模式有哪些？＿＿＿＿＿＿＿

乡村治理现代化模式构建研究模板（针对乡村干部）

问卷说明：本问卷旨在了解乡村治理现代化构建模式的认知与态度，数据仅用于学术研究，不涉及任何个人隐私，敬请真实回答。

1. 您的基本信息。

年龄段：□ 18～30 □ 31～40 □ 41～50 □ 50 以上

性别：□ 男 □ 女

2. 对乡村社区治理开发与管理的认知。

乡村治理现代化对村民的意义是什么？（如经济发展、村民管理、法制教育等）

乡村治理现代化对于村镇的长期发展有什么意义？

3. 乡村治理现代化的建设与管理。

您是否发起过乡村治理现代化活动（如平安建设、文化建设等）？

□ 是 □ 否

您认为乡村治理现代化对当地的好处是什么？

4. 对乡村治理现代化构建的建议。

您希望看到的乡村治理现代化模式有哪些？＿＿＿＿＿＿＿

（四）实践成效

1. 知识成效

通过本次实践，让学生对乡村治理、乡村治理现代化知识形成完整的架构，从治理现代化角度切入，深入理解组织振兴对于乡村治理的重要性。让学生在实践中建立自信，增强团队合作的意识，增强个人的社会责任感和乡村振兴意识。

2. 能力成效

能够掌握问卷调研方法的流程及方法，在问卷设计上能够全面、灵活，通过调研活动，帮助学生全面、客观地掌握问题的实际情况。在进行调研时，需要收集各方面的数据和信息，并对其进行分析，从而得出一个准确、全面的结论。对"乡村治理"的内涵及途径能够形成充分的认知，能够梳理乡村治理效能提升中面临的困境和亟待解决的问题，在实践中探索和思考，形成完整的逻辑。

3. 成果成效

本次所提交的实践报告包含了乡村治理现代化构建现状、民众对于乡村治理现代化的态度、当地村民对乡村治理现代化模式构建的建议以及乡村治理现代化构建面临的挑战与机遇。该报告内容可以帮助当地政府更好地了解本村乡村治理的现状以及村民对此的态度等，更好地实现乡村振兴的目标。实践成果将对该村的乡村治理具有一定的促进作用。学生通过对活动的思考，在日后生活中积极参与乡村振兴的建设与推进，身体力行促进社会治理新格局的形成。

本章参考文献

[1] 王印红，朱玉洁. 基层政府"逆扁平化"组织扩张的多重逻辑——基于"管区制度"的案例研究[J]. 公共管理学报，2020（4）：21-31.

[2] 李增元，李洪强. 片区化管理到社区化治理：现代化进程中的农村基层治理方式创新[J]. 地方治理研究，2017（2）：46-60.

[3] 丁胜，黄未. 国家治理现代化进程中村庄治理自发秩序研究[J]. 江西社会科学，2020（4）：194-202.

[4] 胡平江. 乡村振兴背景下"行政村"的性质转型与治理逻辑——以湘、粤等地村民自治"基本单元"的改革为例[J]. 河南大学学报（社会科学版），2020，60（2）：22-27.

[5] TOENNIES F. Community and Society[M]. New York: Dover Publications, 2011.

[6] 吴忠观. 人口科学辞典[M]. 成都：西南财经大学出版社，1997.

[7] 汪大海，魏娜，郇建立. 社区管理[M]. 3版. 北京：中国人民大学出版社，2012.

[8] 饶静. 农村组织和乡村治理现代化[M]. 北京：中国农业大学出版社，2019.

[9] 刘俊祥，曾森. 中国乡村数字治理的智理属性、顶层设计与探索实践[J]. 兰州大学学报（社会科学版），2020，48（1）：64-71.

[10] 罗明．用"互助五兴"推动农村基层治理[N]．湖南日报，2020-05-16（004）．

[11] 韩俊．谱写新时代农业农村现代化新篇章[N]．人民日报，2018-11-05（007）．

[12] 王敏，李军林．中国式现代化视域下党推进乡村治理现代化的理论与实践探微[J]．长江师范学院学报，2023：1-10．

[13] LOWNDES V, PRATCHETT L, and STOKER G. Enhancing public participation in local government[M]. Department of the Environment, Transport and the Regions, 1998.

[14] 奥斯特罗姆．公共事务的治理之道：集体行动制度的演进[M]．上海：上海译文出版社，2012．

[15] 徐秀丽．中国农村治理的历史与现状：以定县、邹平和江宁为例[M]．北京：社会科学文献出版社，2004．

[16] 哈肯．大自然成功的奥秘：协同学[M]．上海：上海译文出版社，2005．

[17] 冈村拓朗．PDCA循环工作法[M]．北京：北京时代华文书局，2021．

[18] 路原洁，张泽钦．温县西小吴村："生态宜居星"创出"新花样"[EB/OL]．（2023-04-10）[2023-09-08]．https://city.dahe.cn/2023/04/10/1217321.html．

[19] 袁福荣．昆山锦溪，农文旅融合发展场景化讲好"新江南故事"[EB/OL]．（2023-11-28）[2023-09-08]．https://baijiahao.baidu.com/s?id=1783792189053886727&wfr=spider&for=pc．

[20] 雷昊，桑莉媛．石楼县："村改社区"擦亮居民幸福底色[N]．（2023-08-17）[2023-09-08]．http://sxdygbjy.gov.cn/ywdt/jzdt/art/2023/art_162c5b64c6d643348c3567bbf9a6d690.html．

[21] 搬经镇指挥中心："四个一"构筑现代化指挥中心[EB/OL]．（2022-11-16）[2023-09-08]．http://www.rugao.gov.cn/rgsrmzf/bddt/content/ebd4aa69-6fc6-482a-9737-44289f1d4ba3.html．

[22] 谢明燕．华南村　党建引领乡村振兴　绘就美丽乡村新图景[EB/OL]．（2022-03-22）[2023-09-08]．http://gx.people.com.cn/n2/2022/0322/c383782-35186884.html．

第九章 农村土地承包经营与流转

第一节 导 论

一、背景知识

农民问题一直是中国革命和建设中的核心问题,而农民问题从本质上来看则是土地问题。习近平总书记十分重视农民土地权益的法律保障,特别关注农村土地制度的改革与创新。习近平在党的二十大报告中明确指出:"深化农村土地制度改革,赋予农民更加充分的财产权益。保障进城落户农民合法土地权益,鼓励依法自愿有偿转让。"2022年10月26日到28日,习近平在陕西延安和河南安阳考察时强调要认真学习贯彻党的二十大精神,全面推进乡村振兴,把富民政策一项一项落实好,加快推进农业农村现代化。由此可见,深化农村土地制度改革不仅关系到乡村振兴战略的实施与推进,而且关系到中国式农业农村现代化的实现,关系到第二个百年奋斗目标和中华民族伟大复兴中国梦的实现。习近平总书记关于农村土地问题的重要论述作为以习近平同志为核心的党中央集体智慧的结晶,彰显了党中央对农村土地问题的深切关怀和高度重视,也是新时期我国立法机关进行农村土地法律制度的顶层设计、土地行政执法机关进行执法活动、人民法院办理农村土地法律纠纷案件的重要指导思想,为新时代农村土地法律制度的改革与创新指明了正确的方向。在农村土地制度框架下,农村土地政策的制定和落实必然与农业农村的发展息息相关,不仅关系到国家"乡村振兴战略"的全面实施,还直接关系到促进农业现代化的有效推进。具体来说,在政府的主导下,适应乡村振兴的迫切需要,农村土地承包经营权的政策是当前的首要政策。为了进一步支持乡村振兴工作的推进,国家于2023年发布了《乡村振兴用地政策指南(2023年)》,并在该指南中详细制定了一系列土地盘活利用的政策,进一步促进乡村土地资源的利用。实施"乡村振兴战略"的路径必然离不开农村土地政策的支持,首先要做好农村土地政策的改革,才能加快推进乡村振兴的步伐。而制定与落实农村土地政策,必须在坚持"公有制性质不改变、耕地红线不突破、农民利益不受损"三条底线的前提下进行。黄祖辉等(2008)提出国内土地流转的进程中表现出来的新特点主要为方式趋于多元化、过程趋于市场化、工作趋于规范化以及价格趋于合理化[1]。肖卫东等(2016)指出根据现代产权理论的阐释,土地产权的清晰界定是保障农民财产权利的重要手段,产权作为我国农村土地集体所有制的核心,农村土地产权主要表现为所有权、使用权、承包权以及经营权等[2]。另外,杨子砚等(2020)从"三权分置"的角度来看,中国农村土地的所有权、承包权以及使用权三权逐渐演变为分别设置的局面。自1978年开始,尤其是在党的十八大召开之后,这种"三权分置"的格局越发凸显[3]。近几年,在我国农村土地政策的改革试点与探索当中,重点开展了土地经营权流转、土地承包经营权为主的土地确权颁证,以及农村土地政策中的所有权、承包权、经营权"三权分置"改革,在政策层面上的改革,为激活农业土地资源创造了条件。农村土地政策是持续性最强、对农村改革影响最大的政策之一[4]。引导农民和农业生产经营主体积极参与,实践探索出一系列行之有效的放活土地承包经营权改革政策,并在全国广大农村推广,这是一项关乎全国农业、农村、农民长远发展的重要公共管理研究课题。

二、学习重点

本章主要讲解农村土地承包经营与流转问题,介绍了国内外关于农村土地的相关研究,阐述了土地制度,分析了土地交易的情况,系统介绍了农村土地承包经营和农村土地承包权流转两个方面的相关知识和案例。本章学习要求如下。

(1) 了解农村土地承包经营与流转相关学术文献。
(2) 理解农村土地、农村土地承包经营权等专有名词。
(3) 掌握地租理论、产权理论、"三权分置"理论等经典理论,并且能够运用这些理论解释相关社会现象。
(4) 能够剖析章节中的案例并理解其中包含的优秀经验或对策建议。
(5) 能够将以上所学知识熟练运用到课堂实训与实地实践中。

第二节 理 论 知 识

一、名词解释

1. 农村土地

从法律的层面上讲,农村土地是指农民依法所拥有的所有土地,包括农耕用地、宅基地,以及其他相关用地。《中华人民共和国土地承包法》第二条中明确规定"本法所称农村土地,是指农民集体所有和国家所有依法由农民集体使用的耕地、林地、草地,以及其他依法用于农业的土地"。在《中华人民共和国土地管理法》中的第九条第二款明确规定"农村和城市郊区的土地,除由法律规定属于国家所有的以外,属于农民集体所有"[5]。

2. 农村土地承包经营权

农村土地承包经营权是指农村地区的农民依法享有的,从集体或国家手中承包、经营用于从事农业生产经营项目的土地、山林、水域等的权利。农村土地承包经营权中的承包人既可以是农民个人,也可以是符合条件的相关组织和单位。根据《中华人民共和国农村土地承包法》的规定,农村土地承包人对于其依法承包的土地,在法律允许范围内享有对承包的土地的占有、使用、收益和一定的处分权利[6]。

3. 农村土地承包经营权流转

农村土地承包经营权流转就是农村土地的承包农户将其承包土地全部或者部分流转出去，由其他组织或者个人承包经营的行为，其他组织或者个人取得土地承包经营权。根据《中华人民共和国农村土地承包法》和《农村土地承包经营权流转管理办法》中的规定，目前我国农村土地流转主要有转包、出租、互换、转让、入股、抵押、继承等形式，每种土地流转方式有着各自的适用对象和要求[7]。

4. 土地转包

土地转包指的是农村土地承包方将自己承包的农村土地中的一部分或者全部以一定期限转给同一集体经济组织的其他农户从事农业生产经营。土地转包后，原来土地的承包关系不变，依然归属于土地的原承包方，因此原承包方必须依法履行原土地承包合同规定的义务和责任，同时土地的原承包方也依法享受土地带来的权利。接包方按照与承包方签订的协议享有一定的权利和义务。土地转包的期限可以由交易两方灵活确定，但期限必须是在一年以上，期限在一年以内的行为不构成土地转包，同时期限最长不能超过土地经营权剩余期限。土地转包方式操作简单，是目前我国农村最主要的土地流转方式[8]。

5. 土地出租

土地出租指的是农村土地的原承包方将自己的部分或全部土地承包权以一定期限租赁给他人从事农业生产经营。从概念上来看，土地出租与土地转包方式相似，土地出租后原来的土地成本关系不变，原承包方继续履行原土地承包合同规定的权利和义务，承租方按出租时约定的条件对承包方负责。但这里不同的地方在于，土地出租的承租方既可以是本集体经济组织的内部成员，也可以是本集体经济组织的外部人员，承租方既可以是个人，也可以是企业法人，而土地转包则是明确要求承包方必须是同一集体经济组织的其他农户。土地出租也是农村常见的土地流转方式[9]。

6. 土地互换

土地互换指的是农村土地的承包方之间为了农业生产的便利性或实际需求，在平等自愿的前提下，对属于同一集体经济组织的承包土地进行简单交换，同时交换相应的土地承包经营权。土地互换实质上是为了解决在土地的家庭联产承包责任制中存在的一些问题，由于家庭联产承包责任制将农村土地划分为大小不一、肥效不同的小块土地，这种划分方式保护了农户获得土地的公平性，但是严重限制了农村土地的规模化生产，随着农村社会的发展，土地互换应运而生。土地互换作为最原始、最简单的土地流转方式一直以来都在广大的农村中存在，但是随着时间的推移，土地互换的规模和频次逐渐缩小[10]。

7. 土地转让

土地转让指的是农村土地流转的受让方在一定情况下，将受让得到的经营权转让给其他的第三方，由其他的第三方代替自己跟土地原转让人，即土地承包方，履行土地使用权转让合同的行为。转让的合同内容虽无改变，但是变更了受让人，终结了原受让人与转让人之间的权利义务关系，确立了新受让人与土地承包人之间的权利义务关系。土地承包经营权转让时，承包方与第三方应订立新的书面协议，土地转让完成后，则与原受让方没有权利义务关系。从实际情况来看，这种土地流转方式由于操作相对麻烦，寻找第三方受让人也相对困难，所以在农村中存在的比例很低[11]。

8. 土地入股

土地入股指的是在农村土地的承包期限内,土地的承包方将自己拥有的全部或者部分土地经营权进行量化,以此作为股份联合其他人员共同进行农业生产合作,形成农业生产股份公司或者农村合作社,并按照所占有的股份享受权利和义务。土地入股作为近几年新兴的土地流转方式,在一定程度上缓解了农民与企业之间利益冲突的困境,成为各地农村政府鼓励发展的新方式[12]。

9. 土地抵押

土地抵押指的是从事农业生产经营的组织或个人,在符合一定的要求下,可以将其拥有的农村土地承包权作为抵押,向金融机构申请抵押贷款。土地抵押要求相对较高,首先要求申请抵押的借款人必须具备一定生产规模和持续生产能力,并且不会改变土地的农业用途,其次要求借款人必须通过合法的方式取得土地经营权,并依法取得农村土地承包经营权证或农村土地承包流转经营权证等证件;最后还要求抵押土地所在的村集体经济组织及流出方同意抵押,并在贷款无法归还时进行处置[13]。

10. 土地继承

土地继承指的是在承包期限内林地、荒山、荒沟、荒丘、荒滩等农村土地的承包人死亡,依照继承法的相关规定,承包人的继承人可以依法获得承包人承包这部分农村土地的收益,承包人的继承人也就依法享有这些土地的承包权。这里要注意的是耕地和草地则不能享受土地继承政策。土地继承是一种特殊的农村土地流转方式,这种方式是被动的,继承人必须在原承包人死亡后才能够获得土地继承的机会,同时对于土地的类型也有着明确的要求[14]。

二、重要概念

(一)地租

地租是土地的所有者依靠土地所有权获得的收入。地租本质上是土地剩余价值与劳动剩余产物,其存在既体现了社会分配的生产关系,同时也包含着土地所有者与劳动者之间的经济关系。按照地租的范围,地租还可以分为广义地租和狭义地租,狭义的地租指的是单纯为使用土地所支付的资金,而广义的地租涵盖的范围更大,既包括狭义的地租,也包括附加在土地上的资本收益。

关于地租的研究由来已久,早在 17 世纪末,威廉·配第(William Petty)就开始关注英国的地租问题,当时英国正处于资本主义生产关系确立主要地位的时期,工场手工业逐渐取代传统手工业成为社会主要的生产关系。在这一背景下,威廉·配第提出了劳动价值论来解释地租问题,他开创性地从数量关系上对地租问题进行研究,认为地租本质上是土地的剩余价值,其数量与工资成反比[15]。杜尔哥(Turgot)在研究地租问题时,首次提出了地租与土地所有权之间的联系,他认为地租是土地所有者在扣除生产成本后的土地剩余价值,是土地所有者依靠土地所有权获得的剩余价值[16]。亚当·斯密(Adam Smith)认为地租是土地使用者付给土地所有者的价格,目的是获得部分土地产出收入,土地所有者凭借对土地所有权的垄断获得这部分土地使用价格,本质上是一种垄断所有权价格[17]。詹姆斯·安德森（James Anderson）在前人研究的基础上提出了土地级差地租，他认为土地上产出的农产品价格高低决定了土地的价值，也就决定了不同土地由于土壤肥沃程度不同具有不同的差额地租[18]。资本主义的地租理论开创了对于地租问题的系统性研究，具有十分重要的启蒙作用。该时期的地租理论普遍认为地租是土地收益扣除成本部分后的剩余价值中支付给土地所有者的价值。工资的高低是造成农产品价格高低的原因，而农产品的价格反过来会影响土地的租金，所以地租的高低是农产品价格高低作用的结果。由于土地的肥沃程度不同、位置不同，由此也就导致了地租的差异，形成了级差地租。马克思认为地租是土地所有权的一种经济体现，他指出"土地所有权本身已经产生地租"，所以无论在什么社会的国家，只要土地所有权与使用权相互分离，就一定会产生地租。马克思认为虽然地租是不同社会共有的形式，但是在社会主义制度下，地租所代表的含义是与在资本主义制度下不同的，在社会主义国家，土地本身是由全体公民共同拥有的，所以社会主义地租本质上是社会主义国家凭借地租的形式对土地收益的重新分配。在社会主义制度下，国家通过对土地征收地租，补充国家财政收入，然后用于发展经济，提高人们的生活水平，反映了国家、集体和个人之间的收入分配关系[19]。

（二）产权

关于农村土地经营权流转的问题，自然绕不开土地的产权，而这就涉及了产权理论。马克思认为产权是主体的人对客体的财产的归属性，是生产关系在法律层面上的表现形式，而生产关系取决于社会生产力的发展，不同的社会生产力自然有着不同的社会生产关系，由此也就诞生了不同的产权关系[20]。马克思指出产权关系的诞生是促进社会生产力大幅发展的重要力量，随着劳动生产活动的进行，自然就产生了一定的剩余价值，而如何分配这些剩余价值就成为摆在人们眼前的实际问题，产权制度的产生就很好地解决了这个问题，人们通过付出一定的资本或者劳动，占据一定的产权，从而能够参与劳动剩余价值的分配，进而提高了社会总产出。在土地的产权问题上，马克思认为土地的产权包括对土地的占有权、使用权、转让权、出租权、收益权、处分权和终极所有权等诸多权利，是土地所有制在法律层面上的体现，同时也代表了一定的社会生产关系。马克思认为土地是一种非常重要的生产要素，但是土地自己不能产生价值，需要借助劳动者的劳动才能创造价值，所以虽然土地本身不能自由移动，但是土地的所有权是能够移动的，由此就会形成一定形式的土地流转。

马克思进一步指出土地流转是促进生产要素交流的一种重要形式，土地流转本质上流转的是一种经济价值，在流转过程中进行了生产要素的二次分配。马克思指出劳动者的劳动是创造价值的源泉，而产权制度则是调动劳动者劳动的积极性和创造力的方式，保障劳动者的劳动能够获得收益，所以在土地产权制度下，进行土地流转能够带来土地产出的增加，提高社会综合生产力[21]。

三、经典理论

（一）"三权分置"理论

三权分别是集体土地所有权、农户承包权、农户生产经营权，这是随着经济社会发展而衍生出的概念，是两权的分化而成的结果，农村土地的集体所有权至今没有发生改变，而农户的承包经营权在改革开放初期，是一个不可分割的权利，承包权和经营权二者紧密结合，农户只有取得承包权，才能谈得上经营权，这是一种权利的两种形态。由于经济社会发展，农村劳动力大量向城镇转移，农户的承包土地不一定要经营，可以让其他人代耕代种，这样一来，承包权和经营权开始分化，既存在整体效用，又有各自的功能。从当前农业生产发展的形势来看，权利分化之后，实现了资源按需求进行配置，适应了经济社会发展的需要，符合市场经济调配资源的规律。

所以三权分置的核心是放活经营权，分化经营权，从而保障农村集体经济组织和承包农户的合法权益得以实现，有利于优化现代农业生产发展方式，发展适度规模经营，推进农业产业化的长足发展[22]。

（二）规模经济理论

规模经济理论是指在一定的生产周期内，生产的数量越多，其他的生产成本越低，也就是说可以通过扩大生产规模来降低生产成本，从而提高利润空间，这是经济学的重要理论之一。英国著名经济学家亚当·斯密（Adam Smith）是最早提出规模经济理论的，他认为生产步骤的熟练、劳工技巧的增加都可以为规模化生产提高生产效率。英国著名经济学家阿尔弗雷德·马歇尔（Alfred Marshall）提出了规模经济在工业生产中的巨大优势，在工业化生产中可以通过专门机构来完成原材料的采购、生产、销售等一系列工作。马歇尔还认为规模经济是由内部规模经济和外部规模经济共同作用的。除此之外，马歇尔还指出了规模经济和市场垄断之间存在冲突，也就是"马歇尔冲突"。英国著名经济学家罗宾逊（Robinson）和美国经济学家张伯伦（Chamberin）在"马歇尔冲突"的基础上又提出了垄断竞争的相关理论，这些都极大程度地扩充了规模经济的理论成果，只有进行大规模生产才能够有效促进社会劳动力的发展[23]。

我国著名学者马新彦、李国强（2017）在对农村地区土地的规模化经营中研究发现，农民通过对土地的投入增加可以使土地生产的农产品成本大幅度降低，扩大生产规模可以提高农户的生产效益[24]。目前我国的农村土地还处于"三权分置"的背景下，在土地公有制不变的情况下，需要实现农村土地承包权和经营权之间的分割，从而实现农村土地第三方经营者规模化经营土地的目的，从而提高农村土地的经营利润和周转效率，有利于我国农村经济的快速腾飞。

（三）元治理理论

"治理"一词来自拉丁语和古希腊语，其本意是控制和操纵。在20世纪90年代末国内学者引入"治理"相关理论的过程中，"元治理"一词被频繁使用。广义的公共事务管理中共涉及三种治理模式，分别是科层治理、市场治理和网络治理，这三种治理模式风格迥异。随着社会的发展，三种治理模式都或多或少出现了"治理失灵"的情况，主要原因是社会越来越复杂，对社会各方面事务的治理也越来越棘手，旧的治理模式已经不能适应新的环境和解决新的问题。于是，杰索普（2020）明确提出了"元治理"一词，含义是"协调三种不同模式以达到它们最小限度的结合"[25]。元治理出现的目的是解决旧的三种治理模式之间的冲突，使三种治理模式之间达到相互取长补短的作用。实践证明，元治理的出现是非常必要的，经过多年发展，政府、企业、社会共同参与治理的基本逻辑已被广泛认可。元治理理论着重强调政府的主导作用，治理的唯一主体只能是政府。其理由很简单：作为企业和社会的管理者和规则制定者——政府是稳定而中立的主体，它不仅可以通过其本身来协调好这三方面的关系，更能处理好三方面的矛盾和冲突。在全球环境越来越复杂的情况下，政府要保持机敏并拥有足够的自由裁量权来取舍多种治理模式，提升政府执行力是政府工作的根本要求。这里所探讨的元治理指以政府为中心，通过提供公共政策、出台法律法规、制定土地流转机制等手段，解决农村土地流转中出现的问题，从而推进农村土地流转规范有序，可选择元治理理论作为研究土地流转程序的基础理论[26]。

第三节 案例剖析

一、内江市市中区放活农村土地承包经营权案例[27]

（一）基本情况

四川省内江市市中区位于成渝双城经济圈的中轴腹心位置，属于典型的城郊农业小县区，地形全区土地面积 348 平方千米，总人口 42.37 万人，其中包括农业人口 20 余万人，从行政体制划分来看，辖区有 7 个镇、1 个城乡接合的街道、行政村 85 个、村民小组 801 个。拥有近 25 万亩的耕地，包括所在田、土，地形特征属于典型的川东南部的浅丘地区。2020 年，全区农村第一产业增加值增速 3.5%。市中区农村居民人均可支配收入不足 2 万元，比同期增长 9%。

（二）案例背景

针对丘陵地区人多地少、地块分散、劳动力大量外出、耕地撂荒现象日益严重、村民增收乏力等问题，村集体资产除了土地产权，几乎没有任何经济基础，市中区坚持以激发农村土地资源向资产转化为路径，以发展农业产业为目标，以放活土地承包经营权为突破口，通过土地的适度规模经营，培育一批新型农业产业经营主体，通过实施政策引导，实现农民以承包权获得土地收益，实现新型农业经营主体收益不断增加，村集体通过集体产权和管理获得收益，不断发展壮大村集体经济，形成了"政府主导、农户自愿、业主支持"良好发展形势，探索出了"三自一引"、承包权退出"三换"等做法，有力促进了农村集体经济组织的发展壮大，推动农村土地资源在市场中的有效配置和充分利用，从要素保障的方面助推乡村振兴战略的稳步实施。

（三）现存问题

受土地基础条件影响，市中区自从改革试点至今，经营权出让的土地面积占总体面积的比例较小，还没有实现大面积的经营权出让，只有少数区位优势比较明显，交通、水利等基础设施较完善，农业生产发展水平相对较高的村、社的土地比较具有吸引力，而大多数的承包地仍然处于由农民单家独户低效率耕种或撂荒的状态。

市场经济价值取向造成农民对承包地的"两难抉择",农民不愿种地,宁可背井离乡外出务工,也不愿意留在农村从事农业生产,特别是年轻一代,根本不可能再种地,也不会种地,弃耕撂荒成为较为普遍的现象。而从另一个角度来看,国家赋予农民对农村土地的承包经营权,对于农民来说,土地是唯一的资源,传统观念认为,土地是农民生存的最后保障,绝大多数农民不愿意将土地退出,担心退出以后,就会失去最终的生存生活保障。所以,造成农民对承包地去留的"两难抉择"。

土地经营权受让主体承载能力有限,各经营主体的规模小,多数主体的承载能力较弱,仅有少数示范组织承载的土地流转面积相对较大,多数主体生产规模仍然以家庭经营的形态出现,成规模的农业产业企业数量上还比较少,发展质量也不容乐观。

配套政策措施不够完善,针对农业经营风险的保障体系还非常薄弱,基本上停留在一种普惠制的小额保险,通过政府财政投入购买保险,而作为针对经营业主的商业保险制度体系尚未健全。

(四)对策建议

1. 改善基础条件,建立土地信息数据库

加强政策改革的宣传引导。加强土地承包经营权改革政策在群众中的宣传引导至关重要。政府主导持续加快推进土地整理和设施建设。要求地方各级财政支农投入保障机制,创新财政资金使用方式。用好用活现代农业产业融合发展基金,引导金融资本、社会资本支持农业农村发展。同时,完善确权颁证,明确农户与土地的权属关系,并建立农村承包地块信息数据库。

2. 开展全域农业产业土地规划布局

找准市中区的农村发展整体规划定位。科学开展农业产业带的布局,并围绕产业结构利用农村土地,发展农村新兴产业。

3. 建立完善的土地承包经营权出让制度体系

采用"确股不确地"的方式让农户权益"股份化",把村集体经济组织作为农民、经营业主之间紧密联系的平台,完善以股份为纽带的利益联结机制。探索建立经营权退出的货币化补偿政策,在市场经济机制下实现资源有效合理配置。制定退出承包经营权补偿分档标准,并加快培优新型农业生产经营主体。做好培育新型农业生产经营主体的基础工作,建立新型农业经营主体准入机制。

4. 制定和完善配套政策措施

实现承包经营权出让保障与养老保险制度有机结合,促进土地经营权股份化改革,从而为支付农户退地的利益补偿提供持续的资金来源。同时,完善放活土地承包经营权的法律保障体系。

(五)思考探索

在实施"三权分置"政策后,如何既有效保障农民承包土地的收益权,又促进新型农业经营主体优化培育和产业的持续健康发展?

二、农村土地经营权入股公司案例[28]

（一）基本情况

黑龙江桦南县位于黑龙江省东部，长白山余脉完达山麓，面积为4417.9平方千米。桦南县辖6个镇、4个乡共有192个行政村。根据第七次人口普查数据，截至2020年11月1日零时，桦南县常住人口为286 855人。桦南县始建于1946年6月，因位于桦川县之南得名。桦南县属寒温带大陆性季风气候，四季分明，冬长夏短。桦南县主要农产品有大豆、玉米、水稻、白瓜、紫苏、烤烟等。牡佳铁路及鹤大、依饶等国省干道穿境而过。2019年5月5日，黑龙江省政府批准桦南县退出贫困县序列。2019年12月，桦南县成为全国乡村治理体系建设试点单位。2020年，桦南县地区生产总值预计实现122亿元，五年平均增长6.9%；公共财政收入预计实现3.9亿元，五年平均增长2.9%；固定资产投资五年平均增长4.5%；社会消费品零售总额五年平均增长6.1%；城镇、农村常住居民人均可支配收入预计分别实现28 500元、12 900元。

（二）案例背景

随着我国农业生产力的发展以及城镇化进程的加快，传统的小农经济模式不利于农业的规模化经营，也无法将农地与现代生产要素相融合，导致农民种地的成本越来越高，收益却越来越低，严重影响了农民的生产积极性。因此，如何在增加农民收入的前提下提升农业生产的效率，是我国农村土地制度改革的出发点和落脚点。党中央高度重视"三农"问题，为促进农民增收，推动农业发展，制定了一系列方针政策。关于"三权分置"制度的改革，是在农村土地"两权分离"基础上的又一重大制度创新。其核心是在坚持农村土地集体所有制的前提下，进一步从土地承包经营权中分离出一种独立的财产权，即土地经营权，并赋予该权利能够以入股等方式自由流转的权能，进而实现农地规模化经营，促进农业现代化发展。

改革方向确定以后，2015年原农业部在全国选取了7个地区开展土地经营权入股试点工作，探索形成了多种土地经营权入股的模式。目前，入股试点地区已在原来的基础上扩大到14个省100多个县。土地经营权入股对于增加农民的财产性收入以及实现农地的集中连片经营具有重要意义。因此，为了促进土地经营权入股工作的顺利开展，2018年农业农村部发布入股指导意见，从原则、任务及保障等层面对土地经营权入股做出明确规定。同年修订的《中华人民共和国农村土地承包法》通过专门章节对土地经营权予以规定，明确承包方可以采用入股的方式向他人流转土地经营权。在此基础上，2020年修订通过的《中华人民共和国民法典》也将土地经营权纳入物权编。

（三）做法成效

2015年原农业部在全国选取7个地区开展土地经营权入股试点工作，黑龙江桦南县就是其中之一。该地区主要是以有限责任公司作为入股载体，其中以桦南圣田农业科技发展有限公司（以下简称"圣田公司"）最为典型。该公司成立于2017年3月，主要从事有机水稻的种植、加工、销售等业务。圣田公司之所以能够成为典型，主要体现在以下几个方面。

其一，在股权结构方面，该公司的股东由 15 户农民和桦南圣杰农业发展有限公司（以下简称"圣杰公司"）构成。其中，15 户农民以 1200 亩承包地的土地经营权入股，经土地流转评估机构评估作价 960 万元，占圣田公司 49%的股份。圣杰公司以 1000 万元现金出资，占圣田公司 51%的股份。其二，在利润分配方面，圣田公司通过股东会确立了公司的分红方案。首先用公司当年总产值减去税费和成本作为公司的税后利润，然后从税后利润中提取 10%的公积金，用于管理土地、购买农具等农业生产活动。再提取 10%的风险基金，专门用于防范入股中发生的风险。最后将剩余利润按照农民和圣杰公司所占的股权比例进行分配。其三，在风险防范方面，圣田公司对所有的入股土地都购买了农业保险，如果水稻种植过程中遇到了自然灾害，能够最大限度降低农民的损失。同时也预留一些风险基金，在公司经营出现风险的时候，可以用风险基金作为补偿。桦南县的土地经营权入股模式为农业现代化的发展树立了良好的模范。当年公司总产值达到 591 万元，扣除全部生产成本以及提取"两金"后，净利润为 381 万元。其中，农户平均每亩土地分红 1555 元，相较于以出租方式进行土地流转多收入 855 元。

（四）经验推广

自开展土地经营权入股发展农业产业化经营以来，各试点地区在稳步推进各项工作的同时，不断推陈出新，经过多年的探索积累了丰富的经验，具体如下。

首先，在入股模式上，以有限公司作为载体探索出多种入股模式，包括农民直接入股到公司，农民与原公司成立新公司，农民先入股合作社、合作社再入股公司等模式，各地可以根据自己的实际情况采取不同的模式。其中，农民先将土地经营权入股到合作社，合作社再入股公司的形式，解决了农民数量较多情况下，《中华人民共和国公司法》对有限责任公司股东人数的限制，同时也有利于农民联合起来维护自身权益，并使合作社、公司享受有关政策。贵州盘州市主要采取的就是这种形式。

其次，在风险防范上，一方面，为了保障农民股东的基本收益，各试点地区重点推广"保底分红"的利润分配方式，并且采用优先股制度以及设立风险基金来保障该利润分配方式的实现；另一方面，政府在防范风险方面起到重要作用。要求入股公司购买农业保险，发挥政策性保险对农业生产的保障作用，或者让公司缴纳一定的风险保障金，降低农业生产遭受自然风险或者公司经营遇到市场风险时对农民所造成的损失。

再次，在配套政策上，鼓励各地建立土地经营权流转服务机构，对土地经营权入股的价值评估、信息发布、合同签订等问题进行规范管理。如黑龙江桦南县已经出台土地经营权价值评估、发布等相关政策，明确土地经营权评估作价的机构、方法等内容。

（五）思考探索

土地经营权入股公司既是盘活农村土地资源、推动农业规模化经营的有效形式，也是吸引工商资本参与农业经营、促进小农户与现代农业发展有机衔接的创新之举。请以某试点地区实践探索中的具体做法为例，说明是否与现行法律存在冲突？你认为应该如何改进？

三、南阳市农村土地流转案例[29]

（一）基本情况

南阳市位于河南省的最南部，南阳市历史文化悠久，迄今为止已经有 2700 多年的建城历史。同时，南阳也是国务院批复的中部地区重要的交通枢纽。截至 2020 年，南阳市共有 2 个行政区、10 个县以及 1 个县级市，南阳市的总面积高达 2.6509 万平方千米，南阳市常住人口为 1000 万人，其中城镇常住人口为 478.81 万人，常住人口的城镇化率为 47.73%。南阳市不仅历史文化悠久，还是我国南水北调水源的所在地。南阳地处于亚热带向温带过渡区域，属于季风大陆湿润和半湿润气候，所以南阳市四季分明，春秋时间为 55~70 天，夏季的时长为 110 天左右，冬季的时长为 120 天左右，年平均温度为 15℃。这样的气候条件使南阳市区域内的河流分布众多，使当地环境更加宜人。南阳地区不仅景色宜人，其经济活力也十分强劲，截至 2020 年，南阳市的生产总值为 4126.75 亿元，同比增长 7.36%，其中第一产业增长了 613.25 亿元，增长比例为 3.25%，第二产业增长了 1486.73 亿元，增长比例为 8.73%。第三产业增长了 2165.76 亿元，增长比例为 7.32%。南阳市的人均生产总值为 41 253 元，同比增长为 7.41%。南阳市还被评为"中国月季之乡""世界艾乡""中国玉雕之乡"等。这些都将助力于南阳市的高质量发展。

（二）案例背景

通过从南阳市农业农村局获得的数据资料整理可知，南阳市的耕地面积为 751.41 万公顷。其中水田面积为 68.20 万公顷，占比为 9.08%。水浇地面积为 459.13 万公顷，占比为 61.10%。旱地共有 224.08 万公顷，占地面积为 29.82%。截至 2020 年年底，全市共有 89.28 万公顷的土地正在进行流转，相比于 2019 年增长了 9.8 万公顷，增长比例高达 21.23%。土地流转面积已经占到全市农村土地面积的 11.8%，涉及农村土地流转农户 16.8 万户，共有 15.8% 的承包土地经营农户参与了农村土地的流转。截至 2020 年年底，整个南阳市共建立了 68 个千亩农业示范基地，213 个农业示范基地，整个南阳市的农村土地流转已经从萌芽期开始走向成熟期，通过农村土地的流转，将农户手中闲置的土地进行高效利用，农户不仅可以在城市就业获得收入，还可以每年从土地经营者手中获得收入，这就可以实现农民快速增收，从而推动农村城市化进程，助力于农村经济的发展。

（三）现存问题

农民参与土地流转的规模较小，由于目前农村的社会保障体系不完善，很多农户担心失去土地之后基本生活无法得到保障，这使得一部分农户不愿意将土地进行出让流转。

政府缺乏对土地流转有效引导，阻碍了农村土地的流转。

农业企业规模较小阻碍了土地流转。南阳市的农村土地流转还主要依赖于农户和专业合作社，而农业企业在土地流转中只占有 32.18 万亩土地，农业企业在农村土地流转过程中扮演着重要的角色，但是南阳市的农业企业在参与农村土地流转的过程中还面临着很多问题，这严重削弱了农业企业参与农村土地流转的积极性，降低了农村土地流转的速度。

土地流转机制不完善阻碍了土地流转进程，主要表现在以下两个方面：一是农村土地的流转价格不确定,二是农村土地流转缺乏中介体系。

(四)对策建议

(1)促进农村劳动力再就业,保障农村社会体系的稳定,加速建设农村社会保障体系,提高农户的劳动素养。

(2)政府加强对土地流转引导,切实保障土地流转各方的利益,建立完善的农村土地流转信息网络,加大宣传引导力度,促进农村土地流转。

(3)加大对农业企业的扶持力度,确保农业企业健康发展。明确土地产权,降低交易费用,引导农业企业生产适销对路的产品,为农业企业提供金融支持。

(4)建立完善的农村土地市场化机制,建立完善的农村土地流转市场,建立农村土地价格评估机制,加快非营利服务体系建设。

(五)思考探索

通过对案例的分析,思考如何解决农村土地流转中存在的价格不确定、中介体系缺乏的问题。

四、彭山区政府破解农村土地流转"三难"案例[30]

(一)基本情况

彭山区隶属于四川省眉山市,古称武阳。彭山区辖区面积465平方千米,辖5个街道、3个镇(其中,委托天府新区眉山片区管理1街道、1镇)。根据第七次人口普查数据,截至2020年11月1日零时,彭山区常住人口为328 236人。彭山区是中国长寿之乡、中国商品粮和瘦肉型猪生产基地、国家级生态示范区。彭山区境东临仁寿县,南接东坡区,西与蒲江县、邛崃市交界,北与新津区、成都市天府新区相连,属成都经济区。彭山区是中华寿星始祖彭祖的主要生栖地,素有"长寿之乡"的美誉。2020年,彭山区实现地区生产总值(GDP)183.39亿元,增长4.5%。

(二)案例背景

眉山市彭山区自开展农村土地流转以来,多项成功经验受到国家、省、市的高度肯定,农村土地流转的经验值得参考和借鉴。国家政策指导,地方改革试点使农民不断增收,使农村充满活力,充分孕育农业和农村发展的新动能。彭山区政府在推行农村土地流转的过程中取得了一系列的成绩,但也清楚地认识到,农村土地流转的推进工作中,还有很多的阻碍,和预期的效果还有一定的差距,例如,农村无人种地、业主无地可种、农民怕业主"跑路"、业主怕农民"难缠"、政府怕无限"兜底",这种农村土地流转过程中的尴尬局面长期存在,流转机制不健全、流转程序不规范、流转资金缺乏"三大难题"制约着农村土地流转的发展,极大地损害了各方利益。"农村土地流转涉及地、人、钱三方面的因素,关系错综复杂,经过近几年来各级党委政府共同努力,已经进入瓶颈阶段,解决流转机制、程序和资金等方面的不足迫在眉睫。"(2022年1月13日对农业农村局王某的访谈记录,编号为:20220113WXX。)为适应社会发展要求,创造多方收益的局面,彭山区政府开始探索如何破解农村土地流转过程中的"三大难题",自此,案例的相关背景产生。

(三)做法成效

1. 流转体制健全完善

在创新流转体制的过程中,彭山区政府做法如下:一是坚持"确保所有权、稳定承包权、搞活使用权",原农民土地承包权不改变,亦不收归集体所有。二是坚持"依法、自愿、有偿",不得强迫流转或行政定价,实行有偿流转的方式。三是坚持"不改变土地的农业用途,确保耕地复耕能力",允许农民在农田内搭建大棚、温室,严禁在农田内私自搞固定建筑。除了引导农民自发流转土地,还积极培育和发展土地流转的中介服务组织,建立相应的土地流转市场信息咨询、预测等动态管理服务体系,扶持农村承包经营大户,营造农村土地流转良好环境。

2. 流转程序顺畅规范

彭山区政府在本次探索土地流转程序中,主动创新探索了"三级土地预推—资质审查前置—平台公开交易—风险应急处置"的土地流转四步机制,在改革创新中迈出了重大的一步。对于农民而言,只需要将土地流转信息告诉村社区负责人,村社区负责人将所有信息打包给镇农业服务中心,就可以坐等业主前来流转获取收益,相比以往逐一联系经营主体,手续简单且易于操作。另外,由于所有流转信息都通过正兴农业发展投资有限公司在平台上公开交易,价格公开透明,信息全面正确,更有利于保护农民的利益,避免出现以往私下交易产生纠纷的可能性。通过土地流转四步机制,农民、经营主体、政府三者之间形成了固定的程序模式,土地流转变得更具有操作性。

3. 流转资金筹集容易

彭山区坚持问题导向,采取行政引导与市场运作相结合的工作方法,创新探索了农村"两权抵押"贷款"251"工作体系。即坚守农村基本土地制度不突破和金融风险整体可控两条底线;针对制约农村金融发展的五大难题,着力构建了五大配套制度体系"破冰"试点;探索了一套便捷的操作流程,实现借贷双方高效对接。

(四)经验推广

1. 健全的流转体制是农村土地流转的前提

彭山区政府健全土地流转体制的启示,完善的土地流转制度能够更好地促进土地流转行为,保障农民、经营主体和政府收益。各级政府不仅要正确引导农民自发流转土地,还应积极培育与发展中介服务组织并建立与之相适应的土地流转市场信息咨询与预测动态管理与服务体系。进一步加强村集体经济组织服务功能建设,扶持关爱农村承包经营大户,营造农村土地流转良好环境。

2. 规范的流转程序是农村土地流转的途径

从取得的成绩来看,彭山区政府推行"四步机制"规范农村土地流转程序的经验在全国得到交流和推广。在思想上,彭山区政府主动谋划,优化布局,将农村土地流转参与主体由市场发展到以正兴农业发展投资有限公司为代表的政府、以银行为代表的金融机构多方加入,参与主体越来越广泛,实现了农村土地流转主体结构的重塑。在行动上,从流转信息、流转渠道、流转风险等方面进行严格把控，让农民和业务方不用现场交易，实现土地流转程序的规范化、合法化和农民利益的最大化。在措施上，彭山区创新实施了"风险评估—风险防范—风险处置"的风险防控机制，减少了土地流转风险，从而解决了政府无限兜底的麻烦。

3. 充足的流转资金是农村土地流转的核心

"两权抵押"贷款既是彭山区政府筹集土地流转资金的主要渠道之一，也是促进区域经济持续健康发展的历史性探索，"两权抵押"贷款政策能够有效地盘活我国农村各种有效资源，从而促使农民增加规模化生产资金投入和中长期农业生产投入，此项工作能够为今后我国较大规模地开展农村土地制度改革奠定扎实的实践基础。可以看出，"两权抵押"贷款政策所产生的正面效应将大大有利于我国的农村土地制度改革，是值得推广和借鉴的。

（五）思考探索

农村土地流转的有序运行离不开各级政府的大力支持，并且在不同地区可能面对的情况有差异，处理的方式也不一样，但是在习近平新时代中国特色社会主义思想的指导下，各地通过积极实践探索，一定能取得新进展，迈出新步伐。通过案例分析，请大家思考怎样才能更好地解决农村土地流转中发现的"流转机制不健全、流转程序不规范、流转资金缺乏"三大难题。

五、维西傈僳族自治县土地流转中的问题[31]

（一）基本情况

维西傈僳族自治县隶属于云南省迪庆藏族自治州，位于云南省西北部，迪庆藏族自治州西南部，北纬 26°53′~28°02′，东经 98°54′~99°34′，地处金沙江、澜沧江、怒江三江并流的世界自然遗产腹心地，截至 2021 年 4 月，维西傈僳族自治县辖 3 镇 7 乡，是全国唯一的傈僳族自治县。全县总面积 4476.5 平方千米。2019 年，全县有耕地面积 22 478.27 公顷。2021 年，维西傈僳族自治县户籍户数 46 218 户，户籍人口 157 712 人，乡村人口 137 578 人，占户籍人口的 87.2%；城镇人口 20 134 人，占户籍人口的 12.8%；维西傈僳族自治县域内户籍人口中少数民族人口 138 550 人，占户籍人口的 87.9%。2021 年，维西傈僳族自治县地区生产总值（GDP）697 045 万元，按可比价计算，增长 6.4%。维西傈僳族自治县城镇居民人均可支配收入为 38 644 元，比 2020 年增长 10.6%，农村居民人均可支配收入为 11 315 元，比 2020 年增长 12.3%。

（二）案例背景

从目前土地流转的形式来看，主要有如下几种：一是无偿转包。农户自主寻找转包对象，并相互协商转包事项，自定土地流转协议。这种流转形式在全县各地普遍存在，主要集中在居家外出务工人员较多的地方。二是低偿转让。这种转让方式也是农户自主寻找转包对象，并商议转让条件，将土地转让给其他耕种户，接受方给予转让方一定的转让费用。这种流转形式主要集中在集镇附近及第三产业发展较快的地方。三是代耕。即当地农户举家外出务工，由外地人举家搬到其房屋居住，代其看管家园并耕种其土地。四是租赁经营。

即将土地经营权租赁给村企业、单位或个人，用于发展开发性农业。这种形式流转期限较长，履行租赁合同或协议手续，在推动农业产业和产品结构调整、提高农业生产效益和促进农民增收等方面效果十分明显。从未来土地流转的发展形势来看，出租方式已经成为土地流转的主要趋向。

（三）现存问题

1. 产权不明晰

自从土地所有权、经营权、承包权三权分置后，三权界定在实际中的掌控实践难度较大。而且，由于不少土地确权登记不完善，农户个体所有土地经营实际面积有分歧。尤其在后期的整理调形中，不少界标被打乱，地形被破坏，影响土地流转工作的开展。

2. 交易不规范

从本县土地交易情况来看，普遍存在"熟人社会"的现象。换句话说，农户个体进行的土地承包经营权流转，多数是经口头约定俗成，而没有经过规范的书面合同。比较规范的是签订了书面合同。但是，具体的条款规定尚不规范、不完善，尤其在责、权、利等各方面的关系界定不明确。在后期土地运营中，会时常出现各种纠纷隐患，造成不必要的麻烦。

3. 农民利益无保障

从本地土地经营权的流转来看，多数体现的是单一的经济行为，配套的风险担保机制尚不健全。这样在经营过程中，由于经营不善或是自然灾害的侵害而造成经济损失，将难以保证被流转土地的收益。此外，还有一些损害农民利益的行为，例如，土地流转期限过长，利益保障得不到体现，而造成的后续利益纠纷较多。个别地区违背农户的意愿，随意将被流转土地"非粮化""工业化"等，都在很大程度上侵害了农民的权益。

（四）对策建议

1. 完善土地承包经营权登记制度，有效维护地方民众的合法权益

持续推进完善土地承包权登记管理，不断完善登记管理制度，确保登记信息与实际土地情况的相符性，严厉打击各类违法没收民众承包地的情况，有效保护地方民众的合法权益。逐步变革以往土地承包经营模式，尽快解决土地登记遗留的问题，向民众讲解签订土地承包合同书的利害关系，及时补发证书，确保有遗留或者与实际情况不符的土地情况得到证明，同时能根据工作的开展情况做好后期整理、核对工作。

2. 着力推进农村劳动力流转工作，营造适合土地流转的社会保障环境

做好农村土地承包经营流转工作，对地方民众而言涉及的问题较多。为此，要考虑周全，多方面顾及，营造良好的、有利于土地承包流转的保障政策环境。第一，推进户籍改革。本地的户籍管理在某种程度上，限制了农村劳动力从事非农行业的积极性，限制了农业产业化、规模化发展的步伐，不利于土地规模化经营。为此，酌情进行变革，积极鼓励农户以租赁的方式承包给个体。同时，允许农村户口在城镇从事非农产业。这样一方面解放了土地，另一方面有利于促进农户尽快落户城镇。第二，健全社会保障制度。推进城镇化进程，吸引更多农村劳动力资源流入是大势所趋，而社会保障制度的完善同样需要跟进。在此，做好农民工作的养老保障工作，尤其那些户口仍然在农村，但是长期在农村务工的

人员，要督促用人单位落实好各项福利待遇，确保留得下、待得住，逐步形成以农民自筹为主，企业、政府参与的社会保障体系。第三，发展培育新型职业农民。利用闲暇时间培育新型职业农民，是做好技能培训、提升民众技术能力、促进农村劳动力转移的重要措施。此项措施的推进能解放大量的土地，更有利于土地流转工作的开展。

3. 健全完善土地流转后服务体系，为土地流转工作的顺利进行排忧解难

确保土地流转工作的顺利进行后续的服务工作同样不能被忽视。为此，第一，规划建设土地产权交易中心。交易中心的成立旨在做好土地流转相关政策的宣传，为实现土地流转提供信息源，同时负责解决土地流转过程中出现的纠纷，更好地服务于土地产权流转工作。第二，规划建设土地流转信息服务站。站内的工作包括收集发布地方土地流转信息，调查统计农户土地流转的意愿，为实现土地规模化经营提供便捷。第三，根据土地流转开展的情况，颁布相关的政策法规，实现土地流转程序化运作，做好土地流转资质的审查工作，为后续工作的开展提供服务保障。第四，做好土地转移相关问题的治理工作，不断健全完善治理机制，做好相关部门的协调配合，严厉打击各类侵害农民土地承包权益的行为，保证土地流转工作的顺利进行。

（五）思考探索

加快农村土地流转是极为重要的工作。通过案例的学习，你觉得应如何加快农村土地流转？

第四节 实 训 实 践

一、课堂实训

（一）文献报告

围绕土地承包经营、农村土地承包权流转等内容，指导教师根据实际情况，组织学生组成学习小组，学生可根据实际授课情况自行确定报告主题及报告题目，按照要求完成文献报告。研究主题及示例如下。

1. 实践主题一：农村土地承包经营的基本制度及路径研究

（1）难度：易。

（2）根据所学知识，针对农村土地承包经营的基本制度及路径研究开展文献研究，要求学生系统查阅现行农村土地制度，系统学习农村土地承包经营的基本制度，在此基础上，收集案例，分析现行制度下农村土地承包经营的现状，研究健全和完善农村土地经营权制度的实施路径。报告内容分为理论和案例两个部分，理论部分须包含现行农村土地承包经营的基本制度、现状及健全和完善相应制度的实施路径三个部分的内容，报告不少于3000字，案例部分要有至少一个相应的案例，并且有相关的分析，并提出对应的改善建议，或者分析案例的成功经验。

2. 实践主题二：农村土地承包经营管理的基本情况

（1）难度：中。

（2）根据在课堂所学知识，针对农村土地承包经营管理的基本情况开展文献研究。要求学生分组查阅现行农村土地承包经营的相关制度，系统学习农村土地承包经营管理的基本政策，在此基础上，每个小组抽签选择一个省或自治区，收集对应的省或自治区农村土地承包经营管理案例，根据分析现行制度下农村土地承包经营管理的现状，提出改进建议。报告内容分为理论和案例两个部分，理论部分须包含现行农村土地承包经营管理的基本制度、现状及相应的改善建议三个部分的内容，报告不少于 3000 字，案例部分要有至少一个相应的案例，并且有相关的分析，并提出对应的改善建议，或者分析案例的成功经验。

3. 实践主题三：农村土地承包权流转市场现状及完善对策

（1）难度：难。

（2）根据在课堂所学知识，针对农村土地承包权流转市场现状及完善对策开展文献研究。要求学生分组查阅现行农村土地承包权流转的相关制度，在此基础上，每个小组抽签选择一个省或自治区，收集至少一个对应的省或自治区农村土地承包权流转的案例，并进行分析，发现问题并提出解决问题的方法或提出改进建议。报告内容分为理论和案例两个部分，不少于 3000 字，理论部分须包含现行农村土地承包权流转的基本制度、现状及相应的改善建议三个部分的内容，案例部分要有至少一个相应的案例，并且有相关的分析，并提出对应的改善建议，或者解决问题的方法。

文献报告评分标准见本书附录 A。

（二）情景模拟

围绕"农村土地流转、农村土地承包经营"等内容，由指导老师为学生拟定情景模拟主题，并提供情景模拟背景描述，以供学生参考。由学生自行设计并完善剧情，鼓励学生自行设计道具，在课堂上进行情景模拟。情景模拟主题及背景描述示例如下。

1. 情景模拟主题一

背景简介：

小金是巫溪县城厢镇门洞村板棚社农民，举家迁往巫溪县城居住，同时小金将自家房屋出售给同村村民小谭，并将承包的土地、山林，无偿、无限期地转包给小谭。国家实行退耕还林政策，小金将转包的部分山林收回。后因该县修建五溪口电站需征用小谭转包的耕地和林地，双方就征用耕地和林地补偿费的归属问题发生纠纷，小金向法院起诉，请求解除土地、山林转包关系，收回土地、山林的承包经营权。

人物简介：

小金，现年 36 岁，巫溪县城厢镇门洞村板棚社农民，大专毕业生，专业为工程管理专业。爱好广泛，业余时间喜欢运动、动漫，自学了视频剪辑技术，上学时曾经尝试过一段时间的抖音视频制作，后来因为功课繁忙放弃了。毕业后在县城找到一份工作，因为喜欢县城的生活环境，但自己的工作又需要各地奔波，需要父母帮忙照顾家庭，以解决自己的后顾之忧，于是小金工作稳定后，将父母一同接去县城。

小谭，现年 43 岁，巫溪县城厢镇门洞村板棚社农民，小学毕业，一直在家务农，一家上下六口人需要小谭养活。小谭勤劳肯干，除了自己承包的土地、山林，向长期未居住村里的同乡转包土地、山林。以此养家糊口。

试通过所给情景，分角色扮演小金、小谭、法院，通过了解案例背景，查阅文献资料，试分析不同角色如何维权，如何通过法律手段更好地解决问题。学生可根据组员数量，适当增减角色。

2. 情景模拟主题二

小王是王村人，26岁嫁到赵村，在出嫁之前王村村委会分给小王承包地2.3亩，双方签订了土地承包合同。小王出嫁后一直居住在赵村，但没有在赵村承包土地。王村村委会以小王已经出嫁，且已不在本村居住为由，口头通知小王她所承包的2.3亩土地已被村里按照规定收回。小王多次同王村村委会交涉，要求继续承包王村的土地，遭到王村村委会拒绝。最后，小王将王村村委会告上了法庭。

人物简介：

小王，现年32岁，王村人，大学本科毕业，专业为园林专业（农学方向）。平时喜欢唱歌、跳舞。毕业后回家务农，同时做一些乡村景观设计的工作。26岁时，小王出嫁到赵村，夫家在赵村有一片果园，结婚后，小王一直居住在赵村，与丈夫一起打理果园，以此谋生。小王虽然嫁到赵村，与丈夫一起打理果园，但是她一直没有承包赵村的土地。

试通过所给情景分角色扮演小王、王村村委会，通过了解案例背景，查阅文献资料，试分析不同角色如何维权，如何通过法律手段更好地解决问题。学生可根据组员数量适当增减角色。

要求学生提交报告进行综合评价，评价内容包含但不限于：① 是否正确理解情景模拟主题；② 是否合理安排剧情；③ 是否了解相关政策知识；④ 是否针对问题提出积极正面的解决对策；⑤ 是否通过场景布置、PPT演示、道具使用提升路演效果；⑥ 是否有较好的展现效果。

情景模拟评分标准见本书附录A。

二、实地实践

（一）实践内容

本次实地调研主题为"农村土地流转情况"调研。农村土地流转是农业集约化发展的客观要求，是农村经济结构调整和农村劳动力转移的必然结果。近年来，顺应市场经济发展形势，把土地流转作为破解"三农"难题，拓宽农民增收渠道，是促进农村和谐发展的重要突破口。大胆探索农村土地经营管理机制，推动土地使用权、经营权的依法合理流转，加快了农业结构调整步伐，促进了农村经济又好又快发展。通过调研了解农村土地承包经营权、土地流转情况。

（二）实践要求

学生以班级为单位，围绕农村土地流转情况，在保证安全的基础上在村庄开展实践。在实践过程中，学生通过访谈、考察、观察等方式，围绕以下调研要点收集视频、文字、音频等相关素材，为实践报告成果提供支撑。

农村土地承包经营现状：了解乡村的土地承包经营的基本情况。深入调研，了解乡村地区的土地流转面积、从事土地经营的业主数量等土地承包经营规模，并了解当地业主的基本收支情况。

农村土地流转主要形式：了解农村土地流转的主要形式，探讨其对当地经济的影响。调查农村土地流转的主体，了解流转后的土地用途、流转效益等。

当地居民对土地流转的态度：深入了解乡民对土地流转的态度，以及他们对于通过土地流转方式促进农业现代化发展、经济振兴的看法和建议。

当前土地流转机制存在的问题：深入了解农村土地流转中存在的问题，可从土地流转的层次、流转的范围、流转的规模等方面入手，探讨乡村经济振兴的未来发展趋势和前景。

提示：本次调研目的并不局限于上述要点。教师可根据实际情况，结合本地的特色和需求，进行适当的调整和补充。关键是确保调研内容既能推动农业现代化发展，又能促进农村经济振兴的发展需求。

（三）准备工作

1. 物品准备

出发前，准备生活用品、工作用品、记录设备等，参考本书附录B。

2. 地点选择

选择实践目的地应全面考虑地点的相关性、代表性、配合度和安全性，确保实地调研能够高效、顺利且安全地进行。选取实践目的地需符合以下要求与原则。

贴合调研主题：实践目的地必须与农村土地承包经营与流转主题密切相关，且能够实际反映农村土地承包经营与流转的现状和特点。

多级别与多产业：实践目的地建议选择国家级、省级及市级的乡村地区，确保调研内容具有代表性。

配合意愿：实践目的地应具备高度的配合意愿，特别是得到当地政府或相关管理机构的支持和引导，保障调研活动顺利进行。

人员对接：实践目的地应组织符合调研需求的访谈对象，确保问卷或者访谈顺利进行。

地点距离与安全：实践目的地应选取在授课大学所在省内，确保学生能在较短时间内到达并进行实地调研。

3. 人员分工

建议将教学班分为A、B、C、D、E五个组，A组负责调研并收集农村土地承包经营管理的基本情况，B组负责调研农村土地承包权流转市场现状，了解土地流转主要形式，C组负责与村民进行访谈，了解当地居民对土地流转的态度，D组负责分析当前土地流转机制存在的问题，E组负责素材和建议梳理以及全文文字的凝练提升。A、B、C、D组需要根据实际情况，拍摄照片、开展访谈并留下相关记录，最终形成文字材料。每一组需要结合该村实际情况，提出至少两条发展建议。

4. 实践成果

实践报告须与调研主题及目的高度契合，考虑收集数据的精准性、科学性及可操作性。在报告中，要按调研目的进行，实践报告框架由教师规定为主，各学习小组共同拟定具体的调研步骤，并在完成初稿后与全体学生共同研讨、优化提升。实践报告全文不少于5000

字,并附上相应的实践照片和实践佐证材料。

(四)实践成效

农村土地承包经营与流转章节促使学生更好地了解当前乡村土地流转现状,理解乡村土地流转的必要性,以及相关政策与法规。实地实践建议达到以下成效。

1. 知识成效

经过本次实地实践,学生在多个领域都获得了宝贵的知识和经验,学会将乡村振兴的理论知识与发展实际进行对照,深入了解乡村土地利用现状和土地流转的原因及途径。

2. 能力成效

在与村干部、村民的访谈中,学生锻炼了访谈沟通技巧、辩证思维能力和团队协作能力。更为重要的是,锻炼学生运用所学知识分析实际问题的能力,当学生面临村庄土地利用率低下、农村土地承包经营困难等问题时,学生能够结合乡村实际,从多个角度提出对策和建议。

3. 成果成效

本次所提交的实践报告包含了村内土地承包经营现状、农村土地流转主要形式、当地居民对土地流转的态度、当前土地流转机制存在的问题、针对问题提出的对策和建议。该报告中的文字内容能够帮助当地政府更好地了解本村土地承包经营现状、当前土地流转机制存在的问题,为下一步的土地经营与流转工作开展提供了方向和建议。实践成果将对当地土地承包经营与流转工作推进具有一定的促进和指导作用,体现了高校响应国家服务地方的号召与大学生智推乡村振兴的美好情怀,为促进当地社会经济繁荣发展提供绵薄之力。

本章参考文献

[1] 黄祖辉,王朋. 农村土地流转:现状、问题及对策:兼论土地流转对现代农业发展的影响[J]. 浙江大学学报(人文社会科学版),2008(2):38-47.

[2] 肖卫东,梁春梅. 农村土地"三权分置"的内涵、基本要义及权利关系[J]. 中国农村经济,2016(11):17-29.

[3] 杨子砚,文峰. 从务工到创业——农地流转与农村劳动力转移形式升级[J]. 管理世界,2020,36(7):171-185.

[4] 张守夫,张少亭. "三权分置"下农村土地承包权制度改革的战略思考[J]. 农业经济问题,2017(2):9-15.

[5] 贺雪峰. 新时期中国农村社会的性质散论[J]. 云南师范大学学报(哲学社会科学版),2013(3):72-78.

[6] 韩世远. 宅基地的立法问题兼析物权法草案第十三章"宅基地使用权"[J]. 政治与法律,2005(5):30-35.

[7] 蔡立东,姜楠. 农地三权分置的法实现[J]. 中国社会科学,2017(5):102-122.

[8] 高雅雯. 河南省农村土地流转问题研究[D]. 秦皇岛：河北科技师范学院，2017.

[9] 卢锋，杨业伟. 中国农业劳动力占比变动因素估测：1990—2030 年[J]. 中国人口科学，2012（4）：13-24.

[10] 杨璐璐，吴群，周应恒，等. 农村土地"三权分置"催生的农民获得感改革[J]. 改革，2017（1）：32-48.

[11] 王亚华. 农村土地"三权分置"改革：要点与展望[J]. 人民论坛·学术前沿，2017（6）：56-60.

[12] 刘同山，孔祥智. 参与意愿、实现机制与新型城镇化进程的农地退出[J]. 改革，2016（6）：79-89.

[13] 朱东亮. 社会变迁中的村级土地制度[D]. 济南：山东大学，2021.

[14] 刘华. 农村土地流转过程中存在的问题分析[J]. 山西农经，2022（2）：47-49.

[15] 谭美英，程启智. 耕地使用权流转市场有效需求不足的成因研究[D]. 青岛：青岛大学，2021.

[16] 钱欣莹. 农村土地流转中政府行为研究[D]. 大连：东北财经大学，2019.

[17] 王琳琳. 农村土地流转中农民权益保障问题研究[D]. 哈尔滨：黑龙江大学，2020.

[18] 陈友文. 农村土地承包经营权流转中合同问题及解决办法[J]. 风景名胜，2019（8）：249.

[19] 王艳玲，徐建苏. 土地经营权流转问题探讨[J]. 经济论坛，2006（5）：118-121.

[20] 张光全. 农村土地经营权流转法律问题分析[J]. 中国农学通报，2010，26（12）：394.

[21] 谢新志. 农村土地经营权流转制度研究[D]. 重庆：西南政法大学，2010.

[22] 史天健. 土地流转应该也必须讲政治[J]. 华中科技大学学报，2009（1）：10.

[23] 李淑慧. 农村土地流转中农民权益保障问题研究[J]. 河南教育学院学报（哲学社会科学版），2020，39（5）：74-78.

[24] 马新彦，李国强. 土地经营权流转的物权法思考[J]. 法商研究 2017（5）：10.

[25] 杰索普，刘鑫妮，王英蓉，等. 我国农村土地流转中存在的问题及其对策浅析[J]. 南方农业，2020，14（23）：92-93.

[26] 李勇. 当前农村土地流转的动力与障碍分析[J]. 大陆桥视野，2021（6）：80-81.

[27] 朱洪波. 放活农村土地承包经营权政策研究——内江市市中区个案研究[D]. 昆明：云南师范大学，2022.

[28] 王志成. 我国土地经营权入股公司的法律问题研究[D]. 石家庄：河北经贸大学，2023.

[29] 丁麦琪. 南阳市农村土地流转中的问题与对策研究[D]. 郑州：河南农业大学，2022.

[30] 程梅. 彭山区政府破解农村土地流转"三难"的案例研究[D]. 成都：电子科技大学，2020.

[31] 陈迎红. 农村土地承包经营流转的对策和建议[J]. 农业开发与装备，2019（2）：34-35.

第十章　农村信贷与投资

第一节　导　　论

一、背景知识

乡村振兴不仅催生巨大的资金投入和金融服务需求，为金融服务农村实体经济创造历史机遇，也对农村金融服务乡村振兴赋予了新使命、提出了新要求、明确了新方向。金融服务乡村振兴涉及领域更广、目标更高、内涵更多、难度更大，需不断探索创新金融支持方式，优化财政投入，创新金融服务，撬动社会资本，引导和推动更多资本、技术、人才等要素向农业农村流动，促进城乡协调发展和农村三产融合发展，实现农民农村共同富裕。中共中央、国务院 2018 年发布的《中共中央 国务院关于实施乡村振兴战略的意见》中提到要"充分发挥财政资金的引导作用，撬动金融和社会资本更多投向乡村振兴。切实发挥全国农业信贷担保体系作用"。继《中国银保监会办公厅关于银行业保险业做好 2023 年全面推进乡村振兴重点工作的通知》后，2023 年 6 月《中国人民银行 国家金融监督管理总局 证监会 财政部 农业农村部关于金融支持全面推进乡村振兴 加快建设农业强国的指导意见》提出，强化金融机构组织功能，拓展多元化金融服务，加强财政金融政策协同，推进农村信用体系建设，发挥财政、信贷、保险、期货合力，形成金融支农综合体系，加大乡村产业高质量发展金融资源投入。深入推进乡村振兴的首要任务是产业兴旺，乡村振兴金融服务重点需根据乡村振兴金融需求的多样化、综合化趋势和低回报、长期性特点，从供给侧和需求侧创新农村金融服务模式和产品。

近年来我国财政支农投入快速增长，但农村信贷、社会资本等农业农村投资支出总量和占比仍然较低。现阶段农村金融服务乡村振兴既存在金融机构履行社会责任不充分现象，又面临融资信息成本约束、抵押担保障碍、市场体系多元化发展滞后、利益共享和风险共担机制不健全等一系列问题。在全面推进乡村振兴的新发展阶段，要扩大农村信贷和社会资本等农业农村投资，实现农业农村现代化。另外，绿色金融作为"两山"转化机制的助推器，兼具生态功能导向和绿色经济发展双重功能优势，既能打通资源、资产、资本、资金的转化通道，又能实现乡村振兴"绿色发展、循环发展、低碳发展"的内在要求，是深入推进乡村振兴的重要力量。

二、学习重点

本章在案例剖析环节总结了农行长汀支行乡村振兴金融服务、寿宁农信社"背包银行"、古田县民富中心实践和龙岩市供销社信用合作社等成功案例,并从正反两个方面对联想佳沃投资蒲江县猕猴桃产业进行分析,以期引发对目前争议颇多的工商资本投资农业问题的思考。在实践实训环节,本章探析了绿色金融助推乡村振兴实践,还进行了乡村产业商业模式和融资方案设计情景模拟,并实地调研晋江农商行乡村振兴系列金融产品,通过乡村振兴金融服务热点问题实践实训有效提高学生解决现实问题的能力。本章学习要求如下。

(1)掌握农村普惠金融、微型金融和产业链金融相关知识,能够分析金融服务乡村问题。

(2)熟练掌握工商资本投资农业和农户创业相关知识,能够分析工商资本投资农业现象,用农业新商业模式和农业新业态解决实际问题。

(3)理解"三位一体"信用合作,能够分析农村合作性金融现象。

(4)理解绿色金融支持乡村振兴机理,能够分析绿色金融支持乡村振兴相关实践。

第二节　理 论 知 识

一、名词解释

1. 农业信贷

农业信贷是金融组织在农村吸收存款、发放贷款的信用活动的总称,是动员和分配农村中暂时闲置的货币资金,以满足农业再生产过程中资金周转需要的一种活动形式。农业信贷的特点主要有农业信贷活动具有明显的季节性,资金的筹集和运用不稳定,资金周转慢、占用多,风险较大,信贷活动零星分散[1]。

2. 农村普惠金融

农村普惠金融是指以可负担的成本为有金融服务需求的社会各阶层和群体提供适当、有效的金融服务。农村普惠金融的目标是通过数字技术、移动通信等技术,使金融服务能够更好地覆盖农村地区,满足农村贫困农户和低收入群体的金融需求,促进农村经济发展和改善人民生活水平[2]。

3. 合作金融

合作金融是指社会经济中的某些个人或企业,为了改善自身的经济条件或获取便利的融资服务,按照合作经济原则,设立金融机构,主要为社员或入股者提供资金融通等服务。合作金融机构是一种在自愿互利的基础上,由成员按照国际通行的合作原则组成的金融机构,同时它又是一种合作经济组织,一般按《中华人民共和国农民专业合作社法》注册[3]。

4. 产业链金融

产业链金融就是金融机构以产业链的核心企业为依托,针对产业链的各个环节,设计个性化、标准化的金融服务产品,为整个产业链上的所有企业提供综合解决方案的一种服务模式。产业链金融将供应链上的相关企业作为一个整体风险考量,从授信主体向整个链条转变,将资金注入产业链中最需要的环节,提升整个供应链中的企业的整体竞争力[4]。

5. 绿色金融

绿色金融是指为支持环境改善、应对气候变化和资源节约高效利用的经济活动,即对环保、节能、清洁能源、绿色交通、绿色建筑等领域的项目投融资、项目运营、风险管理等所提供的金融服务。绿色金融在乡村的实践是一种促进农业绿色发展、农村绿色进步、农民绿色增收的可持续发展战略的实施。[5]

6. 农户贷款

农户贷款是指商业银行向服务辖区内符合贷款条件的农户发放的用于生产经营、消费等各类人民币贷款。农户贷款种类主要包括农户种植业贷款、农户养殖业贷款、农户其他行业贷款。贷款的对象是一般承包户和专业户。银行对农户贷款的管理应当适应其家庭经济分散经营的特点,在贷款用途、数量、期限、条件等方面,都要因地制宜、灵活掌握,尽量满足其从事个体农业经营的流动资金需要[6]。

7. "三位一体"信用合作

"三位一体"是指以各类农民合作组织为基本构成单位,改造现有各类合作组织和资源利用模式,通过横向联合与纵向整合,各类合作组织互融吸纳,进而形成合作组织体系,以实现农民有组织地进入市场。可由多家合作组织及相关主体共同构建起具有"三位一体"服务功能的农合体系,也可由单个合作社内部开展多方面综合合作[3]。

8. 金融联结类型

一是正规金融部门向非正规金融机构支付一定的佣金,由具有中介功能的非正规金融机构筛选合适的贷款人(如农户与农民专业合作社等),由非正规金融机构确定贷款规模与贷款利率,并由非正规金融机构对贷款人的信贷行为进行监督及回收贷款。二是转贷形式,正规金融机构向非正规金融机构贷款,非正规金融机构将从正规金融机构借贷来的资金再贷款给借贷人。三是正规金融机构通过非正规金融机构提供贷款给合适的贷款人,如信贷配给模式。四是其他形式。如正规金融机构+农业龙头企业(或农资公司)向农村借款人贷款[7]。

9. 农业投资和农村投资

农业投资是指在农业扩大再生产过程中进行的投资,是在生产农业产品或创造有用成果以前一次或几次投入而在生产中被占用的资金;农村投资是包括在农村区域范围内进行固定资产投资活动的企业、事业、行政单位及农村个人投资,用于改善农业生产条件、发展农业的资金[8]。

10. 农业股权投资

农业股权投资是指对农业企业或项目进行权益性投资,包括对农业企业或项目的股权、认股权、优先股或其他类似权益进行的投资。农业股权投资可以通过股权交易市场或私募股权公司进行,具有投资风险较高、投资回报期较长、投资收益潜力巨大、有助于农业产业升级和现代化等特点。

11. 工商资本投资农业

工商资本投资农业是指城镇工商企业把所积累的科技、人力、物力、财力等资源投入农村中，让资本与农村生产要素充分结合，以便解决农业发展中长期面临的资金、技术短缺等问题，主要表现为通过农村土地流转将资本投入农业生产领域，以逐步推行农业生产的集约化管理，或者将工商资本投资到农村进行土地资源开发，从而长期出租土地，进行非农用途经营管理[9]。

12. 农民创业

农民创业是指具备一定创业资本和能力的农民在寻找或开拓市场空间的基础上，通过重组各项生产要素资源、开辟新的生产领域和创新经营形式，以达到自身利益最大化和扩大劳动力就业的过程。新生代返乡农民的经营过程也是农业资本化的过程，不仅农业剩余被用于农业的扩大再生产，甚至还会通过社会融资进行农业投入[10]。

13. 农业众筹

农业众筹是指由消费者众筹资金，农户根据订单决定生产，等农作物成熟后，将农产品直接送到消费者手中的一种模式。农业众筹就是采用互联网和社交网络革新原有的农业生产流程，让大众消费者参与到农耕之中，使农场和农业的从业者提前组织生产[11]。

14. 社区支持农业

社区支持农业（简称 CSA）是指由具有共同意识和共同利益的消费者组成"社区"，与生产者共同建立经济伙伴关系、共同承担农产品种植风险的一种农业经营模式。作为替代性食物网络的一员，社区支持农业常与"本地""嵌入性""质量"等概念相关联，是一种有效控制农产品质量安全问题的供销手段[12]。

15. 生态产品价值实现

生态产品价值实现是指在政策干预下，利用生态资源实现经济效益、社会效益和生态效益，将生态产品价值的外部性内部化，将其生态价值较为全面地反映在消费者支付的价格体系、市场运行体系以及政府或企业财务账户中的过程。其核心目的是将生态产品受益人转变为购买者，从而提供保护生态系统的市场调节，激励更多符合经济效率的生态产品的生产和供给[13]。

二、重要概念

（一）供应链金融服务乡村产业振兴机制

供应链金融服务乡村振兴就是通过管理乡村产业供应链上的资金往来，有效整合乡村产业供应链上的物流、商流、资金流和信息流，通过信用增信机制、抵押替代机制和风险防控机制，提升乡村产业供应链中各主体的信贷获取能力。

信用增信机制。一是乡村产业供应链的核心企业具有获取上下游企业经营信息和信用情况的天然优势，修正金融机构对涉农中小企业市场经营能力和履约能力不足的误判。二是供应链上核心企业能为上下游中小企业和农户的违约行为承担声誉损失和连带清偿责任,实现与上下游企业的信用绑定。三是供应链上核心企业能把上下游中小企业和农户的生产经营情况、履约能力等软信息转化为高置信度的担保行为或推荐行为。四是供应链上核心企业与上下游中小企业间的交易具有封闭性、自偿性和持续性,通过长期的经营合作形成紧密的互惠互利供应链条,进而提升整个供应链的稳定性和信用水平。

抵押替代机制。供应链金融通过抵押替代机制,可从多个节点为核心企业的上下游中小企业提供全方位、多层次的信贷服务,提升涉农企业的融资能力,扩大其融资规模。金融机构以核心企业的信用情况、上下游企业在整个供应链条中的地位以及双方产生的交易行为为基础进行贷款决策,可通过考察供应链内部核心企业与其他涉农企业、农户间的高频真实交易,获取整个链条上的企业履约行为资料,并结合自身优势提供有效的市场指导和信贷服务。

风险防控机制。金融机构通过授信贷款专用、明确还款来源、整体授信、核心企业风险监督、数字风险防控等途径,有效防控风险。一是金融机构根据企业与核心企业间的具体交易业务,约定贷款特定用途,与核心企业和物流企业等合作监控贷款用途,防止资金挪用。二是企业需将完成生产或销售所获得的经营性收入优先偿还贷款。三是金融机构围绕涉农核心企业进行供应链"1+N"整体授信和批量放贷,以提升整体金融服务效率,化解单一分散授信带来的经营风险。四是核心企业与上下游中小企业实现了风险绑定,核心企业更有积极性监督整个供应链参与主体的经营行为[14]。

(二)绿色金融助推乡村振兴的内在机理

助推乡村振兴的绿色金融是指金融部门围绕产业兴旺、生态宜居、乡风文明、治理有效、生活富裕的总要求,在贷款政策、贷款种类、贷款对象、贷款条件与方式等层面上,配合绿色债券、绿色保险、绿色基金等多种创新金融产品,采取措施优先支持农业绿色化、农村治理低碳化、农民绿领化,以此促进乡村环境保护与经济协调发展。绿色金融主要从推进生态环境保护与治理、促进新兴生态产业发展、加快传统产业绿色转型助推乡村振兴。

助推乡村产业可持续兴旺。一是有助于缓解农业资金投入不足的问题。实现产业兴旺需要大量的资金投入,要求金融资本进入绿色农业领域,绿色金融有助于在绿色发展的框架下拓宽乡村绿色产业可持续发展的资金来源。二是有助于农业生产实现小农生产与现代农业的衔接。通过绿色金融支持智能水肥一体化农业生产、畜禽规模化养殖标准化建设、水产养殖池塘标准化改造、病虫害绿色防控等绿色农业项目,引导小农户转变为从事绿色农业的新型农业经营主体。农业绿色供应链金融融入农业生产各环节,有利于推动专业分工与适度经营,促进现代农业发展。三是有助于增强我国农产品的"绿色"要素,助力食品安全。以绿色金融为依托,支持绿色农业的发展,促进农产品"变绿",提高农产品的环保等级,从农业生产的根源上缓解国民对食品安全的担忧,站稳国内市场,抢滩国际市场,提高我国农产品的竞争力,促进农业经济效益的实现。

助推乡村生态环境治理。一些乡村产业在发展中造成了比较严重的环境污染,且农村地区缺乏生态环境基础设施,特别是垃圾、污水处理设施建设。同时,我国城乡二元经济结构导致了城乡生态环境二元化现象,"两高一剩"产业向乡村地区转移,加剧了某些乡村地区环境污染的程度。通过构建农村绿色金融服务机制,能够推进乡村生态环境治理设施的建设，有效治理农田污染与养殖污染；推进生态循环农业的发展，促进农业生态的保护、修复与建设；促进耕地资源的保护和永续利用。同时，能达到盘活农村生态环境资源、科学开发、合理利用农村自然资源的目的，还可以鼓励农民创业与就业，打造新时代的"绿领"，更有利于促进乡村生态文明建设与经济的协调发展。

助推农村金融体系完善。在中央政策的指导下，农村金融市场未来的竞争与合作必将围绕绿色金融市场的开拓进行，绿色金融有望成为农村金融的新增长点。整个乡村实施绿色金融政策并不断推广，促使涉农金融机构转型，助推乡村绿色金融机制体系完善[5]。

（三）绿色金融助力生态产品价值实现的作用机制

我国已经构建了绿色金融体系框架，包括绿色金融监管和政策、绿色金融标准和评级评价、绿色金融产品、绿色金融机构、环境信息披露、绿色金融风险防范体系、绿色金融地方推动和国际合作等。随着我国绿色金融改革试点工作的推进，绿色金融在推进生态环境保护与治理、促进新兴生态产业发展、加快传统产业绿色转型三个方面助力生态产品价值实现。

推进生态环境保护与治理。绿色金融从资金引流与优化资源分配等方面出发，促进生态产品的生态价值向新的生态产品转移，从而更快完成其价值的实现。一方面，利用信贷、债券、基金等金融工具为节能环保项目提供资金支持，引导社会资金流向自然保护区建设与管理、山水林田湖草生态保护修复工程、生态环境综合治理等领域。另一方面，绿色信贷和绿色风投可抑制碳排放，结合绿色金融标准和评级评价、环境信息披露等方式，可促进政府财政补贴、排污权、碳排放权等权益与资源的合理分配，推进生态环境治理。

促进新兴生态产业发展。首先，绿色金融可通过建立排污权交易市场、完善碳金融体系等途径，激发企业绿色创新活力。其次，绿色金融能有效提升绿色技术创新水平，推动绿色生态产业发展和产业结构优化升级。一是通过建立绿色银行，降低绿色投融资成本，为低污染、低排放、低耗能的绿色企业提供融资支持；二是通过增加企业环境污染成本，筛选淘汰高污染企业，并进行市场份额再配置。最后，通过完善绿色金融风险防范体系、把环境因素纳入信用评级、确定绿色发展指数等措施，有效防范化解新兴生态产业发展中出现的叠加风险。

加快传统产业绿色转型。绿色金融在产业绿色化转型中起到激励约束作用。一方面，绿色金融可以为传统产业的绿色技术创新项目提供长周期、低成本的融资来源，为企业提供绿色金融政策支持，包括专项资金、行业补贴、信贷优惠等。另一方面，绿色金融能倒逼传统产业生态化发展。绿色信贷能增加传统重污染企业的融资成本，限制其投资，并通过建立环境信息披露和绿色评级，加大传统企业的污染成本[15]。

三、经典理论

（一）二元金融结构理论

二元金融结构首先表现为现代化金融机构与传统金融机构并存的金融状态。现代化金融机构是指以现代化管理方式经营的大银行与非银行金融机构，它们往往有雄厚的资本和资金实力、精良的设备和技术、先进的制度与管理方式，主要集中在经济和交通发达的大中城市。传统金融机构是指以传统方式经营的钱庄、放债机构、当铺之类的小金融机构，它们大都经营规模较小，风险大，在商品经济发展中的作用力较弱，主要分布在广大的农村和经济落后或偏远的小城镇，从事近乎地下的民间金融活动。

我国二元金融结构还表现在农村金融和城市金融的差异上，我国城市金融改革已逐步展开，整体形势趋好。农村金融主要满足农村居民的日常需求，如存贷和简单的结算业务，其他服务比较少。但由于农户借贷规模较小以及农村金融机构竞争不充分，农村金融所承受的利率往往比城市金融更高，农村金融发展一直比较滞后。作为主要的服务载体，信用社不良债务较多，历史包袱较重，而且在内部管理等方面严重滞后。我国二元金融结构的另一个重要特征就是政府在资金分配中起支配性作用，尤其在落后的农村地区，政府导向的金融不可或缺，如扶贫金融和普惠金融对农村经济和乡村振兴的作用巨大。

我国二元金融结构在当前市场上存在正规性和非正规性两种农村金融机构形态。正规金融机构由于其自上而下外生于农村，农民的主导权有限，且进入门槛高。由于抵质押制度等信贷约束，正式金融难以完全满足农村经济发展的需求，在农民需求的驱使下，非正规金融机构在农村借贷方面有一定市场，比如农民合作社合作金融的多元形式。非正式金融在经济发达和经济落后地区普遍存在，发达地区由于经济发展迅速，正式金融难以满足居民金融需求，激发较大的非正规金融市场。经济落后地区则主要是因为正规金融机构缺乏，民间借贷较为广泛。

（二）农村合作经济组织与合作金融

农民专业合作社可通过合约联结、服务联结和产权联结方式间接带动贫困户脱贫和防止返贫，还能从供给与需求两方面破解农村金融抑制，增加普惠金融供给和需求[16]。

在供给方面，农民专业合作社主要从三个方面破解农村金融机构供给不足问题。一是"农户+合作社+金融机构"模式有利于提高金融机构的信息搜集质量和降低信息搜集成本。二是农民专业合作社为社员集中办理信贷申请和贷前审查，建立社员间的利益共享和风险共担机制，从而调动农户间相互监督的积极性，有效降低金融机构贷前调查成本和贷后管理成本。三是合作社可留存风险金为农户提供担保，甚至以农户生产要素等方式进行反担保，利用乡村声誉、长期信用、生产合作等软约束拓展金融机构的信贷风险规避渠道。

在需求方面，农民专业合作社也可以从三个方面破解有效信贷需求不足问题。一是合作社通过产供销合作培育区域特色产业发展，帮助农户扩大生产，增加农户生产经营性资金的需求；二是合作社通过信用合作为社员提供担保，有效解决社员担保难问题；三是合作社通过民间契约方式接受社员的生产要素反担保，可有效盘活农村生产要素。我国的农民合作组织的金融中介主要体现在三个方面：一是发挥聚集资源和向农户或农村企业提供间接融资服务的功能；二是为金融机构提供信贷风险管理的服务，发挥风险管理功能；三是为农户、农村经济分散的决策者以及金融机构提供信息服务的功能[16]。

未来农民合作组织金融中介功能拓展主要是为农户提供急需的致富技术和信息，帮农户找准新的效益增长点，当好农民的致富参谋和金融顾问等，并成为农村金融市场的重要参与者，在金融机构和农民之间发挥联系和沟通作用，成为农村金融市场发展的推动力量。

第三节 案例剖析

一、农业银行长汀支行乡村振兴服务案例[17]

（一）基本情况

长汀古称"汀州"，地处福建西部，属福建省第五大县，是典型的"八山一水一分田"山区县。全县辖 18 个乡（镇）、300 个村（居），土地面积 3104.16 平方千米，2022 年地区生产总值 343.7 亿元，农林牧渔业总产值 73.6 亿元。长汀县自然资源禀赋优势明显，河田鸡和长汀槟榔芋均是国家地理标志农产品，2022 年年末长汀县河田鸡存栏 683.04 万羽，槟榔芋种植面积近 6 万亩。另外，长汀县作为古汀州首府和红色苏区核心区，有较多独具特色的客家文化传统和革命历史遗迹。农业银行长汀县支行创新金融服务产品、服务方式，全力支持农户和种养大户、家庭农场、农民专业合作社等新型经营主体，将信贷资源向乡村振兴倾斜，加大涉农资金投入，围绕服务老区苏区、乡村振兴等重点领域，凝聚政银企、社会各界力量，助推乡村产业、乡村建设发展。

（二）案例背景

农业银行"惠农 e 贷"信贷产品的特点是自助可循环方式、随借随还、利率低、手续少、审批快，能够有效地节省老百姓的利息支出，且可以在线上申请贷款，实现全流程线上办理。2016 年农业银行在福建安溪推出"惠农 e 贷——茶农贷"，深入开展"一县一惠农 e 贷、一特色产业一惠农 e 贷"，创新推出兴菇贷、兴渔贷、兴茶贷、兴林贷、兴禽贷等系列产品，迭代研发农户档案信息系统、"惠农 e 贷"移动作业系统等，设计了 80 多种农户授信模型。农业银行长汀县支行推动仓单质押等担保模式突破，提供全产业链服务方案，不断拓展乡村产业服务的广度和深度，实现农户贷款的规模化、标准化、智能化运作。2022 年年末，农行福建省分行惠农 e 贷余额 543 亿元，增量 95 亿元，余额居农行系统内第 4 位，支持农户 27.57 万户，覆盖福建省所有县域、乡镇和 90%的行政村。县域贷款增加 333 亿元，增长 11%，高于全行贷款增速 0.5 个百分点；涉农贷款增加 305 亿元，增长 13%，余额占比居全国农行首位，连续两年获评"福建省金融服务乡村振兴星级机构"[18]。

（三）做法成效

农业银行长汀县支行积极探索支持乡村振兴和百姓致富方面，对河田鸡、槟榔芋、百香果等长汀县特色产业进行全面的调查梳理，结合"一村一品"，针对每个村的农业特点推出了综合经营的授信模式，为农户建立专属档案，有效地解决了农户的融资需求。近三年在服务地方经济大项目上审批项目金额达 20 多亿元，为小微企业贷款累计新增 2.8 亿元，"惠农 e 贷"累计授信金额达 12 亿元。目前"惠农 e 贷"授信余额达 10 亿元，为农户节约利息支出约 5000 万元。

河田镇是长汀县的重要粮食产区，辖区面积 315.8 平方千米，人口 8 万多人，是闽西人口密度最大、人口最多的农村乡镇，2020 年入选农业产业强镇建设名单。河田镇的一批新型农民大规模进行耕种养殖，万亩水稻基地、现代花卉苗木、河田鸡、槟榔芋等特色农业产业蓬勃发展。蓝晓红从 23 岁开始养河田鸡，迄今已达 30 多年，其创建的兰秀种鸡场是长汀县重要的鸡苗基地，年产仔鸡苗 150 万羽以上、商品鸡 7 万~10 万羽，年均产值 1000 多万元。蓝晓红于 2006 年在河田镇承包了方圆 300 亩寸草不生的废弃稀土矿山，经过十几年将荒山变成了绿山，建立了自主品牌"秀绿"。2009 年，蓝晓红向农业银行长汀支行申请资金荒山养鸡。农业银行长汀支行实地调研后，从支持 3 万元贷款起步，到目前依托"快农贷"授信 100 万元。10 余年间，即使遇到禽流感、新冠肺炎疫情等灾害，农行始终与客户一起跑市场、找销路，不离不弃。在农行的支持下，蓝晓红的"种树+养鸡"模式成为治理水土流失的典范。

农业银行长汀县支行以党建共建精准服务伯湖村乡村振兴，支持"新农人"赖斌、种粮大户傅木清等人带头发展特色产业的同时，积极为农户对接"惠农 e 贷"信贷支持、举行种植和养殖技能培训，并立足于已授信的专业合作社积极吸纳村民就业。该村实现了从省级贫困村到省级乡村振兴实绩突出村的华丽转变，围绕发展"红色+生态""红色+农业"，被列入"红旗跃过汀江，两山实践走廊"乡村振兴跨村联建示范片。位于长汀县伯湖村的福建新农人生态农业有限公司大棚里，火龙果养护良好、长势喜人。该公司总经理赖斌坦言，从创业初期至今，农业银行一直给予信贷支持，不仅发放快捷，贷款数额也能根据经营情况增加，"给了返乡从事农业的年轻人很大帮助，十分感谢他们"。赖斌毕业于福建农林大学，从 2016 年返乡与合伙人租赁了 130 亩土地种植葡萄，辅以种植火龙果、桑葚、百香果等，配套建设休闲观光葡萄园和农家乐，至今形成了一个高标准、产业化的休闲生态观光农庄，带动贫困户增收脱贫。

（四）经验推广

发展产业链金融服务，促进区域特色产业发展。重点支持区域特色产业发展，引导其形成地理品牌，拉长供应链和价值链，提高区域特色产品附加值。贯彻"一品一策"，针对乡村特色产业不同的发展阶段，设计金融产品和服务，充分满足区域特色产业发展的特色金融需求。扶持"公司+基地/合作社+农户""社会化服务组织+基地/合作社"等组织模式发展，提升特色产业的组织化和标准化程度，并促进产品、产业和乡村信息化。

加大金融创新力度，丰富县域金融供给。顺应乡村经济和农业发展的专业化、产业化、合作化和链式发展趋势，基于产业链、产业生态圈提供信贷服务。为农户提供乡村教育、医疗、水电等代收代缴、支付结算、金融消费等多维综合金融服务，将金融产品和服务嵌入乡村医疗、食住行和娱乐等各类生活和商业场景中，打造商业网络与生活生态圈，推动客户和服务转型升级。

补齐金融科技短板，大力发展网络贷款业务。加快金融科技系统建设，对接数字乡村战略，用科技手段精准发掘农村经济主体的消费习惯和投融资偏好等个性化综合信息。转变营销思路，与农户生活深度融合，建立差异化业务竞争优势；依托大数据深度、准确把握农户客群特点及个性化需求，大幅提高"获客"的精准性和效率性；加快系统产品研发，加速实现一站式移动化办理服务[19]。

（五）思考探索

随着乡村振兴战略的持续推进，目前普惠金融供给基本满足农户基本金融需求，但许多农村地区面临区域金融有效需求不足的困境。其主要原因是特色产业发展水平和组织水平较低，在传统授信体系下缺乏承贷主体，农村金融机构"贷不出""不敢贷"问题日益突出。所以，乡村振兴金融服务需要在精准扶贫的基础上向支持区域特色产业发展转变，引导、培育和发展区域特色农业，从而激发和增加区域金融需求。请通过有关渠道了解你所熟悉的乡村在产业发展方面得到过什么金融服务支持。请设计相应的乡村振兴金融服务方式。

二、寿宁县农信社"背包银行"金融服务案例[20]

（一）基本情况

寿宁地处闽浙交界，面积1433平方千米，辖8镇6乡、205个村（社区），是省级乡村振兴重点帮扶县之一。全县2022年户籍人口25.77万人，城镇户籍人口8.70万人，乡村人口17.08万人，地区生产总值111.42亿元，农林牧渔业完成总产值32.79亿元。茶叶总产量2.17万吨，园林水果年末实有面积4.27万亩。寿宁是茶叶之乡，"寿宁高山茶"入选全国第二批农产品地理标志保护工程，先后获评"中国茶业百强县""全国产茶重点县""全国生态产茶县"。同时，寿宁县是中国富硒富锌农业示范县，拥有58.2万亩富硒和68.8万亩富锌土壤资源，被誉为"中国硒锌绿谷"，锌橙还是中国果业最受欢迎的六大柑橘品牌之一。寿宁农信社现有16家营业网点，是全县唯一实现县域内乡镇物理网点全覆盖的金融机构。寿宁农信社涉农贷款及30万元以下小微贷款市场份额居全县首位，尤其是累计发放扶贫类贷款占县域金融比重达91%以上。

（二）案例背景

寿宁县素有"九山半水半分田"之称，山峦起伏，沟壑纵深，多数建制村与自然村分散在大山深处，交通不便、经济落后，是闽东扶贫开发攻坚拔寨的一块"硬骨头"。在推进普惠金融和金融精准扶贫过程中，寿宁县农村信用合作联社发扬服务群众到"最后一公里"精神，积极应对"互联网+"新形势，始终以满足当地群众金融服务需求为着力点，推进"金融服务不出村工程"建设。寿宁农信社于2016年7月创新成立"背包银行"垄上行金融服务，以"551"模式，即运用5种金融服务必需用品（一个背包、一台PAD、一本日志、一份台账、一套宣传册），提供5项服务（普及金融知识、建立客户档案、收集信贷需求、受理业务申请、现场自助办贷），实现1个目标（把银行服务柜台搬到村民家中），发挥"三上门"（服务上门、建档上门、宣传上门）的优势，重心下沉，通力合作，服务足迹遍布全县90多个偏远山村，提高了农村金融服务的广度、深度和密度，打通了"金融服务最后一公里"。"背包银行"垄上行金融服务把银行"装"进背包里，翻山越岭、进村入户，寿宁"垄上行"金融服务队的脚步踏遍全县70多个乡村。

（三）做法成效

贴近需求，服务上门前移到村。针对偏远山村农户、老弱病残、精准扶贫户等弱势群体交通不便、出门办事耗时耗力等难题,"垄上行"金融服务队根据贫困户、农户群体的特殊化金融服务需求,将服务触角延伸到村,借助金融移动终端平台机具的便利性,为群众办理社保卡、折换卡等业务,同时推广农信社的精准扶贫贷款、阳光信贷、手机银行等优质产品,变过去"群众跑腿办事"为如今"银行背包上门"。

精准发力,建档上门前移到户。按照"建档、评级、授信"三同步流程,在与村两委前期充分沟通后,进村入户开展精准建档,掌握农户真实信贷需求。根据驻村贫困户、驻村农户、外出务工农户等客户的不同特点,分类收集建立农户档案,内容包括农户基本情况、外出务工情况、经营项目、财务状况、已在寿宁农信社办理业务情况、在他行办理业务情况、信贷资金需求、存储资金和电子银行业务服务需求、联系方式等内容。

整合资源,宣传上门前移到点。借助多种媒体渠道,采取多种方式措施,定期开展"系列金融知识讲座"活动。积极宣传寿宁农信社"福万通卡"在全国8万个网点通存通兑,广泛宣传开卡免工本费、免收年费、免收全省系统内通存通兑手续费、手机银行免收所有手续费等优惠政策;积极宣传寿宁农信社"宜家贷""富民卡"等惠民信贷产品;深入乡村与农民互动交流,以喜闻乐见的形式,大力宣传现代金融服务知识、金融法律政策,增强农民获取金融服务的自觉性,全面增强自主维权意识,进一步普及金融知识受众面。

(四)经验推广

加强党政联系,密切联系群众"鱼水情"。"垄上行"金融服务队在开展金融服务活动中,积极对接县团委、乡政府、第一书记和团支部等基层组织,围绕扶贫发展规划,创新举措助力脱贫。在助推贫困户脱贫的同时,也密切了当地党政关系。寿宁农信社还启动宁德首家"党建+金融助理"工程,推动寿宁农信社5个支部与13个省、市委组织部挂钩村两委的协作关系,将自身的资金优势、网点优势和人员优势和驻村第一书记的思维优势、身份优势、资源优势相结合,实现资源共享和互帮互助。

致力服务"三农",积极履行社会责任。寿宁农信社主动对接团县委、人社局及电商协会,对资信好、创业意愿强、有发展前景项目的毕业返乡创业大学生,优先给予资金配套和利率优惠扶持其创业发展。为助力乡村文化振兴,寿宁农信社专门对外开放了三家集农信文化展示、党建活动、金融知识下乡为一体的"三有书屋",并开展送知识、送技术等活动。寿宁农信社还强化员工行为,变革组织架构和工作理念,开展"周三全员下乡机制",大力督促和鼓励员工外出营销拓展业务,让员工摒弃坐等、靠的旧营销意识,提高服务三农的积极主动性。

(五)思考探索

从全国范围看,农信社普遍存在同业竞争日趋激烈,经营成本大幅增加,金融服务方式单一、无法满足客户对多元化金融服务的需求,贷款违约率升高、信用风险不断增大,经营管理水平不高、经营风险步入凸显期,不良贷款反弹、流动性风险增加等经营发展问题。银行利差收窄,中长期还将倒逼银行提高利率风险和信用风险的管理能力,农信社的利润和经营也将会受到更大影响。另外,银行非传统的竞争对手借助移动互联网、电子商务、大数据等新技术也在改变着农村金融市场的竞争格局,蚂蚁金服等互联网金融企业也纷纷进入农村市场,竞争必然开始加剧。调查你家乡的农信社或农商行是否在服务乡村振兴中有成功的乡村振兴金融服务和产品创新经验,你认为有什么可以改进的业务?

三、古田县民富中心农村普惠金融案例[21]

(一)基本情况

古田县地处福建省中部偏东北方,全县境域面积 2385 平方千米,辖 8 镇、4 乡、2 个街道办事处、12 个居委会、275 个村委会。2022 年全县户籍人口数为 41.66 万人,地区生产总值 242.54 亿元,农林牧渔业总产值完成 94.92 亿元。古田县林业、水果业发达,县内食用菌品种繁多,产销量大,被誉为"中国食用菌之都"。其中食用菌产量 14.89 万吨,水果产量 11.51 万吨。古田县结合县域经济金融发展水平和实际,遵循"普惠金融+产业集群"双轨道发展思路,致力于将民富中心打造成为实施乡村振兴战略的重要推进器和载体,努力寻求新时期农村产业发展新突破。民富中心在规范合作社发展、培育农村产业、开展金融服务、建立民富商城对接市场四大主要功能上发挥了积极作用,得到中国人民银行总行、福建省政府的认可,工作经验多次被新华社、《金融时报》等公开媒体报道。

(二)案例背景

2015 年 6 月,古田县委、县政府成立了民富农村可持续发展中心(以下简称"民富中心")和民富农民专业合作社联合社,实行"一套人马两个牌子",通过合作社培育、金融创新、公共品牌推广三个渠道,把古田特色农业的产业链各环节、要素紧密联结起来,带动村民发展特色产业,共同增收致富。民富中心被定位于一个"公共服务平台",旨在通过帮助培育、孵化农民专业合作社,实现民富中心与农民专业合作社的对接,并通过民富中心引导金融机构向农民专业合作社社员提供批发性贷款及配套金融服务,从而实现农户生产资金的可获得性和可持续性。古田县以民富中心为核心构建"1+N"模式。一是盘活了农民手中的资产,如农村宅基地、食用菌标准房、果林地等资产,解决了农民贷款无抵押、担保难的问题;二是将村级民富中心、村淘点与现有的小额支付便民点进行对接整合,更有效率地提供服务;三是有效带动了产业发展,实现农民增收、合作社发展、脱贫等。

(三)做法成效

古田县民富中心通过帮助培育、孵化农民专业合作社,实现与合作社及金融机构对接,并导入政府财政资源提供担保和增信,为金融机构支持合作社社员提供配套金融服务。同时,对接市场培育公共品牌,建立了"产融销一体化"新型农村投融资机制,有效盘活了农村生产要素、资金要素、人力要素,整合县内资源,实现了政府、企业、农民的抱团发展,真正实现了树品牌、拓市场、促民富。与民富中心合作的 8 家合作社 2019 年生产、加工、贩运农产品年产值达 5.278 亿元,比加入民富中心前增加 2.278 亿元(见图 10-1)。合作社社员总数达 1289 人,比加入民富中心前增加 557 人,有效带动 128 户贫困户脱贫。

创新金融服务模式,加大合作社培育力度。民富中心根据不同村、乡镇的情况,引导组建农民专业合作社,合作社达到一定条件后,古田民富中心提供配套融资服务。同时,民富中心积极推广合作社担保模式,古田政府注入 2400 万元风险补偿基金,对经处置后的贷款实际损失部分,财政补偿 70%,金融机构承担 30%。再由合作社在合作银行存入一定比例的保证金，以至少 1∶5 的比例为农户信贷额度提供担保。农民将资产抵押给合作社，一旦出现风险，由合作社进行资产处置，采用收储返租或转让的方式，实现涉农资产可流转。同时，鼓励银行业金融机构在担保和反担保方面进行创新，将农民无法确权的资产（如民房、菇棚等）抵押到合作社，再由合作社为农户提供贷款担保[22]。

图 10-1　古田民富中心多元化产品展示馆

图片来源：创新产业服务平台　激活乡村振兴动力——古田县民富中心建设纪实[EB/OL]．（2018-03-23）．http://cmstop.ndsww.com/p/940.html．

强化技术帮扶，推动涉农保险。民富中心筛选一批合作社作为规范培育对象，对接一批技术人员与合作社建立长期的技术指导工作，通过实地培训、电话指导等方式解决合作社的农业技术问题。同时积极开展关于合作社新法、合作社财务制度、农产品"三品一标"认证等的相关培训，针对产品销售，帮助合作社成员与民富商城进行对接。除了技术上的支持，民富中心积极推动食用菌相关种植保险产品，积极促成太平洋保险、人保财险保险公司在全国首创"银耳种植险"。持续推进冷藏库建设，全县现有冷藏库 308 个，库容达 14.1 万立方米，极大降低了市场价格波动对农户的影响。

打造公共品牌，扩大古田品牌影响力。2017 年，古田县依托民富中心设立了民富商城，创立了县级农产品公共品牌"十方田"，全面助力古田县特色农业的发展。已有 55 家企业及合作社的 500 多种优质农产品进驻十方田平台，涵盖食用菌生鲜、干品、精深加工产品和水果、茶叶、竹笋、红酒、调料等各种古田特色农副产品。2018 年民富中心牵头与福建广电精准传媒有限公司旗下"清新福建生态农业优品平台"、春舞枝集团旗下"春秋会商务平台"、福建农信"三有书屋"等平台对接，同时设立了第一家加盟店——"金翼店"，并在古田临水宫与"省政协委员之家"设立线下体验店，进一步增加了古田农产品销售渠道。

（四）经验推广

立足合作社，面向广大社员是实现金融普惠性的根本。农民专业覆盖范围广，涉及农业生产的各个领域和环节，全面做好农民专业合作社（社员）金融服务工作，充分体现了其普惠性。古田县民富中心成立的基础和服务对象为农民专业合作社，已成立的近 800 家农民专业合作社几乎涵盖了古田县农业生产的各个领域和环节，基本覆盖了全县所有农户，且通过农民专业合作社，使生产资金能直接进入实体经济。

搭建平台，解决信息不对称。由古田县政府主导、人民银行古田县支行牵头，应用现代互联网技术，开发了信息采集与管理系统，即"农村征信和政银企信息交流服务平台"，并导入和整合分布在地方政府不同部门的农户、小微企业等基础信息。该信用平台的建设有效解决了信息不对称问题，民富中心成为该系统的首批主要用户之一，为其开展评价推介小额贷款业务提供重要的信息服务。

防微杜渐，构建多重风险防控体系。民富中心建立外部监管制度，由当地金融办、人民银行、财政局、农业局等部门组成监管联席会议，明确民富中心的法律地位及各方职责。同时，建立"三道"信贷业务风险防线，分别是反担保机制（即探索通过"农户资产+合作社保证金+县财政风险补偿金"风险防控体系）、业务规模总量控制（即民富中心在合作银行存入一定比例的保证金，合作银行按一定比例放大倍数发放贷款）、风险补偿财政兜底（即由县财政出资成立风险补偿基金池，对民富中心与合作银行开展的信贷业务风险进行兜底）。

整合资源，汇聚形成整体合力。将财政资金、金融资金、农户信息等分散的资源汇聚在一起，将农户的资金需求与金融供给有效对接起来，并利用财政担保风险基金和民富中心的配套服务，提供低成本的交易平台，发挥财政资源、金融资源、社会资源的合力作用。同时，民富中心作为社会中介组织，既能通过政府购买服务或在政府授权主导下代替政府履行部分公共服务职能，又能充分利用自身市场主体优势，为农民专业合作社（社员）、金融机构、地方政府有关部门提供更为高效、专业的服务[16]。

（五）思考探索

虽然农民专业合作社在破解农村金融抑制中的作用显著，但当前我国大多数农村地区农民合作社数量少，且普遍存在抵押品不足和有效担保机制缺失等问题，带动农户的组织优势得不到充分发挥。因此，迫切需要在县域建立社会化综合服务机构，将松散的农民专业合作社联合起来，孵化和规范合作社发展，并通过合作社为社员提供产供销及金融服务。福建省古田县农村普惠金融创新是基于平台模式的机制创新，充分体现了平台的集聚效应和公共属性，使民富中心参与各方实现集群式发展。县域金融综合平台是未来县域普惠金融创新的重要方向，试探析民富中心的风险防控和可持续发展存在什么问题。

四、龙岩市供销社"三位一体"信用合作案例[23][24]

（一）基本情况

龙岩市位于福建省西部，通称闽西，是全国著名革命老区、原中央苏区核心区。龙岩辖区面积 19 052 平方千米，辖新罗区、永定区、长汀县、连城县、上杭县、武平县和漳平市。龙岩市 2022 年常住人口为 271.6 万人，GDP 为 3314.47 亿元，农林牧渔业总产值 546.14 亿元。近年来，龙岩市大力发展畜禽、薯业、蔬菜、林竹花卉、果茶、食用菌和渔业七大特色优势产业，培育重要产业链 20 多条，2022 年全市稻谷、蔬菜和油料种植面积分别为 168.48 万亩、96.55 万亩和 9.04 万亩，七大特色优势产业全产业链产值达 1005.57 亿元。龙岩市供销合作社下属的基层供销合作社共有 168 个，基层供销合作社所属的经营服务网点共有 3332 个，其中村级综合服务站 1831 个，占经营网点总数的 54.95%，供销合作社社办的庄稼医院 88 个。自 2015 年以来，龙岩市推进供销合作社综合改革，积极探索构建适合龙岩实际的以基层供销合作社和农民专业合作社联合社为主导力量，各涉农主体参与，以生产、供销、金融服务为重点，为农业生产提供全方位、多层次、全程一体化社会化服务的"三位一体"综合合作发展模式。

（二）案例背景

2021 年，中华全国供销合作总社等四部门联合出台《关于开展生产、供销、信用"三位一体"综合合作试点的指导意见》，提出推动供销合作社、新型农业经营主体、金融机构融合发展，通过供应链金融、信用体系建设等方式，助力金融机构更好下沉服务，与各类金融机构有效对接。由供销社主导，联合第三方金融机构的"三位一体"综合信用合作能充分发挥供销社联结农业经营主体与金融机构的纽带作用，充分衔接金融供给与需求，有效降低农村信贷风险和解决农业生产资金短缺和融资难问题。2016 年 3 月，福建省供销合作社与龙岩市供销合作社共同出资 2000 万元，成立了龙岩供销农业服务有限公司（后更名为福建供销农业服务有限公司）。龙岩市供销社与所辖 7 个区县供销社也在各县成立供销农业服务有限公司，并在乡镇成立合作金融服务点。龙岩市供销合作社已与农业银行、邮储银行、农商银行、村镇银行等多家银行开展合作，联合推出了"供销惠农贷""农信助农贷"等利率低、手续简、放贷快的金融产品。

（三）做法成效

龙岩供销社市、县和基层社三级联动，创新与金融机构合作机制，打造农村金融服务平台，创建供销助农增信金融服务新模式，在县（市、区）和重点乡镇设立金融服务点，建成了覆盖市、县、乡、村的四级金融服务体系，在破解新型农业经营主体发展规模经营和传统小农户经营中的"融资难、融资贵"问题中发挥了较大作用（见图 10-2）。

图 10-2 龙岩市新罗区小池城乡综合服务社

图片来源：计慧，白琦瑛. 传承闽西红色基因 挑起为农服务"金扁担"[EB/OL]．（2021-04-20）. https://www.chinacoop.gov.cn/news.html?aid=1707865.

供销农业服务公司与金融机构签订"供销社+银行"的农户贷款风险补偿合作协议,实行"批量调查、快速审批"的信贷模式,为龙岩市范围内农民合作社成员、家庭农场主、农村种植养殖户、现代农业生产经营企业主、农副产品加工业及广大农户提供贷款服务。龙岩市农服公司设立供销助农风险补偿基金,补偿基金由供销合作社、农服公司和当地财政部门共同注资。合作银行以补偿基金为质押,按照不低于补偿基金10倍规模向农民提供助农贷款,即全市5360万元的补偿基金可撬动银行信贷资金5.36亿元。如出现逾期贷款,则启动风险补偿程序,农服公司承担风险损失的20%~40%,合作银行承担60%~80%。

严格金融风险防控。一是实行贷款推荐制。利用基层社服务网点多,职工最了解农户信用的优势,针对当地从事种植、养殖、加工、商业、服务、旅游和其他农村相关产业的农民个人、家庭农场主、个体工商户、小企业主以及电商、快递、物流经营户等的贷款申请,供销社农业服务公司经过调查,向合作银行推荐优质的客户。二是设定贷款限额。贷款户单次贷款县一级不超过20万,市一级不超过50万。三是建立社银风险共担补偿机制。为促进农村金融良性循环,当出现不良贷款时,按约定从风险补偿金中补偿。四是供销合作社还为农户销售农产品提供服务,农产品卖得出去,贷款农户自然不会毁约。

(四)经验推广

全力推进基层社提升改造,采取与村级组织、社会资本和职能部门合建、项目扶持等方式发展农村综合服务社,承接银行的小额存取款、转账、缴费等代办业务,乡镇惠农综合服务中心要因地制宜拓展电子商务、支付结算、代办保险等服务项目。强化与银行合作,扩大银行电商等其他线上销售渠道,形成网上交易、仓储物流、终端配送一体化经营。如晋江市供销社联合晋江财政局、金融局、农业农村局和晋江农商行合作开发了供销仓单贷、供销票易贷等"供销e贷"系列助农金融产品,帮助小农户和现代农业发展有机衔接。

增强"三位一体"数字化系统集成水平,完善供销社线上服务综合体系。加强供销社系统内各类市场主体基本信息和交易数据的采集、汇总和应用,为社员、农民专业合作社等市场主体提供生产、供销、金融和人才孵化服务。中国供销集团的中合联公司已构建"电子商务+互联网金融+合作金融"多态融合服务模式,在手机App用户界面上社员不仅可以实时查询互助金使用情况和资金收益情况,还可以进行农产品品牌运作、农产品销售、农产品众筹和网络理财业务。

加强各类金融机构有效对接和合作,构建集商品流通、电商、金融、物流和便民服务于一体的新型农村综合服务网络和农村信用信息平台。扶持引导地方供销社或社有企业作为核心企业构建农业产业链,与信用社等金融机构合作,发展供应链金融,有效解决农业产业链上下游农业经营主体的融资难题。建设银行已试点开展合作经济成员间的限额联保,引入反担保措施创新合作经济互助增信贷款、互助委托贷款,引导农村资金及其收益在农村循环,打通产业链、供应链和信用链。

(五)思考探索

只有离农民最近的金融机构才能切实解决农民的金融问题,政策性银行和商业银行的网点往往离农民很远。同时,各类银行都实行贷款终身制,从业人员把防范金融风险这根弦绷得很紧,农村由于交通不便,贷款户贷款金额小,且居住分散,防范风险更为困难,这也就影响了银行的贷款积极性。供销合作系统完全可以成为连接农户与金融机构、贯通金融供给与需求的纽带与桥梁,在农村金融改革中发挥重要作用。调查你所熟悉的供销社开展了什么样的信用合作服务。你认为供销社还可以开展什么样的乡村振兴金融服务?

五、蒲江县联想佳沃农业投资猕猴桃产业案例[25]

(一)基本情况

蒲江县隶属四川省成都市,属成都"半小时经济圈",同时也是成渝地区双城经济圈和成德眉资同城化发展的重要节点。蒲江县有 2 个街道办事处、6 个镇、62 个行政村、31 个社区,行政区域面积 583 平方千米。2022 年蒲江县全县总人口 265 421 人,实现地区生产总值 211.5 亿元,农林牧渔业增加值 28 亿元。蒲江县是国家级猕猴桃标准化示范区、出口猕猴桃质量安全示范区,是全球三大黄肉型品种"金艳"和红心类优新品种"东红"两个专利品种的种植基地。蒲江县猕猴桃种植具有广泛的群众基础,大部分农户拥有猕猴桃种植果园。联想佳沃是由联想控股出资设立的农业公司,是我国最大的水果全产业链及海外水果投资布局企业,于 2013 年 3 月对中新公司进行全资收购后进入蒲江县。四川中新农业科技有限公司于 2006 年 12 月 4 日在成都市蒲江县成立,注册资金 8000 万元,是集猕猴桃种植、加工、销售于一体的省级农业龙头企业。联想入驻蒲江发展猕猴桃产业,带来全新的产业发展理念,带动全县发展猕猴桃 10 万亩,联想佳沃 2016 年还晋级农业产业化国家重点农业企业名录。2017 年全县猕猴桃种植面积 9 万亩,产量 9.02 万吨,产值收入达到 7.32 亿元。"蒲江猕猴桃"还成功申报国家地理标志保护产品和证明商标,品牌价值达 102.35 亿元。

(二)案例背景

2010 年 7 月,联想控股成立了农业投资事业部,开始涉足现代农业投资,并于 2012 年正式成立了联想佳沃集团,围绕高端水果细分领域进行投资,涉及蓝莓、猕猴桃等水果,以及茶叶、白酒等多个产业。在产业发展方面,佳沃集团采取"三全模式"。其中,全链条控制即联想要全面控制农产品的种植、冷链、运输、销售等各个环节。联想控股以"战略投资+财务投资"双轮驱动业务发展,核心手法是"买买买",重资产投资蓝莓、茶叶、三文鱼、海产业、白酒等产业,战略投资九橙食品、华文食品等。但在成本优势不大的情况下,佳沃集团频频的海外投资更是加剧了公司的流动性风险。公司 2022 年营业收入 55.28 亿元,同比增长 20.24%;归属于上市公司股东的净利润由 2021 年亏损 2.89 亿元扩大至 2022 年的 11.10 亿元,亏损同比扩大 284.45%。因一系列原因,佳沃(成都)现代农业有限公司在后期发展猕猴桃产业遇到成本居高不下等问题,利润率和资产状况等方面发生巨大波动,2019 年 6 月甚至因未达到国家级龙头企业的要求,从第八次农业产业化国家重点龙头企业名单中消失。本案例将从微观经营角度分析联想佳沃农业发展猕猴桃产业的经营模式,以及最近两年在种植上出现的问题,以探析蒲江县联想佳沃农业陷入困境的原因。

(三)现存问题

联想佳沃带动蒲江农业发展的模式并不是单一的,而是多种具体模式相组合,且各种具体模式协调互补,并随着产业的发展,按照由"联想佳沃+雇佣农户"到"联想佳沃+大农户"再到"联想佳沃+合作社"的模式逐步推进。一是"工商资本—自建基地(雇用农户)—自销市场"模式。联想佳沃直接流入土地,自建标准化种植基地,雇用农户从事具体的农事操作。联想佳沃能够对各个环节进行全程把控,能够在最大程度上保证鲜果的品质。在产业发展初期主要采用该模式,随着产业的不断发展,规模将逐渐缩小。二是"工商资本—新型农业经营主体(家庭农业、专业大户等大农户)—回购产品—市场"模式。联想佳沃培育出优质品种的植株提供给这些大农户,同时签订授权种植协议和收购协议,让利于大农户,带动大农户开展产业化经营。在产业发展的扩张期规模较大,并对小农户起到示范带头作用。三是"工商资本—多个农民专合社(整合小农户)—回购产品—市场"模式。联想佳沃主要与合作社合作,由联想佳沃为合作社的人员提供技术培训和农资采购目录,并对农户的种植情况和农资的投入及其使用情况进行检查,而合作社则对农事操作的农民进行培训、指导、监督、检查,并根据联想佳沃提供的农资目录进行统一采购。该模式让利于合作社,在产业发展的稳定期主要采用该模式。三种合作模式的投资、收入和净收益对比如表 10-1[26]所示。

表 10-1 合作模式对比

模 式	投 资	收 入	净 收 益
"工商资本—自建基地(雇用农户)—自销市场"模式	全部由联想佳沃承担,约为 2.16 万元/亩	每亩收入约为 3.80 万元,联想佳沃的收入约为 3.60 万元/亩,占比 94.74%;雇用农户的收入为 0.20 万元/亩,占比 5.26%	联想佳沃的净收益约为 1.44 万元/亩,占比 87.80%;雇用农户的净收益为 0.20 万元/亩,占比 12.20%
"工商资本—新型农业经营主体(家庭农业、专业大户等大农户)—回购产品—市场"模式	由联想佳沃和大农户共同承担,联想佳沃承担的成本约为 1.25 万元/亩,占比 67.57%;大农户承担的成本约为 0.60 万元/亩,占比 32.41%	每亩收入约为 3.75 万元,联想佳沃的收入约为 1.75 万元/亩,占比 46.67%;大农户的收入约为 2 万元/亩,占比 53.33%	联想佳沃净收益约为 0.50 万元/亩,占比 26.32%;大农户的净收益为 1.40 万元/亩,占比 73.68%。联想佳沃承担了 67.57%的成本,仅获得了 46.67%的收益
"工商资本—多个农民专合社(整合小农户)—回购产品—市场"模式	由联想佳沃和合作社共同承担,联想佳沃承担的成本约为 1.25 万元/亩,占比 71.43%;合作社承担的成本约为 0.50 万元/亩,占比 28.57%	每亩收入约为 3.67 万元,联想佳沃的收入约为 1.75 万元/亩,占比 47.68%;合作社的收入约为 1.92 万元/亩,占比 52.32%	联想佳沃的净收益约为 0.50 万元/亩,占比 26.04%;合作社的净收益为 1.42 万元/亩,占比 73.96%。联想佳沃承担了 71.43%的成本,却仅获得了 47.68%的收益

联想佳沃农业在蒲江县发展猕猴桃产业的商业模式有一定的创新性,在浦江县猕猴桃产业发展早期也起到了较大作用。但在后来发展过程中没有及时调整利益联结机制,以前的商业模式逐渐不适应水果行业销售模式,导致后期逐渐陷入种植成本高、缺乏市场竞争力的困境。现根据公开资料报道和市场调查,主要分析联想佳沃农业在蒲江县发展猕猴桃产业陷入种植成本高的原因(见图 10-3)。目前国内猕猴桃产区主要集中在陕西眉县和周至县以及四川省蒲江县,由于目前国内水果仍采用产区定价,佳沃农业所种植的猕猴桃只能

根据产区价格走。以陕西省眉县自种农户为例,猕猴桃从栽种到挂果,一般在3年左右,5~6年果树从幼年期进入盛果时期。若想要缩短时间,只能通过嫁接来实现,但有可能会影响猕猴桃的口感。往年行情当地猕猴桃的价格在5~6元,树龄5年的猕猴桃树每亩猕猴桃的产量在3500斤左右,但这3500斤中只有3000斤为商品果。一亩猕猴桃的毛利润一般在15000元左右,扣除3000~4000元的种植成本,500~1000元的人工成本,单亩猕猴桃理想状态下的净收益一般在1万元左右。若是遇到类似于2021年那样的暴雨天气,以及其他一些灾害,基本上很难达到这一收入。

图 10-3 联想佳沃蒲江县猕猴桃种植基地

图片来源:联想佳沃猕猴桃种植基地[EB/OL].(2018-08-27). https://cdbpw.chengdu.gov.cn/cdslyj/c110500/2018/08/27/content_950cf1dd30484fb6898bcfebfa9e76d0.shtml.

佳沃集团的成本相较于农民自身种植来说肯定更高。一是土地租金成本。由于当地种植猕猴桃历史悠久,当地的果园几乎都掌握在农民手中。许多果农明确拒绝将猕猴桃果园承包出去。佳沃集团手中持有的几万亩猕猴桃园很可能是从农民手中高价租赁所得。二是若真如佳沃对外宣传的那样,旗下水果全部为自己种植,意味着佳沃猕猴桃的产量有限。水果的生长周期性长决定了种植水果并不能像种植蔬菜那样,实现快速收益。三是人工成本以及其他成本更高。相对于企业管理而言,农民的不稳定性和自主性更大,佳沃要招聘更多的人员前往一线产地进行管理。再加上物流、仓储等成本,佳沃的猕猴桃在原产地成本就要比其他品牌贵一些。基于当前产地→批发商→大型农贸市场→消费者仍是当前国内水果产区流通的主要方式。虽然佳沃一直在投资水果产业链上的下游企业,但即使部分企业能接受佳沃相对较高的价格,其对佳沃水果的需求也相对一般。佳沃只能再次借助大型水果批发商,消化原有库存,这意味着佳沃前期的各种投入短期内很难收回,很容易造成资金紧张。

(四)对策建议

要使下乡工商资本真正助力乡村建设,在允许工商资本下乡获取合法利润的同时,因地、因时制定相关的法律法规,有力保障小农户的合法权益,加快促进农户参与工商资本下乡,使农户在工商资本下乡的过程中逐步自立自强,从根源上实现乡村振兴。

加强引导和规范，发展优势特色乡村产业。一是引导企业进入适宜领域，优先支持工商资本进入对农民增收致富带动作用较强、能发挥企业专长的农产品加工、农产品流通、农业生产性服务业、农村产业融合等领域。二是鼓励和引导地方政府从选择产业向服务产业转型，引导企业尽量避开对建设用地、设施农业用地需求较大、依赖程度较高的领域。三是鼓励工商资本依托各地农业园区发展现代农业，提升农业产前、产中、产后各环节的生产效率，避免投资的盲目性和趋同性，严控"非农化"倾向以及损害农户利益的投资行为[27]。

完善合作收益分配形式，构建运作保障机制。一是建立工商企业与农户间更加紧密的利益联结机制，构建主动创造增收代替被动接受的合作模式。二是完善农业风险防范机制和生产保障机制。通过设立农业风险补偿基金、扩大农业政策性保险范围以及引入商业保险模式分散农业风险，保障农业生产持续发展。三是通过种植大户、家庭农场、农民专业合作组织等新型经营主体的带动作用，在节约内生交易成本的同时，将农户联结形成紧密的利益共同体，建立新型利益联结机制。

完善农村金融服务，盘活乡村资产。一是创新融资机制，搭建银企融资对接平台，加大银行、保险等多种金融服务对农业发展的金融支持力度，增大财政金融政策对农业的奖补力度。二是构建政策性担保体系，完善农业信贷风险补偿机制。扩大农村抵押担保物范围，重点开展设施农业用地、农村土地承包经营权、农村房屋、林权、大棚养殖圈舍等生产设施以及活体动物、果园苗木等生物资产抵押贷款。三是鼓励地方政府开展以农村资产确权为基础、以农业保险创新为配套、以设立风险补偿金为保障的农村产权抵押贷款机制[26]。

（五）思考探索

工商资本投资农业是将资本要素从工商产业用途转换成农业产业用途，是一种资本重新配置，其本身并不违背市场规则。但如果由于市场规则不清晰或执行不严格，工商资本在投资农业过程中出现诸如损害农民利益、变相侵占农业用地、危害国家农业和粮食安全等问题，则说明对工商资本投资农业的管理有问题。发挥工商资本的乡村建设作用，并非要忽视工商资本获得经济效益的诉求，而是提倡在追求合理经济利润的同时，应对提供质优价廉生产要素的农村进行适当的反哺，实现工商资本在农村地区的长远发展。请查阅有关资料，了解有关工商资本投资农业失败的案例，并分析其失败的原因是什么。

第四节　实　训　实　践

一、课堂实训

（一）文献报告

根据实际情况，学生自由组成学习小组（每组人数以 3~4 人为佳）。教师根据实际教学情况及授课学生水平，为学生拟定线上研究主题，并通过线上教学的形式为学生补充部分相关知识。研究主题及内容示例如下。

1. 绿色金融支持乡村振兴相关政策解读

（1）难度：易。

（2）从金融政策层面看，绿色金融是在信贷额度、信贷投放、信贷期限、信贷利率等方面对绿色低碳循环产业进行特殊扶持的金融政策，促进生态保护和修复，从而引导社会资金流向绿色节能环保产业。从金融机构层面看，绿色金融要求金融机构在自身业务发展时需要不断进行业务结构调整和绿色转型升级，不仅仅考虑业务收益，而是需要匹配绿色经济发展趋势，以经济和生态协同发展为目标，使生态资源金融化，实现可持续发展。从金融工具层面看，绿色金融是生态资源融资的一种便利方式，是以解决资源危机和保护生态环境为目的，在金融市场交易中为生态资源提供绿色产业基金、绿色保险、绿色信贷的一种金融创新型工具。自 2018 年 2 月中国农业银行出台了《关于全面做好乡村振兴金融服务工作的意见》后，国家、各省市和重要金融机构等为乡村振兴金融服务工作做出了全面部署，并出台了一系列相关政策文件。请收集 3 个近年出台的绿色金融支持乡村振兴文件，对措施逐一进行分析，选取其中一条具有代表性的措施，附上政策落地的相关案例进行说明。

2. 绿色金融助力乡村生态产品价值实现实践模式

（1）难度：中。

（2）农村最大的财富就是拥有丰富的自然资源，但生态资源的保护对融资提出了很多需求，具有生态价值和经济价值的生态资源因为其收益难以挖掘、市场难以介入、资金难以保障等问题，直接影响了生态环境的长期可持续保护。要想提高生态资源的有效利用、明确生态资源的价值取向、解决生态资源的有效转化，就必须改变传统的经营方式，深入挖掘乡村资源价值属性，通过引入金融资本来优化生产要素、撬动生态收益、保护生态环境，使乡村生态资源价值向金融价值转变，提高其金融属性，实现绿色发展[43]。基于绿色金融的生态产品价值实现是生态产品价值实现取得系统性突破的关键，包括生态产品价值核算、产权明晰化、商品化及生态产品市场金融化四个发展阶段[42]。近年来，我国绿色金融助力乡村生态产品价值实现实践取得了显著成果，重庆、浙江丽水、广州花都等地的生态产品价值实现实践过程中绿色金融都发挥了重要作用。请结合第七章《生态文明与绿色发展》中关于农村绿色发展和生态产品价值的相关知识，查询相关资料，并总结国内绿色金融助力乡村生态产品价值实现实践的典型模式，每种模式举一种代表性案例。

3. 浙江省绿色金融助力"两山"转化实践案例分析

（1）难度：难。

（2）深入推进乡村振兴要善于利用农村的生态资源优势，提升乡村生态环境、发展乡村生态经济、弘扬乡村生态文化，坚持生态优先、绿色发展理念，推动现代农业发展和生态文明建设，让"绿水青山"变成"金山银山"，真正实现生态富民。"两山"理念最早萌发于浙江省，践行于浙江省，自"两山"理念诞生以来，浙江省不断推进生态文明建设，从生态省建设到生态浙江建设，再到美丽浙江建设，环境友好型和资源节约型的格局逐渐形成。2021 年年末浙江生态文明研究院的数据显示，浙江 49 个"两山"转化百强县名单中温州市 8 个、丽水市 7 个、金华市 6 个、台州市 5 个、衢州市 4 个、湖州市 3 个，共占浙江"两山"转化百强县总数的 67.35%，其转化路径模式主要有生态资源补偿机制模式、生态修复价值提升模式、生态资源产权交易模式。请搜集浙江省绿色金融助力"两山"转化实践的相关真实案例，包括但不限于金融支持模式、政策措施等内容。

文献报告评分标准见本书附录 A。

（二）情景模拟

根据实际情况，学生自由组成学习小组（每组人数以 3～4 人为佳），教师根据实际教学情况及学生水平，为学生拟定在课堂上路演的情景模拟主题，并提供相关的情景模拟场景描述，让学生根据所学知识以及主题要求自行完善情景模拟剧情，并尝试使用 PPT、简易道具等在课堂上进行情景模拟路演。情景模拟评分标准见附录 A。

1. 情景模拟主题一：A 村的乡村产业发展招商推介会

A 村位于永泰县同安镇西部，南接大樟溪，距离永泰县政府 40 千米，距离福州市区 93 千米，共有耕地面积 558 亩，农地面积 78 亩，山地面积 17 427 亩。A 村由矮洋、厂坪、顺坑、村头坪、看岩头、马岭六个自然村（居）组成，11 个村民小组，现有户籍人口 808 人，共计 274 户，约 70%村民在上海、江浙等地经商、创业，主要经营农特产品，村民收入主要来源于外出经商。A 村平均海拔在 600 米以上，常年温暖湿润，年降雨量 1540 毫米，气候宜人，日照充足，年平均气温 16.4℃。

A 村被评为国家森林村庄，发展森林旅游和康养度假旅游具有一定的优势，景点主要有游客驿站、茶韵体验休闲区、千柱峰泊云揽胜区、田园老家度假区、"岩画"研学区和森林景观涵养区。2022 年 5 月，A 村成立了集体（全员）股份经济合作社，形成一个让村民可以信任、可以参与、可以获益的新型集体经济组织。现 A 村召开项目招商会为该村公开征集产业融资和发展方案，请根据 A 村村主任陈主任对村里产业发展相关情况的回答，尝试用农村创业、共享农庄、农业众筹等金融服务相关知识，为 A 村乡村产业设计一套产业融资和发展方案。

提问：A 村目前乡村旅游已开发到什么程度了？

陈主任：早在 2017 年，40 多位村民就集资数百万元成立公司，开发千柱峰旅游资源。村里成立集体（全员）股份经济合作社后，以"党建+合作社"模式进行开发运营芹草村乡村旅游综合体，鼓励村民投工投劳，投资入股。项目计划总投资 1 亿元，目前已募集资金 5000 万元。千柱峰休闲步道暨茶园露营地项目成为合作社成立后第一个落地项目，也是芹草村乡村旅游综合体六大分区的重要组成部分。项目主要建设 600 米栈道连接千柱峰景区各主峰，并打造长度 80 米的网红桥，供游客拍照打卡。同时，还将改造面积约 280 亩的尖峰茶场，将其打造成具有地域特色的星空露营基地与休闲茶室。

提问：A 村发展产业有什么特色和优势？

陈主任：我村山地多、林地多、田地少，且田地较分散，成片土地更少，当前务农村民不足 20 人。因当前务农村民收入难以维持生活，故青壮年多数外出打工，村内留守人员多数为老年人，农田基本上处于荒废状态，亟须进行土地流转和鼓励专业农业公司入驻开发。村内当前主要农产品为李果、生姜、地瓜、柚子、葡萄酒等，产品比较单一，产量不高、销路不畅。其中，我村的葡萄酒口味比较独特，葡萄酒还另外加一定量白糖，口感比较适合年轻人口味。目前葡萄酒主要通过我村在上海等地的教育工会系统销售，年产量在一吨左右。随着未来酿酒葡萄种植规模扩大，产量将会大幅提高。我村许多村民在上海、杭州等地与当地教育工会系统业务较多，目前旅游度假已经有了一定的基础客户，度假旺季在春节和暑假。

提问：A村未来有什么产业发展规划？

陈主任：我村因海拔较高，森林覆盖率高，夏天气候凉爽，花期和瓜果成熟均比海拔低地区晚一个月左右，有较大的晚熟作物产业发展价值和林下中草药种植优势。我村产业发展构想主要是发挥高海拔和旅游资源优势，发展高山茶种植、酿酒葡萄种植和葡萄酒产业，拓展青梅、杨梅和其他瓜果和蔬菜种植，发展果蔬深加工产业，开展林下中草药种植和家禽养殖。一是高山茶产业项目。引进高山茶叶新品种，扩展茶叶种植面积。二是酿酒葡萄种植和葡萄酒产业。村里酿造的"油杉王"葡萄酒质量较好，口味甘甜，目前主要依托在外经商的村民渠道销往上海。口味甘甜的葡萄酒非常适合年轻人口味。未来我村可扩大酿酒葡萄种植规模，作为A村乡村旅游综合体的主打饮品，并依托在外经商的村民大力拓展销售渠道。三是其他瓜果和蔬菜种植产业。依托我村乡村旅游综合体规划的梅语林、百草园、有机蔬菜采摘园和千果园，扩大杨梅、青梅、猕猴桃和石橄榄种植面积，发展林下养殖，建设猕猴桃、青梅和杨梅酒制作果坊，进行猕猴桃、青梅和杨梅深加工。

2. 情景模拟主题二：W村的乡村产业发展商业模式及融资方案调研

W村位于尤溪县梅仙镇南部，距县城12千米，土地总面积10 079亩，耕地面积1741亩，森林面积6957亩。下辖1个自然村，11个村民小组、399户1845人。近年来，村内各项工作获得了镇党委、政府的肯定，2021年被评为"乡村振兴工作先进单位"，荣获2021年度完成责任目标优胜单位一等奖。

W村村内有省级保护单位"莲花堡"和县级保护单位苏维埃旧址。"莲花堡"建于清康熙三十四年（1695年），是尤溪县保存较为完好的土堡之一，也是尤溪县唯一一座带有护城河的土堡，有着悠久的历史和建筑景观。W村的光饼在尤溪县有较大知名度，用柴火烧制的光饼香脆可口，非常受中青年人群欢迎。W村以前为尤溪县重要的古码头，酿酒规模较大。W村大多数酒坊酿的酒口味绵长，至少需要封存1年，封存3年以上口味最佳。另外，W村还有50亩的高标准农业，可用于开发特色种植业。经考察，认为W村可重点发展古堡旅游、光饼小吃、酿酒体验和共享农业四个产业。根据张老师与W村村委陈书记对村里产业发展相关访谈，请用农村共享经济、农业众筹等金融服务相关知识，为A村乡村产业设计一套商业模式和融资方案。

陈书记："莲花堡"目前是粮仓旧址，我村计划开发"莲花堡"，深入发掘"莲花堡"文化内涵，并和梅仙区苏维埃政府和宗祠形成系列旅游景点。张老师，您认为怎么进行景点设计规划、商业模式和融资方案设计，引入工商资本进行合作开发？

张老师：我认为可重点发展古堡和宗祠宗族文化旅游。"莲花堡"内可建设为宗族文化和民俗博物馆，并在古堡院内开展光饼制作或竹编等特色农产品体验区。

陈书记：关于小吃和饮品，一是我村用柴火烧制的光饼极具特色，二是大多数酒坊酿的酒封存时间3年以上口味最佳。张老师，您认为光饼和酿酒产业开发适合用什么商业模式和融资方案设计，可有效增加村集体财政收入？

张老师：我认为光饼特色小吃要挖掘柴火烧制和口感特色，商业模式可设计制作体验区。酿酒产业要加强品牌建设，并稀释酒精的度数，商业模式也可以开展现场制作体验。同时，要充分利用封存时间特点，村集体可成立相关公司开展酒缸保管业务，利用区块链或二维码追踪技术进行酒缸所有权追踪,增加游客与我村的联络媒介,每次联系都是我村农产品销售和增加消费种类的好机会。

陈书记:我村 50 亩高标准农业已完成集体流转和统一开发,张老师,我村发展特色种植业适合用什么样的商业模式和融资方案设计?

张老师:耕地集中是我村的优势,我认为发展特色种植业可尝试共享土地、社区支持农业或农业众筹模式,如借鉴屏南县"我有一亩田"经验和 QQ 农场模式,分区域种植我村有种植基础的特色水果蔬菜。

二、实地实践

(一)实践内容

本次实地调研主题为晋江农商银行金融服务调研,调研内容主要有了解晋江农商银行"集地贷""福村贷""农房乐""农田贷""农地贷""农股贷"等系列金融产品运行情况,分别对银行工作人员和贷款农户进行访谈,访谈内容至少包括产品介绍与贷款流程、授信标准与注意事项、风险控制和授信分布情况、措施建议四个部分。

(二)实践要求

晋江市以全国农村综合改革试验区项目改革试点为契机,创新发展农地金融、农村集体经济组织股权质押融资等服务产品,多措并举积极盘活农村资产,赋能强村富民,填补共同富裕短板。晋江农商银行以县域农村土地改革试点为突破口,积极联合银行、保险等金融机构开展农村承包土地经营权和农民住房财产权抵押贷款试点,推出全省首个农村集体经营性建设用地使用权抵押贷款产品"集地贷"和农房抵押贷款"农房乐"项目,开发"福村贷""农房乐""农田贷""农地贷""农股贷"等系列产品,完善"特色要素+特色产品"体系,盘活农村资产资源,助推农村经营"新主体"发展。此外,还有信用船、渔业养殖贷、乡村振兴贷、地理标志质押贷、能源贷等,投放对象涉及东石的胡萝卜和紫菜产业、内坑的蔬菜产业、金井的鲍鱼产业、龙湖的花生产业、深沪的渔业、磁灶镇的陶瓷建材等农户及新型农业经营主体。晋江市县域金融市场竞争激烈,晋江农商行的差异化经营在乡村振兴金融服务许多领域都有极强的市场竞争力。

晋江市的县域金融发展和晋江农商行发展在福建省较具典型性,调查晋江农商行乡村金融服务运行情况有较强的借鉴意义。实践以小组调研形式开展调查,每个小组挑选一种金融产品,访谈银行工作人员和贷款农户,较为全面地了解金融产品开展情况、存在问题以及改进建议。其中,银行工作人员访谈内容至少包括授信注意事项、风险控制措施和对策建议三个部分,贷款农户主要调查贷款情况和意见反馈。每组每种金融产品至少调查 10 户贷款户,以保证调研内容丰富和所收集的数据多样。

(三)准备工作

1. 物品准备

出发前,准备生活用品、工作用品、记录设备等,参考本书附录 B。

2. 地点选择

实践目的地的选择应该与"农村信贷与农业农村投资"高度贴合，并充分考虑地点的安全性、代表性等原则，以确保本次实践能够高效、顺利、安全地进行。

3. 人员分工

教学班按照实际情况，对参与实践的学生进行分组，每组学生需要自行拟定分工，分工应具体包括农村信贷的发展现状、发展成效、存在的问题等部分，并形成书面材料提交至教师处，分工的执行情况将会纳入课程考核。参与实践的教师根据教学班学生的总数进行确定，教师负责实地授课、团队决策及重大事件审批和处理、学生安全等。

4. 实践成果

每组选取"集地贷""福村贷""农房乐""农田贷""农地贷""农股贷"等系列产品中的至少一种贷款产品进行调研，并形成3000字以上的实践报告。实践报告包括产品介绍与贷款流程、授信标准与注意事项、风险控制和授信分布情况、完善建议四个部分，每个部分要求用调查问卷统计结果说明。

（四）实践成效

实践成效主要是通过对业务创新效果显著和经营管理良好的晋江农商行的实地调查，让学生深刻理解农信社在乡村振兴金融服务中的作用、农村信贷产品创新逻辑和农商行发展战略。

知识成效：主要通过带领学生实地调研，让学生了解农村普惠金融、微型金融和产业链金融相关知识，通过各地成功案例，熟练掌握工商资本投资农业和农户创业相关知识，能够分析工商资本投资农业现象，用农业新商业模式和农业新业态解决实际问题。

能力成效：本次实地实践旨在提高学生理论联系实践、收集信息、独立思考、沟通协调和解决现实问题等能力。

成果成效：本次所提交的实践报告包含了学生对农行长汀支行乡村振兴金融服务、寿宁农信社"背包银行"、古田县民富中心实践和龙岩市供销社信用合作社的成果案例的调研、问卷调查分析。该报告中的文字内容可以帮助合作社、村民对农村金融进一步了解，促进农民群众的金融意识，有助于改善农村金融环境，繁荣农村金融市场。

本章参考文献

[1] 宋凌峰，马莹，肖雅慧. 农业生产波动视角下农业信贷、保险对农业经济的协同效果研究[J]. 华中农业大学学报（社会科学版），2023（2）：34-45.

[2] 陈晓洁，何广文. 小农户衔接现代农业有助于提升其正规信贷可获得性吗——基于2019年欠发达地区农村普惠金融调查数据[J]. 中国农业大学学报，2023，28（5）：270-286.

[3] 陈林. "三位一体"合作经济的金融构造：商业银行嫁接信用合作机制[J]. 农村金融研究，2022（3）：21-31.

[4] 张倩，牛荣. "小额信贷+产业链"：小农户衔接现代农业的新路径——宁夏"盐池模式"的实践经验[J]. 西安财经大学学报，2021，34（3）：92-101.

[5] 杨林，邹江. 绿色金融助推乡村振兴的内在机理与逻辑框架. 西南金融，2019（5）：39-47.

[6] 刘西川，江如梦. 小农户抵押担保融合贷款模式创新：机理与条件——基于3个反担保贷款案例[J]. 中国农村经济，2023（6）：114-138.

[7] 米运生，戴文浪，罗必良. 金融联结的理论机理与实践绩效：文献梳理的视角[J]. 金融理论与实践，2011（7）：99-103.

[8] 毛世平，张琳，何龙娟，等. 我国农业农村投资状况及未来投资重点领域分析[J]. 农业经济问题，2021（7）：47-56.

[9] 周振. 工商资本参与乡村振兴"跑路烂尾"之谜：基于要素配置的研究视角[J]. 中国农村观察，2020（2）：34-46.

[10] 周娟，万琳. 乡村振兴背景下新生代返乡农民创业及其对农业转型的影响[J]. 中国青年研究，2023（5）：87-94.

[11] 田杰，殷玲燕，靳景玉. 质量信号、投资人参与、项目经济性对农产品众筹融资达成率的影响——基于众筹网884个农业众筹项目的数据[J]. 财经理论与实践，2020，41（1）：17-25.

[12] 周飞跃，孙浩博. 我国社区支持农业（CSA）信任机制构建研究[J]. 农业技术经济，2020（5）：32-44.

[13] 许寅硕，薛涛. 基于绿色金融的生态产品价值实现机制[J]. 济南大学学报（社会科学版），2023，33（1）：101-112.

[14] 董小君，完颜通. 供应链金融服务乡村产业振兴的机制、模式与路径研究[J]. 中州学刊，2022（11）：56-62+2.

[15] 吴平，祝瑗穗. 乡村振兴背景下绿色金融助力生态产品价值实现的路径研究[J]. 农村金融研究，2022（3）：53-62.

[16] 吕进中. 基于农民专业合作社的农村普惠金融创新实践与思考. 福建金融，2017（5）：4-10.

[17] 农业银行福建省分行：践行"为民初心"打造普惠金融服务新样本[EB/OL]. （2022-12-19）[2023-09-10]. http://finance.china.com.cn/roll/20221219/5916975.shtml.

[18] 龚雯. 中国农业银行福建省分行："惠农e贷"助力老区乡村振兴[EB/OL]. （2022-12-20）[2023-09-10]. https://www.cnr.cn/fj/jrdc/20221220/t20221220_526100218.shtml.

[19] 黄迈，马九杰. 农户网络贷款服务模式及其创新发展[J]. 改革，2019（3）：97-105.

[20] 吴通华. 寿宁农信联社打通金融扶贫"最后一公里"[N/OL]. 闽东日报，2017-08-03[2023-09-10]. http://www.snxww.gov.cn/2017/08/03/content_47553.htm.

[21] 叶中华. 古田民富中心：树品牌、拓市场、促民富[EB/OL]. 中国城市报，2019-01-03[2023-09-10]. http://country.people.com.cn/n1/2019/0103/c419842-30501490.html.

[22] 牛震，郑晶晶. 小银耳为小农户撑起致富伞——福建古田县食用菌产业发展纪实[EB/OL]. [2023-09-10]. http://journal.crnews.net/ncgztxcs/2021/dsbq/yxlf/936503_20210928100250.html.

[23] 计慧，白琦瑛. 传承闽西红色基因 挑起为农服务"金扁担"[EB/OL]. 中华合作时报，2021-04-20[2023-09-10]. https://www.chinacoop.gov.cn/news.html?aid=1707865.

[24] 王鹏梁，张晶晶."供销合作社+银行"小额贷款模式研究——以福建龙岩市供销合作社为例[J]. 中国合作经济，2020（10）：33-38.

[25] 联想的"农业梦"，破灭了？[EB/OL].（2023-03-25）[2023-09-10]. https://finance.sina.com.cn/jjxw/2023-03-25/doc-imynatnz9359257.shtml.

[26] 中国人民银行达州市中心支行课题组，侯丰荣. 四川省工商资本投资农业的运作模式及发展路径研究[J]. 西南金融，2018（7）：67-76.

[27] 杨万森. 金融创新支持农业供给侧结构性改革研究——以蒲江县联想佳沃为例[J]. 西南金融，2017（6）：54-59.

第十一章 城乡融合与共同富裕

第一节 导 论

一、背景知识

城市与乡村构成了人类两大聚落形态，是人类生产生活的两大场所。毛泽东（1992）指出："一个国家就两块——一曰城市，一曰乡村。"[1]在不同时期，城市与乡村之间地位和功能不同，相互之间的关系表现形式不一。列宁（1972）指出："城市是经济、政治和人民精神生活的中心，是前进的主要动力。"[2]总的来说，城市是以非农生产和非农人口集聚而形成的国家政治、经济、文化、交通等中心，是生产生活发展，特别是现代化的必然结果和标志之一[3]。与之相对应的乡村则是以农业人口为主、从事农业生产的地域综合体。随着社会的发展，城市的发展质量愈发与速度不相匹配，主要表现为"空间城市化"明显快于"人口城市化"，城市空间布局不合理，人口市民化进程滞后，导致一系列现代社会问题，如城乡差距拉大、生态环境破坏、社会阶层固化等。乡村振兴和新型城镇化战略的提出，是彻底改变城乡关系不平衡、破解城乡二元结构的根本性措施。因此，要实现城市与乡村共建共赢，就必须把两大战略协调起来发展[4]。

陈丽莎、康永征（2018）、卓玛草（2019）指出，新型城镇化和乡村振兴之间存在相互依靠、密不可分、相辅相成和缺一不可的关系[5,6,7]。新时代城市的发展离不开乡村振兴，城乡最终能实现平等和谐，其前提是必须坚持走城乡融合发展道路。新型城镇化自身的优势可以向农村延伸，同时引导生产资料、生产要素等资源配置有效向农村流动，以弥补农村发展在当今社会中面临的不足，从而促使乡村快速发展；在新型城镇化进程中，常常会产生"大城市病"和环境恶化问题，而乡村振兴则为妥善解决此类问题提供了可行性思路。

陈坤秋（2019）指出，城乡融合强调城市与乡村的互动发展与共同发展，通过推动城乡之间各种生产要素的自由流动与平等交换，以实现要素回报趋同，进而形成工农互促、城乡互补、全面融合和共同繁荣的新型城乡关系[8]。党的十六大报告中提出统筹城乡发展战略思想，位于5个统筹的首位，核心是要解决城乡收入差距加大、城乡之间发展不平衡、城乡居民享受公共服务不均等问题。2007年，党的十七大报告提出"统筹城乡发展，推进社会主义新农村建设"，加强农业基础地位，走中国特色农业现代化道路，建立以工促农、以城带乡的长效机制，形成城乡经济社会发展一体化的新格局。2012年11月，党的十八大报告明确提出"推动城乡发展一体化"，形成以城带乡、城乡一体的新型城乡关系，政策重心依然侧重于城市，以城市带动乡村发展。2015 年，习近平总书记指出，要把工业和农业、城市和乡村作为一个整体统筹谋划，促进城乡在规划布局、要素配置、产业发展、公共服务和生态保护等方面相互融合和共同发展。2017 年 10 月，党的十九大提出实施乡村振兴战略，首次提出"建立健全城乡融合发展体制机制和政策体系"。十九届四中全会通过的《中共中央关于坚持和完善中国特色社会主义制度　推进国家治理体系和治理能力现代化若干重大问题的决定》继承和深化了这一思想。从"统筹城乡发展"到"城乡发展一体化"再到"城乡融合发展"，既反映了中央政策的一脉相承，又充分体现了对城乡关系认识的不断深化[9]。《中华人民共和国国民经济和社会发展第十四个五年规划和 2035 年远景目标纲要》中明确指出要将"三农"问题作为全党工作重中之重，全面实施乡村振兴战略，强化以工补农、以城带乡，进而实现共同富裕。党的二十大报告明确提出"全面推进乡村振兴。坚持农业农村优先发展，坚持城乡融合发展，畅通城乡要素流动。促进区域协调发展。深入实施区域协调发展战略、区域重大战略、主体功能区战略、新型城镇化战略"。中共中央、国务院发布的 2023 年中央一号文件提出，要"加速工农互动、城乡互补、协调发展、共同繁荣"，把城乡关系放在一个平等的层次上来研究，是我国经济社会发展客观规律的反映和城乡融合发展的体现[10]。城市和乡村的劳动力、资金、技术等相关要素进行融合，达到经济协调、文化繁荣、技术共享、生态文明的和谐状态。季学凤（2023）指出，共同富裕是当前我国正在实践的紧迫课题，也是循序渐进动态发展的过程。实现全体人民共同富裕，最繁重、最艰巨的任务仍然在农村[11]，需以城乡融合发展为核心抓手。孔祥智和谢东东（2022）证实，城乡融合发展可有效解决农村相对贫困和农民增收问题，缩小城乡收入差距，加快推动共同富裕进程[12]。魏后凯（2020）指出共同富裕是社会主义的本质要求，乡村振兴是实现全体人民共同富裕的必然选择[13]。城乡融合对促进共同富裕具有重要意义。城市和农村是相互依存、相互支持的关系，城乡融合发展可以促进城市和农村之间的经济互补，实现资源共享、优势互补，促进农村产业升级、农民增收致富，提高农村居民的生活水平，推动城乡经济协调发展。城乡融合发展的过程中，城市和农村之间的人口流动和资源流动会推动城市化进程，还能促进城市和农村之间的交流和融合，增强城乡之间的互信和理解，促进社会和谐稳定。

二、学习重点

本章总结了城乡融合前沿学术文献中的主要内容，概述了中国城乡融合的现状、影响因素，并说明了城乡融合发展与共同富裕之间的关系及其重要性和意义，本章学习要求如下：

（1）理解新型城镇化、城乡关系等专有名词。

（2）掌握城乡一体化理论、芒福德的区域城市理论、道格拉斯的区域网络模型等经典理论，并且能够运用这些理论解释相关社会现象。

（3）能够剖析章节中的案例并理解其中包含的优秀经验或对策建议。

（4）能够将以上所学知识熟练运用到课堂实训与具体实践中。

第二节 理 论 知 识

一、名词解释

1. 城市

城市是社会生产力发展的产物,一般是指一个相对永久性的、高度组织起来的非农人口聚居地,以非农产业为主。城在古代是围墙,用以保障安全,市是进行市场交易的地方。它的概念与农村(乡村)相对,是乡镇发展的更高层次,是人类通过改造自然的方式对自然界进行改造并且成为改造最集中的地方,是政治、经济和文化的中心,是一个复杂动态的社会有机体[14],其中有居民区、街道、医院、学校、公共绿地、写字楼、商业卖场、广场、公园等公共设施。

2. 乡村

乡村亦可称为农村,是与城市和城镇相对的一个概念,是农业生产及人口集中所在的居民聚落,乡村包含"乡"和"村",在历史上的概念截然不同。"乡,国离邑民所封乡也"中的乡指的是一种行政区划设置,发挥对管辖区域内的居民和事务组织管理的职能。"乡"在《辞海》中表示为:"中国最低一级政权单位,县以下的农村行政区域单位或是泛指城市以外的地区。""村"在《辞海》中的含义为:"中国农村中的居民点,多由一个家族聚居而自然形成。"《现代汉语词典》中的"乡村"阐释为:"主要从事农业、人口分布较城镇分散的地方。"[3]

3. 城乡关系

城乡关系是一个多维的概念,具体表现为经济、政治、社会、生态等方面的关系。其中最根本的表现是经济关系,城乡经济关系作用于整个城乡关系,在一定程度上决定了其整体发展走向[14]。城乡关系是指一定社会经济条件下城市和乡村之间相互作用、相互影响、相互制约的普遍联系与互动共生关系。

4. 城乡融合

城乡融合是指城市和农村地区经济和社会的一体化发展,是将城市和农村在社会发展战略中当作一个整体,使城市和农村和谐、繁荣发展,城市和农村的差异逐渐减小直至消失,最终成为一个整体的过程,是城乡关系随着社会不断发展进步而出现的新阶段,是人类社会发展的必然现象。以生产力提升为手段改变城乡居民生产、生活、居住方式,是城市和乡村的劳动力、资金、技术等相关要素进行融合,达到的一种经济协调、文化繁荣、技术共享、生态文明的和谐状态[15]。

5. 城乡融合发展

城乡融合发展的本质是融合城市和乡村发展方式的优点而避免两者的缺点和不足[16],以城乡生产要素双向自由流动和公共资源合理配置为重点,以工补农、以城带乡,统筹推进城乡基本公共服务普惠共享、城乡基础设施一体发展、城乡产业协同发展、农民收入持续增长，形成工农互促、城乡互补、协调发展、共同繁荣的新型工农城乡关系，加快农业农村现代化和乡村振兴[17]。

6. 共同富裕

共同富裕是中国特色社会主义的价值追求，是新发展阶段我国的奋斗目标。共同富裕既强调"共同"又强调"富裕"，强调全社会的物质、精神财富能够充分地满足全体劳动者的物质文化需要，即能够在发展中实现社会财富"蛋糕"的最大化。"共同"意味着"公平"，"共同"的主体指的是全体人民，要保证所有人能够机会均等地享有极大的社会物质和精神财富，即能够做到公平公正地分好社会财富"蛋糕"。"富裕"和"共同"也可以理解为"发展"与"共享"，既追求经济稳定增长，人民群众物质和精神双富裕的发展性，也追求人民公平享有共同致富的共享性[18]。

7. 城乡一体化

城乡一体化是城乡之间通过资源和生产要素的自由流动、相互协作、优势互补、以城带乡、以乡促城，实现城乡经济、社会、文化持续协调发展的过程，在经济层面上，是资源、资金、技术在城乡地域空间的有序流动与优化组合；在社会层面上，是为城乡创造公平的发展环境和生存空间；在生态层面上，是建立城乡共有、共建的城乡生态系统；在文化层面上，是把乡土观念和现代城市文明有机结合起来，促进城乡社会全面发展。它是我国城市化战略的重要步骤[19]。

8. 城乡统筹

城乡统筹是指把城镇和农村的经济社会发展作为整体统一筹划，对各种资源进行统筹配置，把城乡存在的问题综合起来解决。它的关键是转变二元社会经济结构，从而实现城乡一体化。城乡统筹本质上是国家配置资源的一种政策机制，是政府的一种宏观调控手段。我国的城乡统筹就是建立一种城乡协调互助的政策机制，使城镇和农村能够有达成共识的目标利益，并且尽可能公平地分享这个利益，也保证这些做法的持续有效规范[14]。城乡协调发展则是将城乡之间的发展视作统筹发展，并形成区域发展的整体，让城市与乡村的生产要素以效率最大化的状态不断地流动流通，以此提高城乡地区的发展效率，使要素配置与资源效率更为合理高效，缩小差距，实现城乡协调发展[15]。城乡协调发展包括城乡在自然、经济、社会以及生产、生活等多方面的协调发展，是当今实施乡村振兴战略的重要组成部分，是改变城乡二元结构的必然要求[16]。

9. 城乡经济二元结构

城乡经济二元结构是指城市经济和农村经济并存的一种经济结构，其中城市经济主要以社会化生产为主要特征，农村经济则以小农生产为主要特征。我国存在着显著的城乡二元经济结构，在城市，交通、通信以及教育、医疗等基础设施发展较快，而农村相应的基础设施发展较为落后，由此带来城乡经济发展的不平衡以及城乡居民收入和消费水平之间的差距[17]。

10. 乡村振兴

乡村振兴是指通过加强农业现代化、发展乡村产业、提高农民收入、改善农村社会事业等一系列措施，促进农村地区的经济社会全面发展的战略。乡村振兴是我国政府近年来高度重视的一个领域，旨在打破城市与农村的二元经济结构，促进城乡协调发展。乡村振兴战略的目标包括：实现城乡经济、社会、生态一体化；优化农村产业结构和城乡空间结构；加强农村基础设施建设和公共服务体系建设；提高农民收入和安居乐业水平；保护农村生态环境和特色文化。

11. 城市化

城市化是指随着一个国家或地区社会生产力发展、科学技术进步以及产业结构调整，其社会由以农业为主的传统乡村型社会逐渐向以工业（第二产业）和服务业（第三产业）等非农产业为主的现代城市型社会转变的历史过程，也是人口集中、地域转换、生产生活方式更新的过程。城市化不仅仅表现在人口、地域的城市化，而且表现在生产方式和生活方式的城市化。当然，这种转型和转变是综合性的、整体性的、全方位的，是涵盖经济、政治、文化、社会、人口以及空间结构等各方面的过程[20]。

12. 县域经济

县域经济是城市经济与农村经济的结合点，在城乡产业互联互动、城乡经济结构合理布局、城乡资源要素自由流动、新型城镇化发展等方面都扮演着极为重要的角色，县域经济发展是加快城乡融合的重要驱动力和助推器，是城乡融合的基础和条件，也是城乡融合发展的有力支撑[21]。

13. 逆城市化

这是美国地理学家波恩在1976年提出的概念，是指由于交通拥挤、污染严重等城市问题的压力日渐增大，城市人口开始向郊区乃至农村流动，在那里形成一个绿色的生态环境。"逆城市化"的概念是指城市化后期，"城市病"下城市人口向郊区、农村流动。换言之，"逆城市化"是城市化发展较高阶段的产物，隐含了工作地和居住地分离的特征[22]。

14. 区域

区域指一个地区各种区域要素的相对位置关系和空间分布形式，主要特征有：区域具有一定的界线，区域内部表现出明显的相似性和连续性，区域之间则具有显著的差异性，区域具有一定的优势、特色和功能，区域之间是相互联系的，一个区域的发展变化会影响周边和相关的地区。

二、重要概念

（一）新型城镇化

新型城镇化是一种与新型工业化相应的城镇发展战略，它是传统城镇化的延伸，是以传统城镇化为基础，对其进行完善和发展的结果。新型城镇化不仅是传统城镇化在观念上的"新"，也是城镇建设过程中的技术手段、体系机制、发展理念上的"新"[23]。其主要特征如下：一是建立新型的城镇生态学理念，重视可持续发展，建设环境友好、绿化、生态的城镇；二是突出城市特点，既有城市建筑风格，有城市文化，也有工业结构，更有城市特色；三是强调城市效益，提高资源分配的效率，建立一个资源节约型的社会；四是坚持城乡统筹发展思想，促进城乡经济和社会的和谐发展，促进城乡融合；五是以改善城镇空间结构为重点，关注生产、生态和生活的和谐发展[24]。

（二）城乡治理

城乡治理全称为"城市和乡村治理"，指在城市和乡村中多元利益主体积极参与，通过谈判、协调等方式达成共同目标、实现协同发展的过程。张诗雨（2015）从广义的角度上指出城乡治理是一种城市地域空间治理的概念，为了谋求城市经济社会、生态等方面的可持续发展，对城市中的资本、土地、劳动力、技术、信息、知识等生产要素进行整合，实现整体地域的协调发展。狭义的城市治理是指城市范围内政府、私营部门、非营利组织作为三种主要的组织形态组成相互依赖的多主体治理网络，在平等的基础上按照参与、沟通、协商、合作的治理原则，在解决城市公共问题、提供城市公共服务、增进城市公共利益的过程中相互合作的利益整合过程[25]。

（三）区域网络模型

道格拉斯根据传统发展理论发现城乡分离未能解决发展中国家广泛存在的贫困问题，提出城乡相互作用和相互依赖的"区域网络模型"。城乡通过人流、信息流和资金流等进行相互作用，城乡相互作用存在多样性和复杂性，所以无须在每个区域以大城市作为区域增长中心，而是每个区域都应有自身的内部关联和特征，最终形成网络化发展态势[26]。乡村的结构变化和发展通过一系列"流"与城市的功能和作用相联系并划分了五种"流"，即人、生产、商品、资金和信息，每一种都有多重成分和效果，它们还体现出不同的空间联系模式和多样的利益趋向特点。为确保均衡发展目标的实现，"流"必须导向一种"城乡联系的良性循环"。"网络"概念是基于许多聚落的簇群，每一个都有它自己的特征和地方化的内部关联，而不是努力为一个巨大的地区选定单个的大城市作为综合性中心[27]。

（四）人地关系地域系统

人地关系地域系统是地理学研究核心理论，吴传钧（1991）认为人地关系地域系统是以地球表层一定地域为基础的人地关系系统，是由人类社会和地理环境两个子系统在特定的地域中交错构成的一种动态结构。由于人类的某些不合理活动，人类社会和地理环境之间、地理环境各构成要素之间、人类活动各组成部分之间出现了不平衡发展和不调和趋势。要协调人地关系，首先要谋求人和地两个系统各组成要素之间在结构和功能联系上保持相对平衡，这是维持整个世界相对平衡的基础；保证地理环境对人类活动的可容忍度，使人与地能够持续共存。协调的目的不仅在于使人地关系的几个组成要素形成有比例的组合，关键还在于达到一种理想的组合，即优化状态。人地关系地域系统的主要研究内容包括：人地关系地域系统的形成过程、结构特点和发展趋向的理论研究；人地系统中各子系统相互作用强度的分析、潜力估算、后效评价和风险分析；人与地两大系统间相互作用和物质、能量传递与转换的机理、功能、结构和整体调控的途径与对策；地域的人口承载力分析，关键是预测粮食增产的幅度；一定地域人地系统的动态仿真模型。根据系统内各要素相互作用的结构和潜力，预测特定的地域系统的演变趋势；人地相关系统的地域分异规律和地域类型分析；不同层次、不同尺度的各种类型地区人地关系协调发展的优化调控模型，即区域开发的多目标、多属性优化模型[28]。

三、经典理论

（一）城乡一体化理论

城乡一体化是指通过建立城乡融合的体制机制，形成以工促农、以城带乡、工农互惠、城乡一体的新型工农城乡关系，促进城乡经济社会全面协调可持续发展的过程，其目标是逐步实现城乡居民基本权益平等化、城乡公共服务均等化、城乡居民收入均衡化、城乡要素配置合理化和城乡产业发展融合化。城乡一体化是中国现代化和城市化发展的一个新阶段，就是要把工业与农业、城市与乡村、城镇居民与农村村民作为一个整体，统筹谋划、综合研究，通过体制改革和政策调整，促进城乡在规划建设、产业发展、市场信息、政策措施、生态环境保护、社会事业发展等方面的一体化，改变长期形成的城乡二元经济结构，实现城乡在政策上的平等、产业发展上的互补、国民待遇上的一致，让农民享受到与城镇居民同样的文明和实惠，使整个城乡经济社会全面、协调、可持续发展。这个理论最早萌芽于西方的托马斯·莫尔，其在著作《乌托邦》中提出"城乡一体化"的构建。1902年，霍华德在《明日的田园城市》一书中最早提出城乡一体化的思想。城市一体化指的是一种既非城市又非农村，但又既是城市又是农村的各种城乡构成要素在一定地域空间高度混合而形成的特殊空间结构与形态。城乡一体化区域在城市化作用下逐步形成和演变，并随着社会经济的变迁而改变。它是基于政府产业转移政策引导下中心城市的工业向外扩散而形成的，同时也是靠政府支持乡村地区非农产业的发展从而实现城镇化而逐步形成的，它可以实现城市和乡村之间的经济交流，通过生产力的合理分工实现城乡协调发展，以此确保整个城市的经济发展的协调性。通过完善的制度体系，达到城市和乡村地区在生态、经济各个方面平衡的最高目标[29]。

（二）芒福德的区域城市理论

张延曼（2020）指出芒福德的区域城市继承了霍华德的田园城市的基本内容和基本思路，又在某些方面超越了田园城市构想。芒福德反对过度市郊化，同时进一步认为为了使城市人口有限度地外迁，郊区应当远离公路，远离车站、铁路，以维持郊区的人口规模。反对密集分布，倡导一种邻里社区，即住宅区不过度分散，同时又把家庭和学校日常所需的全部设施置于步行距离之内，把运送与邻里无关的人和货物的繁忙交通干道置于邻里步行区之外。区域城市的思想最终成为芒福德解决郊区问题的一种方案。区域城市以强调城市与区域的平衡发展为宗旨。重视小城镇对于社会生活的作用，以人类文明生存的高度来看待现代城市，以寻求大城市问题的解决方法，希望跳出传统的思维模式，不再局限于大城市本身来思考问题，而是将大城市置于一种新的区域格局之中来考察。虽然"区域"是一个地理学概念，但芒福德把"区域"作为城市赖以生存的环境而引入，延伸了"区域"本身的含义。他认为"区域"作为一个独立的地理单元是既定的，而作为一个独立的文化单元，人们可以在其中体现自己的愿望和意图，这样，"区域"也就自然地成为一种"人文区域"，一种包含了地理、经济和文化要素的综合体。城市必须与周边自然环境和社会经济环境建立联系，并在供求上保持平衡，才能获得持续发展。芒福德是区域规划的重要实践者，他把"区域主义"与城市结合起来，并继承了格迪斯的有机体观念，即有机体为了维持自身的生命形态，就必须不断更新自己，与周围的环境建立积极的联系，即使是最不活动的和处于休眠状态的生命也必须吸取能量以维持自身的平衡。芒福德认为生态城市离不开周边区域的支撑，而周边区域又需要城市在技术、文化等方面提供支持。因此，城市与周边地区的关系是相互支撑、相互依存、长短互补的唇齿关系。从生态学上说，城市与乡村是一个整体，谁也离不开谁。如果其中一个能独立生存，那么一定是乡村，而不是城市。芒福德对于城乡一体化、城乡相互依存的状态大加赞赏，而对城市脱离农村的孤立发展持否定态度。"区域城市"就是融入于自然环境之中的城市[18]。

（三）格迪斯的城市演变理论

贡瀛翰（2015）通过归纳格迪斯观点，指出城市的进化有赖于能源、技术、人工环境与自然环境之间关系的变革，这种变革既包括观念层面的更新，也包括技术、能源层面的更新，而"优托邦"并不是西方"乌托邦"思潮中的不可实现之地，而是像丹佛姆林那样的"有机整体"。该理论从"能源—城市"共生的角度，分析了人工环境与自然环境之间的互动，既阐明了工业城市兴起并迅速扩大的决定性因素，也追溯了工业城市环境问题产生的根源和潜在隐患。城市不只是一个人为的建造物，而人类和城市也不是互相割裂的主体，能源、城市（人工环境）、人类社会、环境（自然环境）四个要素之间更彼此影响、互相关联。他在于1915年出版的《进化中的城市》一书，系统地阐述了有关城市研究和城市规划活动的主要思想和观点。《进化中的城市》将生态学原理应用于城市卫生、环境、市政等综合规划研究中，强调依据自然的潜力与约束来制订与之相协调的城市规划方案，建议用有机联系和时空统一的观点理解城市，提出"生态区域"概念，并用"流域分区图"阐释。书中反对组合城市无限扩张，认为城市发展应当考虑与周围环境的协调，城市与乡村、城市与城市之间形成相互依赖、相互促进的关系。格迪斯从进化论视角系统分析了城市发展进程。格迪斯城市观中所体现的"生物中心"已经不再局限于从人类社会内部的视角去追求人的幸福生活，而是从人与自然、城市与环境之生态共同体的角度去寻求共同的发展[30]。

第三节 案 例 剖 析

一、遂宁市安居区"海龙凯歌"项目[31]

（一）基本情况

安居区位于四川盆地中部，涪江中游，遂宁市西南方，距遂宁城区23千米，辖区面积1258.2平方千米；东接遂宁市船山区、北靠遂宁市大英县、西邻资阳市乐至县、南连资阳市安岳县和重庆市潼南区，东西长45千米，南北宽28千米，处于成渝经济区的交界和成渝经济圈的腹心地带。该区属于亚热带季风气候，气候温和，四季分明，无霜期长，热量充足，雨量充沛，湿度大，云雾多。琼江贯穿安居区全境，安居区地处川中丘陵腹地，地质构造简单，褶皱平缓，地貌类型单一，以石灰岩为主，上部以紫红色沙土、泥岩为主，似为"红土地"。安居区内风景优美，有跑马滩卧佛院风景区、麻子滩水库、平宁国有林三处自然景观，毗卢寺一处名胜古迹。民俗以龙灯舞、打围鼓为主[32]。

根据 2022 年统计年鉴数据，年末全区土地面积 1258 平方千米，其中建成区面积 16.78 平方千米，建成区绿化覆盖面积 5.23 平方千米，建成区居住人口 9.88 万人。年末常住人口 42.0 万人，其中城镇人口 14.12 万人，乡村人口 27.88 万人。常住人口城镇化率 33.62%。实现地区生产总值（GDP）236.55 亿元，按可比价格计算，比 2021 年增长 4.7%。其中，第一产业增加值 46.84 亿元，同比增长 4.4%；第二产业增加值 119.90 亿元，增长 6.4%；第三产业增加值 69.82 亿元，增长 2.4%。全年实现农林牧渔业总产值 85.02 亿元，其中农业总产值 43.54 亿元，林业总产值 3.46 亿元，牧业总产值 32.77 亿元，渔业总产值 3.43 亿元。全年农作物播种面积 10.86 万公顷，其中粮食作物播种面积 7.84 万公顷，经济作物播种面积 3.01 万公顷，全年粮食产量 40.09 万吨，水稻产量 13.16 万吨。全年完成当年造林面积 1140 公顷，全区森林面积达 39 759 公顷，森林覆盖率 31.6%。年末全区有各级各类学校 115 所，在校学生 5.9 万人，专任教师 0.47 万人。其中有小学 37 所，招生 0.35 万人，在校生 248 万人；普通中学 25 所，招生 0.77 万人，在校生 2.32 万人；中等职业教育学校 1 所，招生 0.09 万人，在校生 0.23 万人。年末全区公路总里程达到 2941 千米，等级公路 2922 千米，其中高速公路 79.0 千米。公交车线路 13 条，公交营运汽车 71 辆，年末实有出租车 16 辆，全年实现公路客运周转量 5372 万人，千米比 2021 年减少 35.1%；货运周转量 75 605 万吨千米，比 2021 年增长 3.9%，年末有邮政支局（所）27 所，全年实现邮政业务总量 1.37 亿元，增长 19.9%[32]。

（二）案例背景

"海龙凯歌"项目是遂宁市乡村振兴重点项目，拥有独特的历史文化资源。园区所在的安居区海龙村被誉为"中国沼气能源革命第一村"，因此，当地依托沼气这一特色资源打造了许多体验项目。"海龙凯歌"通过壮大"研学、田作、农创、拾趣"四条精品凯歌旅游线路，串联起"共富、创艺、智慧、乡贤、荷趣、山居、湖畔"七处农文旅融合体验景点。安居区乡村振兴局局长杨锋介绍，项目以安居区常理镇海龙村为核心，将常理镇铜钱村、双古井村、常乐村、万福村和横山镇龙翔村、鸡叫山村"2 镇 7 村"作为实施区域，按照"大地景观化、庭院果蔬化、农村田园化、产业特色化、城乡一体化"要求，围绕"沼气文化"一个内核，打造内外两条旅游环线，构建"稻香凯歌、荷香凯歌、果香凯歌"三大片区。

（三）做法成效

自 2022 年 4 月 29 日精彩开园以来，海龙村共接待游客 102.4 万余人次，创旅游综合性收入约 7168 万元，先后荣获"全国乡村治理示范村""全国乡村旅游重点村""中国美丽休闲乡村"等省市品牌 30 余个，在"美丽乡村全面振兴"对标竞进行动中因成效显著获得市委市政府联合通报表扬，"中国沼气能源革命第一村"——海龙村精品示范打造成势见效。通过"集体出资建设+村民持地入股+收益按比分红"的综合发展方式，让村民不仅能参与集体经济分红，还可以在园区内务工。数据显示，2022 年村集体经济收入达到 280 万元，人均可支配收入达到了 3 万元，群众人均增收 6000 余元。

（四）经验推广

稳固"农业底盘"，壮大园区融合发展。稳固农业"底盘"的同时，深挖园区沼气资源，修复沼气池 13 口，打造系列"沼气文化"IP 和餐饮；同时启动"幸福乡村"建设，打造凯歌栈道、海龙桥、星空营地、自然野趣点等点位，定位于自身优势，以研学基地、农事体验等活动吸引游客，打造农文旅融合发展新名片。

（五）思考探索

分析"海龙凯歌"项目成功的原因。

二、灞桥区电商带农益农案例[33]

（一）基本情况

灞桥位于西安主城区东部，自古为关中交通要冲、长安东出通衢。春秋时期，秦穆公称霸西戎，改滋水为灞水，并建桥以图东进，故称"灞桥"。区域总面积 324.5 平方千米，常住人口 102.9 万（自管区常住人口 59.9 万），辖 9 个街道（其中 2 个街道自 2016 年 7 月移交西安国际港务区托管）、75 个社区、76 个行政村。属暖温带半湿润大陆性季风气候，四季分明。冬季前冬偏冷后冬偏暖、少雨雪。灞桥区的水资源主要是大气降水、地下水和浐河、灞河、渭河过境客水。灞桥区地形地貌复杂，东有骊山丘陵，南有狄寨台塬，浐河、灞河和渭河三河穿境而过。地势东南高、西北低，呈梯形倾斜。高低悬殊，境内最高点洪庆街道栗沟村海拔 1241.7 米，最低点新合街道南郑村海拔 358.9 米，相对高差 882.8 米。地貌以渭河冲积平原为主，川、原、山、坡俱全，可划分为北部渭河冲积平原区、东部低山丘陵区和东南部台原区三个类型。有半坡遗址、灞桥遗址、老牛坡遗址、白鹿原白鹿仓景区、鲸鱼沟竹海风景区等著名景区[34]。

2022 年年末常住人口 105.23 万人，出生率为 8.28‰；死亡率为 7.58‰；自然增长率为 0.7‰。全区城镇化率为 98.12%。全区全体居民人均可支配收入 45 874 元，较 2021 年增长 4.3%，其中，城镇常住居民人均可支配收入 47 114 元，增长 3.8%；农村常住居民人均可支配收入 22 305 元，增长 4.3%，农村居民人均可支配收入水平全省第一。2022 年，地区生产总值完成 663.18 亿元，增长 4.5%；固定资产投资增长 8.7%；社会消费品零售总额完成 556.86 亿元。全年粮食播种面积 5.70 万亩，比 2021 年减少 317 亩：油料播种面积 1079 亩：蔬菜播种面积 2.59 万亩，比 2021 年减少 244 亩：园林水果实有面积 5.99 万亩。全年粮食总产量 1.98 万吨，较 2021 年减少 4.5%，其中，夏粮产量 1.18 万吨，秋粮 0.8 万吨[35]。

2022 年全年实现农村公路道路总里程 404.16 千米，全年共接待游客 659.35 万人次，比 2021 年下降 36.4%，全年实现旅游直接收入 0.52 亿元，比 2021 年下降 50.5%。全区共有各级各类基础教育和职业高中、幼儿园及特殊教育学校 169 所，在校学生 95 905 人，毕业生 21 218 人。各类民办学校（机构）8 所，在校学生 22 298 人，毕业生 6140 人；民办幼儿园 48 所，在园儿童 7498 人。

（二）案例背景

灞桥区以樱桃、葡萄种植为主的果业面积近 8 万亩，产量 9 万吨。为促进区内农产品顺利销售，增加农民收入，灞桥区大力推行农产品网络营销及快速配送模式，大力推进"互联网+现代农业"，加强与电商合作，为农业企业、农户和快递物流公司牵线搭桥，为灞桥区樱桃电商发展做好各类服务保障工作。与顺丰速运签订产业扶贫战略合作协议，通过溢价让利收购贫困户的农产品，帮助贫困户走优质优价的农产品电商道路[36]。

（三）做法成效

2020 年全区共设置顺丰等便民快递点 1100 余个，通过网络平台销售樱桃约 1900 吨，线下通过便民快递点寄送樱桃约 900 吨，线上线下共销售 2800 吨，销售额 1.4 亿元。开展农产品微商的有 1200 余家，走出了一条灞桥特色的农产品电商带农益农之路[36]。

（四）经验推广

升级传统产品运作模式，优化物流服务。实现产业升级，助力乡村振兴，结合自身在供应链、物流、技术、金融、服务五大领域的核心能力，致力于打通农村全产业链条，携手社会各界共建"葡萄""樱桃"乡村振兴的"高速路"。全链条助力区域特色农产品售卖，促进果农创富增收。通过物流和商流联合共建，打造全程冷链，赋能农产品供应链，与产地果农深入联建，对接产销，从而提升果品销售、赋能产地品牌，为推动樱桃千亿产业壮大发展做出积极贡献[37]。

（五）思考探索

农业企业、农户在农产品与物流链接工作中需要注意哪些细节问题？

三、美国底特律的逆城市化[38]

（一）基本情况

底特律位于经纬度 42°19'N，83°2'W，建立于 1815 年，面积约 370.2 平方千米，其中陆地面积为 359.4 平方千米，水域面积为 11 平方千米，是美国密歇根州最大的城市。1701 年由法国毛皮商建立，是位于美国东北部、底特律河沿岸的一座重要的港口城市、世界传统汽车中心和音乐之都，是美国人口第 15 大县。城市得名于连接圣克莱尔湖和伊利湖的底特律河，它源自法语"Rivière du Détroit"，意为"海峡之河（River of the Strait）"。

据美国人口调查局统计数据，底特律占地 370.2 平方千米，其中陆地面积为 359.4 平方千米，水域面积为 11 平方千米。全市最高点位于城市西北部，海拔约为 204 米；全市最低点则位于底特律河沿岸，海拔约为 176 米。底特律市内还完全包围着另外两座城市：哈姆特拉姆克和海兰帕克。气候为典型的美国中西部温带气候。冬季寒冷，伴有适度降雪；夏季温暖。底特律市地处大湖工业区居中位置。汽车制造业作为城市工业的核心部门，与汽车制造业有关的钢材、仪表、塑料、玻璃以及轮胎、发动机等零部件生产相当发达，专业化、集约化程度很高。汽车年产量约占全市的 1/4；从业人员近 20 万，占全市职工总数的 40%以上[39]。

（二）案例背景

底特律市区（不是大都市区）人口高峰时，可以达到 180 多万。现在底特律市区人口数量 80 多万，不足原来人口数量的一半。50 多年来，美国人口数量增加了 60%以上，而底特律市区人口数量却下降一半多。底特律市区人口数量减少，不是由于生育率低，而是由于本地人口大量迁移出去。在人口高峰后的几十年内，底特律市区人口数量每年下降约 1%，这给底特律市区经济带来了极大影响，导致底特律市区走向衰落。2013 年 2 月 19 日，一个由密歇根州政府任命的专家小组宣布底特律陷入财政危机；2013 年 3 月 1 日，该州州长施奈德宣布底特律市处于财政紧急状态，并有准备接管这座车城的态势。底特律于 2013 年 7 月 18 日正式申请破产，预料会成为美国规模最大的城市破产案。密歇根州州长施耐德当天批准了底特律申请破产的有关文件，表示底特律已经无法收取足够的税收来满足各项义务，只有通过申请破产来避免局势进一步恶化。

（三）做法成效

一是零售业回归，全食品超市、Meijer 超市、Buffalo Wild Wings 餐馆、Applebee's 餐馆等最近开始陆续进驻底特律市内，同时还有一些高档餐馆品牌也在市区开业。二是振兴汽车产业，过去五年中，美国的汽车产业已恢复并超过了萧条前的生产水平。通用汽车重新将其全球总部搬回底特律下城靠近河畔的复兴中心建筑群，不仅带动了周边业态的发展，也使得城市受益于汽车业的全面复苏。重组后的菲亚特-克莱斯勒、福特以及通用汽车在过去一年半的时间内，也在该地区陆续投资了几百万美元。财务重组：与债权人达成协议，减少了其债务负担，这包括减免一部分债务、延长还款期限和重新安排利率等。除此之外，解决管理不善和腐败等问题，包括提高管理效率、增强财政纪律、改进政府运作和服务提供等方面。致力于吸引投资、推动经济发展，以增加税收收入和创造就业机会，包括重建市区、吸引创业公司和鼓励文化活动等。市政府与社区组织和居民紧密合作，鼓励社区参与和民主决策[40]。

（四）经验推广

底特律破产之后的城市更新，其实就是当地政府主导的，甚至大量引入了私人资本成就了丹·吉尔伯特（Dan Gilbert）的底特律帝国。美国推动旧城更新改造的实施模式主要有三种：第一种是授权区（EZS），分别在联邦、州和地方层面上运作，将税收奖励措施作为城市更新的政策工具。第二种是纽约"社区企业家"模式，纽约市旧城改造过程中，鼓励贫困社区所在的中小企业参与旧城改造。其目的不只是解决废弃房屋的维修与重建问题，更重要的是对贫民区进行综合治理。第三种是新城镇内部计划。1977 年的《住房和社区开发法》（卡特政府）通过实行城市开发活动津贴来资助私人和公私合营的开发计划。新城镇内部计划即为其中一种，使私人开发商和投资者获得至少等同于投资在其他地方的回报。根据该法案，联邦政府还提供抵押担保，鼓励金融机构利用抵押贷款资金来资助城市开发项目[40]。

（五）思考探索

"汽车城"底特律城市衰落的原因是什么？

四、"城中村"进城！破解城乡二元结构的南海实践[41]

（一）基本情况

南海区位于广东省中南部，地处北纬 22°48'03"、东经 112°49'55"之间。东连广州市白云区、荔湾区、番禺区，南接顺德区、鹤山市、蓬江区，西邻三水区、高明区，北濒花都区，中南部与禅城区接壤，南北最大纵距 56.85 千米，东西最大横距 41.85 千米，辖区总面积 1071.55 平方千米。南海区地势大致西北、西南部高，中、东南部低。三水大塱涡地势低洼，高程 1.7 米，为最低点。地貌单元主要有三角洲平原、丘陵、低山。占全市约 2/3 的是西、北江三角洲平原及其支流的河谷三角洲平原，几乎遍布顺德和南海大部分及高明东北部，海拔多在 0.7～2.5 米。平原内水网密布，有丘陵、残丘点缀，基塘（桑基鱼塘、果基鱼塘）星罗棋布，成为三角洲中独特的人工地貌景观，地貌类型主要有低缓残丘、洼地等。季风明显，热量丰富，雨量充沛，雨热同季，干湿分明，日照偏少，夏长冬短，春阴寡照。南海区大部分水量流入江河，成为不可利用的水资源，河涌密布，地下水资源比较丰富[42]。

2019 年，南海区实现地区生产总值 3176.62 亿元，同比增长 6.9%。2020 年，南海实现地区生产总值 3177.5 亿元，同比增长 0.7%。2019 年，南海区粮食作物播种面积 5990 亩。规模以上工业增加值 1346.72 亿元，增长 7.3%，南海区接待过夜旅游人数 425.28 万人次，比 2018 年增长 7.8%。2021 年，南海区实现地区生产总值（初步核算数）3560.89 亿元，比 2020 年增长 8.8%。其中，第一产业增加值 60.88 亿元，增长 7.9%；第二产业增加值 1907.77 亿元，增长 9.5%；第三产业增加值 1592.23 亿元，增长 8.1%。2021 年 10 月，南海区入选 2021 中国智慧城市百佳县市。佛山木雕、粤曲是南海区的特色。2023 年 5 月，中国机械工业联合会授予佛山市南海区"中国氢能产业之都"称号；2023 年 8 月，南海区入选 2023 赛迪百强区，排名第 9 名[42]。

（二）案例背景

作为工业大区，南海区的"城市"概念要从 20 多年前说起。20 世纪 90 年代，千灯湖还是一片农田，广东金融高新区也是一个农村。1999 年，南海动工建设千灯湖——南海城市中轴线工程的首个项目。如今，以千灯湖为核心的南海中心城市崛起，900 多家国内外知名金融企业环湖而聚。但是，在一片高楼林立、翠湖环绕中，仍分散着大量城中村、村级工业园，形成了"城市包围农村"的现象。而这种现象在南海区乃至珠三角地区十分普遍，也是城乡融合的一大障碍。

（三）做法成效

一是城中村"突围"。在城乡融合过程中，仍应保持集体经济的活力。农民不应该只是土地主，他们应该通过级差收益的分享，参与到城乡融合的进程。在永胜村的改造中，村民的利益得到最大限度的保障。开发商代建 15 万平方米村集体物业，建成后返租 20 年，保证村集体的年收益不少于 6000 万元，相比之前上涨了 3 倍。推动 20 个重点城中村升级改造全面加快。同时，南海还对村民宅基地建房补偿，采取先安置后拆迁的方法，并按照宅基地占地面积，给予 3 倍面积的回迁房。二是打造城市增长极。广东有色金属交易中心、广佛智城、全球铝业展贸中心、永旺梦乐城、南海国际会展中心等一批综合体项目拔地而起。初步统计，进驻企业1600多家，就业人数约1.8万人，年产值约23亿元。在桂城街道，夏南片区村级工业园连片改造项目则致力于打造"广佛科创社区"。目前已引进电子信息、科技创新、军民融合、现代服务业等多个战略性新兴企业超过120家，预估已引进企业总年产值超30亿元，总年创税收超3亿元。在南海区北部，里水镇大冲科技生态工业园通过"混合"改造模式，对11个经济体的集体土地进行了改造。三是城乡一体化发展。南海区集体与国有土地建设用地逐步趋向同权同价，城乡统一、国集互补的建设用地市场初步形成，70%以上的产业用地来源于集体建设用地，工业用地成本明显降低。同时，南海区还创新利益共享机制，保障农民权益，降低入市税负，实现土地出让除企业所得税、印花税外的零税负。

（四）经验推广

一是在城乡融合形态下思考城乡要素配置。城乡融合本身作为一个形态，它是两种文明形态的融合，一个是城市文明，一个是乡村文明，这需要破除单向城市化思维，在城乡融合新形态下思考城乡发展和要素配置，促进乡村与城市这两个板块共同发展，共同繁荣。两者之间的融合是未来的城乡产业、城乡文化和城乡的人的改造提升的过程。二是推动土地所有权为主转向利益平衡为主。要围绕城、镇、村和农业进行土地功能规划，推动土地所有权利益为主转向利益平衡为主，4类土地的利益要大致达到一个均衡值，实现城市工业、乡村农业等在级差利益的分享中达到均衡。此外，在推动城市发展、乡镇发展、乡村发展和农业发展过程中，要考虑四者之间的融合形态，不能割裂地发展[43]。

（五）思考探索

南海城乡融合发展改革创新实验区建设有哪些可供复制和借鉴的经验？

五、湖州市长兴县城乡融合案例[44]

（一）基本情况

长兴县隶属于浙江省湖州市，地处浙江省北部，长江三角洲杭嘉湖平原，太湖西南岸，浙皖苏三省交界，与湖州市安吉县、吴兴区和安徽省宣城市广德市、江苏省无锡市宜兴市接壤。土壤分为4个土类（红壤土、水稻土、潮土、岩性土），属亚热带海洋性季风气候，总特征是：光照充足、气候温和、降水充沛、四季分明、雨热同季、温光协调。长兴县位居浙北低山丘陵向太湖西岸平原过渡的地区，地势西高东低，介于北纬30°43′~31°11′，东经119°33′~120°06′，总面积1430平方千米，自然资源丰富。截至2022年10月，长兴县辖4个街道、9个镇、2个乡。截至2022年年末，长兴县常住总人口67.98万人，2022年，长兴县实现地区生产总值（GDP）853.37亿元，其中，第一产业绝对值44.02亿元，第二产业绝对值436.21亿元，第三产业绝对值373.13亿元，三个产业占比为5.2∶51.1∶43.7。按常住人口计算，人均生产总值为12.568万元，增长3.8%，截至2022年年末，长兴县共有幼儿园52所，在园学生19 954人，专任教师1611人；小学33所，在校学生38 870人，专任教师2170人；普通中学21所，其中初级中学15所，普通高中6所，在校学生分别为17 796和10 252人，专任教师分别为1548和955人[45,46]。

(二)案例背景

长兴县地处浙江省最北部,与江苏省和安徽省接壤。该县城乡融合的过程大体经历了"乡村裂变—乡村蝶变—乡村聚变"三个阶段。乡村裂变阶段主要特征是农户间收入差距逐渐拉大,农村生态污染逐步加重,农村发展处于希望与阵痛并存的状态;乡村蝶变阶段主要特征是在"千万工程"指引下实施美丽乡村行动,长兴县成为全省美丽乡村示范县的优等生;乡村聚变阶段主要特征是进行美丽乡村升级版建设行动,县域城乡一体化水平不断提升,长兴县进入以产业融合、产村融合、产城融合、三生(生产、生活、生态)融合为主要特征的聚变阶段。这三个阶段的变革历程标志着长兴实现从城乡分割到城乡统筹再到城乡融合的转变。通过数字化改革,城乡融合迎来新契机,当前已建成数字大脑1个,省级数字工厂8个,数字化基地38个,数字乡村通用版100%覆盖。2022年,长兴县被评为"全国县域农业农村信息化发展先进县",这是长兴县连续四年获得该奖项;"长兴县智慧湖羊"获浙江省数字乡村"金翼奖"十佳应用。2022年,长兴县城镇居民人均可支配收入71 661元,农村居民人均可支配收入45 100元,全县城乡居民收入比1.59,低于全省平均水平,持续推进共同富裕。

(三)现存问题

(1)数字设备运维不足,数字思维尚未完全转变。虽然长兴县自2012年就着手农业物联网应用,起步较早,但后期运维保障不足,社会化资本进入少,大部分软硬件瘫痪于田间现象普遍。甚至存在对部分设备进行大额投入,但是未能真正使用的现象。

(2)数字人才引培不足,部分资源共享难度大。调研发现,目前长兴各类信息系统还存在"小、散、重"的问题,导致部分资源融合共享难度较大,存在信息"孤岛""数独"等现象。一方面,数据闭环回流机制不够完善。由于条线数字信息共享使用权限和数据采集标准不统一等问题,相关数据不能回流基层,造成"数据烟囱""信息孤岛"等问题。

(3)数字企业研发不足,本土数字场景建设类企业少。乡村的数字开发不是一个短暂项目,而是需要长期性地跟踪维保。调研了解到,目前长兴的数字场景开发多数借助第三方外来公司。虽然这些公司拥有一定的技术实力和人员,但难以在长兴长期扎根。在推进数字乡村建设赋能城乡融合过程中,对数字乡村建设的稳定性、灵活性、科学性、与时俱进等方面提出了专业的需求,这就要求提供技术研发服务的公司能够结合长兴当地农村实际来提供服务。但目前属于长兴本土化的数字场景建设类企业可谓凤毛麟角,缺乏对本地数字软件公司相关的政策扶持。

(四)对策建议

(1)城乡融合的前提是在数字赋能城乡融合发展的过程中,普及提升城乡居民数字素养,尤其是提升城乡"数字鸿沟"短板中农村居民的数字素养,这是促进城乡深度融合的重要前提。一是建立城乡居民数字技能教育培训体系,二是着力提升老年群体数字素养。

(2)构建科技创新体系。提升农业科技创新供给能力,坚持科技强农。硬件上根据地方实际打造农业高新技术产业示范园,软件上打造农业产业科技成果转化交易服务平台,推广建立城乡产学研合作与科技成果转化、应用机制。以科技创新引领乡村产业升级,促进三产融合发展。提高乡村科技文化服务质量,提升科技文化普及率。加强科技文化公共服务建设能力,丰富科技文化产品,形成乡村科技文化需求与惠民服务有效对接。同时,完善乡村科技文化建设保障,加大对村级图书馆、文化站等公益机构设备与人员的投入,组织科技文化普及活动。

(3)加强数字人才培育。做好农业科技特派员工作,吸收培养掌握农业科技的年轻科技人员加入农业科技特派员队伍,为城乡融合发展提供技术支撑。同时,打造一批本土数字化人才,建立本土数字人才数据库,建立数字人才培养机制,积极招引农业农村科技领军人才,优化数字农业人才队伍结构。结合乡村人才振兴战略,重点培训数字乡村复合型人才,引导高校、职业院校在大数据管理、人工智能方面拓展研究方向,推动技能培训向参与式转变。以线下线上相结合的方式加强对数字乡村建设从业人员的培训,提升数字素养和信息技术能力。此外,在人才待遇和发展机会上适当进行政策倾斜,探索建立长久留才机制,不断壮大数字化人才队伍,激发投身数字乡村建设的热情。

(4)据实开展技术研发是数字乡村建设赋能城乡融合的保障。在数字乡村建设赋能城乡融合过程中,高端的数字技术与相对落后的农村地区现实状况相差较大。因此,要把新一代信息技术运用到农村,需要考虑农村实际状况,根据农村实际需求做好场景开发。数字基础设施投入后,"用"是关键。农民往往对当下见效的数字技术更易接受。如移动社交、数字电商、短视频直播带货等能够较快普及,就是因为既简单又实用。因此,建议一要根据农村实际,开发更易于使用的数字移动应用,切切实实抓住农民所需,解决实际问题,而不是摆花架子。可由多部门联合组建调研组,深入农村实际,根据农民的场景应用来进行开发,而不是自上而下地开展研发。二要对高端数字技术在农业领域应用上给予适当补贴。目前我国主要农作物机械化收种率达到70%以上,发展势头较好。可依据农机购置补贴政策,对部分优质技术产品进行政策补贴,加快农业产业发展。

(5)深化数据融合应用。以村为基础单位,实现各类数据整合统调,以农村数据为基础数据,将各个部门的相关数据进行叠加。如可探索较成熟村(镇)的乡村治理模式,实现孵化成功后以软件开发统一模板,数据采集统一规格的模式向全县推广。切实把握农村老龄化严重、分散程度高等特点,重点建设高频事项和关键环节。吸纳智慧城市建设经验,针对不同产业特色和人口规模的乡村进行因村制宜的数字化改造,厘清数字乡村建设的常规项和特色项。

(五)思考探索

请思考数字乡村基础设施建设在城乡建设中的作用。

第四节 实训实践

一、课堂实训

(一)文献报告

围绕城乡融合、共同富裕以及二者关系等内容,根据授课班级实际情况,学生自由组成学习小组。指导老师为学生拟定文献报告的研究主题，学生再自行拟定具体研究报告题目，通过文献搜索、文本分析、网页查找、数据收集等方式收集资料，按照要求完成文献报告。研究主题及内容示例如下。

1. "共同富裕"指数学习及计算运用

（1）实训难度：易。

（2）活动详细描述：为巩固本章学习内容，锻炼学生的数据检索及计算能力，学习共同富裕指标的计算方法，以3～4人为一组，选择不同省份，登录当地的统计局官网，检索查询相应省份的统计年鉴数据，查询人均生产总值（万元）、全员劳动生产率（%）、单位GDP能耗（吨标准煤/万元）等指数的计算公式，并与其他组交换数据比较排名，各指标排出全国前三名省份即可。以电子版提交作业，作业形式为文献报告，报告应该包括三部分，分别是统计年鉴基本数据部分、计算部分、统计结果部分，1000字以上。

2. "城乡融合"主题汇报

（1）实训难度：中。

（2）活动详细描述：为巩固本章学习内容，锻炼学生的论文阅读、提炼能力，以"城乡融合"为主题，上网检索相关的城乡融合案例，选择经典案例并撰写实践报告，通过PPT展示讲解报告，建议4～5人为一组，PPT制作不少于15张，实践报告与汇报内容包括但不限于以下几个部分：背景及意义、地理区位、成效、经验等。实践报告不少于2500字。汇报后，根据教师提出的意见修改PPT并提交电子版备档，提交纸质版作为作业的一部分，同时提交个人任务说明，说明本人在小组分工中的具体工作内容。

3. "城乡融合与共同富裕"论文综述撰写

（1）实训难度：难。

（2）活动详细描述：为熟悉相应的中文数据库信息检索系统的浏览器使用、掌握使用中文数据库信息检索系统的检索方法和检索结果的处理，进入中国知网（https://kns.cnki.net/）安装CNKI浏览器和PDF格式全文阅览器。从CNKI（即中国期刊网）的"进入总库平台"中的"中国学术期刊网络出版总库"，以"城乡融合""共同富裕""城乡融合与共同富裕""urban-rural integration"等为主题词（同义词、缩写及全称等）检索相应关键词，检索最近五年出版的相关期刊、学位论文等，保证资料新颖、丰富、翔实。文献综述应当包括前言、主题、总结、参考文献4部分，篇数不少于15篇，其中包含3篇英文文献，课后提交不少于3000字的文献综述报告，查重率不超过30%。

文献报告评分标准见本书附录A。

（二）情景模拟

围绕城乡融合内涵以及城乡融合过程中存在的问题等内容，指导老师为学生拟定路演的情景模拟主题，并提供情景模拟背景描述。由学生分组自行设计和完善情景剧情并撰写剧本，制作村牌、场景切换工具、景点地标等简易道具，使用PPT、旁白切换场景、视频展示、对话等方式在课堂上进行情景模拟。情景模拟主题及背景描述示例如下。

1. 情景模拟主题一：城乡融合过程演绎

背景简介：明月村地处A市城郊区，外接清风村。A市受到国家政策的扶持，经济快速增长，随着改革开放的推进，中国的城市化进程加速，A 市人口规模迅速扩大，教育资源良好，A 市一二三产业不断发展，需要大量劳动力。小明、二明、老明是一家人，他们居住在明月村，目的是拥有更好的教育资源，以及赚更多的钱供小明、二明读书，父亲老明不得不举家搬到 A 市，由于是初中学历，在市区不好找工作，老明的就业问题陷入困境，但早些年勤于在工地打拼，懂得一些土木工程知识，他找到了市区就业帮扶中心的小王帮忙想办法。

小王：毕业于国内某著名大学，现任 A 市就业帮扶中心办公室主任，几年来，帮助百名低学历劳动力就业，并获得好评。

明月村介于清风村和 A 市之间，是在农村中发展和建立起来的政治、经济、文化和科技服务中心，是连接 A 市和清风村的桥梁和纽带，具备一些基本功能，有以非农业人口为主的小型社区，包括县城、县城以下较发达的集镇或乡级行政机关、文化中心所在地。多年后，A 市逐渐崛起为重要商业中心和金融中心。由于人口过多，汽车尾气排放逐渐增多，市区内空气质量慢慢变差，由于噪声污染、垃圾污染等，市区内的一批原住民难以忍受 A 市的环境，举家搬到明月村居住。老明从原来的工地工人变成如今独当一面的工地办公室经理，生活也富裕了起来，房子由原来的地下一层变成了明亮宽敞的三室一厅，生活滋润。老明的老婆老梅因为噪声难耐，连续几个月睡不着觉，影响到身体健康，她召开了一场家庭会议，决定是否需要搬去 A 市外的明月村。（学生讨论利弊）

（与此同时，小明、二明已经成为大四学生）

小明：大四学生，就读于国内著名大学，计算机专业，注重实际，仍然想在 A 市的互联网公司工作，将来赚钱买房留在 A 市生活。

二明：大四学生，就读于国内著名大学，城乡规划专业，喜欢游山玩水，比起大城市的繁华，更喜欢环境优美的小村庄，打算毕业后找个普通工作，悠闲自在地生活。由于学习城乡规划专业，他认为与城市相比，乡村也同样重要，比起城市的便利，他更看重乡村的惬意环境，想定居在较为偏僻的清风村，在明月村找一份城乡规划相关的工作，他想同时为中国的乡村建设做贡献。

（又过去了 5 年）

商业大亨来到清风村，看重了清风村的历史文化底蕴，他觉得可以开发出来，一是响应了国家"振兴乡村"战略口号，二是实现自己的目的，吸引一定的劳动力来当地就业，吸引投资赚钱。于是他聘请专家召开相关调研会。历史名村的开发和保护是一个复杂的问题，需要考虑多个方面，如文物保护、历史建筑修缮、旅游资源开发、经济发展等。因此，他聚集了历史名村的开发者、政府官员、学者、专家和数名村民等人参与其中，共同探讨历史名村的保护和开发问题。会上，3 位专家发表了自己的意见。

（5 年又过去了）

清风村被开发出来了，一位旅游博主来到清风村拍摄 vlog（视频日志），清风村引来了众多关注，网络红人纷纷来打卡，这里成为网红村落。二明在清风村的生活也很惬意，他想让大明和爸妈搬来清风村居住，和他们电话沟通了很久，他的父母终于搬过来居住，享受惬意的退休生活，大明也从 A 市区搬出来了。久违的一家人召开了家庭座谈会，讨论了这些年搬迁居住的感受。

（5 年又过去了）

老明觉得自己待在清风村太过于清闲，想去一个工厂当保安。A 市由于大量人口搬出市区,成为"空城",工厂甚至找不到工人,这时,老明又和老梅去了A市短暂生活。

请同学们根据以上情景进行讨论,老明一家是否需要搬去A市外的明月村,同学们讨论利与弊,可根据组员数量,适当增减角色。

2. 情景模拟主题二:明月特色古镇开发讨论(此案例仿写龙潭古镇)

明月村环境优美、面积大,为响应城乡融合、实现共同富裕的号召,积极挖掘本村旅游资源,请来两位专家出谋划策,打造出了明月特色古镇。明月特色古镇位于A市近郊区经济城核心区域,聚集大量工业园区,占地面积200亩,建筑面积15.3万平方米,总投资约10亿元,历经两年时间打造,是A市经济城最大的配套项目,也是该市唯一利用活水资源打造的特色街区。这是A市一张重要的文化旅游名片,被誉为A市的"清明上河图"。明月特色古镇于2013年4月26日正式开街运营(免门票),已被A市纳入2013年重点旅游项目并申报省级重点旅游区。

试运营前,主持方邀请了3位设计参与者介绍明月古镇的特色,有3位中央派遣的专家恰好路过,他们也在观众席下坐着听设计参与者的设计理念。

参加者A:明月特色古镇水面面积达2万平方米,长2.2千米,布局3岛、21桥,以及行舟、码头等景观,广植荷花等水生植物;以园林为景,利用运自江南的3000余吨太湖石和数千株银杏树,再现亭台掩映、步移景换的苏州园林典范,遍植香樟、桂花等树种,形成花繁似海、人流相望、四季不同的江南水乡盛景,同时从华东专门订制20余艘乌篷船投放运营,营造岛桥相连、船行碧波、莲生水上的怡然景致和江南水乡春情。

参加者B:明月特色古镇坚持"原生态",注重中国古典文化与建筑形态有机融合,将12条主体街巷分别以《红楼梦》金陵十二钗命名,对应每一钗的属相,在街口设立从苏州民间收集而来的十二生肖石雕;标志性酒店、会所均以传统"家府"命名,主街的青石板、经典建筑的门窗等建筑材料多取自华东民间,原汁原味移植而来。除了迷人的风景,明月特色古镇还包括文化创意设计、文博会展、民间艺术展演体验、旅游品交易等业态;既有能满足高端商务客户的五星级酒店,又有面向艺术家、背包客的特色精品客栈;既有不同主题的特色酒吧,又有面向大众的商品街市,可以满足不同层次消费者的需求,明月特色古镇已引进50余家高端饮食、娱乐企业入驻,满足吃、住、行、游、购、娱"一站式"服务需要。

参加者C:明月特色古镇开街运营后,一方面,项目的商务会所、小型展会、宾馆、餐饮、特色街等功能,将极大地优化总部经济城的发展环境,进一步促进总部经济发展体系的构建和完善,更有益于入驻企业的发展,助力我们实现新的招大引强。另一方面,明月特色古镇建筑群落高品质地展现了江南园林景观的建筑特色,呈现出的商务、食住游购娱一体的功能特点,也使其必将成为发展文化旅游产业的重要载体、特色旅游的新名片,这将极大地扩展龙潭总部经济城的知名度和美誉度,扩大总部城的影响力,让各方各界更多地了解、关注总部经济城的发展,促成更多的投资招商机会,加快产业集聚,提速产业倍增,大大提高总部城的综合竞争力。明月特色古镇建设风格融江南水乡和川西民居为一体,既有南派建筑的精致,又有川西建筑的恢宏。引都江堰水入乡,水乡由三个岛组成,三岛之间由不同建筑风格的21座拱桥相连,水面上风格各异的游览船航行其间,形成成都平原独具风格的旅游景观。按照开发商及项目最初的规划,明月特色古镇东西合璧,南北相融,是集精品酒店、商务会所、购物、餐饮、休闲、娱乐、旅游为一体的复合业态商业街区。让我们共同期待明月特色古镇的辉煌,也希望通过这次的介绍会能招商引资,希望大家参与进来。

话毕,大家纷纷鼓掌,但是3位中央派遣的专家感觉这样的设计不太好,他们觉得这样的设计长久,回去召开了一场会议分析其设计中存在的问题。

明月特色古镇于2013年4月24日正式对外开放,在开业前试营业期间(4月12—14日)三天时间吸引了超过5万游客参观游览。果然,好景不长,明月特色古镇在开业运营4年后,成为一座"空城"。

请同学们根据以上情景讨论,分析为何明月特色古镇在开业运营4年后成为一座"空城",同学们可根据组员数量,适当增减角色。

情景模拟评分标准见本书附录A。

二、实地实践

(一)实践目的

本次实地调研主题为"城乡融合发展情况对比",通过实地调研,有助于学生深入了解城乡融合发展的实际情况和发展方向,包括经济、社会、文化、环境等各个方面。组织学生进行实地调研,调研内容包括但不限于以下内容:调研地乡村地区、城镇地区的发展基本情况(劳动人口、收入、区划面积、粮食生产情况等),产业发展情况,生态环境情况等。

(二)实践要求

实践目的地:应为同一地区临近的城镇和乡村更便于比较发展的差距,也更能直观地感受到国家大力发展乡村、振兴乡村的目的和意义。学生需以班级为单位,围绕城乡融合与共同富裕,在保证安全的基础上在村庄开展实践。在实践过程中,学生需要通过访谈、观察等方式,围绕以下调研要点收集视频、文字、音频等相关素材,为实践报告成果提供支撑。

乡村发展情况:深入了解农村道路、水电、通信等基础设施的建设情况,农业生产方式的现代化、农产品加工的现代化等情况,教育、医疗、文化等公共服务体系的建设和完善情况,农村环境的保护和改善情况,以及农村生态旅游的发展情况,农村社区的组织建设、文化建设、精神文明建设情况等。

城镇发展情况:与乡村调研内容相对应,主要了解基础设施、现代化建设、服务体系建设完善情况,社区建设情况。

乡村发展问题及困难:调研乡村在发展过程中遇到的问题及困难,并试图探讨解决方法。

(三)准备工作

1. 物品准备

出发前,准备生活用品、工作用品、记录设备等,参考本书附录B。

2. 地点选择

选择实践目的地应全面考虑地点的相关性、代表性、配合度和安全性,尽量选择同一地区临近的城镇与乡村,确保实地调研能够高效、顺利且安全地进行。选取实践目的地需符合以下要求与原则。

贴合调研主题:实践目的地必须与城乡融合与共同富裕主题密切相关,且能够实际反映对比乡村与城镇发展的差异点。

配合意愿:实践目的地应具备高度的配合意愿,特别是得到当地政府或相关管理机构的支持和引导,保障调研活动顺利进行。

人员对接:实践目的地应当是发展较好的农村地区并组织有关访谈对象,以确保每组学生能顺利开展调研。

位置与安全:实践目的地应选取在授课大学所在省内,确保学生能在较短时间内到达并进行实地调研。

3. 人员分工

建议将教学班分为甲、乙两大组,A、B、C、D、E、F 六小队。甲组调查乡村发展情况,A、B、C 小组合理分工调查乡村基础设施、现代化建设、社区建设等板块内容;乙组调查城镇发展情况,D、E、F 小组合理分工调查城镇基础设施建设、服务体系建设、现代化建设、社区建设等板块内容。甲组同学需要特别注意乡村发展建设中的问题与困难、乡村发展优秀案例经验总结。

4. 实践成果

在实践结束后,学生需以小组为单位,提交两份详细的实践报告,选择性阐述以上各个调研要点,并对其进行深入分析。实践报告全文字数不少于 3500 字,其中问题分析、对策建议部分不少于 1500 字。报告中,学生须附上 10 张与研究主题息息相关的高清图片。这些图片既可以是乡村风貌,也可以是访谈实拍,或是具有代表性的文化遗产等。此外,若在调研过程中进行了问卷调查或深度访谈,相关的统计数据、访谈摘录和分析结果也须整理并附在实践报告之中。实践报告包括实践时间、实践地点、实践目的、实践意义、实习内容、实习体会等组成部分。报告主体框架主要从发展基本情况(应该包含但不限于调研地乡村地区、城镇地区的基本发展情况等内容)、存在问题(着重于当地是否在发展过程中存在发展困境等问题)、对策建议(与存在的问题要一一对应)三大方面撰写(也可撰写优秀经验总结),并让学生学习调研目的、调研意义等内容。实践报告撰写字数为 3000 字以上,要求图文并茂,配上自行拍摄的图片进行说明。

(四)实践成效

本章着重了解乡村发展与城镇发展情况对比差异,以及在乡村振兴的背景下乡村的发展情况,同时了解城乡融合与共同富裕的关系。实地实践可以达成以下成效。

1. 知识成效

让学生开展城乡社会调查和社会实践,有利于学生了解城乡人民生产生活实践。通过此次调研,全方面了解城乡发展的差距,如经济、社会、文化、环境等各个方面,也更加直观地了解乡村振兴、城乡融合、共同富裕之间的关系。经过这次实地实践,学生在多个领域获得了宝贵的知识和经验,学会将乡村振兴的理论体系与田野实际相对照,深入了解乡村、城市发展的现状与存在的问题,以及能够粗浅地提出相关意见。

2. 沟通成效

社会实践是培养大学生深入实际、了解国情、服务社会的重要途径。把学习理论和实际工作结合起来，突出问题导向、实践导向，以实践成效检验学习教育成效，锻炼学生的野外实践能力、交流沟通能力、团队合作能力等，了解社会、了解国情，并能懂得乡村发展在整个国家发展过程中的重要性，除了课堂理论知识的学习，通过课外实践更能了解到课本之外的内容。

3. 技术成效

学生掌握了访谈技巧，并能使用相关工具进行数据收集和分析。在与农村农民、城市居民的互动中，学生磨炼了批判性思维、沟通技巧和团队合作的能力。实地实践环节不仅能够使乡村振兴的理论知识付诸实践，更为学生提供了深度融入乡村、感悟其文化与生活的宝贵机会。

本章参考文献

[1] 毛泽东. 毛泽东选集：第5卷[M]. 北京：人民出版社，1992.

[2] 列宁. 列宁全集：第19卷[M]. 北京：人民出版社，1972.

[3] 张春波. 中国特色城乡融合发展的理论与实践研究[D]. 长春：吉林大学，2021.

[4] 冯海丽，胡光伟，马逸岚. 城乡融合背景下乡村振兴与新型城镇化耦合协调发展研究[J]. 农业与技术，2023，43（12）：150-155.

[5] 陈丽莎. 论新型城镇化战略对实现乡村振兴战略的带动作用[J]. 云南社会科学，2018（6）：97-102.

[6] 卓玛草. 新时代乡村振兴与新型城镇化融合发展的理论依据与实现路径[J]. 经济学家，2019（1）：104-112.

[7] 康永征，薛珂凝. 从乡村振兴战略看农村现代化与新型城镇化的关系[J]. 山东农业大学学报（社会科学版），2018，20（1）：9-12，28，16.

[8] 陈坤秋，龙花楼. 中国土地试产对城乡融合发展的影响[J]. 自然资源学报，2019（2）：276.

[9] 黄花. 共同富裕导向下的乡村振兴之路[J]. 四川行政学院学报，2023：1-13.

[10] 杨子龙. 城乡融合背景下的新型城镇化与乡村振兴研究[J]. 城市建设理论研究（电子版），2023（33）：23-25.

[11] 季学凤. 城乡融合对共同富裕的影响：中国式现代化建设的中介作用[J]. 企业经济，2023（12）：46-56.

[12] 孔祥智，谢东东. 缩小差距、城乡融合与共同富裕[J]. 南京农业大学学报（社会科学版），2022，（1）：12-22.

[13] 魏后凯. 深刻把握城乡融合发展的本质内涵[J]. 中国农村经济，2020（6）：5-8.

[14] 姚杨. 马克思恩格斯城乡关系思想研究[D]. 大连：大连理工大学，2023.

[15] 张帆. 乡村振兴战略下城乡融合发展现状与对策研究[D]. 武汉：武汉科技大学，

2023.

[16] 李艳群. 城乡融合发展思想及其中国实践研究[D]. 济南：山东财经大学，2021.

[17] "十四五"规划《纲要》名词解释之 122|城乡融合发展[EB/OL]. （2021-12-24）[2023-09-12]. https://www.ndrc.gov.cn/fggz/fzzlgh/gjfzgh/202112/t20211224_1309380.html.

[18] 张延曼. 新时代中国特色城乡融合发展制度研究[D]. 长春：吉林大学，2020.

[19] 陆忆斯. 河南省农村人口流出对城乡融合发展水平的影响研究[J]. 山西农经，2023（13）：51-53.

[20] 张富炫. 云南省新型城镇化对产业结构升级的影响研究[D]. 昆明：云南财经大学，2023.

[21] 张婷婷. 县域经济促进城乡融合的机理与路径研究[D]. 沈阳：辽宁大学，2022.

[22] 王实峰. 对目前"逆城市化"现象的思考[J]. 河南科技，2011（2）：11.

[23] 李宗武. 新型城镇化背景下的特色小镇建设[J]. 智能城市，2021，7（18）：35-36.

[24] 孙玉梅. 城市化进程中的社区民族工作问题与对策研究[D]. 青岛：山东科技大学，2020.

[25] 张诗雨. 发达国家城市治理的标准与模式——国外城市治理经验研究之一[J]. 中国发展观察，2015（2）：88-91.

[26] 朱莹. 城乡二元结构下居民消费行为影响因素研究[D]. 北京：首都经济贸易大学，2020.

[27] 张晴，周旭英，高明杰. 发达国家城乡统筹发展的做法及对中国启示[J]. 世界农业，2011（4）：3.

[28] 吴传钧. 论地理学的研究核心：人地关系地域系统[J]. 经济地理，1991，11（3）：1-6.

[29] 经济学知识：城乡一体化的相关概念界定与理论基础[EB/OL]. （2023-02-11）[2023-09-12]. https://baijiahao.baidu.com/s?id=1757518636879331289&wfr=spider&for=pc.

[30] 贡瀛翰. 论帕特里克·格迪斯有机的城市观[D]. 上海：上海师范大学，2015.

[31] 刘虎，刘彦君. 遂宁市安居区"海龙凯歌"项目上榜"2022 四川十大城乡融合案例"｜经济影响力人物[EB/OL]. （2023-02-24）[2023-09-12]. https://www.163.com/dy/article/HUBGIMK30514D3UH.html.

[32] 遂宁安居区人民政府[EB/OL]. [2023-09-12]. https://www.scanju.gov.cn/xinwen/show/d80a37e8c6a84237a292c3ef8900cfee.html.

[33] 遂宁市安居区统计局. 安居区统计年鉴（2022）[DS]. 2022.

[34] 澎拜新闻. 行走在乡村振兴城乡融合发展的东风里｜西安发布乡村振兴城乡融合发展十大案例[EB/OL]. （2021-07-04）[2023-09-12]. https://m.thepaper.cn/baijiahao_13445161.

[35] 灞桥区地方志办公室. 灞桥年鉴（2022）[DS]. 2022.

[36] 西安乡村振兴城乡融合如何打造？这 10 个案例告诉你[EB/OL]. （2021-07-06）[2023-09-12]. https://baijiahao.baidu.com/s?id=1704501558268130305&wfr=spider&for=pc.

[37] 何山. "樱你而来、桃你所爱"西安市灞桥区举办 2023 年电商运营能力专题讲座会[EB/OL]. （2023-05-16）[2023-09-12]. https://www.kuaihz.com/tid1/tid86_1449753.html.

[38] 底特律复兴之路：一个城市样本[EB/OL]. （2015-03-07）[2023-09-12]. https://

finance.ifeng.com/a/20150307/13537099_0.shtml.

[39] 底特律百度百科[EB/OL]．[2023-09-12]．https://baike.baidu.com/item/%E5%BA%95%E7%89%B9%E5%BE%8B/1660180．

[40] 创意领导力工坊．城市更新怎么做？欧美这些国家提出了新思路！[EB/OL]．（2023-07-19）[2023-07-19]．https://mp.weixin.qq.com/s?__biz=MzA3MjUyNDEyNQ==&mid=2650400236&idx=1&sn=0f078c1e20c89edd232ef23ba65d08df&chksm=87104ddeb067c4c81681648d04ade82557d14b6c3afacb27303d16afd97430c73ec13922a3ec&scene=27．

[41] 夏燕．"城中村"进城！破解城乡二元结构的南海实践｜"南海地改"系列报道②[EB/OL]．（2021-08-30）[2023-09-12］．https://baijiahao.baidu.com/s?id=1709504279943379086& wfr=spider&for=pc．

[42] 南海区百度百科[EB/OL]．[2023-09-12]．https://baike.baidu.com/item/%E5%8D%97%E6%B5%B7%E5%8C%BA/2653914?fr=ge_ala．

[43] 路骏峰．做融合样板为全国探路[EB/OL]．（2022-08-26）[2023-09-12]．https://baijiahao.baidu.com/s?id=1742188500271269024&wfr=spider&for=pc．

[44] 于佳秋．共同富裕导向下数字乡村建设赋能城乡融合的机理与策略——基于长兴县的考察[J]．新疆农垦经济，2023（8）：23-30．

[45] 长兴县百度百科[EB/OL]．[2023-09-12]．https://baike.baidu.com/item/%E9%95%BF%E5%85%B4%E5%8E%BF/10098367?fr=ge_ala．

[46] 长兴县统计局．2022长兴统计年鉴[DS]．2022．

附录 A 课程考核评分标准

1. 总体考核思路

《乡村振兴理论与实践》综合考核评价学生在知农、爱农和兴农三个方面的表现。知农表现方面,综合评价学生对农民、农业、农村、"农+"四个方面理论知识的理解和掌握程度,即文献报告部分的得分,该部分得分占课程综合成绩的30%。爱农情感方面,综合评价学生对于三农的情怀、情景模拟参与的积极性,以及情景模拟与农村现实的贴合度等,即情景模拟部分得分,该部分得分占课程综合成绩的30%。兴农本领方面,主要考查学生的实践效果,综合评价学生在实践中主动性、自主性、解决问题的能力、利用的信息手段以及实现的效果等方面,即实地实践部分的得分,该部分得分占课程综合成绩的40%。

教师在为学生评定总成绩的时候,可以根据实际情况,适当优化考核方式和方案,以上内容仅供参考,注意遵循"以培养学生对于农业、农村、农民的兴趣和热爱"的课程主旨即可。

2. 文献报告评分标准

教师根据学生提交的报告进行综合评价,评价内容如下。
(1) 报告是否有贴合实践主题的自拟题目,5分。
(2) 报告内容是否包含主题中要求的所有部分,5分。
(3) 报告是否满足主题要求的字数,5分。
(4) 报告内容是否包含贴合主题要求的案例、文献,15分。
(5) 报告中的案例或文献是否内容丰富,应详尽详,15分。
(6) 报告中是否包含所需的分析、总结内容,以及分析、总结是否到位,20分。
(7) 报告中是否包含正确、丰富的参考文献,15分。
(8) 报告中是否能够展现学生对于该章节知识的正确理解,15分。
(9) 报告中是否包含不应出现的负面舆情等内容,5分。

3. 情景模拟评分标准

教师根据学生开展的情景模拟进行综合评价,评价内容如下。
(1) 是否正确理解情景模拟主题,15分。
(2) 是否合理安排剧情,20分。
(3) 是否展现出乡村振兴相关知识,20分。
(4) 是否针对问题提出积极正面的解决对策,20分。
(5) 是否通过场景布置、PPT演示、道具使用提升路演效果,5分。
(6) 是否有较好的展现效果(例如脱稿模拟视为好的展现效果,模拟过程中笑场视为不好的展现效果),10 分。

(7) 是否正确回答模拟结束后教师提出的问题,5 分。

(8) 是否展现了较好的团队合作,5 分。

4. 实地实践评分标准

教师根据学生在实践地点的表现与提交的实践成果进行综合评价,评价内容如下。

(1) 是否正确理解实践主题和本组所需完成任务,并制订切实可行的调研计划,20 分。

(2) 是否在实践地点展现出较高的专业素养和较好的道德素质,20 分。

(3) 是否能够按计划完成实践任务,30 分。

(4) 所提建议是否贴合乡村实际,是否具备科学性和可操作性,20 分。

(5) 所提交的实践成果是否被乡村采用(建议或视频、照片均可),10 分。

以上所有评分标准中的评分内容均仅供参考,教师可根据实际教学情况增减评分内容。

附录 B　实地实践物品准备

根据不同的实践内容、实践地点，分为生活用品、工作用品、记录设备三类实践教学用品，具体如下。

(1) 生活用品：① 草帽（夏用）/棉帽（冬用）；② 换洗衣服；③ 行李箱或运动包；④ 应急药物，如晕车药、创可贴、藿香正气水（夏用）、感冒药、冻伤药膏（冬用）等；⑤ 充电设备（手机充电宝或带 USB 接口的插座等）；⑥ 运动鞋；⑦ 雨伞或雨衣；⑧ 风油精或花露水等驱蚊用品。

(2) 工作用品：① 手提电脑（每组学生至少一台）；② 智能手机（尽量人手一部）；③ 便携式存储设备（U 盘硬盘等）；④ 便携式投影仪。

(3) 记录设备：① 纸质笔记本和黑色碳素笔；② 录音笔（每组学生至少一根）；③ 相机；④ 便携式摄像机。

以上清单仅有限举例，供授课教师参考，授课教师可根据实地实践的时长、实践期间的天气情况、调研地的自然地理环境、调研方法等确定外出需要携带的物品。